阅读成就思想……

Read to Achieve

美国积极思想简史

论那些重塑美国国民特质的思维模式

One Simple Idea

How Positive Thinking Reshaped Modern Life

[美] 米厚如（Mitch Horowitz）◎著　　薛静静◎译

中国人民大学出版社
· 北京 ·

图书在版编目（CIP）数据

美国积极思想简史：论那些重塑美国国民特质的思维模式 /（美）米厚如 (Mitch Horowitz) 著；薛静静译 . -- 北京：中国人民大学出版社，2018.2

书名原文：One Simple Idea: How Positive Thinking Reshaped Modern Life

ISBN 978-7-300-24865-3

Ⅰ．①美… Ⅱ．①米… ②薛… Ⅲ．①文化思潮—研究—美国 Ⅳ．① G171.2

中国版本图书馆 CIP 数据核字 (2017) 第 200418 号

美国积极思想简史：论那些重塑美国国民特质的思维模式

［美］米厚如　著

薛静静　译

Meiguo Jiji Sixiang Jianshi：Lun Naxie Chongsu Meiguo Guomin Tezhi de Siwei Moshi

---

出版发行	中国人民大学出版社		
社　　址	北京中关村大街 31 号	**邮政编码**	100080
电　　话	010-62511242（总编室）		010-62511770（质管部）
	010-82501766（邮购部）		010-62514148（门市部）
	010-62515195（发行公司）		010-62515275（盗版举报）
网　　址	http://www.crup.com.cn		
	http://www.ttrnet.com（人大教研网）		
经　　销	新华书店		
印　　刷	北京德富泰印务有限公司		
规　　格	170mm×230mm　16 开本	**版　　次**	2018 年 2 月第 1 版
印　　张	20.5　插页 1	**印　　次**	2018 年 2 月第 1 次印刷
字　　数	337 000	**定　　价**	85.00 元

推荐序 1

不论是作为一名心理学家、一名心理医生，还是一位活了 80 年的老者，我都有比较充分的理由推荐这本书。因为本书作者以历史学家的身份，从一种思想的高度和深度仔细地介绍、探究和追溯了“新思想、积极思想”思潮的流行和发展，其终极目的在于寻找和回答人生的意义和生命的价值。

人的一生是一个自我追寻的过程，谁都回避不了回答“我是谁”“为什么生下来”“我有什么用”这类问题。人们对这类问题有了自我认可的答案之后，便会忠实地去自我实现。

“新思想、积极思想”是人类共同的精神财富，它是人们在新的时代对人类自身的许多这类终极问题进行探索和思谋的结果。作为一种人生哲学，它具有普世价值。

朝问道，夕死可。人总应活个明白、活出高度以及活出品位。新时代，我们应把生活提高一个档次。物质时代快过去了，新时代则是一个精神的、哲学化的时代，它让我们的生活能够跟上时代的洪流！

读读这本书吧！米厚如先生的这部巨著绝不会让你失望，你读后定会惊喜连连，收获不断。

我还想说，在中华崛起、巨龙腾飞之时，我们需要如此好的书。《美国积极思想简史》一书中介绍的思想与我们传统文化的整体性、内敛性不谋而合，读起来应有亲切之感。

张吉连
北京师范大学心理学院退休教授

推荐序 2

谈及人生和积极的生活态度，这似乎是一个古老又很有教育性的话题。我们读史、见识过许多成功的和扬名立万的大师先贤，而伴随这些名人的往往是许多津津乐道的故事和传说，我们听到更多的是他们如何励志、如何奋斗、如何掌握了种种机遇。很多时候，我们常常会忽略一个基本的问题：他们的一生是否活得快乐？或者，他们如何使自己的生活快乐且丰富多彩？

中国的文明史历经上下五千年，而心理学术真正意义上的起源发展应该在春秋战国时代，当时的诸子百家开始探索自然变化、伦理亲情养成、行为举止约束、社会道德规范、审美情趣发展和自我价值体现等。朴素的中国古代哲学思想、儒家学说、道家教义和佛学理论相结合，形成了中国的人格思想观。中国人普遍恪守礼仪、恪守欲望、处事中庸，个人的欲望服从群体的礼法制度，家庭、社会和国家的伦理次序压抑着个体天性的发展。从某种意义上来说，中国人缺乏对人性心理的深度探究。当虚浮的礼仪压不住人性的欲望，社会就会迅速失序，频频发生动乱。

西方现代的心理学和治疗学的发展已有上百年的历史，西格蒙德・弗洛伊德开创了精神分析学，研究分析了本我、自我和超我三者之间的关系。弗洛伊德认为欲望决定命运，本我充满了无意识的原始冲动，自我不得不压抑性的冲动而达到超我的理性升华，即行为举止符合社会道德法律的要求。弗洛伊德探究人生中的“焦虑”，即心理上潜在的不满足感，其本质是人对事物（或对象）的认识和看法上的偏差。

人们想要解决人生的焦虑感或不满足感，就要调整自己对外界的看法和对自我的想法，尝试从不同的角度积极改变对环境和事物的认识。“适应不良的行为与情绪都源于适应不良的认知。”所以，人的情绪并不是来自事情本身，而是来自人对自己所遭遇的事情的理解、解释、观感和评价的出入。

积极正确的思想能够改变人生，它建立在良好的认识和换位思维的基础之上。人们在不需要改变现行生活方式的前提下要求理性的自我约束,反对过分追求个人私利。这种思想反对以自我为中心的世界观，而是希望在对所有生物平等和相互依存的理解基础之上尊重每个个体的生命，珍惜他人的思想，把珍惜的对象从我们自己转移到一切众生，抛弃自我、珍爱别人，用崇高的态度逐渐取代我们平凡的自爱的态度，体验真正的平安和幸福。积极正确的思想代表了一种成熟的利他主义、一种主动的自我道德升华和一种超脱的天人合一的境界。

杨军

医学博士

美国南加州大学医学院精神科博士、神经药理学博士

美国著名精神科医师及心理专家

推荐序3

积极思想，在一地鸡毛里，看见上天美好的祝福！

2017 年 12 月，在一个寒风凛冽的早晨，我登上了美国联航从芝加哥飞往香港的班机，再转机飞往温暖如春的高雄：我在亚洲的家，一个能够躲避芝加哥的风雪寒冬，让我内心充满温暖期盼的家。

离开美国的前一天，我收到了在亚马逊网站上购买的米厚如博士的书《美国积极思想简史：论那些重塑美国国民特质的思维模式》。我在整理行李时把它放进了随身登机包，准备在 18 个小时的长途飞行中翻阅这本网络评价甚佳的书，让自己进入休息和睡眠的状态。

我会有兴趣看这本书，一来，或许是因为我和作者有着相同的医学背景。作为一个和作者一样拥有医学博士背景的健康管理工作者，我多年来专注于癌症患者的康复治疗，但却常常感到医学的有限与无奈。最近几年，我在美国和中国台湾地区带领癌症患者进行的精神疗愈课程中，亲眼见到和深刻体会到积极思想带来的巨大的心灵疗愈力量：它能启动身体的自然疗愈力，让绝望的癌友顺利康复，并重建人生的神奇现象。

二来，这本书切入的角度非常奇特。它不同于我们在机场书店里随处可见的心理励志书籍，只是告诉你如何利用积极思想的力量来改善你的生活。它更是一本探讨美国 100 多年来积极思想运动发展史的书，并从历史的脉络、世事的变迁来发掘积极思想对其民族的影响。作者以专业历史学家的身份，从史学的角度来探讨“新思想、积极思想”的发展历程，尤其是帮助读者了解美国社会“意识形态”的方方面面。我还是第一次读到这样的心理书籍，所以对其非常好奇。

美国联航的波音 777 飞机飞得很平稳，机上的阅读灯光很柔和，毛毯柔软温暖。

我刚读到第 1 章，了解了作者在纽约的童年生活，接着又读到他的岳母特蕾莎女士、这个意大利移民理发师的女儿成为哈佛医学院副院长的故事时，就沉沉地睡着了。当我醒来的时候，传来了机舱广播的声音：就要到达香港机场了。我顺手把一张餐巾纸拿来当作书签夹在书页里，心想：日后搭飞机坐高铁的时候继续奋战。

晚上 11 点，我终于抵达高雄小港机场。出租车行驶在高雄夜晚的街道上，亚热带温暖的空气扑面而来，我的心里更是暖洋洋的安稳：到家了！

我欣喜地打开家门，突然，一股潮腻的怪味钻进我的鼻孔。伴随这股难闻的味道，我推开卧室的门。我走向房内走入式的衣橱，顿时傻眼了：眼前的整排衣服上都长了白花花的绒毛。我那件心爱的、穿了十几年都舍不得丢掉的皮夹克已经由黑骏马变成了黑白斑点狗的模样！

Mould！霉菌！我的第一个反应：太恐怖了！霉菌是毒害我们身体健康的魔鬼！一切由霉菌引起的身体反应现象、教科书上的文本等立刻浮现在我的眼前！我夺门而出，逃到客厅，瘫坐在硬硬的木板地上。怎么办？怎么办？我的脑子里冒出了问号。我在美国气候干燥的芝加哥生活了近 30 年，从来没见过霉菌长什么模样。

我又困又饿，又累又渴，一切等明天再说吧。我揭开布满灰尘的罩布趴在床上，昏昏沉沉地睡着了。

次日黄昏，我在自己的一阵剧烈咳嗽声中醒来，眼睛刺痛，额头发烫。职业敏感告诉我，我得了真菌感染导致的炎症。我赶紧奔去开启旅行箱，寻找我为国际旅行准备的救急退烧药。匆忙间，一本书掉了出来。因为那张餐巾纸书签的缘故，书打开的那页正好是我读了一半的讲特蕾莎女士的章节，书中的一行文本跃入我的眼帘："上帝赐予我平静，让我接受不能改变的事物。"

是哦！真的要感谢上帝！我无奈地苦笑道："感谢你赐予我不能改变的现实，霉菌的大肆侵袭、疼痛的喉咙、烧热的前额。"当下，我感到既无助又无力，不知道该怎么处理，也没有帮手！我又一次瘫坐在地上，开始呜咽起来……哭够了、哭累了，我还是不知道怎么办，也不想做任何事，没办法，我无聊地坐在地上，靠着沙发，继续无奈地翻着这本书。

书中接下来的一段讲到了特蕾莎把自己家里的家具（从冰箱到药箱）都粘贴了小

卡片，上面写着“我可以选择正确或快乐”的格言。是哦！一个念头从我的脑子里闪现：最近特别流行的美国积极思想心理学家阿德勒说过，任何事物都具有两面性，不是所有都好，也不是所有都坏、非黑即白。重要的是，我们应该用什么样的角度来看待它们？我纳闷：难道霉菌事件也有好的角度？

这时候，家里墙上挂着的对讲电话机响了，我缓缓地从地板上爬起来，有气无力地接起电话：“Hello！”听筒里传来管理室总干事林先生的声音：“徐小姐，好久不见了！晚班值班员说你昨夜从美国回来了，你都好吗？”

不知怎的，被林先生这么一问，我仿佛是跌倒在地上的委屈的小孩，看见远处有大人走来，“哇”地放声大哭起来：“林先生，我不好！很不好！我家里都发霉了，我生病了、发烧了，我不知道怎么办？你快上来看看吧。”

“是吗？徐小姐，你不要急，我马上来看你。”三分钟后，林先生站在我的门前，我马上迎他进来查看各个房间，尤其是衣柜里发霉的衣物。

“徐小姐，房子发霉了，因为你半年多都没有回来，又没有开窗通气。高雄的气候在夏天是雨季，下雨潮湿又不通风，房子就长霉菌了。”

“那怎么办呢？你快救救我！想想法子！”我还穿着从芝加哥上飞机时穿的那套运动服，没有梳头、没有洗脸，脸色苍白、无助地望着林先生。

我知道，这时候我的样子一定令他惊诧，因为他平日见到的是我穿着职业装、蹬着高跟鞋、长发飘飘、笑意盈盈地穿过大堂、光鲜亮丽的模样。此刻，我光鲜的外壳被重重地摔在地上碎了一地，露出了真实内在的柔软和脆弱。

“徐小姐，你别着急，我帮你想办法。我请专业的公司来处理，给你的房子做消毒。不过，房子消毒以后要关闭半天，之后再开门窗通风，让化学物质散去。”

“哦，这样我岂不是不能在房间里待着？”我仿佛在黑夜里看到了光亮和希望，但还是慌张。“那我怎么办？我去住旅馆？”我心里只有一个念头，逃离！我要洗个热水澡，我要好好地睡一觉！那个摔在地上、一地鸡毛的软弱的自己需要 put together！我的救星林先生说马上会帮我联系专业的公司。或许是因为求救得到了呼应，我的心顿时平静下来，焦虑也褪去不少，我坐在地上开启我的手机。

我在《徐博士疗愈厨房》课程的学员 Line 群组里发了一条短信，告诉大家：徐老师因为霉菌中毒要去看病，非常抱歉。星期天的“喜上眉梢下午茶”的学员们分享荷尔蒙平衡料理和健康瘦身成果的茶会改期，另行通知。

几分钟后，我的电话响了，是学员美兰打来的：“Mary，你有东西吃吗？我等一下煮小米南瓜粥拿去给你吃好吗？还有，你家里能住吗？要不要到我家来住？”

“谢谢你美兰！谢谢你的好意！我打算去楼下吃一点，然后去住旅馆。不好意思，不麻烦你了。”我习惯而客气地婉拒了，但其实心里很想去麻烦她。或许是害怕被别人看见徐博士一地鸡毛的样子吧，我已经背了太久光鲜坚硬的外壳了，不知道该如何做真实的自己。

这时，管理室打来了电话，通知我第二天下午会有消毒公司来。哎！还得再等一晚上。电话那头的美兰听见了又对我说，不如就到她家里睡一夜吧，让我明天再去住旅馆。

这时，我想起自己在台湾学习身心灵课程时的一位老师说过的一句话：“寻求帮助和帮助别人一样重要！接受别人的帮助和善意不是脆弱，而是真实的柔软，你可以再把这份爱和善意传递给下一个需要帮助的人。这就是爱的流动，也是正能量的流动。”我想，我要学会从不同的角度看问题并处理事情。于是，我接受了美兰的邀请去了她家，洗了一个畅快的热水澡，并安安稳稳地在她的客房里一觉睡到大天亮。我坐在床上，望着窗外，这个时候的我是真实而柔软的，心里非常安静。

接下来的几天，一件又一件美好而神奇的事情发生了。学员静云看到了我的短信，送来了她亲手包的素食粽子，寄到我住的大楼管理室。

吴望德教授看见我的短信，主动将我放在他家的备用钥匙送到管理室，以便清洁公司在我不在家时可以打扫。

第三天早上，旅馆前台的小姐打电话上来说：“Mary 小姐，前台有你的客人黄小姐，要让她上来吗？”来客是宝瓶同谋心灵中心的黄富姻主任，她大大咧咧、爽朗的笑声从走廊那头传来。“徐博士，我知道你这个人最客气，不会让我来看你的，我就一早来堵你了！”她手里拎着一篮新鲜水灵的苹果，眼里充满了笑。

我们坐下来聊天，说到我头疼有那么多的衣服要处理。“你的衣服太多了，简直可以开一个服饰店，又不见你穿了几件。你有没有想过断舍离？”

断舍离！有啊！我至少读了三遍山下英子的书，又暗自下了无数次决心要改变自己，要断绝对物品的执念，把对外物的追求转化为对自己内心的觉察和关照。但是，我几年来只有心动，没有行动。看来，现在是行动的时候了！我俩立刻合计开一个二手衫拍卖会，把所得款项捐给她主持的癌友天使照顾项目。我的心放松下来，断舍离，爱的流动，真好！

当天下午，精神导师林汉彬博士发来短信问候我。“徐博士，我想你的房子发霉是因为太久没有使用，房子也是有生命的，它在以发霉的方式来呼救呢！我有个想法，我们不如换个角度来看。如果你不介意，我们可以在你家里办个读书会啊。这样你不在台湾的时候，学员们可以来你家继续读书，也可以帮你开开窗、做做整理，学员也有了聚会读书的场所。学员开心，房子也得到了价值的体现，它会更开心的。哈哈！”

“是哦！林博士，你打我的算盘！”笑骂之中，我换个角度想想也有道理。台湾人不是常常说：转念之间，一切改变！这也是我们所说的积极思想，它是一种正能量的流动和爱的传递。

说话间，我刚好看到面前这本米厚如博士的《美国积极思想简史：论那些重塑美国国民特质的思维模式》，心想：“我们的读书会，就先从这本书开始吧。”说着说着，我突发奇想：不如玩个跨界吧！试试将健康料理和心灵美食做个结合怎样？学员读书读乏了，我们就来手作疗愈料理。有好书读、有健康美食享受，这样的读书又怎么会不吸引人？

于是，由林汉彬博士和我共同带领的《心灵书香溢厨房》读书会计划就被纳入工作日程表了，它准备在2018年开张啰！

接下来的这几天，一件又一件神奇美好的事在我身上发生，我就不在此一一叙述了。以前在癌疗的课上，我常常会劝慰癌友学员：“一切都是最好的安排。”“癌症是伪装的祝福！”因为癌症是身体的求救、是内在压抑的呼喊、是让你改变当下的生活的警报。但是，我又常常会被学员问倒：“我如此痛苦，这么不堪、一地鸡毛的生活，哪里来的祝福？”

我想，从此以后，我会把自己这几天一地鸡毛的故事讲给他们听。

万物都具有两面性。我们所说的积极思想、转念和正面思考说的都是同一件事，就是书中特蕾莎女士贴在冰箱上的小卡片上所写的："我可以选择正确或快乐。"当我们做了这样的正确选择时，就能感受到山重水复疑无路、柳暗花明又一村的欣喜，并达到行到水穷处、坐看云起时的美好境界。

感恩米厚如博士！感谢特蕾莎女士的积极思想小卡片！这些让我在一地鸡毛的破碎里，看见上天美好的祝福！

新年的钟声即将敲响！亲爱的，请来《心灵书香溢厨房》读书会，让我们来读米厚如博士《美国积极思想简史：论那些重塑美国国民特质的思维模式》这本书。

2018 年，让我们一起在书里看见上天美好的祝福！

徐逸庭（Mary Y. Xu）
医学博士、管理学博士，
美国芝加哥抗衰老医学研究院首席健康管理专家、美国糖尿病学会专家会员，
世界华人抗衰老医学学会秘书长、世界中医药联合内分泌学会副会长、
世界中医药联合会肿瘤外治法学会副会长

译者序

既然本书的书名叫《**美国积极思想简史：论那些重塑美国国民特质的思维模式**》，那么我们就有必要先来探讨下美国的现代生活和文化核心，以及积极思想（positive thinking）在其中的作用。我们先简要解释下什么是积极思想？所谓"积极思想"是指人类集天地之灵气、与生俱来有着"更高阶的潜能"（即俗称的"超越人类极限之潜能"），而大部分人却是处于灵性休眠状态中，其内在的潜能尚未激活、处于有待挖掘的状态中。"新思想、积极思想"的主旨在于挖掘个体潜能、激活沉睡在每个个体最深处的"精神力量"，从而达到疗愈生理、心理疾病，实现事业突破、成功人生，并找回内心的平安喜乐，而其终极宗旨在于回归个体最本真的状态，追寻理想！而其终极的状态，佛家称之为"释迦牟尼菩提树下觉悟成佛"；道家称之为"悟道"；宋明理学称之为"天人合一"；共济会称之"开悟"；斯威登伯格主义称之为"精神觉醒"。它和量子力学亦有共通之处。

美国的"文化基础"：新教文化

我们首先要讨论的是，美国是否是一个以"基督教"为主流文化的国家？关于这点，我们一直以来争议颇多，绝大部分宗教人士都坚称美国是一个"宗教国家"，有数据表明，在美国有信仰宗教的人中，约有85%的人声明自己信仰基督教。以基督教的教义《圣经》为例，它始终是美国最畅销的书籍之一，年销量高达900万册左右。虽然基督教并不起源于美洲大陆，但全美信仰基督教的人却占了绝大多数。因此，基督教文化也演变成了美国的主流文化，其影响之大只有深入到美国社会当中才能深刻感受到。美国思想界权威迈克尔·诺瓦克（Michael Novak）曾说过，在美国社会的政治、经济、文化三大系统中，文化系统是以基督教文化精神为核心的，这在今天仍是相当主流的观点。然而，基督教并不是美国的国教，美国宪法明确规定，公民宗教信仰自由，禁止政府把某一宗教设立为国教。事实上，学界公认美国本质上是由清教（Puritan）徒建立的、基于基督教新教文化基础上的宗教国家。新教文化奠定了美国文化的基础，而风靡现代美国的慈善文化也是基于这种新教理念，其背后有着深刻的宗教理念和神学信仰支撑，即富人只是财富的社会管理人。换句话说，在法律意义上，财富为私人所有，但在道德、价值观和宗教层面上，超出个人生活需要的财富则是社会的。

那么，何谓“新教文化”？

史学界普遍认为，直到 19 世纪中后期，基督教加尔文教或称“加尔文主义”（Calvinism，新教的一个分支）一直都在美国的主流文化中占统治地位，那么，什么是加尔文主义？ 这是由 16 世纪法国宗教改革家、神学家约翰·加尔文（John Calvin）所创建的教派，他主张“命运天注定”“人性本恶”以及“人生的意义在于为上帝增辉”。加尔文教产生于欧洲大陆，1625 年～1690 年，由清教徒传入北美大陆，清教徒主要遵循“加尔文教”。

众所周知，美国是一个移民国家，移民的到来给美国社会文化带来了复杂多样的一面，各种文化之间的冲突与融合也成为美国民众必须面对的社会问题。下面，我们就介绍一下美国的移民“先驱”：新英格兰人，他们是指从欧洲移民到新英格兰地区的清教徒们。而所谓的“新英格兰地区”指的是美国大陆东北的 6 个毗邻大西洋和加拿大的州，包括缅因州、新罕布什尔州、佛尔蒙州、康涅狄格州 、罗德岛州和马萨诸塞州。新英格兰本来居住的大多数都是原住民，1630 年，一批英国清教徒们为了躲避欧洲宗教迫害到达美国，他们最先到达的当然是毗邻大西洋的新英格兰地区。清教徒们在新英格兰地区发展迅速，该地区的大多数居民很快都成为清教徒，并建立了马萨诸塞海湾清教徒社区，波士顿也成为清教徒的宗教中心，著名的“感恩节”就是由清教徒们感恩该地的原住民而得来的。清教徒很重视家庭生活和子女教育，著名的哈佛大学就是由一批来自牛津大学和剑桥大学的清教徒们创立的，新英格兰地区很快也聚集了众多常春藤名校，如耶鲁大学、布朗大学、哈佛大学和麻省理工学院等。早期到达北美大陆的清教徒们认为自己是上帝的选民、遵从上帝的召唤来到北美，只为了上帝的荣耀而生，以勤奋工作来建立一个符合上帝要求的新社会为使命，这也构成了早期美国主流价值观的核心：带有浓厚宗教色彩的个人主义价值观、乐观主义精神、世俗使命和宗教使命的结合，只有自律、节俭、辛勤工作才能赢得上帝的恩宠和挑选。

这种观点为最初资本主义精神的形成奠定了基础，极大地推动了美国资本原始积累阶段的经济发展。

在清教徒迁徙到美国的同时，欧洲大陆也开展了启蒙运动（Enlightenment），启蒙运动兴盛于17世纪和18世纪的欧洲，与理性主义（Rationalism）共同构成了一个较长的文化运动时期。在启蒙运动之前，理性主义的地位要远远低于“基督教神之启示”，然而启蒙运动逆转了这一统治欧洲社会千百年的思想，理性主义逐渐成为了推动社会发展、造福人类的动力。于是，宗教信仰、基督启示的可靠性常常会遭遇理智求知的质疑，而哲学的权威性得以建立起来，随着两次工业革命的开展和深化，科学逐渐从哲学中脱颖而出（当然这是后话了）。启蒙运动同时为美国独立战争和法国大革命提供了思想框架，客观导致了资本主义和社会主义的兴起。

爱默生和“超验主义”产生的历史背景和哲学思想基础

在与启蒙运动的发展差不多同一时期的美国，资本主义得到了进一步发展和深化，新英格兰地区以及波士顿地区兴起了神体一位论（Unitarianism），其信奉上帝是唯一的，否认“圣父、圣子和圣灵”的“三位一体”（Trinity）；神体一位论信奉“人类心灵的直觉”“一切自由安排”“上帝在创造世界后就撒手不管，留给人类自由意志来面对天意”，否认“原罪”和“宿命论”；神体一位论以将人民从宗教的禁锢中释放出来为宗旨，饱受宗教压抑的人民不再因为“害怕入地狱，而惶惶不可终日”，其在一定程度上促进了思想解放、宗教改革和民智启蒙。随着美国资本主义的发展和深化，美国独立战争一触即发。18世纪七八十年代，美国爆发了独立战争，经过北美人民的努力抗争，托马斯•杰弗逊于1776年起草《独立宣言》，宣布美国正式独立。1783年，英美两国签订了《巴黎和约》，英国承认美国的独立。

神体一位论和独立战争给拉尔夫•沃尔多•爱默生（Ralph Waldo Emerson）留下了深刻的思想烙印。独立后的美国在很长一段时间内都无法从意识形态、文化领域上摆脱对英国的依赖，英国小说、文学作品和思想意识流充斥着美国市场，深深影响着美国人民的生活，这种现象不利于美国民族文化的发展和繁荣，更主要的是让独立、自主、自强的民族意识得不到宣扬和提倡。此时，急需出现一种新的思潮，以满足这个新诞生的国家的需要，于是以爱默生、梭罗为代表的一批超验主义（Transcendentalism）哲人应运而生了。

超验主义和积极思想

爱默生笔下的超验主义（Transcendentalism）强调了“人类的智慧、创造力、毅力是神圣而崇高的，每个独立的个体都可以升华到‘超我’的境界，世间万物皆掌握在人的手中”。爱默生的观点反映了美国资本主义上升时期的时代精神。这种“自立自强、奋发进取的精神”亦被称为“美国式宗教”，它激励并完善了美国民族精神的发展。基于这点，超验主义也被认为是“美国的文艺复兴”。在某种程度上，超验主义的核心概念即为“积极思想”。而先验主义在唤醒美国人民精神的独立方面发挥了重要作用，是解放美国人民精神的宣言，孕育了积极向上、自信自强的进取精神，激励着新诞生的美国在社会、经济、意识形态等方面大踏步前进。超验主义在当时的社会条件下为政治上的民主主义和经济上的资本主义提供了理论基础。同时，爱默生倡导“个体表达、个人主义”（Individualism），鼓励人性发展，期望以一种积极向上的信念和以人为本的价值观实现真正的精神自由。这种观点有助于挖掘和发现个体的潜力，激发个体的潜能。

爱默生笔下所体现的“超验主义”哲学思想亦被看作美国独特文化的证明。爱默生注重精神，他认为自然常常浸染着精神的色彩，他提出了“超我”的概念来表达“精神的无所不在和无限能力”。爱默生曾说过：“宇宙是由自然和灵魂组成的，精神无处不在。”精神存在于自然的背后，又贯穿自然的全体。自然作为精神和上帝的象征并非纯物质，而是披着超我的外衣，人们通过直觉的力量可以获得真理，掌握自然。就这点分析而言，爱默生打破了加尔文教所主张的“宿命”“天注定”论，激发了个体去认识世界、改造世界和发挥主观能动性。

爱默生号称的“精神无处不在”以及“人的无限潜能”和他前后差不多同一时期的很多精神研究人士有着诸多的理论相似点，如斯威登伯格主义、梅斯梅尔催眠术（Mesmerism）等，无论是斯威登伯格还是梅斯梅尔都很好地将宗教疗愈、精神心理学、人生体悟和心理学完美地结合起来，为新思想、积极思想的诞生奠定了理论基础，为精神疗愈心理学、宗教心理学（Religious Psychology）的诞生奠定了良好的基础。而宗教心理学的奠基人则是著名的威廉·詹姆斯（William James），他是美国心理学会（American Psychology Association，APA）的创始人之一、美国现代心理学的鼻祖。尽管心理学的理论很新，但心理学的历史却很悠久。早在心理学出现之前，就存在着信仰疗愈、病榻祈祷、祈祷治愈、精神疗愈等，这些都是从宗教神学、哲学意识流中发展而来的，唯独心理学是从宗教神学中分离出来发展成为一门独立的学科。而无论是“信仰疗愈”、病榻祈祷还是精神疗愈，从史学角度来看都应将其归为新思想、积极思想，那么新思想具体是什么呢?

新思想与积极思想

所谓“新思想”又称“更高阶的思想”（higher thought）或“更高阶的潜能”，它认为人类在身体、心理和灵性方面都具有“无限潜能”，这些都可以通过祈祷、布道、诵经、冥想、意志力塑造和性格养成等修身养性的方法来达成。这种方法重视潜意识的力量，充分挖掘潜意识的力量，想必这就是中国古话里所说的“讲修身、重启蒙”了。

新思想发展到近代则被称为“积极思想”，积极思想中的“吸引力法则”又因为电影《秘密》的大热而被主流大众所追捧。无论是新思想、积极思想还是吸引力法则都是基于精神的“整体论”修行方法。这在中国被称为“精气神”。我们通过心理影响身体，再通过内心的潜能、思想的力量去认识世界和探索世界。

新思想更多为人所熟知的则是新思想运动（New Thought Movement），它是由一众思想家、哲学家从不同宗教教派、教会思想中推进衍生而来的，其中比较具有代表性的是唯一教堂（Unity Church）、宗教科学会（Religious Science）和神圣科学会（Church of Divine Science）。新思想运动在美国被公认为是一场形而上学的哲学运动，尽管它建立在宗教教义和神学思想之上，但其本身并不是宗教运动。

从某种非严格意义的角度来说，新思想可以等同为积极思想，积极思想的概念与新思想相比要晚很多，该概念的产生和流行得益于著名的“AA 组织”（Alcoholic Anonymous，即匿名戒酒会）的流行。因此，我们可以这样理解：新思想为积极思想的前身，“新思想”这一术语产生于 19 世纪早期，而积极思想则开始于 20 世纪。所以，在本书中，为了易于理解，我们从内涵和外延上将新思想和积极思想等同于一个概念。

新思想、积极思想和美国的女权运动

新思想运动没有单一的思想起源，其吸收了不同宗教流派的神学、哲学思想，其中最具有代表性的当属唯一教会 、宗教科学会 、神圣科学会等。新思想运动也促进了美国女性主义运动的发展、女性参政议政，掀起了一股妇女解放的热潮，并以这场运动中的女性发起者为代表，如玛丽·艾迪、艾玛·柯蒂斯·霍普金斯（Emma Curtis Hopkins）以及被喻为“老师的老师”的麦蒂尔·费莫尔（Myrtle Fillmore）、玛琳达·克莱默（Malinda Cramer）和诺娜·L. 布鲁克斯（Nona L. Brooks）等女性。19 世纪 80 年代至今，由新思想而兴起的各个教会或社区中心都是由女性所领导，而在这场以“精神疗愈”为名、心理治疗为实的思想运动中，女性的作用不可小觑。新思想运动和精神疗愈的发展在客观上也促进了美国的妇女解放，在以后的一个多世纪中，美国妇女们一直在争取公平公正的道路上奋斗着。

新思想产生的历史背景

关于新思想的创始人，历史上曾有过长达几十年的争论，有人称其始于基督教科学会（Christian Science）创始人玛丽·贝克·艾迪（Mary Baker Eddy），而有人则称其最早开始于缅因州“神医”昆比（Quimby）的“精神疗愈”理论。最后，史学界将昆比定为该思潮的首创者，昆比的“精神疗愈”理论来源于自身经验。19 世纪 30 年代，昆比罹患肺结核，因当时医疗条件和水平的限制，该病临床使用最广泛的治疗方法为“甘汞疗法”和“放血疗法”，其治愈率极低，给患者带来无尽的痛苦。后来，昆比在无意中采用“马术疗法”后，竟奇迹般地治愈了自己的肺结核。于是，神医昆比便在自身经验的基础上结合梅斯梅尔磁疗法，进而创立了信仰疗愈法，这种疗法迅速传遍了大半个美国，影响了沃伦·埃文斯（Warren Evans）、玛丽·贝克·艾迪和霍普金斯等人。埃文斯和艾迪都曾先后师从昆比研习精神疗愈法，而霍普金斯则是艾迪的学生。后来，两人反目，霍普金斯自立教派，史学界将此定为新思想运动的开始，霍普金斯则被公认为新思想运动的领导者。

19 世纪中后期，欧洲流行梅斯梅尔催眠疗法，认为每个人周围都存在动物磁场（animal magnetism），疾病产生的根源是动物磁场紊乱所致，将动物磁场拨乱反正即可治愈疾病，因此这种疗法又被称为“磁疗法”。19 世纪末期，梅斯梅尔疗法传到美国缅因州，并被缅因州的神医昆比所采纳，他结合自己的治病经验，发展成为自己独特的信仰疗愈理论。可惜的是，神医昆比因欠缺著书立说的能力，因而鲜有关于其理论的著作发表。后来，一位名叫玛丽·贝克·艾迪的女士师从昆比研修精神疗法，在其基础上发扬光大，发表了一系列著作，并创立了以“信仰疗愈、病榻祈祷治病”为宗旨的基督教科学派（Christian Science）。

让我们回到昆比和梅斯梅尔疗法上，梅斯梅尔疗法被公认为现代催眠术（Hypnotism）的鼻祖，因其创始人为梅斯梅尔（Mesmer）而得名。梅斯梅尔活跃于启蒙运动晚期（18 世纪 70 年代 ~ 18 世纪末）；18 世纪晚期，在法国大革命前夕，梅斯梅尔催眠术传到了欧洲大陆并广泛流行。梅斯梅尔催眠术和现代催眠术的差别很大，从严格意义上来说，前者带有更多的神秘主义、宗教迷信色彩，并且更多地和宗教、神秘学联系在一起；而后者则用现代科学的标准来评判，不时也会受到争议。启蒙运动后，“基督神之启示”的影响大大被削弱，取而代之的是哲学的权威，社会各个领域的对与错、是否合乎标准都需通过哲学去检验。与此同时，科学渐渐从哲学中脱颖而出，整个社会对科学迸发出前所未有的热忱。然而，全新的科学思维方式并未完全形成，科学的精确定义、内涵和外延并未完全形成，因此科学并非局限在课堂上、实验室里或是学术研究中，其更多的是某种思想行为甚至可以是某种表演形式。不管是神秘主义、赫尔墨斯主义炼金术、卡巴拉还是占星术，如果说这些庞杂的内容有什么共同点的话，那就是对传统宗教的质疑，把人类从消极等待神恩的状态转变为积极发现、认识和改造世界，并发挥主观能动性的状态，对科学的信心以及对人类无限潜能的信仰，开启了人类对社会无限进步可能的期望。这种对未知力量的积极探索和对传统宗教的怀疑，正是 18 世纪末期人们思想概况的写照，也是“新思想”产生的时代背景。

基督教科学会和“病榻祈祷”的兴起

19 世纪 60 年代伊始，即维多利亚时代（Victorian Era，1837 年 ~ 1901 年）中晚期，也是第一次、第二次工业革命（也称“第二次科技革命”）如火如荼地开展之际，而此时的美国也深受英国“工业革命”的影响，开始从农业化社会向工业制造型社会转型，转型期的美国社会经历了种种阵痛，其中亦有流血牺牲。19 世纪 60 年代，美国南北战争伤亡惨重。那时，在新罕布尔什州，玛丽 • 贝克 • 艾迪师从神医“昆比”后建立了“基督教科学会”，并广泛招募学员，建立科学会堂，影响深远。该会会刊《基督教科学会箴言报》（*Christian Science Monitor*）也被评为全美十大杂志之一，其学员影响甚广，包括著名的“新思想”运动的领军人物艾玛 • 霍普金斯。基督教科学会倡导的“病榻祈祷”在美国掀起了“精神疗愈”的热潮，从某种程度上，为后世如威廉 • 詹姆斯、卡尔 • 荣格（Carl Jung）、维克多 • 弗朗克等人提出的“宗教心理学”“意义治疗学”提出了理论和实践基础。

成功神学和新思想

成功神学（Prosperity Gospel）又称财富和健康的福音（Health & Wealth Gospel）、致富福音、成功神学（Prosperity Theology）、成功福音（Success of Gospel）。它坚持的原则包括：积极、正面的自我肯定；上帝对世人在于实现健康和幸福；忠诚缴纳“什一税”（Tithe），透过“什一奉献”给予基督教领袖物质礼物，预期得到上帝的回报，此即“播种和收获”。提倡这样原则的人声称，基督徒的身体必须对疾病完全免疫，一旦患有疾病，患者有权利知情，并且有权利诅咒痛苦直至其消失。其宗教教义源于宗教神学，然而却是通过新思想、积极思想运动发展得以普及的。

成功福音的思想精髓来源于“新思想”，而“励志成功学”又是从“成功神学”衍变而来，由此，励志成功学和个人成长类文学皆来自“新思想、积极思想”。

让我们回到历史背景中，经历了第一次工业革命和第二次科技革命，“科技成为第一生产力”也不再是宣传口号，它已成为社会大趋势，科学已然从“哲学”中脱颖而出。相比之下，宗教神学的影响和地位日渐微弱，传统宗教神学主张的“救赎和疗愈”“拯救世人于万恶的社会”已然不能与时俱进了。为了响应经济发展的号召、吸引世人回归宗教神学，教会神职人员们为了积聚人气、维持教会影响力，开始改革和更新宗教教义。他们声称上帝的存在已不仅仅是为了“拯救世人于万恶的社会”，更是为了赋予“人类以财富，世人以物质”，这便是成功神学（或曰成功学福音）的早期，也是励志成功学的萌芽。其背后有深刻的大历史和宗教神学背景的支撑，不仅承载了美国的过去，似乎也预示了美国成为世界第一经济体的未来，亦为美国梦和美国精神的核心。

成功福音在当今美国和加拿大异常盛行，其中经历了几个发展历程：20 世纪 50 年代盛行的精神疗愈聚会（Healing Revivals）第一次将成功神学及其思想根源——新思想引入到主流社会，并形成轰动效应；成功神学在随后的信心箴言运动和灵恩运动（Charismatic Movement）中发展到了顶峰；随后，成功神学在 20 世纪 80 年代的电视福音时代和 20 世纪 90 年代的灵恩运动中又屡次被提及，并被诸多神学界的大师们积极提倡。

励志成功学和“新思想、积极思想”

励志成功学在美国被通称为“精神成长文学”（Self-help Literature，又译为“自我提升”文学），正如其字面含义，该理念是给予读者指导，从而实现个体的自我成长、自我提升。自助的目标也是教人在某些方面获得成功，但对成功的定义并不只是事业有成，还包括在主观上的幸福，如内心的充实或平静。美国成功学最大的特点在于其无所不包的市场细分。美国成功学作者的指导范围不仅包括工作、理财、人际关系、企业管理，更主要的还包括心理健康、精神修养提升、育婴、教育、减肥甚至平衡生活和夫妻关系。励志成功学不仅包括卡耐基丛书和拿破仑·希尔系列，还包括中国人熟知的两性关系畅销书《男人来自火星，女人来自金星》，其在英语书籍的归类中就属于自助类。我们在国内机场书店常见的书籍和演讲视频也只是成功学极其微小的一部分。在美国，成功学市场每年的收益大概在 10 亿美元左右，广告投放、个人辅导和组织培训的市场价值都高于书籍和视频。美剧中常见的减肥疗程“12 步疗法”（Twelve-Step Program）、AA 协会（匿名戒酒会）和著名的电影《秘密》等都是自助的形式。

无论是风靡欧美的“12 步疗法”、AA 戒酒会戒酒章程还是电影《秘密》等，其从思想起源上都属于“新思想、积极思想”，而自助领域中一众被中国人所熟知的作家，如卡耐基、拿破仑·希尔、李普曼牧师、朗达·拜恩等，其实都隶属于“新思想”界，在美国，他们也被划归为“新思想”作家。追根溯源，自助是从“新思想、积极思想”

运动中发展而来。

新纪元和“新思想、积极思想”

追根溯源，积极思想的前身为新思想，它和现在北美流行的精神运动——新纪元运动亦有重合之处。学界一致认为，新纪元思想源于新思想，它是新思想的升级版。

新纪元运动发端于 19 世纪晚期、20 世纪早期，流行于 20 世纪六七十年代，在 20 世纪 80 年代晚期达到鼎盛，这是一场形而上学的哲学思想革命，其涉及的层面极广，涵盖了神秘学、替代疗法，并吸收了世界各个宗教的元素甚至环境保护主义，其理论源于 19 世纪晚期的玄学解放运动，如神智学以及“新思想”运动；另外，还包括替代疗法运动、脊骨神经医学与自然疗法，而这些运动又可追溯到超验主义、梅斯梅尔磁疗术 、斯威登伯格主义以及各种早期西方的神秘主义或神秘学传统，如占星术、赫尔墨斯主义（Hermeticism）、巫术、炼金术以及犹太教神秘哲学“卡巴拉”。

20 世纪 80 年代，“新纪元”一词被美国大众媒体广为宣传，成为一种精神次文化，包括冥想、内观、水晶疗法、整体健康论、保护环境以及对 UFO、超自然、神秘力量、外太空神秘学、地球神秘学等事物的向往。与此同时，市面上出现了大量有关这方面的出版物，包括杂志《瑜伽期刊》（*Yoga Journal*）、《新时代之声》（*New Age Voice*，新时代音乐的杂志）等。而新纪元精神次文化的各种表现形式或活动主要有读书会、冥思团体、主题演讲以及精神治疗师、水晶能量师等。最近的一项调查指出，美国成年人中有大约 20% 的人多多少少都有新纪元的思想。新纪元运动信仰泛神论、心灵能量，提倡形式多样的人生体悟、女性主义，强调直觉、开发人类潜能、积极思想、吸引力法则、信仰治疗的重要性。拥有新纪元生活方式或信念的人可被归类为乐活族。“新纪元”一词最早可追溯到海伦娜·布拉瓦茨基［（Helena Petrovna Blavatsky），神智学（theology）创始人］1888 年出版的《奥秘的信条》一书。

新纪元运动对西方世界的影响深而且广，俨然五百年前欧洲“文艺复兴”的势头。在启蒙运动之前，西方人只不过把理性看作思想工具，而理性的地位远远低于基督教的启示（当时的人普遍相信启示是从神而来的终级真理）；17、18 世纪的欧洲，思潮开始逆转，这个风潮泛称为“启蒙运动”，从前不过是思想工具的理性一跃成为了认识宇宙、造福人类的动源。启蒙运动推动了科学、技术、医学的发展，但却因把理性置于启示之上，而常常将自己置于理性的牛角尖。人类起源、宇宙守恒等奥秘、难题很难诉诸于理性主义，为此，糅合了东方神秘主义、印度教、佛教、道教与秘术，再添一点西方唯物主义色彩，以东方宗教修行概念与方法点缀的新纪元思想便脱颖而出。

新纪元时代始于20世纪20年代，也象征了“人道主义”的出现。人类由追求社会的、物质的、科技层面的进步，演进到注重心灵、精神层面的探索。新纪元人相信如今崇尚科学论、唯物论和机械论的时代即将过去，取而代之的是一个精神觉醒、世界大同的新纪元。据统计，当代至少有三分之一的美国人或多或少地受到了新纪元思想的影响。

“新思想、积极思想”和美国梦

励志成功学源自“新思想、积极思想”以及老移民的“美国梦”，被公认为美国文化的坚实组成部分，是大萧条时期老百姓的安慰剂，也是当代多元化社会五彩斑斓的精神世界的反映。每年，美国的励志成功学市场有高达10亿多的市场份额，而周边的衍生产品、职业分类鳞次栉比。

量子力学和积极思想

“意识的发生机制”至今仍然是一个未解之谜，有相当一部分人认为，它可能与量子力学或者更深层次的微观规律有关。学界许多人士认为，思维过程中的顿悟、精神觉醒即为量子力学中的“一个确定态从原先不确定的叠加态（superposition）中迸发出来”。量子力学中著名的“薛定谔的猫”实验，也将会在本书中详细介绍。

关于“宇宙振动原理，物质即能量”，可以追溯到古埃及和希腊的“神秘学”，其中就有“没有任何东西是静止的，宇宙万物都处于不断振动中”。这里的振动和东方的佛教、中国的道教理论“灵犀一点通”以及道教中的“气”类似，即集天地之灵气究其本质为“振动和能量”。近代科学也验证了能量和物质之间的关系，量子力学之父、爱因斯坦的老师、诺贝尔物理学奖获得者普朗克博士曾提出“世界上不存在物质，宇宙即能量，能量是由不断振动的量子组成”，关于能量和物质之间的关系，最有名的当属爱因斯坦著名的方程式：$E=MC^2$（E 代表能量，M 代表质量，C 则代表光速）。不论是佛教的“佛法”、道教的“大彻大悟”“悟道”，还是斯威登伯格笔下的“灵性觉醒”，都是对个体潜能开发的描述。

神经重塑和积极思想

最新的神经重塑（neuroplasticity）理论是指：通过重塑大脑神经通路改变患者的脑生理模式，进而改变患者的思维模式，从而帮助患者克服强迫症。这从临床医学角度证明了“新思想、积极思想”是行之有效的。

更高阶的潜能

“新思想”又称“更高阶的思想”（higher thought）或“更高阶的潜能”（higher power），它认为人类在身体、心理和精神各个方面都具有“无限潜能”，这些都可以通过祈祷、布道、诵经、冥想、意志力塑造和性格养成等来达成，也就是中国文化中提倡的“讲修身、重启蒙”。这一体验过程被斯威登伯格主义称为“神性觉醒”（Divine influx），被基督教神秘主义称为“与神合一”，被佛家称为禅定后的“醍醐灌顶”“涅槃”，被共济会称为“开悟”；印度教称之为“体验终极实相（禅定）”，犹太教卡巴拉称之为“脱离自我”，儒家的经学、宋明理学称之为“天人合一”，中国道教尤其是王重阳创立的道教则称之为“体悟之道”。

基督教新教文化运动

19 世纪七八十年代是欧洲历史上著名的维多利亚时代中后期，也是美国历史上著名的镀金时代（The Gilded Age），这一词语来自于文学家马克·吐温 1873 年出版的小说《镀金时代：这个时代的神话》（*The Gilded Age: A Tale of Today*）一书。在此期间，第二次工业革命如火如荼地开展着，经济的迅猛发展也引发了一系列社会问题，如贫富差距的加大、大批工人下岗失业、雇用童工和福利待遇不公平等。另外，伴随着经济发展和许多社会问题，宗教领域兴起了一股“基督教社会”运动，它摆脱了传统神学关心的所谓渎神、酗酒和淫乱等个人伦理问题，转而研究社会伦理。面对社会邪恶和不义之举，基督教社会运动认为应该重建“基督世界失去的社会理想”，把上帝之国作为“基督教信仰的首要及最根本的教义”。教会应该以耶稣基督社会改革家的身份作为榜样和表率，承担起改革世界的神圣责任，带领人类迎向理想中的“上帝之国”，即为整个人类生活的社会救赎，而非个体的内在精神产物。他们还认为，如果现实社会的领导人不仅强大有力，而且公道正义，那么世界就能逐渐进步。上帝之国也一定能将一种全新的、崇高的社会秩序降临至人类社会，这种秩序能在现实世界中得以确立，造福于社会。这种因经济改革、社会意识形态转型而产生的基督教新教文化运动（Protestant Christian intellectual movement）亦称社会福音（social gospel），在20世纪的美国和加拿大尤为突出。

19世纪和20世纪美国著名的历史阶段

美国在南北战争（19世纪60年代）的战后重建时期，即著名的镀金时代（19世纪70年代至19世纪90年代），经济得到高速发展，并随即进入了制度建设的进步时代（Progressive Era，19世纪90年代至20世纪20年代）。与此同时，以英国为代表的欧洲称这一阶段为“维多利亚时代”（Victoria Era，1837年—1901年）中后期、“爱德华年代”早期，同期的法国则称这一阶段为“美好时代”（Belle Époque）；而世界历史中的1870年—1914年则是著名的“第二次工业革命”（也称“第二次科技革命”）。简单来说，第二次工业革命涵盖了美国的南北战争、战后重建时期的“镀金时代”以及制度完善、思想建设中的“进步时代”。

第一次世界大战（20世纪前20年 ）。第一次世界大战期间和战后大萧条时代，这是“新思想、积极思想”向励志成功学过渡和发展的重要阶段。

大萧条时代（The Great Depression， 20世纪30年代）。美国历史上第一次爆发了严重的经济危机，期间，著名的罗斯福新政在振兴美国经济中起到极其重要的作用。

第二次世界大战（20世纪40年代）。第二次世界大战大幅削弱了英、法等老牌资本主义国家的实力，美国和苏联成为两大超级大国，世界被划分成东方和西方两大阵营。第二次世界大战结束后，世界进入以美国和苏联为首的两大阵营的“冷战”时期。

战后重建、婴儿潮的到来（Baby Boom，20世纪40年代中期—20世纪60年代中期，亦称“4664现象”）。学界将“1946年—1964年”称为美国的“婴儿潮时代”。

嬉皮士运动（Hippie Movement，20世纪60年代）。随着经济危机、世界大战的频频爆发，主流宗教尤其是基督教的影响力日趋下降，越来越多的人士开始信仰东方宗教以及融合了各种神秘主义信仰的“新纪元运动”。

新时代运动（New Age Movement，20世纪60年代末期—20世纪80年代）。20世纪60年代，新纪元思想开始萌芽，世界大同、联邦主义等思想日趋成为主流，并从客观上促进了黑人民权运动、种族解放以及民权平等。与新纪元运动同期的是里根总统的执政及其推行的“星球大战”计划的执行，我们将会在本书的最后一个章节中有所提及。

中文版序

“天地开，万物生”，天地何以生成万物？宇宙洪荒从何而来？人类始于女娲补天还是亚当夏娃？远古时代，知识尚未得以开化和发展，无论是在东方还是西方，人们在探索世界、发现自我之时，皆因认知的局限，只好投向宗教，期望神之启示、神之信仰能给予答案。每个民族、每种宗教信仰、每种神秘图腾崇拜究其本质和目的都趋于类同，都是对生命起源、宇宙奥秘的探索，都是基于“我是谁” 这个终极问题的思索。纵观人类文明史，从宗教到哲学，再从哲学到科学，人类认知世界的能力上至外太空、下至深海，宏观到亿万大数据分析、微观到量子物理世界，然宇宙之奥秘、生命之起源仍未有定论，从某种角度来看，自古以来，芸芸众生一直处于混沌之中。

到了近代，尽管西方社会经历了经济飞速发展、科技更迭日新月异，然而同时也面临着诸多迫在眉睫的问题：民主制度是否日渐衰微、已然失去其优越性？那么最优的政治制度又在哪里？如何解决日益严重的生态危机和环境恶化问题？人类的未来在哪里？

“寻沧桑，人为灵”，生老病死、人在死去以后是否有灵魂？灵魂是否真的存在呢？将心灵寄托于单一的神学信仰或图腾崇拜往往会流于“感情用事”，伴随着西方主流宗教影响的江河日下，以及各种教会丑闻的频频发生，北美社会开始流行“东学西进，东为西用”，出现了一帮精神心理学家、哲学家、思想家，他们深受道家、儒家、佛教、印度教和所罗门教等诸多东方宗教、哲学和神秘学的影响，它们提倡中医学上的“整体观”，崇尚东方哲学思想，主张冥想、瑜伽和“修身养性”；它们不拘泥于某一特定宗教，从基督教的单一信仰转而信奉普世之信仰，主张信仰可以疗愈心灵、帮助个体释放更美好的自我；他们崇尚“和谐共生”等观念。

而新思想兴起于 19 世纪美国新英格兰地区，它主张人类与生俱来有着更高阶的潜能，亦即俗称的“超越极限的潜能”（human potentials），大部分个体却是处在潜能尚未开发的状态中，其内在潜力尚未被激活、有待挖掘；“新思想”的主旨在于挖掘个体潜能、激活沉睡在每个个体最深处的精神力量，从而达到疗愈心灵、实现更美好的自我、找回内心的平安喜乐的目的，而其最终极的主旨在于找寻生命之意义！此即佛经中的“释迦牟尼菩提树下觉悟成佛”、斯威登伯格主义的“精神顿悟”（spiritual awakening）、共济会（Freemasonry）称之为“开悟”（enlightening），凡此种种，本书中将会有详细分析。乐者自乐、忧者自忧、浮生游年，“新思想、积极思想”用一句话可以概括为“气象万千皆源于心”（thoughts are causative）。

到了20世纪早期，“新思想”则发展成了“积极思想”，“新思想”为“积极思想”的前身，二者在某种程度上概念相当，只是不同阶段的不同表达而已。“新思想、积极思想”对美国的政治、经济、社会、宗教神学等各个领域的影响极其深远。在政治领域中，它促进了一批民权运动、种族解放和女权主义者的诞生，如女性参政议政倡导者、嬉皮士时代的自由恋爱先行者、黑人解放运动积极分子以及基督教社会党（Christian Socialists）等都是从“新思想、积极思想”思潮中衍生而来的；前卫艺术领域也促进了一批先锋人士的诞生，如动物权利保护者（Animal-rights activists）、素食主义者、美式说唱等；在宗教思想领域里，如密宗（Occultists）、共济会和神体一位论（ Unitarians ）等也深受积极思想的影响。20世纪70年代，风靡欧美的新纪元思想更是“新思想、积极思想”的升级版。据统计，在当今美国，至少有三分之一的人都或多或少地受“新纪元”思想的影响；而在中国，最广为人知的新纪元思想当属“乐活族”（Life of Healthy and Sustainability，LOHAS）。由此可见，“新思想、积极思想”对美国意识形态的影响十分深远。

“新思想、积极思想”在美国极具现实意义，它塑造了美国的民族特质，并奠定了其主流文化的基调。新思想运动是继美国“文艺复兴”[①]后，美国历史上又一次的思想解放运动，其主张信仰疗愈、宗教自由、东西方思想兼收并蓄，极大地打破了宗教的枷锁和禁锢，促进了人们的思想解放和个性表达，为美国的文化创新奠定了思想基础。“新思想、积极思想”运动还极大地促进了美国女性主义的发展，加速了妇女参政议政的进程，并掀起了一股妇女解放的热潮，从而促进了女性领导力和妇女政权论

---

① 美国文艺复兴是美国内战之前的文学繁荣时期。这次文艺复兴以爱默生、梭罗（Thoreau）、霍桑（Hawthorne）以及麦尔维尔（Melville）的作品为代表。——译者注

者（suffragists）的诞生，表现为这场运动中有许多女性领导。

“新思想、积极思想”另一个重要的现实意义在于，它形成了“励志成功学”的核心思想，“励志成功学”应更准确地被称为“自助”（self-help）。美国的自助市场划分得极为精细，远远不仅仅包括世俗意义上的“鸡汤文学”，更多地包含着对美好事物的向往和追求、对未来的规划以及对当下的反思。而如今，北美盛行的各种减肥课程、户外拓展营、极限挑战课程、两性关爱咨询课程和冥想人生体悟课程等都属于自助的范畴。追根溯源，凡此类课程、训练营的指导思想和运作模式皆源于“新思想、积极思想”。例如，那些在中国几乎家喻户晓的“励志成功学”作家，如卡耐基、拿破仑·希尔、《秘密》一书的作者朗达·拜恩、羊皮卷系列的作者等，其思想在美国都归类于新思想。“新思想、积极思想”的发展高潮当属电影《秘密》（*Secret*）的大热以及吸引力法则的流行，吸引力法则来源于新思想，它是“新思想、积极思想”和新纪元思想的核心共通点。

21世纪初期开始盛行的积极心理学（positive psychology）、乐观主义（optimism）、幸福学（philosophy of happiness）等术语概念，也都是从“新思想、积极思想”中衍生而来。不同的是，积极心理学更多的是从心理学的研究角度去探讨积极思想对个体的影响，而积极思想则是在形而上学框架下的修身养性之道，更是一种人生哲学。本书在成书过程中，笔者以专业从事精神心理学研究学者的身份，从史学角度去分析“新思想、积极思想”这一简约而不简单的人生哲学是如何颠覆传统宗教价值观、塑造当代美国的民族特质的。笔者以专业历史学家的身份，从史学角度来探讨“新思想、积极思想”的发展历程，让更多的人去了解美国的历史，进而更好地了解美国社会尤其是“意识形态”的方方面面。书中的每一章节都介绍了“新思想、积极思想”在不同历史阶段最具代表性的人物以及各自的核心思想和代表性著作，希望本书可以给读者带来关于生活、工作乃至人生中的些许启发。

现代社会的通识教育一直都在灌输一种“普世思想”：任何一种思想、理论或者方法论都必须经过实践检验，且必须具有科学严谨的数据分析作为支撑，方可称其有效；而现代社会快节奏的生活、工作方式都在引导主流以一种“结果为导向”“解决问题为根本”的价值观。作为一种形而上学的人生体悟思想，“新思想、积极思想”在实际操作中有很大难度，其需要长久持续的人生体悟冥思，所产生的结果也很难量化，甚至在很多时候，人们很难界定其结果是否具有强大的正面意义。也正是基于此，“新思想、积极思想”受到了许多精英知识分子的诟病，并在美国社会引起了“两极化”的反应，数以百万计的拥护者积极为这一思想奔走呼号，著名的媒体人托尼•罗宾斯（Tony Robbins）和奥普拉•温弗瑞（Oprah Winfrey）都是这一思潮的忠实粉丝。在美国，励志成功学每年有着高达上亿美元的市场份额，各种形式的自助研讨会、工作坊、人生体悟此消彼长，无不昭示着“新思想、积极思想”影响的深度和宽度；而批评者则认为其作为一门人生体悟思想，其效应很难界定，更难量化。

为此，在本书的最后一章中，我从医学、心理学和量子物理理论的角度去论证“新思想、积极思想”的合理性。而临床医学上的安慰剂效应、神经医学界的“神经可塑性研究”以及极具争议的“薛定谔的猫之既死又生”等研究发现都直接或间接地证明了积极思想的科学合理性。然而就“新思想、积极思想”的争议性而言，我可能在有生之年也不会有定论。正如我在序言伊始中所说，“新思想、积极思想”作为一门人生体悟思想、人生哲学，其终极目的在于帮助个体找寻人生的意义、生命的价值，需要个体去认真体悟。“汝之蜜糖，彼之砒霜”，如果有用，就请坚持；如果没用，就请舍弃！

中美两国处于两种截然不同的文化体系和意识形态之中，但我深信，无论哪个民族、哪种文化抑或是宗教信仰都有着共通点，那就是基于对美好的向往。而每个成熟的个体无论种族、肤色、语言、文化背景乃至宗教信仰等各种因素，其在人生中的某些阶段必然会对生命的目的、人生的意义有着或多或少的质疑或困惑。我希望通过此书可以帮助读者打开思想的另一扇门，一扇通往积极、正能量的人生体悟之门，在这条人生体悟的道路上，“新思想、积极思想”将指引你去找寻人生的意义和生命的要义。

米厚如

于美国纽约市

目　录

第 1 章　“新思想、积极思想”的萌芽 / 1

积极思想的先驱们 / 7

“新思想、积极思想”所遭遇的争议 / 10

积极进取的生活态度、奋发向上的国家精神 / 13

第 2 章　“新思想、积极思想”的萌芽及发展 / 17

积极思想的短暂历程 / 19

我宁肯去死，也要放弃治疗 / 21

催眠术革命 ——梅斯梅尔磁疗法 / 24

缅因州刮起了一股“催眠”的热潮 / 27

“新思想、积极思想”理论雏形的塑造者：
神秘学布道家、哲学家沃伦·埃文斯 / 33

第 3 章　新思想运动的诞生以及励志成功学的萌芽 / 51

从追随者到异见者：粉转黑的历程 / 52

自由思想者 / 54

百花齐放、百家争鸣的美国中西部 / 58

女性撑起半边天 / 63
新思想的曙光 / 67
励志成功学的萌芽：成功神学的诞生 / 70

第 4 章　励志成功学的兴盛与中产阶级的兴起 / 73

医疗的进步 / 77
无形之手：神秘的力量 / 79
思想即物质 / 85
征服贫困 / 96
劳动人民的英雄 / 102
中产阶级的到来 / 107
自由解放的力量 / 112
神学政治 / 114
吸引力法则背后的故事 / 118

第 5 章　“新思想、积极思想界”的先驱们 / 123

实用主义哲学 / 125
新思想界内部的分崩离析 / 127
倡导医学和精神疗愈相结合的大师：理查德·卡博特医生 / 128
犹太教科学会的兴起：路易斯·维特拉比 / 134
精神疗愈的内在驱动力：超越自身极限的“能量” / 140
冥想导师、人生体悟课程首创者：葛来恩·克拉克 / 147
新思想的传播大使：欧内斯特·霍姆斯 / 151
乐观主义的首创者：克里斯蒂安·拉尔森 / 155

毕生追寻人生体悟的销售大师：罗伊·赫伯特·加勒特 / 159
传媒领域的改革创新先驱： 弗兰克·鲁滨逊和菲尔莫尔夫妇 / 166
成败总结 / 176

第 6 章　积极思想重塑美国精神 / 179

钢铁大王卡内基的慈善事业：《财富福音》 / 181
深受新思想影响的励志大师：戴尔·卡耐基 / 184
淡泊明志，宁静致远 / 187
幸福箴言书：诺曼·文森特·皮尔 / 191
水瓶座：史上最具神秘色彩的总统 / 201

第 7 章　新思想、积极思想铸就成功人生 / 215

最奇妙的秘密 / 218
什一税与励志成功学 / 224
积极箴言运动 / 227
成功神学 / 229
积极思想的兴起 / 232
玩弄政策漏洞于股掌之中 / 234
突破心理极限，激发生理潜能 / 238
凡事必有度，物极必反：塞多纳惨案 / 241
大隐隐于市 / 242
积极思想是否真的有效 / 247

第 8 章 “积极思想”是否行之有效 / 249

一朝被蛇咬，十年怕井绳 / 251

吸引力法则是世间唯一的法则吗 / 255

通往真理之路往往荆棘丛生 / 259

成功的要素 / 259

激情的力量：甘兹菲尔德实验 / 262

执念的力量 / 265

净胜的高阶力量 / 267

积极思想的四大流派 / 270

现代精神疗愈发展概况 / 278

超越时空，无远弗届 / 282

重塑人脑思维模式 / 286

积极思想革命 / 288

第 1 章
“新思想、积极思想”的萌芽

芸芸众生中，罕有审问、慎思、明辨兼具者。

摘自叔本华所著的《关于宗教之对话》（*Religion*：*A Dialogue*）

我成长于 20 世纪 70 年代的美国，并不是一个生性乐观、正面积极的人。那时，处在求学阶段的我常常因为惧怕上学而胃痉挛，学校对我而言如同梦魇：目露凶光的老师、欺凌弱小的同学和拙劣糟糕的作业。那时，我姐姐卧室的墙壁上挂着一幅大型海报，上面有一首励志的诗，这首镶嵌在丝绸上的诗句在五彩灯光的映射下显得那样立体而又朦胧。我时常凝视着这首诗，期待着它能带给自己希望和力量。和当时的很多年轻人一样，曾经迷失过。我至今仍对姐姐卧室的那首诗记忆犹新：

昔日不再重现，
明日始于今日，
与其懊恼昨日未成之事，
不如今日加倍努力，
不积跬步，何以至千里？

此诗的作者已经很难考证了，唯一有据可查的是那首诗下面的一行小字“Sigrad”。经过进一步的考证，这个名字似北欧人名发音的词其实是冰岛语。讽刺的是，这个词的字面意思竟然是“屡战屡败”。

然而，这首诗再好不过地印证了我后来的成长经历。20 世纪 70 年代末，我家从纽约皇后区的平房搬到了长岛的一个大别墅，这看似美好却并不是一个明智的抉择，因为那时，我们的经济状况很难月供一个这么大的别墅。搬进大房子后，父亲失业了，我们冬天付不起中央暖气费，只能用热油汀取暖，只能捡别人的旧衣服穿。有天晚上，我无意中听母亲说要去申领低保。没过多久，父母因为经济的窘困结束了他们的婚姻，我家也走到了瓦解的边缘。那个时候，我很害怕回家，常常半夜还在外面逗留。多少个夜晚，我都会像童谣里唱的那样对着星星许下愿望，祈盼梦想成真、将不可能化为可能、让快乐幸福永远相伴。

为了寻求心灵慰藉和精神安慰，给郁闷烦躁的心找一个出口，我将心思寄托在阅读上，频繁去图书馆翻阅名家经典著作，从爱默生的“超验主义”到犹太教法典《塔木德》[①]（*Talmud*），我都曾涉猎过。爱默生先生的一句名言给年少的我带来了莫大鼓励：“在人生的路上，我们要保持积极、良好的心态，思想的力量可以使我们强大。”先生的这句名言给了我莫大的启示：人生之路，道阻且长，保持对未来的憧憬以及积极的人生态度，可以让我们的生活变得更加美好，甚至能够帮助我们改变客观现实。

正是基于对未来的憧憬，期望帮助更多的人实现更美好的生活，高中阶段的我就立志要成为一名“人生导师”，并开始为梦想而奋斗。那时候，我为了生计，送过报纸、在垃圾回收站做过搬运工；为了学业，我两点一线地往来于文化课学习和戏剧课之间；高中毕业申请大学时，因为家里经济状况很困难，没有钱供我上大学，我为此不得不言辞恳切、不卑不亢地在申请信中求助于奖学金发放办公室，并最终申请到奖学金。当然，在我的成长过程中，周边的亲朋好友也给予我们莫大的帮助和鼓励，他们是帮助我们渡过难关的重要支撑，让我家永远不能忘怀的是来自母亲工作的那家医院工会的支持。当时，母亲在一家有着近 1200 名员工的大医院工作，医院的员工福利非常好，这为我们整个家庭提供了非常好的生活保障，点滴之力，犹如涓涓细流，润万物于无声。

就这样，我们家在母亲和兄弟姐妹的共同努力以及一群亲朋好友的支持下，经济状况在一点点地好转，我们的运气特别好，并没有因经济困难而流离失所、露宿街头。

---

① 犹太法典《塔木德》是犹太教两部法典之一，集犹太教口传律法之大成，类似《圣经》，是用希伯来文编写的。——译者注

在此期间，积极乐观、坚韧强大的家庭氛围给了我们莫大的支持和鼓励。随着生活阅历的增加，我的人生观、世界观以及生活理念也在慢慢形成：内心的驱动力和坚强的意念能够帮助我们解决生活中的问题，即使不能即刻改变现状，也可以给予我们希望和力量，帮助我们理清现实、看清问题的本质，更好地认识自己、认识这个世界。后来，我成家以后，岳母特雷莎·奥尔（Theresa Orr）给了我巨大的激励和启发。那时候，岳母已经对肯定性思想哲学（affirmative-thinking philosophies）颇有研究，并从中获得了许多生活感悟和人生体会。她曾多次告诉我，这门生活哲学让她受益匪浅。

特雷莎出生于马萨诸塞州沃尔瑟姆的一个意大利裔移民家庭，父亲是一位普通的剃头匠，她自幼家境很贫困。1959 年，特蕾莎考入了布兰代斯大学（Brandeis University），并获得了全额奖学金，成为整个家族中第一个女大学生。大学毕业后，特蕾莎一直在岗位上勤恳地工作，后来成功当选为哈佛大学医学院副院长。据统计，20 世纪 50 年代在美国高校中，女生的比例仅为 24%，所以，岳母当年能以全额奖学金考取大学，可谓“巾帼不让须眉”。在兢兢业业工作之余，她还肩负起照顾整个家庭的重担，独自支撑着整个家庭的经济和精神大梁。上有老母，下有两个年幼的女儿，她都兼顾得当。不仅如此，她还时常接济自己的娘家人。她的娘家经济状况相当差，两家人同住在一个局促狭隘、暗无天光的小平房里，仿佛日子就这样走到了尽头。于是，岳母就帮娘家人报名参加了各种技能培训班和自助课程，希望帮助他们摆脱贫困的帽子，其中让整个家族受益最大的是一个名叫“12 步疗法”[①]的自我提升课程。

特蕾莎之所以会资助全家人参加这个课程，是因为这与她的成长经历、人生感悟密切相关。她自幼家庭贫困，后得以上大学接受高等教育，进而进入医疗行业，并最终当选为哈佛医学院副院长，这一切的成就，除了自身的努力外，和她良好的生活态度、正确的人生理念以及积极乐观的性格养成也密不可分。

---

① 12 步疗法（A twelve-step program）源自美国著名戒酒组织 AA 协会（即嗜酒者互戒协会），该组织起初是为了帮助酗酒者戒除酒瘾而成立的。1939 年，该协会出版了一本组织会刊而最先提出“12 步疗法”这一术语，它后来由美国心理协会（the American Psychological Association）加以扩充完善，演变成专为酗酒、吸毒、尼古丁上瘾等成瘾症患者以及性格冲动、情绪不稳的人设计的治疗方案。现在，这一疗程也逐渐运用到肥胖症患者身上，所以在北美很流行，“12 步疗法”这一词语也广泛出现在各种美剧中。——译者注

那么，肯定有人会问：性格难道不是天生的、从娘胎里带出来的吗？性格可以养成吗？人生态度能否进行修炼呢？特蕾莎的切身经历告诉我们，这一切都可以通过后天学习、训练而习得，她的性格养成方法就是学习有关积极思想的各种名家著作。在这里，我推荐两本她在相关领域研究最深的书籍：第一本是《静思祷告文》[①]（*Serenity Prayer*）；第二本是《奇迹课程》[②]（*A Course in Miracles*）的通灵文本（the channeled text）。在通读了这两本巨著后，特蕾莎将其中的励志名句、警世名言加以整理、摘录，誊抄到读书笔记中，并制作成名片大小的各种卡片，贴在自己家中的各种角落，甚至连冰箱门都不放过，她用这些格言、警句随时随地提醒自己保持积极乐观的心态。特蕾莎比较喜欢的格言有：幸福掌握在自己手中；走在幸福的康庄大道上；快乐可以自己掌控；激励自己的同时更要带动他人一起努力。在所有这些短句中，我最喜欢的一句是：在正确的时间做正确的事！

每当谈论“正能量”“积极思想”的时候，特蕾莎总是很有耐心地将当今世界顶尖的成功学导师、演讲家安东尼·罗宾（Anthony Robbins）说服。据我所知，在我这个岳母心中从来就没有问题和困难，她强大的内心、乐观积极的人生态度给她的人生带来了翻天覆地的变化，使她从一个家境普通的移民后裔成长为哈佛医学院的副院长。她积极乐观的人生态度和积极的思维方式同时也深深地影响着周围的人，当然其中也包括我。

从 20 岁到 40 岁不惑之年，我在追求精神世界和人生体悟的道路上走过一些弯路，有过曲折。我曾研究过晦涩深奥的宗教神学教义、神秘学理论以及东西方各种哲学流派。然而，每当我“剑走偏锋”的时候，“新思想、积极思想”总能将我从思想的沼泽中带离出来，让我无比坚定地迈向更广阔的远方。

积极思想简约而不简单，它可以概括总结为：人类集天地之灵气、与生俱来有着更高阶的能量，而大部分人的内心却是处于休眠状态中，其很多内在潜力还未被激活、

---

① 《静思祷告文》（*Serenity Prayer*）为经典的祈祷经文，名句有“愿主赐予我宁静，接受我所不能改变的；赐予我勇气改变我所能改变的，并赐予我智慧来分辨世间”。——译者注

② 《奇迹课程》是一本心理学界的旷世巨著，由美国哥伦比亚大学医学心理学教授海伦·舒曼（Helen Schumann）历时七年半呕心沥血地完成。舒曼教授同时也是一名神秘主义者（occultist），《奇迹课程》应该更准确地属于一本“神秘学”著作，它也是新思想和积极思想的代表著作。——译者注

有待挖掘。“新思想、积极思想”的主旨在于激活沉睡在每个个体最深处的精神力量、挖掘个体潜能，从而达到疗愈生命、实现美好人生、找回内心平安喜乐的目的，而人类的终极宗旨在于找寻人生的意义、生命的价值，追随内心的幸福与喜悦。那么，如何达成开悟、参透人生呢？“新思想、积极思想”认为可以通过以下方法来达成。

◎ 可视化（visualization）。将目标、愿望或梦想直观形象地以图形、图像、文字等各种形式清晰地呈现出来，可以将其写在各种卡片上、记在电脑记事本里或者手机日记本里。

◎ 肯定（affirmation）。果断积极地专注于目标的实现，并在生活中随时随刻、无处不在地提醒和激励自己，从而实现对个体现实能力和潜在能力的激发和强化，经过长期持续不断的刺激后，这种现实或潜在能力将会变成一种习惯性思维方式和工作态度。

◎ 冥想（meditation）。冥想有助于培养正念力（mindfulness）、专注力、积极正性的思维方式以及百折不挠的毅力，有助于清除脑中杂念以及去除各种消极负面、悲观抑郁的想法和念头。

这是一个长期持续的过程。在这一过程中，个体的潜能将被激活，并在精神层面和心理上发生质的改变。对这一质的改变，西方精神心理学称之为“精神顿悟”，它和佛家、道家的“成佛、悟道”有着异曲同工之妙。从这个角度理解，宇宙洪荒、气象万千始于心。在研究“新思想、积极思想”的道路上，我本人也经历了思想上的“质变”和“精神的觉醒”，这种精神的质变特蕾莎也曾经历过。

多少年来，很多精神心理学思想家、哲学家、修行者们认为，积极思想看起来很奇幻、很玄妙，而它实际上就是一个极易破灭的肥皂泡，把它当作一门哲学理论或心理学理论来研究实在是很傻、很天真。而我就喜欢研究“积极思想”这样不被世人所严肃看待的理论，真理对我而言往往隐藏在最不被主流所接受、所认同的思想里；找寻真理的道路往往不是荆棘丛生，而是真理就在我们眼前却被我们忽略。

在 19 世纪末、20 世纪初“新思想、积极思想”的成型期，该领域里的许多先驱们也同我一样，他们都曾在哲学、宗教神学的不同领域、不同流派中探索、徘徊过。然而，最终殊途同归，大家都回归到一个共通的理念、一个千呼万唤未出来的“真理”、一个隐藏在简单的甚至被忽略的日常现象中以及一种人类共通的思维方式中，那就是“更高阶之新思想”。我不相信某种单一的思想或理论具有某种至高无上的终极力量。但是，如果积极思想具有很强的现实意义、在实际操作中利大于弊，其理论基础也站得住脚的话，那么我们不妨对其讨论一下，这也是本书成书的意义。

积极思想，更准确地应称其为“新思想”，也称“更高阶的思想”，它是美国历史上一帮宗教神学家、哲学家以及修行者们，根据自己的修行经验结合神学思想、宗教信仰、哲学思想和东方神秘学思想，为了解决日常生活中所遭受的疾病痛苦所提出的一种自我精神修行的思想，其也是一种生活哲学。它经历了上百年的讨论、争议，虽久经争议却历久弥新。在当今的美国和加拿大，数以百万计的人正在研习这门哲学，并获得了很不错的反响。诚然，作为一种哲学思想，积极思想还不够发达，也不够完善，其本身存在着各种伦理、道德层面上的争议，以及这样那样的自相矛盾。

尽管如此，新思想和积极思想界的学者们和评论家们应充分认识到这些不足之处，充分发掘任何可以使其更加完备的可能性，从而让这门哲学思想早日成熟和完善。为了更充分地认识到积极思想的不足，我们需要从整个积极思想的发展简史开始探讨。

首先，我们需要搞清楚积极心理学、积极思想、 新思想以及新纪元思想之间的关系。

心理学是一门很新的学科，然而心理学的历史却非常悠久。积极心理学作为一个心理学术语最早出现于 1997 年，是由美国心理学家马丁·塞利格曼（Martin Segliman）就任美国心理学会（APA）主席一职后首倡的。自此，积极心理学作为一门心理学思想被越来越多的心理学家所研究和关注，并在北美形成了积极心理学运动，而积极思想这一术语则出现于 20 世纪，其前身为新思想，二者从某种意义上来说是相当的。积极思想和新思想概念相通，它们只是在不同时期的不同名称而已。积极思想在发展过程中出现了很多分支、流派，本书中会对其做详细介绍；而积极心理学在很大程度上则是从积极思想发展、衍变而来。

积极思想和积极心理学的区别在于：前者强调“思想的力量”“思想对现实的作用”“多即更好”，在于强调去除自己内心所有的消极、负面和否定的情绪，只留下正面、积极、肯定的思想；而积极心理学则承认两方面都存在。积极思想在于追求正面思想对于外在现实的作用，以及对于财富创造和疗愈人生的功能；而积极心理学则关注幸福感获得、心理疾病治愈和人际关系平衡等各个方面。从某种程度上来说，积极心理学衍生于积极思想，只不过，前者建立在现代心理学的理论基础之上，而后者则是建立在精神心理学基础上的人生体悟思想。

追根溯源，积极思想的前身为新思想，它和现在北美流行的精神解放运动——新纪元运动亦有重合之处。学界一致认为，新纪元思想根源于新思想，它是新思想的升级版。

积极思想的先驱们

新纪元运动发端于19世纪晚期、20世纪早期，流行于20世纪六七十年代，鼎盛于20世纪80年代晚期，其涉及的层面极广，涵盖了神秘学、替代疗法，并吸收了世界各个宗教的元素甚至是环境保护主义的思想，其理论根源于19世纪晚期的形而上学运动，如神智学以及新思想运动，另外还有替代疗法运动、脊骨神经医学与自然疗法等。而这些运动又可追溯到超验主义 、梅斯梅尔磁疗术 、斯威登伯格主义以及各种西方早期的神秘主义或神秘学传统，如占星术、赫尔墨斯主义、巫术、炼金术以及犹太教神秘哲学“卡巴拉” 。

19世纪中叶，美国出现了一群致力于探寻“神秘力量”“未知世界”的先锋人士，其中包括浸淫于宗教哲学和心理学研究的哲学家、神学家，他们中有精神治疗师、催眠师、冥想家、人生体悟学者等精神疗愈大师，上帝“位格单一”的神体一位论信仰者；还有以爱默生和梭罗为代表的超验主义者。除此以外，社会政治领域里还出现了一批女权、宗教解放和种族平等方面的积极分子，如妇女政权论者、嬉皮士时代的自由恋爱提倡者、黑人解放活动家以及基督教社会党；前卫思想艺术领域中也出现了一批先锋人士和组织，如动物权利保护者 、密宗和共济会。这批先锋人士都是走在时代前列的宗教神学家、哲学家、心理学家和前卫艺术家，他们不拘泥于传统的宗教神学思想，勇于挑战传统思维，敢于跳脱惯性思考，打破陈规旧念。于是，他们踏上了研究人类思想的征途。一批又一批的自由思想者前赴后继“搭帮结派”组成科研小组，或自立炉灶关起门来私下研究，最终促成了美国历史上著名的新思想运动。

到了19世纪中后期，越来越多的美国人开始相信，思想的精神力量隐匿于生活中的每一个角落。在科学技术领域里，电气技术的发展、电报信号和电流的发现，无疑都是人类在探究“未知世界”的一大进步。而前卫艺术领域中美式说唱和梅斯梅尔催眠术[①]传到美国之后，在欧洲启蒙思想的影响下，美国社会对于这股力量的热衷和探索达到前所未有的高度。一时间，“神秘学”和“神秘主义”已然上升到一个新高度。

20 世纪初，“实用主义”哲学、美国现代心理学创始人、哲学家威廉·詹姆斯称，这些神秘主义者通过多年的研究和著书立说，已然在精神意识流领域掀起了一股思潮，他称这股思潮为“健全心灵的宗教”（the religion of healthy-mindedness），该词语出自詹姆斯的《宗教经验之种种》[②]（*The variety of Religious Experiences*）的第四、第五讲。詹姆斯还在本书中预言，这场健全心灵的宗教运动非常有可能演变成一场自由普世的信仰集会，而这场心灵运动也是神秘主义、理性主义和实用主义最完美的结合。1907 年，詹姆斯在书中写道：“积极思想运动犹如一场宗教运动在美国大地广泛传播，这股热潮在某些方面同早期基督教、佛教的传播推广相当类似。”詹姆斯也是美国心理学会创始人之一，他开创了宗教心理学，提出了将“宗教信仰的精神疗愈和心理学治疗”相结合，这在某种程度上与“新思想”“积极思想”的理论一致。

不论是基督教、犹太教还是佛教，其都经历过大大小小的改革，也遭遇过各种挑战，我们很难预测宗教运动的最终宿命。托马斯·杰弗逊（Thomas Jeffson）曾写过，每个年轻人在人生中的某个阶段都会或早或晚回归到唯一神论（die an Unitarian）。20 世纪初，马克·吐温也曾预言，基督教科学会会在未来占主导地位。然而，现实又是怎样呢？反观当今美国，越来越多的年轻人开始相信无神论，美国国会也没有被基督教科学会所占领。相反，基督教科学会的影响却日趋衰弱，大有退出历史舞台的趋势。时下发生的一切告诉我们，威廉·詹姆斯的预言更加贴近现实，“新思想、积极思想”运动发展之迅速已经超过了美国历史上任何一场宗教运动和思想解放运动，已然掀起了一场宗教心理学的革命，从各个方面深深地影响着美国的民族性格，并成为美国主流意识形态中极其重要的一个组成部分。詹姆斯所提倡的“健全心灵的宗教”将宗教

---

① 梅斯梅尔催眠术是由出生于瑞士德语区的梅斯梅尔（Mesmer）所发明的，是现代催眠术的前身。不论是梅斯梅尔催眠术还是现代催眠术，其背后的作用机理都是“心理暗示”。——译者注

② 《宗教体验之种种》的作者威廉·詹姆斯（1842 年—1910 年）系哈佛大学哲学系教授，曾任美国心理学会（APA）主席，是美国最重要的心理学家与哲学家之一，也是现代心理学的重要奠基人。他在《宗教经验之种种》一书中提及了“医心运动”（mind-cure movement），该书出版后被认为是 20 世纪最有影响力的宗教论著之一，其对西方宗教研究产生了持续和深入的影响，系宗教题材中的经典之作。——译者注

疗愈和心理学实践相结合，其已然成为一种重要趋势。

在我的上一本书——《神秘美国》（*Occult America*）中，我也曾深入探讨过美国“密契主义运动”（mystical movements）以及一些早期积极思想界学者们的著作。经过更深入的研究和更细致的分析，我终于明白，这些先驱及同行填充的这段空白不仅深深影响了美国的宗教神学界、心理学界，并且已经进入了美国百姓生活的最深处，成为了美国文化的半边天，而当下盛行的“美国梦”“美国精神”更是“新思想、积极思想、乐观主义”最典型的反映。新思想、积极思想和乐观主义的缔造者们也在社会、宗教、经济和政治各个方面改变了我们的世界观、人生观。从某种意义上，新思想、乐观主义、积极思想不仅是一门哲学，更是当代美国的真实反映。其强调个体思想的巨大力量、提倡发挥思想的力量改变客观世界，也是美国文化一个极其重要的组成部分。

纵观当今美国社会，“新思想、积极思想、乐观主义”已然渗透美国民众政治、经济、文化生活的各个方面：在电视福音布道界，享有盛名的电视福音布道师、宗教神学家欧斯丁（Joel Osteen）、杜祈福（Creflo Dollar）和T.D. Jakes等人通过电视、网络、收音机等现代多媒体手段进行布道传教，他们都对“积极思想、乐观精神”推崇备至；在大众传媒界，拥有百万听众的意见领袖、公知名流，如著名的脱口秀主持人奥普拉、费尔医生（Dr. Phil）以及著名的外科医生奥兹（Mehmet Oz）等更是将“积极乐观、积极思想”挂在嘴边；在图书出版领域，从成功学畅销书到大同小异的个人自助图书，琳琅满目、种类繁多；在心理学专业领域，各种以“积极思想、乐观精神”为主题的工作坊、座谈会层出不穷，各种打着“积极思想”旗号的身心疗法、减压课程、人生体悟课程此消彼长；在医疗护理领域，人们使用“新思想、积极思想”对“危重症”患者进行心理重建和心理干预，这对疾病的治疗以及愈后恢复有着不可或缺的正面意义；在普通老百姓的日常生活中，各大公司的宣传墙上都贴有各种励志海报，人力资源部更是将“积极乐观、积极思想”作为岗前培训、团队建设必不可少的一部分；甚至连一些思想相对保守的教会也会在教会手册上屡屡提及“积极乐观”的思维方式。

“新思想、积极思想”作为一门生活哲学，俨然演变成一种信仰，席卷了美国的各个角落，而由此衍生的各种商业课程如雨后春笋般此消彼长，这也为积极思想在全球传播打下了坚实的基础。我们这里所说的“衍生课程”有各种形式的“精神疗愈”课程、医学冥想班、静观自我关怀等，而就在不久前，著名的斯坦福大学也设立了自己的冥想中心。

在政治领域，积极乐观主义也是美国政治风潮中不可磨灭的一部分。19 世纪 30 年代经济大萧条时期，种类繁多的“邮政励志手册”为经济低迷时期的美国民众打足了“鸡血”；到了里根总统执政的八年，有研究数据表明，里根的竞选口号为他赢得总统票选起到非常重要的作用，那么他的竞选口号究竟是什么呢？它听起来跟某运动品牌的品牌口号非常相似 ——一切皆有可能！这句口号在美国实在太出名、太招人喜欢了，以至于里根每次演讲甚至在召开政府工作会议上都会把这句口号当作“口头禅”挂在嘴边。

从“一切皆有可能”开始，里根的竞选口号、演讲风格方面改变了美国总统竞选的风格，奠定了其后各届总统（无论是共和党还是民主党）的竞选基调：积极进取而又不失幽默风趣。这里姑且不论里根“一切皆有可能”理念的好坏与否，但是“积极乐观进取、奋发向上、百折不挠”的精神构成了“美国梦”的核心，也构成了美国的国家精神，并成为了美国国民的信仰。自里根之后，美国的政治格局也焕然一新，政治口号也奋进昂然，开始注重启发、激励民众，歌颂美国民众的无限潜力。从这个意义上讲，“积极思想、乐观主义 ”也是美国的国家信条，并成为美国的国民信仰！

“新思想、积极思想”所遭遇的争议

现代社会的通识教育一直都在灌输一种普世价值，即任何一种思想、理论或方法论必须经过实践检验，且必须有各种科学严谨的数据分析作为支撑，方可称为有效。而现代社会快节奏的生活、工作方式都在灌输着一种以“结果为导向”“解决问题为根本”的价值观。作为一种“形而上学”的精神理论，“新思想、积极思想”在实际操作中就会有很大难度，其需要长久持续的人生体悟，而其产生的结果也很难量化，甚至很多时候，人们很难界定其结果是否具有正面意义。因此，许多接受过高等教育的各界人士都认为“积极思想、乐观主义”是一种愚蠢诡异的现代文化。在民权运动领域中，著名作家、政治活动家芭芭拉·艾伦瑞奇[①]（Barbara Ehrenreich）在罹患乳腺癌期间曾接触过“积极思想”，她对其没有好感，称之为“死板沉闷的教条主义”，甚至出版过一本书去“控诉”这一理论，这本书就是《失控的正面思考》（*Bright-Sided: How Positive Thinking Is Undermining America*）。除了艾伦瑞奇曾经在书中鞭笞过“新思想、积极思想”外，文化意识领域的其他人士也曾对其进行过打压，这里就不得不提一下大历史环境。

众所周知，20 世纪 60 年代是美国历史上的一个大变革时代，年轻一代的价值观和思想方式发生了翻天覆地的变化，这一时期流行文化中崇尚“颓废”、反传统，提倡个性自由、个性解放，校园里开始出现各种社会运动，如民权运动、女权运动、反战运动、反文化运动、性解放运动等。这些运动的发展和对社会的批评促进了自由、民主、平等在美国的发展，恋爱自由、妇女权益、有色人种的权益得到了很大程度的彰显。但是另一方面，自由主义、毒品、艾滋病、颓废等开始盛行，并成为颇为严重的社会问题。尤其是 20 世纪六七十年代，美国出现了一批反抗传统和政治的年轻人，他们被称为“嬉皮士”（hippie，hippy），并掀起了美国历史上有名的“嬉皮士”运动（hippie revolution）。到了 20 世纪 70 年代，这场运动则演化为新纪元运动。当时，大历史环境下的美国主流社会（尤其是年轻一代）的价值观似乎和“积极思想、正性思考”格格不入，所以著名的社会评论家理查德·霍夫斯塔特（Richard Hofstadter）才会做出这样的评论：“积极乐观的思维方式对于民众的影响（尤其是经济生活的影响）很难取代其他社会意识形态。”

即使到了 21 世纪，积极思想仍被很多主流人士所鄙弃。我曾试图向一位媒体界的高管解释“互惠定律”[②]（Law of Reciprocity），还没等我说完，就被这位高管给打断了，她甚至颇为武断地指称我在“胡扯”。在与我的辩论中，她坚持认为“互惠定律”忽视了弱势群体的利益、诉求和呼声，弱化了弱势群体遭遇的种种不公平待遇。她的这些观点和大部分哲学评论家的观点非常相似，我个人认为也不是没有道理。的确，

---

① 芭芭拉·艾伦瑞奇是《时代》杂志专栏作家、细胞生物学博士，著有《失控的正面思考》《恶劣的年代》（*the worst years of our lives*）等书。——译者注

② 互惠定律理论源于吸引力法则，是由福音传教士帕特·罗伯逊（Pat Robertson）重新定义以及重新命名而来的。——译者注

多年以来，积极思想中一直存在着几股“邪”流：一股流派崇尚“因果轮回”，崇尚“思想具有化腐朽为神奇的作用”“每日一鸡汤，鸡犬也升天”；另一股流派信仰“新纪元运动”中的“人神化”（New Age precept），这一理念认为每个个体都有一个“神明的小宇宙”，都可以达到“人成为神”的境界，这一观念时下非常流行。但是我个人却认为，这两股思潮正是“新思想、积极思想”在伦理道德层面上的致命弱点，这也是我在本书中要讨论的问题。

还有些评论家指出，积极思想只有许多无实质意义的“空谈说教”，缺少实际的操作可能，更不能给出具体的建设性解决方案。他们甚至认为，提倡“正能量”“积极思想”模式对于慢性病患者或者意外事故受伤者而言，不仅不能帮助他们解决疾病治疗问题，反而可能会加重他们心理上的负担，延缓疾病康复和伤处愈合。“新思想、积极思想”理论提倡的“精神意念能战胜一切”的观点可能会给病患的康复愈合设置过高的期望，而一旦病后的康复情况没有预料中的乐观，那么就有可能会给病人带来心理上的阴影，这就是为什么会有评论家诟病于此。还有很多评论家认为“积极乐观、积极思想”缺乏实际操作的可能性，很难解决实际问题。而在实际的临床治疗中，这样的案例屡见不鲜，我曾亲眼见过一则案例。在产科病房，年轻的产妇刚刚生下一个患病新生儿，她的家属就婆婆妈妈地劝导这位新妈妈要“积极正面、阳光点、想开点”，在这种时刻，任何不能解决问题的劝导就显得那么的空洞和琐碎，而很多情况下，这种无实质意义的空谈并不能帮助解决问题，反而可能会加重病患的焦虑，激发病患的反感情绪。

在过去的 20 多年里，我也亲身接触过很多走在积极思想运动最前沿的人士，也发现了很多能够扛起这面大旗的人，他们往往是各种非主流教会的宗教神学家，或是民间各种心理互助小组的成员。这些人士也意识到积极思想仍有许多有待完善的地方，其理论仍存在着某些方面的自相矛盾。比如，积极思想认为，长期积极乐观的自我暗示有益于身心健康。然而在实际生活中，仍有不胜枚举的案例表明，很多正能量满满的人也不能免受疾病的痛楚和健康问题的折磨。正是基于此，很多学界大师们对于积极思想的态度也飘忽不定。我也曾亲自接触过这样的案例。2012 年，一个旨在帮助“性侵犯”女性受害者的公益组织负责人写信给我，她在信中用实际案例阐述了积极思想带来的正、反两方面的结果。在她的组织中，有的受害者非常巧妙地使用了积极心理疗法来重建自我价值和自信心；但也有受害者在接受积极心理疗法后，其受害自责心理反而加重了，这其中就有她的丈夫。她甚至在信中以自己的丈夫为案例，跟我倾诉积极思想的“不作为”：

> 我的丈夫曾是一位身体健康的农场工人，他在22岁时经历了一次严重的中风。随后，在接受积极思想治疗后，他却感到积极思想教育中存在的自相矛盾。这种治疗方式在残疾人的康复治疗（尤其是非物理治疗）中起到非常好的作用，而过度地强调物理治疗是一种正确的思想指导，这会让那些身体有残疾的人士忽略其他非物理的治疗方式。在信的末尾，她提出了这样一种假设：“积极思想可否发展成一种多元的思维模式？这种模式里没有指责、抱怨，没有负能量，也没有粗暴单一的成功学法则和心灵鸡汤。”

当然，成功从来就不是只有一种模式，也不是只有一种途径去定义。这个世界本身就是多元的，成功的途径有千万种，积极思想也不单纯是励志成功学的心灵鸡汤。本书更不是励志成功学心灵鸡汤的二道贩子，而是从积极思想产生的背景、其萌芽发展壮大的各个历史阶段来分析，从史学角度去考证积极思想如何从宗教神学运动中分离出来，发展成为一门独立的思想意识流派；以及考证积极思想是如何在庞大的文化丛林中，壮大成熟到可以触及生活的各个方面，并成为一门生活哲学和精神心理学。

积极进取的生活态度、奋发向上的国家精神

历史学家加里·沃德·马泰（Gary Ward Materra）曾充分肯定过积极思想的当代意义：“积极思想已经相当接地气地渗透到了美国民众生活的各个方面，它对于当代美国文化的影响力不容小觑。”不论是从历史角度、精神层面还是现实意义上，积极思想涉及的范围都很广，其所注重的“源于心灵，成于思想”的理念还需要人们花时间去研究。

纵观“积极思想”发展的各个阶段，萌芽时期阶段的积极思想在史学界被称为“新思想”，其宣传“宗教信仰的疗愈能力”，曾在美国历史上掀起了一场精神疗愈运动，并迅速吸引了众多粉丝，这就是著名的新思想运动。19世纪80年代，美国渐渐从文化上摆脱了欧洲的影响。在某种程度上，新思想就是在超验主义的启发、影响下开展而来。

19世纪中期的美国，其在医学领域等稍落后于法国、德国以及以英国为代表的欧洲国家。此时，神医昆比和玛丽·贝克·艾迪创立的基督教科学派开始提出“信仰疗愈”的理论，主张通过祈祷、诵经、布道乃至默思等方式，发挥宗教信仰的疗愈作用来治疗疾病。在这期间，伴随着梅斯梅尔疗法传入美国，催眠术开始在美国流行开来，“宗教信仰的疗愈”作用结合催眠术的运用，萌芽阶段的心理学借着宗教神学的平台萌生并发展起来。

维多利亚时代中后期，英国工业革命传入美国后，美国经济突飞猛进地发展起来，并很快超越英国，工人阶级作为中坚力量迅速崛起。工人阶级的崛起在思想意识领域掀起了一股自由解放的思潮，而其间女权主义和女性运动的发展也推动了新思想运动，将新思想带入主流人文领域，从而客观上推动了“积极乐观主义”的发展。20世纪30年代美国经济大萧条时期，为了振奋民众因经济危机带来的萎靡情绪，励志成功文学应运而生。并大有赶超“宗教文学”发展之势。

第二次世界大战期间及战后，“新思想、积极思想”也屡屡介入到当代科学研究领域中，从“大脑生理学”研究的开展到身心语言程式学（Neuro-Linguistic Program，NLP），甚至还有最具争议的量子力学理论新发现：意识不仅会影响到，而且还会决定外界事物的发展。这一理论在科学界、学术界引起了强烈争议。

到了当代，各大名校争相开办“幸福学”“幸福力”等各种“幸福心理学”课程，“积极思想”也逐渐从宗教神学中分离出来，成为一门独立的学科。始于“宗教神学”运动，以“信仰疗愈”功能为名，“积极思想”作为一门生活哲学、实用心理学的一支，起步时间较晚，其在发展过程中难免出现“瑕疵”和“缺点”。比如，其理论本身存在自相矛盾；科学上的不严谨使其缺乏系统数据的支持；其对于传统宗教神学理论的挑战往往导致其限于伦理道德层面上的不足。然而，我们并不能因此而忽略“积极思想”的正面意义，尤其是其在日常生活中的现实意义。

让我们回到“实际意义”这个考量中来，从实用角度出发，以实用主义哲学为准绳，不论你是支持抑或反对积极思想，我们都会在坚持各自立场的前提下，抛开量子物理理论等争议，只是去思考一个简单而又极具终极意义的问题——积极思想真的有用吗？

本书所探讨的积极思想远远不只是成功学“鸡汤”中描述的无边法力的魔术棒，它可以化腐朽为神奇、变“屌丝”为精英，它也不是“放之四海而皆准”的单一的成功法则，更不是评论家们笔下的每日一句“鸡汤哲学”，而是一种伟大的思想，更是一门生活哲学。

本书的成书目的远远不仅在于将“积极进取的生活态度”传播给更广阔的人群，而更期望从史学角度，去探讨美国“积极思想”的发展史，让更多的人了解积极思想在重塑美国精神、民众意识层面上的重要意义，了解当代美国文化的形成基础，并让更多的非历史、非哲学神学、精神心理学专业的人士去了解当代美国上层建筑中非常重要的一个部分。

第 2 章
“新思想、积极思想”的萌芽及发展

做你所能。

美军征兵广告（1980 年—2001 年）

积极思想在塑造 21 世纪的美国国民性格中起到极其重要的作用。我们的生活中也充满着许多身处逆境但仍然保持着正面积极、乐观向上的积极乐观主义者，他们中也有很多人后来事业成功、家庭和睦、生活美满，被安上许多具有感情色彩的成功学标签，被人们称为“野心家”；而那些事业发展平平的人则被贬称为“无能的屌丝”。然而，不论是世俗意义上的成功者还是失败者，积极乐观、积极思想、奋发进取的精神却不容蔑视，正能量之歌永远值得弘扬。

2009 年，来自美国堪萨斯州的医生乔治·泰勒（George Tiller）被一个反堕胎民间组织谋杀。泰勒曾是美国红极一时的妇产科医生，他因为很多孕妇做过堕胎手术而被公众所知， 并被宗教界所不齿。泰勒医生生前最广为人知的故事就是，他常常穿着一件印有“态度决定一切”的 T 恤衫，这里姑且不论泰勒医生为病人实施堕胎对错与否，但是他的积极乐观、奋发进取的态度却值得提倡。

“积极思想”谱写了现代生活的主旋律，并在政治、经济、文化、消费行为、精神意识等各个层面上重塑了当代美国社会，它对社会的正面影响力也体现在社会生活的各个方面。长寿学研究数据发现，健康长寿的秘诀除了少量或拒绝饮酒、戒烟、低卡路里饮食和经常运动之外，保持积极乐观的心态、拥有正面进取的思维也相当重要。

在消费文化中，自我肯定也在塑造品牌形象、完善企业文化中起到相当重要的作用。这里举几个有名的广告标语，比如，美国征兵的广告语“做你所能”，耐克公司的广告语“只管去做”（Just Do It），万事达卡的“掌控各种可能性”（Master the Possibilities），美林证券的“思想无疆界”（To Know No Boundaries）。

美国政治经济发展史上经历过各种起起伏伏，有高峰亦有低谷。2008 年美国金融危机伊始，媒体布道师[①]乔尔·欧斯丁牧师在电视中布道诵经、为民众加油打气、精神上给予鼓励的同时，也为人们提供了三条避免“下岗”的解决方案，其中除了提高职业技能和扩大工作职责范围之外，他还重点强调积极进取的工作态度非常重要。

积极思想已然渗透进美国主流社会的方方面面，其在日常生活中的主要表现形式为：积极乐观的精神；正面有效的思维方式；健康节制的饮食习惯；自省内敛的行为态度；将自己的乐观精神传播给身边的亲朋好友，形成良好和睦的人际关系。积极思想不仅是一门精神哲学、心灵心理学，更是一门生活哲学。积极思想作为一种理论被世人认真研究的时间并不长，它最早产生于 20 世纪早期的新思想运动，以宗教疗愈的功能开始研究。积极思想作为一门理论在刚开始的时候，并没有被大张旗鼓地研究、讨论。

100 多年前，如果你告诉别人“态度改变命运”“思想成就未来”，有可能换来的是质疑和不解，究其原因可能是因为早期殖民时代的宣传手册、宗教神学教义、经书图本或是布道大会宣扬的大多是虔诚、勤俭、守信、睦邻及节欲等宗教价值观，主流社会更是注重宗教信仰上的虔诚、德行操守上的中规中矩，甚少去关注个体的性格发展、意志力的养成、内在品格的完善，更不会去鼓励个人努力、个人奋斗。然而，这并不表明美国缺少励志成功类文学作品。事实上，那时的美国不乏“励志文学”作品，早在 17 世纪就出现了此类佳作，当时的清教徒著作中关于积极思想的描述屡见不鲜，这里就不赘述了。另一个例子就是，我们在著名的《穷理查年鉴》（*Poor Richard's Almanack*）中也可以找到积极思想的影子。这本册子的作者就是大名鼎鼎的本杰明·富兰克林（Benjamin Franklin）。富兰克林在这本年鉴中虚构了一个名叫“理查·桑德斯”

---

① 媒体布道师（media minister）是指通过电视、网络等新媒体传播福音、布道的神学牧师。——译者注

（Richard Sanders）的穷小子，这个人物也因此叫“穷理查”。1733 年 ~ 1758 年，他每年都在费城以此虚构人物为笔名来发表文章，这些年鉴在殖民地居民中极受欢迎。这本典型的年鉴包含日历、天气预报还有许多有用的生活常识，再加上各种振奋人心、鼓励民众的“穷理查”的谚语、格言和箴言，这些励志文学短句有些是由富兰克林团队创作的，有些是其本人撰写的，此书在美国曾经非常流行。《穷理查年鉴》一书在主流宗教（尤其是“加尔文教”）的盛行极具里程碑意义。在宗教盛行的年代，很多的教徒整天“纠结”于自己能否上天堂，他们每天祈祷诵经，期望借此洗除自身的“原罪”。《穷理查年鉴》中振奋人心的格言警句给予那些处在“宗教黑暗”中的教徒们极大的鼓励，激发他们积极奋斗、奋发进取的精神，有助于打破加尔文教对于人类“原罪”“人性恶”“命定论”的教条束缚，给处于历史大变革时代、资本原始积累中的美国人民以精神信仰和心灵慰藉。

那么下面，笔者简要介绍一下“积极思想”是如何从宗教神学、哲学意识流派中衍生发展起来的。

积极思想的短暂历程

从某个特定角度来看，屡遭热议的思想论点都可以找寻其历史根源。“意识作为影响力的载体”（influencing agency）这一概念，无论是心理层面还是形而上学意义上来说，自古就有且已被普遍接受。在这一小节中，我们将探讨积极思想的史学、哲学、形而上学以及神学渊源。

积极思想最早可以追溯到“赫尔墨斯主义”哲学（Hermeticism）。赫尔墨斯主义出现于上古世界结束后、基督教文明广泛传播不久前，是古希腊-埃及哲学的一个分支。该理论的宗教背景源自埃及，而哲学背景却源自古希腊，其名称则源自古埃及智慧之神——赫尔墨斯·特里斯莫吉斯特斯（Hermes Trismegistus，亦称为“伟大的赫尔墨斯”），赫尔墨斯相传是古希腊-埃及的一位智者，也是古埃及“魔法之神”托多（Thoth）的化身。千百年来，为了躲避宗教神学的迫害，赫尔墨斯主义哲学鲜有文字记录，而只是通过口口相传，并且也只有极少数的人才有机会接触到这一神秘学说。在“口口相传”的过程中，有一批人用阿拉伯语、希腊语和拉丁语将“赫尔墨斯定律”记载并保留下来，使这一神秘学哲学理论得以用文字形式传承下来。欧洲文艺复兴时期，一批欧洲学者们开始热衷于研究古代神秘学哲学思想（occult philosophies of antiquity），这才使得赫尔墨斯主义哲学重新在欧洲流行，所以赫尔墨斯主义亦是神秘主义的一支。

18 世纪初，英国爱尔兰克罗地亚地区的主教乔治·伯克莱[①]（George Berkeley）就西方哲学观提出了一个革命性的观点。他认为，世间万物之所以存在是人类意念的结果，人类精神意识之外的物质世界是不存在的；没有人类的意识感知，人间万象不会有具体的呈现。伯克莱的理论研究引发了“唯心主义”（idealism）思潮的兴起。1710 年，主教在《人类知识之原理》（*Principals of Human Knowledge*）一书中写道：“上帝乃是客观世界的唯一创造者。”

伯克莱之后的唯心主义哲学的代表人物有康德（Kant）和黑格尔（G.W.F.Hegel）。同伯克莱主教的思想相似，他们两人也认为“客观现实是人类意识的产物”；而不同之处在于，他们认为，人类的认知水平有限，所以很难去认知最真实的世界，即“世界是不可以被认知的”。无论是伯克莱还是黑格尔、康德，他们都有着一个共通的理论，即宇宙的普世定律的确存在，唯有精神觉醒的人才能去感知，也唯有精神觉醒的人才能去改造。

到了 19 世纪中后期，涌现了叔本华和尼采等一批现代主义者（modernist）。所谓“现代主义”是指以“非理性思想为主导来判断事物，反对一切旧思想及既得的生活方式”。他们认为，人类的精神意识拥有一股强大无形的、可以改变客观世界的力量。但是，与康德、黑格尔一样，现代主义者并没有更深刻地论证“心灵乃塑造现实之师”这个概念。事实上，从康德、爱默生到尼采，几乎所有具有代表性的唯心主义哲学家，都相信“天人合一、和谐共生”，人类的精神可以和宇宙力量合二为一，并以此实现更伟大的美好。

和伯克莱主教所处差不多同时期的瑞典出现了一股思想上的“逆流”，这是由瑞典科学家、神秘主义者伊曼纽尔·斯威登伯格[②]（Emanuel Swedenborg）提出的，其哲

① 乔治·伯克莱（1685 年 3 月 12 日— 1753 年 1 月 14 日）是主观唯心主义者、宗教哲学家、神学家，亦被称为伯克莱主教。“唯心主义”的思潮就是始于伯克莱。——译者注

② 斯威登伯格不仅是一名神学家、哲学家，还是一名发明家和科学家。他著有著名的《灵界记闻》（*Divine Influx*）一书，该书长达八册、厚至数千页。在这部篇幅巨大的书中，他提倡“宇宙哲学观”和“神性觉醒”。——译者注

学思想表达了“宇宙哲学观”（cosmic philosophy）和“精神觉醒”。

19 世纪 30 年代，美国哲学家爱默生也深受斯威登伯格主义的影响，但是爱默生以更为引人入胜的方式去描绘这股精神觉醒的力量。他认为人类的精神意识具有神圣的洞察力，且处于不断发展中，而宗教的神学信仰可以让人类的思维更活跃、更敏捷。他在 1841 年发表的一篇文章中指出：“思想可以改变一个人的人生。”

赫尔墨斯主义的“宇宙的精神性”、贝克莱主教的“意识决定宇宙”、康德、黑格尔的“意识感知物质”、斯威登伯格的“精神觉醒”、美国新教徒的宗教改革运动，以及新英格兰地区新教徒的思想解放运动，上述所有的唯心主义思想家或者思想实验都在一定程度上为后来美国的宗教运动、思想解放起到推波助澜的作用。然而直到 19 世纪中期，这种“心灵塑造环境”（one could create and shape circumstance）的观点，不论是在主流教会内部还是改革派中都闻所未闻，当然也更不可能在加尔文教或天主教内部出现。

纵观现代西方思想的发展，从来就没有一种单独的理论来研究“积极思想如何影响甚至改变世界”的说法。那么，积极思想作为一种意识形态、思想理论是如何开始的呢？积极思想刚开始只是基于“新宗教思想尝试”的亚文化，并独立于高校学术研究、宗教神学研究乃至哲学界之外。它发源于美国的新英格兰地区，众所周知，该地区拥有全美乃至全世界最先进的教育环境，耶鲁大学、布朗大学、哈佛大学、达特茅斯学院、麻省理工学院（MIT）都在此地。政治上追根溯源，新英格兰早期的欧洲定居者大多是逃避宗教迫害的英国清教徒，他们早期政教不分离，对个人行为控制严格。他们来到美国新英格兰地区，创办学校致力于提高教育水平，提倡思想解放运动，并开始研究意识的运行机理，提出了一系列假设：思想和情绪能否对健康产生影响？坚定的精神信念能否改变人类的行为模式乃至客观世界？而这个时候，现代心理学理论尚未产生。

我宁肯去死，也要放弃治疗

提到新思想的诞生，就不得不提及 1833 年在美国缅因州发生的一件富有戏剧性的事。这件事的始作俑者正是一名美国新英格兰地区的钟表匠菲尼亚斯·昆比（Phineas

P. Quimby），他被俗称为“神医昆比”。那一年，他无心插柳地搞了一场心理学实验，从而创立了新思想，促成了早期“积极思想”的萌芽及发展。

19 世纪上半叶的美国，肺结核、疟疾等成为“医疗界”的克星，治愈率极其低。当时治疗肺结核、疟疾等顽疾的主流治疗方法为“冒险治疗”（Heroic medicine）法，这是一种激进的医学治疗方法，也是欧洲医学界的传统治疗方法。其主要治疗手段包括大剂量放血疗法、频繁服用甘汞或发汗剂发汗，用高温炙烤体表造成大面积的烫伤水泡等。在治疗肺结核中，尤其以“甘汞疗法”最为流行。甘汞是一种由汞提炼出来的“类毒素”，其主要会引起病人大面积垂涎和口吐白沫。这种甘汞治疗肺结核的“冒险式治疗”法背后的理论依据是：病人大面积的垂涎和口吐白沫，可以清除病人体内的毒素积液，从整体上加速疾病的治疗、促进病人恢复健康。主张实施这种疗法的第一人是医师本杰明·拉什（Benjamin Rush），他是美国开国元勋、《独立宣言》的签署人托马斯·杰弗逊的密友。拉什在宗教事务上有着自己的远见。他是杰弗逊先生为数不多的、可以倾诉其“非正统”宗教观的朋友之一。他不相信圣经上描述的基督耶稣“拯救人类”的说法，这在当时宗教氛围极其浓厚的美国是极为罕见的。

拉什医生大力提倡当时欧洲相当流行的“冒险治疗”法，并迅速受到了医疗界的拥护，他被公认为“美国现代医学之父”。“冒险治疗”法在临床上有许多具体运用。除了“甘汞治疗”外，还有大剂量放血疗法，临床医生根据病情给病人使用吸血水蛭，或将吸血蚂蟥放在外伤处吸血；更有甚者，医生使用排汗剂让病人出汗来加速毒液排出；甚至更让人难以置信的是，医生用手术刀在病人体外开一个伤口，以此来达到最大程度地排出体内毒液的目的。这些疗法给病人带来了无尽痛苦。如今看来，这些疗法根本无法相信。拉什认为，疾病本来就不可治愈，只能暂时被抑制。他最常用的一个比喻是：身体就像一个房间，疾病就像闯入房间吵闹的阿猫阿狗，医生能做的只是将其赶出门外，而不能将其一网打尽。换句话说，根据拉什大夫的理论，病人如果死亡了，就是因为病人已经病入膏肓、无药可救了，这种残酷的“冒险式治疗”方法就是 19 世纪上半叶，大部分美国病人面临的残酷现实。

昆比在 30 多岁的时候罹患肺结核，他遵循医嘱，一直服用甘汞治疗。这是 19 世纪早期比较流行的治疗手段，而这种方法对于病人来说具有一定的毁灭性：长期摄入甘汞会导致病人严重汞中毒，造成头发、牙齿大面积脱落，甚至毁容。昆比曾在日记中写道："大量摄入甘汞带来的一个严重的副作用就是牙齿脱落，我也因此不得不放弃工作、希望，甚至想去死。"此时，昆比和妻子苏珊娜育有两个儿子和一个还在襁褓中嗷嗷待哺的女儿。

在尝试了各种治疗方法且效果甚微的情况下，昆比"死马当活马医"，他在朋友的推荐下尝试了一种新的治疗方法——"马术治疗"法。据说，他的这位朋友就是通过骑马把病治好了，所以，昆比想试试看这种治疗方法对自己有没有效果。马术疗法（horseback riding）是当时欧洲颇为盛行的一种疾病治疗方法，多被用于"肺结核"治疗。事实上，"马术治疗法"并不是什么新型的治疗方法，它在古希腊历史上曾相当有名，古希腊人擅长马术，并将骑马运动当作强身健体、治疗疾病、加速疾病康复的治疗手段，后来欧洲也沿袭了这一传统，所以昆比沿用了这一古老的治疗方法。

某天在缅因州的一个漂亮的乡村，昆比因为身体太弱不能骑在马背上，他只能坐在马车中。他的马颇为"与众不同"，它相当懒且脾气很大，走走停停，后来索性纹丝不动，于是昆比不得不自己下来走。昆比跟着马走上走下，最后累瘫在马车上，瘫倒在马上的昆比和那匹脾气大的马一直滞留在马路中间，纹丝不动。幸运的是，正在这个时候，旁边的农田里一个正在耕地的农夫走了过来，于是昆比叫住了他，让他赶着马把自己送回家。后来昆比回忆说：

> 农夫驾着那匹马的时候，我累得屁股都抬不起来，但是却莫名地感到兴奋和激动，全身充满着洪荒之力，顿时变得元气满满。所以，当我回到家把马放回马厩时，我全身都充满了力气，跟生病前、健康的我没什么两样。从那个时候开始，莫名地有股力量支撑着我将"马术治疗"进行下去。

昆比一边坚持着进行"马术治疗"，一边开始研究这项运动是如何改善自己的病症的。在持续的研究中，他发现，当情绪好、意念更集中的时候，他的精神越好，身体也越有活力。昆比马术治疗的经历在某种程度上启发了其最早期的思想理论：意念、情绪、思想意识影响着人的身体健康。而同期，一种叫"梅斯梅尔磁疗法"的神秘哲学也同样印证了这个道理。机缘巧合下，昆比参加了一个针对该催眠术的讲座，对这门神秘学哲学有了初步认识后，他便开始思考"思想精神对于健康"的治疗作用，以及这一疗效是否具有普世性，并开始研究将意念用于疾病的治疗中。

催眠术革命——梅斯梅尔磁疗法

历史上第一个发明催眠术的人是谁，已经无证可考，但是我们通过许多蛛丝马迹可以得出，催眠术在进入现代科学研究之前已有相当长的历史且成绩斐然。在这一节中，我将介绍催眠术历史上非常重要的一位人物。

弗朗茨·安东·梅斯梅尔（Franz Anton Mesmer）出生于启蒙时代中后期的1734年，是瑞士德语区的一名心理治疗师。18世纪70年代，梅斯梅尔将自己的多年研究进行归纳总结，形成了梅斯梅尔理论，亦称“梅斯梅尔磁疗法”。梅斯梅尔认为，宇宙是一个流动的磁场，世间万物都被一种无形缥缈的流体包围着，他称之为“动物磁场”，这种流体至关重要，世间万物都是遵循着自身的“动物磁场”而有序前行，疾病的产生则是由于流体磁场紊乱所致。他声称，在病人的脸上和太阳穴上施加一系列的手势、眼神以及暗示语，能将其引入“睡眠”或“恍惚”状态，一旦患者进入了“睡眠状态”，催眠师就可以改变患者的心理意识，进而使其“动物磁场”恢复正常，从而达到治病救人的作用。这种疾病治疗方法就是梅斯梅尔疗法。由于认知的局限性，梅斯梅尔及其追随者并没有意识到“梅斯梅尔疗法”其实就是基于心理暗示基础上的催眠疗法。

后世学者一致认为，梅斯梅尔疗法属于“神秘学”的哲学范畴，它是在启蒙思想的启发下、以催眠和心理暗示为核心手段的治疗方法。然而，梅斯梅尔本人却坚持认为自己的治疗方法是基于“动物磁场”学说的基础上。1784年底到1785年初，梅斯梅尔的徒弟皮斯格发展了“磁疗法”，他提出了催眠术史上革命性的理论——人工梦游理论：凡是进入此状态的人都具有疗愈心灵、治病救人的能力，并在此基础上提出了“身心灵疗法”。19世纪40年代早期，苏格兰医生詹姆斯·布雷德（James Braid）认为催眠并非由于某种动物磁场或神秘物质所致，而是受术者主观心理影响的结果。布雷德消除了催眠术背后的神秘学理论，并借由希腊文“hypnos”（睡眠）一词将梅斯梅尔疗法重新定义为“hypnotism”，即“现代催眠术”。所以说，梅斯梅尔疗法是现代催眠术的前身。严格说来，梅斯梅尔疗法带有更多的神秘学、通灵色彩，而现代催眠术则更多地倾向于心理学科学研究。

1778年，法国大革命发生前的11年，梅斯梅尔搬去了巴黎，此时的巴黎弥漫着大革命前夕的政治硝烟。搬到巴黎后的梅斯梅尔开始传播自己的催眠理论，而他的传播手段就是举行大规模的降神会[①]（public seances），除了降神会以外，他还定期召集信徒举行“集体静观”，也就是大家有事没事聚在一起集体打坐。除了集体打坐外，梅斯梅尔还非常擅长在这些公开活动中营造“神秘、诡异、玄幻”的氛围，参加这种活动的人通常都患有疟疾、肺结核、忧郁症或慢性疼痛（如“关节痛”）等，这些如今看来都是小病一桩，可在当时都是绝症，死亡率相当高。所以，梅斯梅尔降神会的参加者往往都是危重症患者和病入膏肓者。

梅斯梅尔召开“集体静观”的感觉颇为壮观，极具仪式感。他要求参加者手拉手围成一团，中间放几个坐浴或者泡脚用的铁桶，铁桶里通常放一些烧得火红的铁棒、热石头或者木炭等。大师称，放着热石头的大桶非常重要，它们是专门用来调整患者的身体磁场的。由于长时间的高温或者脱水等，患者时常会出现抽搐或晕厥等症状，而大师却说之所以会出现这些征状是因为他们的身体磁场对治疗起了反应。这种高温治疗有些具有显著效果，而有些则没有效果。梅斯梅尔称，在催眠治疗中，病人和催眠师的默契度、配合度非常重要，配合默契越高，治疗效果就越明显；反之，治疗效果就越差。因为受时代的限制，不论是梅斯梅尔本人还是其追随者们都没有深入探究催眠疗法背后的支持理论，这实际是一种心理暗示。不管怎么说，梅斯梅尔磁疗法还是启发了后世对于“心理疗愈”和“下意识状态”（mind-body healing & subliminal states）的研究。

法国大革命前夕，正是催眠术在法国发展得如火如荼的时期。梅斯梅尔疗法在巴黎受到了公众的热烈追捧，尤其是在倡导社会改革的改革派中影响巨大。但同时，它也引来了猛烈的抨击和批评，这跟当时的大历史环境密不可分。当时，启蒙运动在法国如日中天，法国大革命呈现出箭在弦上、一触即发之势。启蒙思想家认为：宇宙的秩序可以通过理性来掌控；人的推理可以作为知识的来源；科学和民主是认识世界和改造世界的有力武器。启蒙运动促进了社会对宗教自由、阶级平等的渴望，为法国大革命提供了自由的革命思想。而梅斯梅尔磁疗法认为，不论农民、奴隶还是奴隶主、

① 降神会其实和某些地区的民族“招魂术”有些类似，它强调“与灵界对话”“与死者沟通”。——译者注

贵族阶级，他们在催眠状态下都是平等的，这正好验证了启蒙运动中关于“人类生而平等”的主张，并因此受到了改革派的热烈追捧，同时也遭到了权贵阶级的批评和打压。当时的法国科学院和巴黎医学院专家组成了一个鼎鼎大名的富兰克林皇家委员会对梅斯梅尔催眠疗法进行了调查。这一举动招致了众多“梅粉”的反感，他们认为，权贵阶级出身的委员会成员们为了根深蒂固的阶级利益，滥用职权、故意抹黑催眠术、遏止医疗实践，损害了老百姓的利益。

梅粉们反感归反感，但却无可奈何。1784 年 3 月，国王路易十六委派富兰克林组建了一个皇家委员会，而这个富兰克林就是后来美国著名的开国元勋本杰明•富兰克林，历史再好不过地印证了“十年河东，十年河西”，不到十年，一个从国王沦为阶下囚，而另一个却登上了权力的顶峰！

此时的富兰克林正担任美国驻法国大使，他接受国王路易十六的委派开始组建针对梅斯梅尔磁疗法的调查委员会，并在法国科学院和巴黎医学院中挑选了一批专家加入该委员会。在 18 世纪后期的法国，人们每一次的科学进步都是在皇权体系下对宗教权威的反抗，这一次也不例外，这个专家委员会仍听命于国王指派。撇去政治色彩以外，这个专家委员会可谓人才济济，其中包括化学家安托万 - 朗 • 德 • 拉瓦锡（Antoine - Laurent de Lavoisier）、天文学家让•贝利（Jean Bailly）和著名医生约瑟夫•伊格纳斯•吉约坦（Joseph-Ignace Guillotin）等。

1784 年上半年，调查委员会进行调查伊始，梅斯梅尔就已经离开了巴黎，他便委派自己的一名学生去协助调查。这名学生名叫查尔斯 • 德尔森（Charles d'Eslon），他也是一名医生和催眠师，而梅斯梅尔本人并未参与调查，在当时也引起了一番争论。很快，调查委员会便在富兰克林本人的亲自监督下，开始了一系列的实验。在实验中，研究人员发现，催眠术中的磁场疗法可使患者出现抽搐、濒死或者其他诸如咳血、暂时性失语、发烧等症状，仅有少数患者表示病痛有所缓解。他们经过深入研究发现，很多患者如果被蒙上眼睛接受催眠治疗，并将意识集中到催眠治疗上，他们将会出现痉挛抽搐。因此，皇家委员会于 1784 年 8 月结束了此次调查，并在呈报给路易十六的调查报告中称：“梅斯梅尔磁疗法号称的‘疾病治愈’功能完全是患者的臆想，而患者之所以出现这样的幻觉，要么是因为降神会上的高温静坐烧坏了患者的脑子，要么就是因为催眠师们具有超凡的魅力，他们在精神上诱导患者，致使患者出现幻觉。”

报告还指出，如果患者在催眠过程中没有将注意力集中到催眠治疗上，那么催眠术将不具有任何效果。

这个报告看似非常完美，但是却未对一个问题做出正面解答，那就是在实际案例中，确实有一些患者经过催眠疗法后疾病得以治愈；而委员会在报告中只给出了模棱两可、未正面回答的答案。不管怎么说，这次调查彻底摧毁了梅斯梅尔疗法的声誉，也迫使梅斯梅尔本人回到了自己的出生地——瑞士德语区一个宁静祥和的地方。这位回国后的大师平静地度过了其生命中的最后一段时间，直到 1815 年去世。

回到老家后的大师仍然坚持和自己的粉丝们互通信件，笃信自己的理论，并坚持为病人进行催眠治疗。然而，鲜有学生去继承他的衣钵和理论。但也有例外，一位颇具天赋的学生——皮斯格侯爵（Marquis de Puysegur，1751 年—1825 年）开启了催眠术史上一个重要的篇章。1784 年底至 1785 年初，皮斯格侯爵开始了一系列极具实际意义的实验，他发现催眠师可以利用心理暗示的力量，将病人引入“睡眠”状态，催眠师和病人之间其实并不存在所谓的“动物磁场”，而是催眠师用意念去影响病人的身体。皮斯格侯爵还开创性地将身体与心灵二者联系在一起，这就是后来在动机心理学[①]（motivational psychology）中相当流行的身心疗法。1785 年 8 月，皮斯格侯爵奉命参加法国炮兵军团，前往史特拉斯堡执行任务。业余之时，他开始向当地的共济会成员教授催眠术，在课程结束时，他还一再叮嘱学生们重视“心灵的力量”。

在下节中，我将介绍梅斯梅尔磁疗法是如何传入美国的。

缅因州刮起了一股“催眠”的热潮

尽管“梅粉”们热情高涨地谈论着磁疗法和“动物磁场”，并利用催眠进行疾病治疗，但这股热潮却在法国慢慢地退去。1789 年法国大革命开始后，“梅粉”们有的逃亡去了别的国家；有的则被关进了监狱，前面提到的富兰克林皇家委员会的部分委员们就被关进监狱，那位近代化学的奠基人之一拉瓦锡也成为大革命的对象，并于 1794 年被

① 动机心理学主要研究引起、推动和维持个体活动的心理动因或内部过程，并强调研究动机与情感作用及其与认知关系的“热认知”（hot cognition）思潮。——译者注

送上断头台。皮斯格爵士被判入狱两年， 所幸两年后，政府归还了他的财产，他才得以借此继续自己身体与心灵的研究，而梅斯梅尔疗法也渐渐淡出了公众视线，逐渐被世人所遗忘，但是其中的磁疗法和降神会却被保留了下来，并屡次被政治家们和革命者用作政治宣传使用。

若干年后，当磁疗法的影响在欧洲日趋变淡后，梅斯梅尔疗法或者说“梅粉”们重新诠释的理论开始横渡大西洋传播到了美国。此时的美国有一批从英国和法国迁徙过来的梅斯梅尔磁疗师（Mesmerists，指接受过梅斯梅尔培训的疗愈师），他们很快发现，美国民众对于宗教自由、启蒙思想的呼声也日益高涨，于是他们便抓住时机四处游历讲学。

1836 年 8 月，昆比在一个名叫“班戈”的地方遇到了一名梅斯梅尔磁疗师，这是一名名叫查尔斯•波延（Charles Poyen）的法国籍男子，当时他正在缅因州举办巡回演讲。波延醉心于梅斯梅尔磁疗法研究，在政治上反对欧洲的奴隶制，由此可以看出，他的思想受到了宗教解放和政治改革的强烈影响，也可以说是二者结合的产物。在波延“反对奴隶制，提倡自由平等”这一政治观点的形成背后，有一个非常有意思的故事，这个故事与“磁疗术”密不可分。

去美国的前几年，波延曾在巴黎攻读医学。在上学期间，波延得了严重的消化系统紊乱和一种神经紧张症， 经过 8 个多月毫无成效的临床治疗后，这位科班出身的医学生转而寻求非主流疗法——梅斯梅尔疗法。他的磁疗师在治疗过程中使用了非常具有创新意义的方法：之前的催眠术都是在催眠师和患者之间进行的，然而这次却很不一样，催眠师在实施催眠的过程中还安排了一位特别的女助理，让这位女助理和波延同时进入催眠状态。进入催眠状态的这位女助理很快就将波延的病症描述得一清二楚，就像自己亲身经历过的一样，而在此之前，两个人从来没见过，也从未有过任何交集。在经历过这次催眠后，这位医学院的学生对催眠术笃信不已。

后来，他在催眠师的建议下离开了巴黎，回到了法属西印度群岛的老家去放松和调养身体。法属西印度区域由马提尼克岛和瓜德罗普岛两个岛组成，这里盛产甘蔗、芭蕉和棕榈，波延家族在这里有一大片甘蔗种植园，甘蔗园中有很多奴隶。所以，波延也算是权贵阶层，他在岛上的所见所闻彻底改变了自己的人生观。岛上有一些奴隶主庄园主很擅长催眠术。有一次，波延亲眼目睹了一个庄园主让一个奴隶和奴隶主同时进入了催眠状态，两人表现出一样的反应，催眠术对他们起到了一样的作用，并不会因为他们阶层等级不同而区别对待。这件事深深地触动了波延，并从根本上扭转了他的价值观、人生观乃至政治观，也启发了他对众生平等的思考——“人人生而平等，这种平等是上天赋予的精神意识层面的，它不因地域、疆界、发肤颜色而改变”，这对于当时的贵族阶级来说是一种非常大的思想进步。从此以后，波延开始信仰人人平等，并开始反对奴隶制。

波延在岛上生活了 14 个月，这 14 个月的生活经历并没有治好他的“紧张病”和消化紊乱，于是他决定去新英格兰，看看当地干冷的天气能否对他的疗养有帮助。1834 年底，他来到美国缅因州的波特兰市，次年定居在马萨诸塞州的洛厄尔市。洛厄尔市无论从环境气候、政治格局还是学术氛围上都非常对波延的胃口，它貌似就是为他量身定制的地方。

当时的洛厄尔市是马萨诸塞州废奴运动的中心，经常会举办各种“宣讲会”反对奴隶制，波延就是这些宣讲会的常客。他在宣讲会上结识了当时的洛厄尔市市长，这位市长曾就读于布朗大学，两人有很多共同点：他们都是医生，在政治上都主张废除奴隶制。于是，两人相见恨晚，很快便成为好友。两人的话题也从民权平等转移到催眠术上，波延在市长的鼓励下于 1836 年前往波士顿以及新英格兰的其他地区举行巡回讲座，传播催眠术，而他和昆比就是在这期间认识的。

公开演讲对于波延来说犹如“蜀道之难”，众所周知，法国人的英语很烂，加上他还有点口吃，更是“难于上青天”了。而另一个困难就是，他的颜值真的不敢恭维，甚至可以说非常丑，他的半边脸上有一块巨大的暗红色胎记，这块胎记也惹来了很多人的八卦。据一位观察人士推测，波延可能原先就是一名奴隶，而并非如他自己所说的是庄园主家族出身。据说加勒比群岛有一个在奴隶的脸上烫烙印的传统，所以有人士推断，波延其实出生于奴隶家庭。不管怎样，在 1836 年中有几个月的时间，波延都一直在缅因州、马萨诸塞州的一些城市进行催眠术宣讲。

为了集聚人气、吸引眼球，波延和梅斯梅尔一样，他也在宣讲过程中加上了很多神秘玄幻色彩，并邀请志愿者参加他的催眠实验。1836 年 11 月，波延在班戈市举行的一次公开催眠实验引起了昆比的注意，并被其深深吸引，据说这是昆比第一次接触催眠治疗。

波延的城市宣讲效果似乎没有他想象得那么理想，他的事业在美国一时停滞不前。于是，他便回到了西印度群岛的老家。回到老家后，他又开始纠结了，觉得自己中途放弃了巡回演讲非常可惜。于是在1841年，他回到巴黎医学院继续参加医学理论学习。与此同时，他积极筹划去美国再举办一次巡回演讲，然而演讲还未成行，他便于1844年死在了法国波尔多，死因不详。

虽然波延医生的影响力非常有限，但他的确引发了昆比对催眠术的兴趣，他也算是昆比接触催眠术的启蒙老师。除了波延，还有一个人对昆比的影响更大，这个人就是来自英国的医生兼催眠师罗伯特·克里尔（Robert H.Collyer）。1841年秋天，克里尔千里迢迢来到缅因州的贝尔法斯特，他在当地举行讲座、开展工作坊，并当众演示催眠术。其成熟的催眠手法加上极具煽动性和说服力的演讲技巧，很快便吸引了大量观众，他的知名度也远远超过了波延医生。同年10月1日，素来以保守著称的“共和党”旗下的《贝尔法斯特共和党日报》（*Republican Journal of Belfast*）也报道了克里尔医生的这次公开“催眠”活动：

> 医生在实施催眠术的时候，找来了大约18岁的年轻人作为“灵媒”（据说并不是随便什么人都可以做灵媒的，灵媒必须是“有慧根、善于读心的童子”），将两把椅子摆在一张高桌子上，以便底下的观众更清楚地观看催眠的全过程。在众目睽睽之下，医生将年轻人的膝盖放在自己双腿中间，将他的手臂放在自己两侧腋窝下，然后让他直视自己的眼睛，在他保持四肢不动的情况下，医生稍微地挪动了他的身体，让他合上眼睛、集中注意力。渐渐地，他进入了“睡眠”状态，一动不动犹如“僵尸”一般。

据史料考证，昆比当时也在现场。报道上的催眠手法和梅斯梅尔本人曾经使用的一模一样。然而，昆比却关注到了梅斯梅尔和克里尔都未曾关注的领域：精神状态和身体感官之间的联系，也就是身体与心灵之间的相互作用。其实，早在其多年的马术治疗结核病的经历中，昆比就已经感觉到了二者之间的联系，但是他这次更直观地以“旁观者”、目击者的身份看到了二者之间的联系。于是，他便开始深入研究“精神意念”是否在影响身体健康之外还存在其他的潜能。

昆比不是哲学家，也不是书呆子，而是一个实践家、实验者和行动者。他拥有非常敏锐的头脑，能够迅速捕捉到事物之间的联系。然而，他也是一位非常差的理论研究员，其写作水平据说还不如小学生。档案馆中能查到的昆比笔记也大多是他口授后由别人记录下来；或由他身边的亲朋好友根据日常观察昆比的行为记录下来。同时，他也很聪明，知道自己不善于著书立说，便寻求实用的、解决问题的实际方案。于是，他便结合自己的骑马经历，重新研究身体与心灵之间的联系，希望能重新研发出一种可以治疗疾病的方法。

机缘就是这样！此时，昆比碰到了克里尔，他受到了克里尔催眠手法的启发，开始寻找“通灵童子”。不久，他就碰到一位可以“参透生死”的、17岁的男孩，据说该“童子”可以透过身体看清人体内部脏器的功能运转情况。

1843年秋天，昆比和卢修斯（通灵童子的名字）组成了一支“两人医疗小组”，他们跑遍了缅因州的很多地方，足迹甚至到了加拿大新不伦瑞克省附近。他们每到一个地方，就会找到一名当地医生，并在这名当地医生的帮助下开展“催眠法”治疗。一般情况都是，昆比将通灵童子带入睡眠状态来诊治病人的病情；在少数情况下，昆比甚至给当地的医生实施催眠疗法，最后让医生开些偏方草药结合治疗。在这些病例中，很多病人发现这种催眠疗法对于偏头痛和肺结核的效果显著，于是，这支医疗团队在新英格兰地区声名大噪。

然而，昆比却越来越不满意，他发现通灵童子的作用并没有预期的好，这个人有或没有其实影响并不大。经过对多名临床病人的追踪研究，昆比发现，医生开的中草药效果也并不理想，真正能给病人帮助的是信心——自信可以让病人拥有战胜病魔的决心。他在给《波特兰每日广告报》（*the Portland Daily Advertiser*）的信件中曾记载，“真正治愈疾病的不是草药，而是医生和病人的信念——战胜病魔的信心”。其实，早前梅斯梅尔也有与昆比的看法非常接近的学生，他认为在梅斯梅尔疗法中真正起作用的不是动物磁场，而是意念。

没多久，昆比就解雇了那名通灵童子，开始单独行医。他的行医过程就是面对面和病人打坐，并在打坐过程中不断告诫病人“任何疾病的产生都源于心，心病必须用‘心药’治”，而“心药”就是病人的信念和自信心。这就是早期的心理暗示法。当然，昆比肯定不会用这么高大上的词来解释自己的观点，一来他的文字水平有限；二来，在当时浓厚的宗教主义和神学氛围下，一旦用词不当很容易遭致宗教迫害。在现在档案馆中，昆比未发表的手稿中有这样一段记载，我们从中足以看出他理论的端倪：“物质只是一种客观机械的力量，身体和心灵才是科学世界的主宰，科学是上帝的一部分；人类的智慧形成了一个精神、心灵和物质的统一体，人类的智慧源自普世的神性力量；疾病产生的根源在于精神、心灵和物质的紊乱；人类的经历都由感官意识所决定；幸福或者痛苦都是由个人信仰所决定的”。

昆比的手稿中也曾好几次提到过“人类拥有一股无意识的、未被认知的力量。而这股无形的力量就是人类智慧的源泉”。经过以上各种史料推理论证，昆比也被史学界、心理学界公认为新思想创始人，其思想即为积极思想的萌芽标志。笔者认为他的思想就是中世纪炼金术和原始现代心理学（proto-modern psychologist）的奇妙结合。

我们很难从“神医”昆比的很多案例中分析他的治疗过程，原因很简单，我们前面已经提过，“神医”的文字功底很差，他生前的主要精力都花在了治病救人上，并没留下多少手稿。但是，很多报道都记载着这位神医曾经治疗过的病人。根据史料记载，神医有一位叫埃德温·里德（Edwin Reed）的病人，他曾担任过巴斯市市长。他称神医妙手回春治好了自己的失明，帮助自己恢复了视力。1862 年 4 月 29 日，《波特兰每日广告报》报道说，一位不愿透露姓名的年轻女子失语四年多，她经过神医两个月的治疗后神奇地恢复了说话功能。于是，神医名声大噪并很快传遍了缅因州各地，很多病人慕名前来就诊。从 19 世纪 40 年代中期至 1866 年初去世，他原先每年 300 次的出诊率火速上升到 1000 多次。1862 年 2 月 5 日，《波特兰每日广告报》援引了一位神医“粉丝”的口述：“他的病人来自四面八方。”在众多的病例中，病人们对神医的评价多以正面、积极为主，绝大多数病人都称神医真诚、无私。事实上，在昆比的职业生涯后期（尤其是成名后），他也没有涨过价，出诊费一直都保持在 5 美元，甚至很多时候都是免费出诊。凡此种种为昆比赢得了“神医”的名号；他在贝尔法斯特儿时的邻居曾回忆：“他拥有特殊的治愈力量，这种力量是长期医疗实践的积累，也是丰富临床经验的沉淀；他那深邃、坚定、迷人的黑眼睛如同大海上的灯塔，为每一位寻求治疗的病人指明了希望的方向。他在社会上有着广泛的影响力，并在医疗界有着极高的声誉。”

在现有的史料中，人们对昆比的记载大都以正面为主；然而，偶尔也会有负面的评论，其中有个病人在 1907 年回顾自己早年治疗经历的时候，曾这样说道：

> 在一次治疗中，神医在水中将他的手打湿，然后在我的太阳穴处和前额上

拍打。于是，我出现了前所未有的头痛症状，他的治疗对我没有一点效果。神医说我缺少虔诚和关注，其实我做了自己所能做的一切来保持专注，我已经竭尽所能了。

“新思想、积极思想”理论雏形的塑造者：神秘学布道家、哲学家沃伦·埃文斯

19 世纪 60 年代，上门找昆比“寻医治病”的大多数都是农民、家庭妇女或是其他普通老百姓，其中大部分人只是被他奇迹般的“治疗效果”所吸引，而甚少有人对他的治病理论感兴趣。就在此时，他的思想体系和理论框架引起了另一个备受世人瞩目、令人敬畏的宗教学家的关注和研究，这个人名叫沃伦·菲尔特·埃文斯，他是来自新英格兰的宗教神学家、布道家、卫理公会[①]教派牧师（Methodist Minister）。埃文斯早年信奉卫理公会教，并担任该教会牧师，主持过多次教会内部的布道讲经。1864 年，埃文斯辞去了卫理公会教派牧师一职，转而全心研究瑞典哲学家伊曼纽·斯威登伯格的神秘主义学说，这种学说也被称为“斯威登伯格主义神秘主义”（Swedenborgian Mysticism）。

在接触斯威登伯格主义神秘学说之前，埃文斯曾在卫理公会担任多年牧师和布道师，他对于基督教新教以及精神疗愈有一定的研究。而他开始系统学习、研究斯威登伯格主义和精神疗愈还是受到“神医”昆比的影响，他也是在昆比的影响下开始接触新思想，继而追随并成为其最忠实的粉丝和追随者。从某种程度上来说，昆比和埃文斯的关系已不仅仅局限于老师和学生的关系，更多时候，埃文斯还是昆比的信心治愈和精神疗愈理论雏形的塑造者、学说的推广大使和传播者以及记录者。

之所以说埃文斯是昆比学说的传播大使，主要是因为昆比其人相当保守和低调，他对自己的精神疗愈学说持相当保守的态度。昆比生前几乎从来没有将自己的精神疗愈方法系统性地记载下来并写成临床研究案例。而史料可考，我们现如今了解的有关昆比的大部分书面材料都是埃文斯撰写的。那么，下面就让我们聊聊埃文斯和昆比相遇、

① 卫理公会也被译为“循道宗”，属于基督教新教的一支。——译者注

相识和相知的过程。

1859 年初，当时还在卫理公会担任牧师的埃文斯身体状况每况愈下。据说，他得了一种肠道系统的隐疾，该病发作时非常痛苦，寸步难行。后来有人考证，扒出了他在 1859 年 9 月写的一篇日记，他在日记中写道："自去年 4 月伊始，我的身体抱恙，持续至今，几欲崩溃，很难下地行走，更不要说布道讲经，距离上次教会诵经已过去 6 个月了。作为一名职业布道家，我已 6 个月未见教堂，未曾参拜上帝，此种痛苦的心理，你们怎能理解？身体发肤，疼痛止于表；心底之痛，又能与谁说？"埃文斯具体得的什么病，后来有人推断说可能是痢疾，也有可能是痔疮加痢疾。

饱受疾病伤痛的困扰、遍访各地名医仍未治愈，埃文斯身心俱疲，差点儿就放弃了治疗。后来无意中，埃文斯经朋友介绍得知昆比用精神疗愈法治好了肺结核后，他便效法昆比试图从宗教神学以及精神心理学两个角度去寻找"救命良药"，希望能通过宗教信仰和精神心理学的疗愈作用来减轻自己的病痛。6 个月后，埃文斯奇迹般地慢慢康复了，康复中的埃文斯又重新拿起笔，将自己疾病康复的心得写了出来。1860 年 4 月 12 日，病中的埃文斯在日记中这样写道：

> 饱受疾病长期折磨的我，已很难全力以赴去完成我挚爱已久的工作，主啊！请赐予我力量，请将健康重新赐予我。耶和华就是我的一切，他能帮我治好任何形式的疾病。生理源于思想、源于心灵，如果心灵健康了，身体也不会有太大的问题。

1858 年到 1862 年间，埃文斯还没有正式和卫理公会分道扬镳转而投身积极思想的研究（当时还没有积极思想这一说，当时的说法叫精神疗愈）。他的思想仍然停留在宗教神学和心理学的边缘，他的作品中常常出现"上帝啊，求求你治治我的'心头病''解开我的心结'"之类的话，可见他这一时期一直在尝试将卫理公会的宗教神学教义和斯威登伯格神秘主义的精神觉醒结合起来。他甚至还在 1862 年出版了一本将两种思想结合的书籍《天外之光》（*The Celestial Dawn*），这是一本介绍斯威登伯格主义精神治愈的宣传册，作为卫理公会牧师的埃文斯并没有在书中提及斯威登伯格的名字，但这本书还是引起了教会的公愤，最终导致了埃文斯和该教会的决裂。

虽然与教会决裂了，但是埃文斯却从斯威登伯格主义中参悟出了精神疗愈的入门法则，他是如何发现这一方法的呢？具体还要详见斯威登伯格博士生前在1771年出版的最后一本书中的一段话：“身体发肤，痛痒皆与心智有关；外在的生理之痛皆和内在的心理之痛息息相关，一切生理之痛皆源于心理病症。”

这段话深深地触动了埃文斯，而他此时对于斯威登伯格主义的理解是这样的：“所有的疾病只是一种物质、身体层面的表现，其在身体或生理层面出现征兆前，必定会通过某种特定的形式传达到我们的精神意识层面，疾病、痛楚都是基于精神意识层面紊乱的反映。”

1863年4月，就在埃文斯拜访昆比前不久，他曾在日记中很隐晦地表达过自己对于斯威登伯格主义的理解，就是这段话奠定了20世纪开始兴起的积极思想的基调：“我知道了，相信我，我正在祈祷让我拥有某个事物。”“信念源自信仰、源自对真理的渴求；而唯有源自最心底、最真诚的信念，才会变成坚不可摧的客观现实。”

在这一关键点上，埃文斯给出了自己的理解——信仰即力量，宗教信仰或形而上的意识可以转化为现实的物质；而在基督教的大前提下，这个理论可以理解为“坚定的信仰、执着的信念，有着无穷无尽的创造力和潜力”。就这点而言，埃文斯足以成为“新思想、积极思想”理论雏形的塑造者。

埃文斯后期的作品［如1885年发表的《精神疗法的原始阶段》（*Primitive Mind-Cure*）］中则关注信仰和正确思考（think rightly）之间的联系，而他在该书中认为“二者是可以互相转换的”，他指出：“所谓的正确思考，就是正面、积极、乐观地去思考和处理问题。”在随后的1863年，埃文斯又在日记中指出“正确思考是一种更简单、更全面、更新颖的处理问题的方法”。

综上所述，我们可推断出，早在师从昆比之前，埃文斯就已经初步具备了精神疗愈和“新思想、积极思想”的理论雏形。而埃文斯最初是如何师从昆比学习精神疗愈法的，直到埃文斯去世，他也甚少提及，也没有留下具体详尽的史料以及记载，所以我们也无从考证。埃文斯的精神治疗学说是否和昆比的同出一辙，目前只能说是一个谜，唯一可以考证的就只有1888年初对其进行的一次采访。

1888年初，芝加哥作家兼编辑斯瓦茨（A. J.Swarts）在埃文斯马萨诸塞州的家里对其进行了采访。这里顺带提一下，斯瓦茨本人和埃文斯的宗教信仰类似，他也曾是一名卫理公会的教会牧师和基督教科学教会会员，更是精神治疗哲学的虔诚信徒，还是一名出版商人。他在自己创办的《精神科学杂志》（*Mental Science Magazine*）3月刊上发表了对埃文斯的采访：

> 我拜访了埃文斯博士位于马萨诸塞州赛丽斯伯里的家，他是我迄今为止采访过的在精神疗愈学、基督教神学以及精神科学方面最博闻强识、博采众长的大家。我非常荣幸能亲自上门拜访他，此次拜访让我受益匪浅。埃文斯博士是当之无愧的精神治疗大师。多年来，他一直致力于人文科学和精神治疗法的研究。世人普遍认为埃文斯博士的理论学说都源自昆比医生，但在我的采访中，他透露自己25年前曾和昆比一起做过研究，他的理论也和昆比有相通的理论基础，但是并不尽然。

就在此次采访中，埃文斯还对斯瓦茨说过，他在1863年夏天曾亲自前往波特兰，拜访过昆比医生，想亲自跟这位“神医”弄清楚他们学说之间的联系，确定自己的治疗法和神医的治疗法之间的相似之处和差异性。结果两人发现，若干年来，他们的学说都使用了相似的精神治疗方法。

1876年，昆比的另一个学生尤利乌斯·德莱赛（Julius Dresser，也是埃文斯的一个老朋友）也曾回忆过和埃文斯一起师从昆比的情景：“埃文斯的领悟能力极强，也非常好学，昆比老师对他一点就通，同时老师也放心并鼓励他大胆地去独立治疗病人。这段时期，埃文斯在老师的指导下积累了很多临床实习经验。”埃文斯在斯瓦茨的采访中对老师昆比的描述可能是正确的，但是他弱化了昆比老师对他的指导作用以及在其学术道路上的贡献。然而，毋庸置疑的是，埃文斯在心理学早期研究、积极思想的早期形成和传播过程中起到非常重要的作用。

我们在前文已经提到过，昆比医生几乎没有公布过他的任何笔记或者出版过任何著作。直到1921年，他的札记才面市，而且是由埃文斯记录和编辑的。因此，从严格意义上来说，应该是埃文斯的文字记录而不是昆比的记录影响了新思想运动中的第一代人，并形成了积极思想理论的雏形。早期的心理治疗师以及新思想界的学生们可能会认为，他们从埃文斯书中学习接收的思想和知识来自“神医”昆比，但是事实上，这些却来自埃文斯对自己工作的独立见解。

关于昆比和埃文斯的学说异同，即使在现如今神学院的各类研习班、冥想班中以及宗教界、哲学界的思想家们都存在普遍的争议，由于这些学说距离现在已久且史料不全，人们很难对其考证。

精神疗愈的鼻祖：基督教科学会创始人艾迪夫人

1862 年 10 月开始，昆比为开始一名名叫玛丽·格洛弗·帕特森（Mary Glover Patterson）的女子治疗。这名女子来自新罕布什尔州，她后来再婚改嫁后改名为玛丽·贝克·艾迪，是一位被美国宗教史铭记的神奇女性，被世人尊称为“艾迪夫人”。1821 年，她出生于新英格兰的新罕布什尔州，是美国宗教领袖兼基督教科学会的创始人。她被誉为“19 世纪美国最杰出的女性”之一，也是个极富传奇色彩的人物。在 50 岁前，她百病缠身，婚姻失败，与家人失和，孤苦无依。而当她以 89 岁高龄病逝时，她已经集名誉、财富和权力于一身，成为数以万计信徒臣服的类宗教领袖。她创立的基督教科学会分会堂已超过 3000 个，其出版的《基督教科学箴言报》（*Christian Science Monitor*）也成为美国畅销刊物，迄今仍在发行，并在一个多世纪以来被评为美国最具影响力的十大报纸之一。

19 世纪 70 年代，艾迪夫人创立了美国具有非常重要的当代意义的类宗教流派——基督教科学会。其核心主张为“世间的万事万物以及有形的、无形的存在或意识都是虚无缥缈的、不可捉摸的，种族偏见、歧视、战争、疾病、痛楚和悲欢离合都是虚幻的阴影，宇宙守恒中唯一存在的就是上帝的智慧和上帝的意识，上帝的神圣不可侵犯是唯一的存在”。没有意识的人类当然也不可能有疾病，所以一旦出现生老病死，唯一的办法就是向上帝祈祷，祈求上帝能赐予个体健康的体魄和自由的心灵，这就是基督教科学会所信仰的“上帝的神性疗愈”功能。因此，大部分基督教科学会会员在生病后都不肯寻求正常的医疗协助，而只靠祈祷来治病，结果死于一些本来可以治好的疾病。其中因此而死的小孩的父母还被提起刑事诉讼，理由是疏忽和不当致死。教会方面则辩称，根据其完整的记录，这种人生体悟治病祈祷方式确实治愈了许多连医生都束手无策的绝症。

基督教科学会很快便吸引了众多的信徒，并在 19 世纪晚期、20 世纪早期的美国新英格兰地区刮起了一股旋风，成为美国唯心主义运动中一股不可小觑的力量。艾迪夫人是如何创建基督教科学教会的呢？这一点要从和“神医”昆比的渊源开始说起。在和“神医”研习精神疗法之初，艾迪还未开始着手她的“神学”研究，然而长期以来，关于她创建的基督教科学会的理论是否抄袭昆比都是极具争议性的话题。虽然一直以来，公众都指称艾迪抄袭了昆比学说的精神疗愈理论，但艾迪夫人却一直予以坚决否认。我们在这里就不做“打假分析”了，而来聊一聊艾迪夫人和“神医”的渊源。

这还得从我们艾迪夫人悲催的童年、青年和中年开始说起。1821 年，艾迪夫人生于新罕布什尔州的一个偏远农村。因为父亲残暴的家庭教育，她在年少时沉默寡言、害羞内向。父亲甚至还狠心剥夺了她上学接受教育的权利，家中的其他兄弟姐妹都得以进入学校学习宗教神学知识和接受通识教育，而她只能通过自学或者去学校旁听，年少的艾迪就是这样对自己进行“继续教育”的。

1844 年，23 岁的艾迪年纪轻轻就失去了老公，当了寡妇，肚子里还有一个尚未出生的孩子。孩子出生后，她还是以已故父亲的名字——乔治·格洛弗（George Glover）来给这个孩子取名，即使父亲在她年少时并没有善待她。将这个小孩抚养到 6 岁时，她因身体状况实在虚弱，无法照顾年幼的孩子，迫不得已决定将孩子送给家里的佣人夫妇收养。小乔治的养父母此时还住在新罕布什尔州，距离艾迪的家仅一步之遥，所以艾迪还能不时看到自己的孩子。不知不觉间，小乔治已经 11 岁了，这对佣人夫妇为了不让自己的养子和亲生母亲关系太近，于是就在一个月黑风高的晚上，背上熟睡中的儿子偷偷搬到了明尼苏达州，并告诉小乔治自己的亲生母亲已经死了。自此，艾迪和亲生儿子就再也没有见过面，直到乔治 30 岁那年，两人才再次相逢。

1853 年，当了十多年寡妇的艾迪再婚，这次是和一位风流的、名叫丹尼尔·帕特森（Daniel Patterson）的牙医结婚。这个牙医似乎并不安心做牙科诊所单一、无聊的“齿上”工作，他经常不着家、找不着人，也不管老婆孩子。最后更“神奇”的是，他竟然在美国南北战争期间，在一个斗牛场看斗牛比赛时被南方联盟军抓去当了俘虏，而不是作为战地医生被光荣俘虏的。自此以后，牙医就如黄鹤一去不复返，丢下了孤单的艾迪。

第二次“守寡”的艾迪陷入了无尽的孤独和痛苦中，加上一直以来就有的慢性脊椎病变（估计就是现代医学上所称的椎间盘突出症），生理和心理上的双重打击几乎摧垮了艾迪。于是在别人的介绍下，她于 1862 年的秋天找到了“神医”昆比，并央求

"神医"对她进行精神疗愈，神医也接受治疗了这名慕名而来的"病人"。

在"神医"的精神疗愈法和悉心照料下，艾迪渐渐恢复了元气，回到了自己家中。但好景不长，她再次复发，并于次年秋天再次上门求诊。根据记载，1863 年的夏天到 1865 年间，艾迪多次上门拜访"神医"，并师从"神医"研习精神疗愈法。

在 3 年多的多次拜访、研习期间，艾迪和"神医"朝夕相处（当然没有擦出感情的火花），并协助神医对病人进行诊疗，帮助神医举办讲座、撰写诊疗笔记等。可惜好景不长，1866 年 1 月，在两人相识不到 4 年后，这位被艾迪夫人尊称为"博士"的神医便驾鹤西去。而就在神医去世前的 3 个月，艾迪的父亲也因病去世。家人和恩师相继离世，加上下落不明、生死未卜的老公，艾迪又一次陷入了精神崩溃的边缘。"屋漏偏逢连夜雨"，1866 年 2 月，在春寒料峭的马萨诸塞州林恩市的一个结冰的人行道上，爱迪不幸滑倒并摔伤了骨盆，神经损伤导致下肢无力，不能下地行走，此时的艾迪遭受了各种打击，几近绝望。

为了缓解自己的精神压力、帮助自己走出精神崩溃的边缘，艾迪开始寻找一位新的精神治疗师。1866 年 2 月 15 日，她提笔写一封信给"神医"昆比曾经的一个学生尤利乌斯·德莱赛（也是埃文斯师从昆比期间的同窗）。此时的德莱赛在缅因州的雅茅斯担任记者，这在当时的美国算是一份相当体面的工作了。艾迪在信中恳请德莱赛扛起老师昆比的大旗，继承他的衣钵，将昆比的精神疗愈法发扬光大。艾迪在信中这样写道：

> 我一直期盼您能前进一步，扛起老师的大旗，将精神疗愈法应用到更多的人身上，给予更多如我一般处于绝望之中的人一丝曙光、一线希望，求您帮帮我，烦请立即回复。

这封信发出去后，尤利乌斯·德莱赛拖了差不多三个星期才给了回复。不是他要大牌不回信，而是那时候的他来回奔波于工作和家庭中间，加上他的妻子安妮塔即将临盆，因为是第一胎，夫妇两人相当重视，也做了充分的准备工作。相当巧的是，就在昆比去世的前一天， 德莱赛和安妮塔的第一个孩子出生了，是个男孩，夫妇两人给儿子取名为杜勒瑟[①]（Dresser）。在儿子出生后的第二天，恩师就与世长辞了。冥冥之中，

---

① 杜勒瑟后来考入哈佛大学，成为一名历史学家兼哲学家。——译者注

德莱赛觉得昔日恩师的离世换来了一个新生命的降临。据记载，他甚至愧疚地认为，孩子的出生夺走了恩师的生命。为此，德莱赛不愿重蹈恩师的"覆辙"，所以他在回信中婉言拒绝了艾迪的请求，不过他相当谦虚地回道："我目前所学跟恩师相比不及其十分之一，实难继承恩师衣钵，更担当不起'治病救人'的重任。"

事实上，此时的德莱赛已经是一名"小有建树"的独立出版商，他之所以会拒绝艾迪的请求，主要是因为他认为著书立说，将实践中的经验、理论进行系统性的归纳、总结，要比临床治疗来得更有意义。昆比老师在其短暂的一生中花了太多时间去照料病人，甚至很少花时间静下心去反思、总结和归纳。如果昆比老师的医学理论能被记录下来的话，那么，他对精神疗愈法的贡献将远远不止于此。同基督教的宗教信仰疗愈相比，昆比的一生一直致力于将精神疗愈作为一门独立的学科去研究，而他的目标也是建立一门精神治疗科学，如果从这一点上来评断，昆比其实是失败的。

在遭受德莱赛的拒绝以及精神上的长期打击后，艾迪决定自救，她要将自己从精神的泥沼中拯救出来。于是，她根据记忆以及之前跟昆比行医时的笔记，将"神医"的精神治疗愈方法进行理论化的整理，并结合《圣经》中"上帝给予人类拯救、救赎"的内容对《圣经》重新进行了大胆的诠释，这就是基督教科学教会的理论基础。换句话说，基督教科学会就是将神医昆比的精神疗愈法和上帝的神性治愈相结合。在某种程度上，昆比的理论奠定了艾迪的基督教科学会的神学理论基础，而两人的理论也没有什么特别明显的区别。所以多年来，艾迪及其创立的基督教科学会是否抄袭"神医"昆比的精神疗愈法也一直是相当有争议的话题，但是艾迪夫人却在生前坚决否认"抄袭"一说。

艾迪宣称，上帝是绝对地善、彻底地完美，罪恶、疾病和死亡都与上帝无关，因此它们都不是真实的。物质世界是虚幻的，真正的真理和存在都是在精神层面上，所有的物质层面都可以靠更高层次的人生体悟来解决。她更进一步地说明，她领悟出来的道理就如同《圣经》里所记载的那样，耶稣基督之所以有治愈能力也是因为有同样的领悟。而基督教科学会教徒（或基督科学者）则根据这个教义深信，人的疾病可以通过信仰、祈祷和领悟更高一层的对于上帝、基督与人之间的关系而被治愈。当被问及基督教科学会教徒是否相信邪恶的存在时，艾迪回答道："邪恶疾病、世间的悲欢离合正如人类的思想一样，它们都是虚无缥缈的，而不是真实存在的，唯一客观存在、真实永恒且具有终极意义的是基督耶稣的思想，'神'的光辉思想普照大地！"艾迪拒绝承认客观现实、人类意识的存在，这造成了许多极端，尤其是在新思想运动中涌现出一拨人，他们拥护艾迪关于“现实世界的虚无性，唯有上帝意识才是真实存在”的理论。但是艾迪夫人主张的“万事万物的虚无，人类意识的虚伪”的观点中包括拒绝病人使用“药物”或任何医学治疗，而这导致的后果就是，教徒有病痛时往往只靠祈祷，而不寻求医疗协助，从而引发了许多悲剧的发生，我们在后面也会提及。

1872 年前后，艾迪夫人似乎已经与自己恩师昆比的思想渐行渐远了，即使她曾大力称赞他为“一个用‘耶稣基督’教诲的真理去帮助我们进行‘精神疗愈’的男人”。她开始着手将自己对于圣约书的理解和诠释用文字系统记录下来并编撰成书，这本书就是后来大名鼎鼎的《科学与健康》（*Science and Health*）。艾迪在该书中将她的神学理论基础宏观地呈现给了读者：耶稣基督的神性疗愈功能并非一瞬间的奇迹，而是现代人类进行长期人生体悟而得出的，这也是一个普世的、适用于一切人类的最高阶的精神力量。

每当被问及自己的理论是否“抄袭”昆比之时，艾迪夫人总是回应道：“昆比是我在人生体悟这一漫漫长路上的启蒙老师，他帮我打开了‘精神疗愈’法的大门。但是，基督教科学会和昆比的学说相比却有着非常重要的区别，昆比的理论太简短，不能帮助人们解决实际生活中的困难。因此，我才苦心钻研《圣经》，并创立了基督教科学会的基础理论 。”

多年后，已经成为著名宗教领袖、拥有众多信徒的艾迪夫人，一直将自己的基督教科学会和昆比的理论分得特别清楚。她也坚持宣称，“昆比的学说是在梅斯梅尔磁疗法的影响下产生的”。艾迪也多次公开表示自己是“半个科学家”，而一个多世纪以来，基督教科学会以及新思想运动都被学界定义为“精神运动”，而非“宗教神学”运动。

“同室操戈”：新思想鼻祖之争

随着 1875 年《科学与健康》的问世，艾迪的基督教科学会理论很快便得到了普及，她也颇有市场推广天赋，使用了各种广告宣传手段，如开设讲习班、发行宣传册、发表文章等。同时，她更是将分会堂开在高档社区、富人聚集的地方，通过富人的影响力来进行宣传。于是，她的病榻疗愈法迅速在美国火了起来，并吸引了大批的信徒。同时，美国也兴起了一股反对冒险式治疗（heroic medicine）的风潮。所谓的冒险治疗就是我们在第 1 章中提到的放血疗法（如蚂蟥吸血）、甘汞疗法等，这给病人带来了无尽的痛苦。

“人怕出名，猪怕壮”，基督教科学会的走红以及艾迪一直否认其理论沿用了昆比的学说，这引来了一个人的不满，他就是尤利乌斯·德莱赛。他曾经是昆比的病人，后来也是其学生，也就是他曾经写信拒绝艾迪担任“神医”的衣钵传承者。此时的德莱赛认为艾迪“剽窃”了恩师的毕生所学并对此只字不提，他对艾迪的行为表示相当愤慨。

1882 年 5 月，义愤填膺的德莱赛出现在波士顿的基督教科学会布道大会上。此时的德莱赛一家住在加利福尼亚州的奥克兰，德莱赛在当地的一家报社有一份稳定的工作，他和安妮塔感情很好，膝下有三个孩子，可谓是“事业、家庭双丰收”。但他还是毅然决然地辞去了稳定的工作，离开幸福的家庭，从奥克兰只身前往波士顿。他之所以选择在波士顿和艾迪对簿公堂，主要是因为基督教科学会的总部（或称“母教堂”）就设在波士顿，所以他选择在波士顿——艾迪的“老巢”和她一决高下。他要在这里替恩师发声，帮助恩师挽回名声，揭露基督教科学会的真面目，当然这些都只是他声称的动机。据史料研究，德莱赛选择在 1882 年 5 月去波士顿，其目的混合着理想主义和利己主义的双重色彩，理想主义的他希望在全国推广昆比的精神疗愈法，利己主义的他看到了其中的商机。此时基督教科学会在波士顿地区发展良好，并在波士顿地区开办了很多研习班、讲座、工作坊等，吸引了众多会众。而艾迪夫人本人也出版了《健康与科学》一书，销量相当好，她通过著书立说以及开办讲习班两种形式可谓赚得盆满钵满。此时的德莱赛看到一个曾经体弱多病、郁郁寡欢的中年妇人摇身一变成为了众人敬仰的宗教领袖，非常眼红。因此，他打算重操“神医”昆比的旧业也不是没有可能的。

在波士顿安顿好后，德莱赛就马不停蹄地和基督教科学会的一个学生爱德华·阿伦斯（Edward J. Arens）联系上了。阿伦斯曾经也是基督教科学会的信徒，但他后来和艾迪产生各种恩怨后与其决裂。具体的决裂原因其实很简单，阿伦斯自费出版了一本书，而艾迪指责他抄袭了基督教科学会的理论，但是阿伦斯表示不服气。从此以后，两人

就结下了“梁子”。

因为有着共同的“敌人”，德莱赛和阿伦斯一拍即合，同仇敌忾，而阿伦斯也承诺效忠于德莱赛，于是两人开始联合起来，对艾迪及基督教科学会展开反击。反击的第一步就是艾伦斯将自己和艾迪来往的信件交给了德莱赛，因为早前，艾迪曾控告艾伦斯剽窃了自己的神性疗愈理论，所以她在和艾伦斯的通信中提到了自己理论的核心思想。后来，经过德莱赛和阿伦斯的共同推敲发现，这些信件中所表达的思想和已故昆比的理论相差无几，而基督教科学会所谓的“基督耶稣的神性治愈是对于精神疗愈法进行的创新性颠覆”，其实就是来自昆比的理论。

1883 年初，德莱赛和艾迪终于撕破脸，两人通过《波士顿邮报》（*the Boston Post*）互相进行“口诛笔伐”。两人在第一轮的 PK 中都亮出了当年和“神医”来往的信件作为证据，德莱赛指责艾迪抄袭，而艾迪则像一条深海深处的大鲨鱼伺机等待全面进攻的机会。

两人最开始于 1883 年 2 月 8 日通过《波士顿邮报》打笔战，德莱赛在邮报上发表了署名为“A.O.”的文章，指责某个组织的精神疗愈理论，其实这种理论最先来自于神医昆比；而艾迪当然也不甘落后，她随即在 2 月 19 日发表的署名为“E.G.”的文章中称：“神医的理论犹如一场绚烂的舞台剧，但是并没有明确阐明具体的操作方法，它对于‘外行看热闹’的人来说是好看的，但对于内行来说却远远缺少系统化和理论性。神医生前几乎没有完整的作品，留下的不同患者、学生记下的零星笔记和只言片语不足为证。昆比一直使用梅斯梅尔磁疗法去诊治病人。”随后在不到一周的 2 月 24 日，德莱赛便以自己的真名发表了署名文章，使出了他的“杀手锏”——将 1866 年冬天艾迪写给他的那封私人信件公布于众。在这封信里，艾迪央求他继承“神医”的衣钵，承担起精神疗愈大师的职责。德莱赛还在这封公开信中引用了艾迪当时的生理和心理状况，并宣称“这个曾经自称生理和心理都不健全的女人，现在竟然掌控着一个影响力与日俱增的宗教组织，这简直就是宗教界的耻辱”。

艾迪在 3 月 9 日的署名信中回复说：“他（昆比）极具人道主义精神，但是却相当无知。他一生中从未出版发行过一本书，他还算不上是一名大师或大家，而只能算一个小有名气的精神治疗师，他更多为世人所知的身份其实是一名催眠师。当然毋庸置疑，他是一位有道德、有底线的智者，他运用催眠术诊疗病人的动机是好的。”最后，她还在公开信中略有讽刺地称“这个世界上，有太多的人喜欢说教，爱管闲事”。

到此为止，这两个同门师兄妹的笔仗算是暂时画上了句号。

1887年初，德莱赛又开始了第二轮的攻击。同年2月，他在波士顿开了一场针对艾迪以及基督教科学会的演讲，瞬间风靡波士顿地区。演讲之后不久，他便将演讲内容出版发行成宣传册，并命名为《心理科学的真实历史》（*The True History of Mental Science*）。德莱赛在书中列举了一系列论点来证明昆比的理论才是“精神科学”的真正源头，他通过强有力的论点、充分的论据以及慷慨激昂的文字，向读者展现了艾迪是如何在昆比的照顾和治疗下，从一个没老公、没儿子的抑郁寡妇重新拾回生活的自信、走向人生巅峰的，并驳斥了艾迪对于“神医”功劳的漠视和忽略，而这一系列论点也向读者解释了新思想、积极思想的形成历史，他还在书中预测了这一运动的发展趋势。除此之外，他还在书中表扬了埃文斯。

1869年，埃文斯出版了一本极具开创意义的书《精神治疗》（*The Mental Cure*），这是一本关于冥想、精神疗愈的实际操作指导手册，埃文斯在书中列举了精神治疗法的6种实际操作方法，该书成书于1869年到1886年之间。1872年，埃文斯又出版了主题为“精神医学”的第二本书，在这本书中，他也仅仅提到了昆比一次。

德莱赛在小册子里刚结束对埃文斯的赞美，就腹黑地暗示“从1860年到1865年期间，很多‘神医’生前的朋友、被其治疗过的患者、跟随‘神医’一起出诊的学生都对‘神医’的贡献及其精神治疗理论的原创性有非常高的评价。而这些人中的其中一个不知基于什么奇怪的原因，后来竟然背离了‘神医’，沿着不同的学说道路走了下去”。同丝毫没有感恩之情的基督教科学会创始人相比，埃文斯算是非常感恩图报的患者和学生了，他就像“神医”的儿子一样。德莱赛在其文章末尾总结道：“纵观我和艾迪夫人这几年来陆续在媒体上的公开笔仗以及信件来往，不难发现基督教科学会是如何发展而来的。”

德莱赛和艾迪就是否抄袭的争论并没有随着时间的推移而弱化，反而愈演愈烈，这个争论一直延续到了当代。直到2012年，美国超自然研究中心（metaphysical center）的一名图书管理员兼史料研究员终于为这场“世纪之争”画了一个句号。他说：“她（艾迪）所有的理论想法都来自昆比，她窃取了昆比的理论。”这名图书馆管理员对这个争论的最后定性是在其研究了众多历史作家的各种著作、史料后得出的，而埃文斯则在这个“世纪之谜”中担当了一个他生前从未想过的作用：他在自己的作品中注明了其理论来源于“神医”昆比，他是一名忠诚的“抄写员”，这也是后世判断艾迪“抄袭”神医的主要依据，也是德莱赛一直以来所坚持的主要证据。

现在，让我们回到当时的情景中，在“艾迪－昆比事件”中，埃文斯因在其书中提到了昆比并注明自己的思想来源于昆比，而艾迪则没有。于是，舆论纷纷指责艾迪；她的回应也激化了公众的态度。1886 年，她在给友人的一封信中将昆比称为“无知的催眠师”。1887 年 6 月，她在基督教科学会的杂志上发表文章，称“昆比的著作”（德莱赛搜集的各类零星笔记）为“涂鸦”，并称昆比其人为文盲。

纵观 19 世纪 80 年代末的那几年（1885 年到 1890 年间），艾迪对于昆比的评价以及对昔日老师的态度一直飘忽不定、褒贬不一 。1885 年，她称这位昔日的恩师为“令人尊敬的催眠师”“大智若愚的长者、经验丰富的精神治疗师”；1890 年，艾迪称“他是一名极具人文情怀、品行高尚、令人尊敬的催眠师……他帮助许多病人，重拾健康和自信”。

即使是艾迪语气软化和做出让步的姿态，昆比的忠实支持者们（如德莱赛）还是认为艾迪的态度不够彻底，他们认为艾迪称昆比为“催眠师”是戴着有色眼镜去看待“神医”的精神疗愈法，这也是极其不准确的。关于这件事情的争论，即使在德莱赛去世后也从未停止过。1893 年，德莱赛去世，他的长子杜勒瑟为了完成他“未完成的任务”，继续对艾迪以及基督教科学会进行口诛笔伐。 杜勒瑟就是昆比去世前一天降临的那个小男孩，他长大成人后却意外地成为了一位举世瞩目的哲学家、历史学家、神学家和评论家，并引领了 20 世纪的新思想运动。作为家中的长子，杜勒瑟天资聪颖，自幼勤奋好学，并于 1902 年考入哈佛大学研究院。在哈佛大学学习期间，他结识了威廉 • 詹姆斯并成为其门生，这个詹姆斯就是实用主义哲学的创始人。在詹姆斯的引导下，再加上自身的努力，他后来获得了哈佛大学哲学博士学位。在父亲去世后，他扛起了讨伐艾迪和基督教科学会的大旗，这位“新鲜出炉”的、有着哈佛大学博士学位的高材生迫不及待地向当时颇具影响力的基督教新教运动领袖发起了挑战。1900 年，他发起了进攻的第一炮——亲自书写了一封遣词造句优美、文风犀利和笔法老道的信件，注意！这封信是手写的，还是极其优美的手写体。当然，如果字写得难看的话，估计他也不会手写了。杜勒瑟这封手写的“致艾迪的信”于同年 2 月 3 日发表在了自家创办的《至高无上之法则》（*Higher Law*）杂志上，该杂志是一本精神心理学以及精神疗愈方面的期刊。这封信这样写道：

> 亲爱的夫人：
>
> 收到此信，请勿讶异！晚辈写此信，实属无奈之举！我想真诚地奉劝您一句：请勇敢面对历史，将事情真相公布于社会。您此前与家父的众多信件来往已向世人展示了基督教科学会的理论皆来自昆比博士。如若此时，您肯坦然承认此事，世界将会尊重您，您也终会被历史所铭记；如若您仍坚持认为昆比博士是基督教科学会的局外人，大浪淘沙，历史终究会还原事情的真相！
>
> 我知道，在这个世界上，有太多的人干着抹杀历史的事情；我也知道，没有人可以阻止历史的发展，真相将会一点点浮出水面。在这个世界上，没有人能够阻止历史的前进。如果您觉得您可以摆脱历史或者重塑历史，那么您就大错特错了。
>
> 因此，我建议您彻彻底底地进行忏悔，并将积压在心中已久的秘密宣泄出来。唯有这样，您才能得以解脱。为了您自己，请您将真相说出来。

杜勒瑟在发表这封信的同时，还分别于同年 1 月 15 日和 2 月 3 日发了两份电报给基督教科学会的一个资深信徒，这个人叫汉娜（Hanna）。在 1 月份的信中，杜勒瑟语带不逊并出言警告称："我们一直在准备书面材料，这些书面材料大部分都是昆比的手稿，这些手稿将向世人证明，艾迪夫人就是女版的昆比，她的理论全部来自昆比疗法。"这封信其实有点唬人的意味，事实上，昆比的手稿一直是个谜。因为种种难以理解的原因，昆比的儿子乔治一直拒绝交出父亲生前的手稿。更让人费解的是，乔治不但拒绝交出手稿，还把它锁在了一个铁箱子里，一锁就是几十年。后来，为了防止被偷，他更是不远万里将这些手稿邮寄到苏格兰的亲戚家里，让其代为保管。直到多年后乔治去世，昆比遗稿的保管才得以放松，杜勒瑟最终获得机会，去查清事情始末。

乔治死后，杜勒瑟上门找到了他的遗孀，并成功说服她交出了手稿。1921 年，昆比的手稿终于出版发行了，这次发行的是一本汇编手稿，除去昆比的手稿还包括埃文斯、德莱赛等人的手稿。杜勒瑟作为本书的主编在引言中指出"昆比是精神疗愈运动的鼻祖，他是艾迪的先行者"，但是这本书中还没有给有史以来的争议做个"开棺定论"。鉴于昆比的手稿已经被锁多年，加上其中还有其他人的手稿，所以人们很难从中找出艾迪抄袭的有力证据。不过，这本汇编集的出版从某种意义上来说就像一面镜子一样，它印证了长期以来的争执。

鉴于之前昆比从未出版过任何著作，所以这本书无疑代表了昆比一个重要的学术成果。鉴于“昆比－艾迪学术”之争，为了避免法律上的纠纷以及基督教科学会反对杜勒瑟在文集中刊登艾迪和昆比往来的信件内容，因此，1921 年末，杜勒瑟又对这本汇编集进行了重新修订，删除了艾迪的信件。

我们仔细分析一下杜勒瑟和艾迪的往来信件可以发现，他似乎相当沉浸于担当知识产权的护卫警察一职，并期望可以打击和杜绝盗版。但是，我们仔细推敲他的文风和遣词造句后又会发现，他似乎很懊恼去收拾这个烂摊子。如果艾迪可以在各种笔战中弱化自己的语气、放低姿态，在自己的书中表达一下自己对昆比的感情，并肯定昆比对精神治疗运动的贡献。那么，这场耗时已久的、牵涉几代人的辩论大战可能就不会发生。

触手可及的桥梁

从 19 世纪 80 年代到 20 世纪 20 年代早期，尽管“昆比－艾迪学说”之争闹得沸沸扬扬，但却从客观上推动了心理治疗运动的发展。在这一时期，产生了数以百计的文章、书籍、宣传册以及讲座、访谈、研讨会等，推动了精神治疗运动向现代心理学的发展。

当我们分析比较“昆比－艾迪学说”之争时，不难发现两人的精神治疗学说的区别微乎其微。如果艾迪和德莱赛双方都做出一定让步的话，那么结果肯定非常不一样；如果艾迪夫人能肯定昆比博士对其建立基督教科学会以及病榻疗愈理论的贡献，德莱赛能够承认艾迪的病榻疗愈还是有很多独具特色的一面的话，那么这场牵涉几代人的争论可能就会有非常不一样的结果。

如果认真仔细分析昆比的理论，我们不难发现他的手稿内容涉及面广，缺乏系统性和条理性，很难形成一种前沿的理论。当然，我们也不能否认他对艾迪夫人的影响，是他帮助了一个焦虑、体弱多病和家庭支离破碎并失去了唯一孩子的中年妇女走出了生活的痛苦阴影。在这一点上，他的作用功不可没。

1862年秋天，在昆比位于波特兰的家里，艾迪似乎将这段时间所做的努力视为自己一生的使命——建立自己的神学理论基础并将这一理论发展下去。艾迪在执行这项使命时的态度相当诚恳、认真，且独立完成了大部分作品。从1866年初起，在昆比去世后的若干年，艾迪也一直努力将基督教科学会的理论系统记录下来，并发表在《科学与健康》上。大部分基督教科学会会众都认为艾迪发表的文章能够启发人，并且具有很强的激励作用。这本书经过多次修订和更正，终于在1907年出版了最终版，一些评论员（包括著名作家马克·吐温在内）都认为这本书经过了多名作家、编辑和多个版本的修订之后，终于趋于完善了。

后来又有好事者问，能否从艾迪的《科学与健康》一书的修订版中找出昆比出版手稿的蛛丝马迹，以此来证明艾迪曾经师从昆比并剽窃了老师的理论。这正如杜勒瑟在1900年的信中所推测的一样，而《纽约时报》8月刊中的一篇文章似乎也同意该推论。1904年7月（艾迪去世前的6年），《泰晤士报》的一篇文章将艾迪描述为“一个野心勃勃的学生，成功吸收昆比的理论并据为己有”，文章中还逐字逐句地将艾迪书中出现的有关昆比的字句列举出来。

但是艾迪对此事的回应却相当地有意思，她坚决怒斥《泰晤士时报》将她称为“一个野心勃勃的学生”。1888年，艾迪发表文章，宣称自己是一位极具创新精神的老师：“我的确将昆比的手稿进行了再加工。事实上，昆比有很多手稿里的内容都是我记录的。”艾迪还在书中指出“自己部分作品的理论和昆比的理论存在一定程度的重合，这点引起了昆比支持者们的公愤”。然而，仔细研究昆比的文章后发现，艾迪声称自己的理论是对昆比理论的整合可能会更有价值。

昆比的儿子兼他的遗稿执行人乔治也承认“神医”生前曾和艾迪一起私下工作过，他说：“她（艾迪）坐在昆比的房间里，两人共同探讨精神疗愈方面的问题，艾迪夫人曾负责将先生的话记录下来，偶尔加上自己的标注和理解，然后再读给先生听，以听取反馈。”1868年，昆比的一份手稿评论显示，艾迪曾经帮这份手稿写过一个序言，并在序言中加上了“答疑解惑”一栏，而这份手稿最初只是在她的几个学生中传阅。《纽约时报》甚至分列两列，将昆比和艾迪作品中的遣词造句甚至关键字都做了非常清晰的对比。从对比和比较中发现，艾迪的文章部分段落都是采用“拿来主义”，直接从昆比手中“拿来”的，也没有标明出处。在昆比的波特兰圈子里，昆比未出版的手稿也在民间四处传阅，引起了广泛的讨论以及很好的反响。这些广为传阅的昆比手稿大部分都是来自他的口述，也有一小部分来自这些民间热心人士的修订、批注以及改良。

无可否认的是，随着不间断的学习、年岁的渐长、阅历的增加以及思想的成熟，艾迪已经蜕变成了一名具有一定文学技巧、深邃思想、洞察世界的智慧女性，而她所著的文学作品风格、所建造的神学院及其他教育机构在20世纪之初就已初具规模。昆比则因生前独到的先见之明、超强的领悟力给后世留下了零零散散、未成系统的各种概念、理论，他留给后世的关于新思想的“糊涂账”，即使在当今美国也无法理清。

本章用了如此长的篇幅来介绍关于“昆比－艾迪学术”之争，如果不对他们做个评价，读者是否会不甘心呢。好吧！昆比既是一位伟大的神秘学家，也是一位具有开阔视野、可以预见未来的心理治疗师。他更是一位思想家和哲学家，他为19世纪中旬(美国文艺复兴时期)新英格兰地区的心理学萌芽及发展做出了开创性的贡献。他早期进行的有关潜意识理论的理解和实验对美国心理学发展起到很强的推动作用，但是需要澄清的是，他不是基督教科学会的创始人，也不是美国精神疗愈法的鼻祖。他只是一个推动者、一位勇于试验和创新的大师，更是一位“灵魂导师”。因为他的影响和熏陶，在他去世后才得以出现了许多思想界的大师，如玛丽·贝克·艾迪、沃伦·埃文斯和杜勒瑟等。

在这些错综复杂的关系和笔战中，产生了一大批思想家以及各种文章、著作学说。这一时期在新英格兰地区涌现出来的宗教神学界、精神治疗界可谓是“百花齐放、百家争鸣”，积极思想作为一门单独的哲学概念也是在这个时期开始涌现的，只不过还没有被公众所熟知罢了，而新思想、团结教会却被美国民众所熟知。这场以昆比和艾迪为代表的一众精神疗愈家、思想家、哲学家发起的精神疗愈运动，就是著名的新思想运动。该运动没有单一的思想起源，其吸收了不同宗教流派的神学和哲学思想。随着这场运动的影响力的不断扩大，哲学家研究的目标有时也会与该领域的先行者的目标发生冲突。

我们且待下一章细细分解。

第 3 章 新思想运动的诞生以及励志成功学的萌芽

世间万千皆为虚无。

艾玛·柯蒂斯·霍普金斯（Emma Curtis Hopkins）于 1888 年

1884 年， 在美国新罕布什尔州的曼彻斯特，一位刚满 30 岁的年轻少妇决定远离家人，只身前往波士顿，去追随基督教科学会，师从其创始人艾迪夫人，这其中还有一段小故事。

1883 年 10 月，艾迪夫人在新罕布什尔州举办了一场关于基督教科学会的布道大会。这场大会也是一个普及讲座，讲座非常成功，吸引了很多粉丝，这位少妇也在其中。直至次年，她甚至决心只身前往波士顿，专门受教于艾迪夫人。此后，她便彻底折服于基督教科学会在哲学和文化上的迷人魅力。

1884 年 8 月，为了进一步地认识自己的偶像艾迪、全身心地投入到基督教科学会的工作中，这位年轻的少妇决定离开丈夫和年仅 9 岁的儿子，只身前往波士顿。其实就当时的情况来说，她的家庭从传统意义上来看应该是很幸福的：她的丈夫是一位高中老师，两人共同抚养一个儿子。他们负债累累，也不知道为什么欠了一屁股债，所以日子一直过得很清贫，但她在和艾迪往来的信中却丝毫没有表现出消极气馁的情绪。例如，她在一封给艾迪的信中写道：“我很开心地嫁给了我的丈夫，并生下了一个可爱的儿子。”不论现实生活如何艰难， 这名少妇总是表现得很积极，并且对基督教科学会也是满腔热血。

她就是艾玛·柯蒂斯·霍普金斯——一位信仰“神秘学”、对东方宗教哲学思想颇有研究的女权主义者，也是基督教科学会的忠实信徒，更曾经一度是艾迪夫人的得意门生，甚至曾几何时是艾迪夫人最信任的学生。然而后来，师生却反目成仇，艾玛甚至成了基督教科学会最大的异见者。艾玛和艾迪闹翻了之后，自己也著书立说，以基督教科学会的名义成立了自己的学派，其声势浩大，发展得如火如荼。

而这一场“师徒之争”在客观上开启了美国思想史上一次著名的思想解放运动。这场运动的领导者大部分都是思想独立、具有批判性思维的女性们，她们勇于挑战传统宗教神学思想，打破固有观念。这场运动从客观上激发了美国女性主义的产生，加速了女性解放和女权发展。这场思想解放运动就是著名的新思想运动，它更为世人熟知的一个标签却是哲学领域中的一次著名的精神运动。

接下来，我们会介绍艾迪和以霍普金斯为代表的一众学生从师徒情深到反目成仇的原因，以及这场争论背后带来的积极的社会意义。它对思想解放、宗教改革具有积极正面的意义，对美国女权运动、妇女解放、女性参政议政也具有促进作用。

从追随者到异见者：粉转黑的历程

事件要回溯到1883年秋天的曼彻斯特，艾迪夫人在访问曼彻斯特期间受到当地学生的邀请，召开了一次“布道大会”，向当地群众介绍基督教科学会，艾玛·霍普金斯也是听众之一，这也是她第一次接触艾迪夫人。听完这次演讲后，艾迪俨然成为了霍普金斯茫茫大海中的一座“知识灯塔”照耀着她！

同时，她也被艾迪的“病榻祈祷、信仰疗愈”的理论深深折服。同年12月，霍普金斯在给艾迪的信中写道：

> 我的朋友用基督教科学会的祈祷疗愈方法把我的顽疾给治愈了，也正是她邀请我去参加曼彻斯特的宣讲会。我想将自己奉献给基督教科学会来报答您在创立这个学派上的努力。

次年1月，她在给艾迪另一封信中又写道：“我将穷尽自己的毕生精力及有限的能力来投身到基督教科学会的工作中。”

霍普金斯几次三番的来信打动了艾迪。为此，艾迪将基督教科学会内刊编辑一职给了霍普金斯。这个教会内刊就是大名鼎鼎的《基督教科学日报》（ *the Journal of Christian Science* ），1885 年 4 月更名为《基督教科学报》（*Christian Science Journal*），也就是著名的《基督教科学箴言报》（*Christian Science Monitor*）的前身。

1884 年夏末，霍普金斯离家准备前往波士顿。波士顿既是基督教科学会总部和《基督教科学日报》的所在地，也是基督教科学会会堂和基督教科学会神学院的所在地。神学院为霍普金斯分配了一间女生宿舍。事实上，霍普金斯的这份编辑工作除了包吃包住以外，没有任何薪水可拿。1884 年 8 月 16 日，霍普金斯在写给艾迪的信中要求艾迪不要对外公开她所做的工作没有薪水这一条，这样她的亲朋好友就不会质疑她抛夫弃子去追随基督教科学会的决定。由此可见，霍普金斯为了能亲自和艾迪大师学习付出了破釜沉舟般的勇气。

1884 年 9 月，霍普金斯开始担任《基督教科学报》主编一职，直至一年多后的 1885 年 10 月。在毫无预兆的情况下，霍普金斯被科学报开除了，她在科学院的宿舍也被学校收回，而且没有给她任何一个明确的理由，霍普金斯被科学报和科学会完全除名了。霍普金斯在给艾迪的一封“无日期”的信中曾投诉道：“弗莱博士（Frye，艾迪的秘书）蛮横无礼地通知我搬出大学宿舍，随后，我又收到了拉夫夫人的通知，说因资金缺乏和预算不足，我将不能继续担任科学报编辑一职。”

无端被基督教科学会除名后，霍普金斯开始寻找原因。聪颖的霍普金斯很快就发现，她违背了艾迪不成文的规定，触犯了宗教的“隐形规则”。很多年来，西方社会的宗教组织（不论是主流教会还是非主流教会）都有一个“只可意会、不可言传”的“潜规则”，即不允许教徒私下研习其他宗教神学思想，哪怕只是研究同一宗教的不同流派也不行。这其实是教会用来禁锢思想的把戏，艾迪的基督教科学会当然也不例外。

然而，霍普金斯却是一个具有独立思想和思维方式的人，有自己的评判标准。她博学、明辨、笃行、慎思、勤勉，同时又善于进行积极而深入的独立思考，思想具有深刻性、独立性、创造性和开放性。1885 年 9 月，在担任《基督教科学杂志》编辑期间，她时常在科学报上发表个人对宗教、神学思想的独立见解，其中也包括她对基督教科学会的理解和认识。她的这一举动遭到了艾迪本人的强烈反对。

1885 年 11 月 4 日，霍普金斯写信给朋友茱莉亚·巴特利特（Julia Bartlett），她在信中反复提及教会势力的打压和控制，以下是从这封信中提取的部分段落：

> 我在基督教科学会所说的、所做的一切都处于监视中，并被夸大其词地举报给上级，当时我的压力非常大。我也听到学院学生们有着同样的苦恼，他们也向我表达了同样的不满。幸好，我从来没有想过把学生的不满言论举报上去，否则他们麻烦就大了。可惜，我的学生们不会理解我的良苦用心，他们也不会懂我表达自我的方式，更不会理解我追求真理和真相的决心，学生们的不理解甚至是一种漠然的反应，这真的令人失望。

霍普金斯这里的意思大概就是：基督教科学会神学院给我施加了这么大的压力，我都能坚持下来；现在学校要将我除名，竟然没有一个学生站起来为我请愿，枉费我对他们的一番苦心。

霍普金斯信中所指的“真理和真相”，显然是指“艾迪和神医昆比的学术争议”。据史料分析，霍普金斯自始至终都是支持艾迪的，这一点可以从她给朋友巴特利特的信件中推断出来，这封信写于 1888 年：“我看过所有艾迪写给昆比的信，我丝毫不怀疑艾迪思想的原创性。”然而，一种不易察觉的、日积月累的怀疑却慢慢浮出水面。

自由思想者

霍普金斯苦苦追寻的不只是事实和真相，更是一种思想、一种渴求真理的决心，以及一种独立思考的思维方式。一直以来，她对各种思想流派都非常感兴趣，比如形而上学精神心理学（metaphysics）、东方宗教（如印度教、儒教、道教等）等 。她的好学精神似乎远远超过了艾迪对她的期望，也背离了艾迪在基督教科学会内部所建立的封闭文化。

艾迪创立基督教科学会的初衷就是在信仰基督教教义的前提下，通过耶稣基督的神性疗愈去帮助众生“洗脱原罪”，脱离疾病的苦海，到达幸福的彼岸。和大多数主流宗教一样，艾迪及其基督教科学会教义都明确规定禁止科学会成员去研习其他思想，这也就是为什么艾迪在科学会壮大之后会制定各种规定、制度以及其他条目，遏制教会会员吸收其他思想。“控制思想、扼杀异见者”，这一点也正是艾迪和昆比、霍普金斯的区别。从昆比遗留的手稿中分析，昆比在宗教信仰上倒是相当地“马虎了事”，没有规定必须、一定要信仰基督教；而霍普金斯则更加彻底，她一直倡导信仰自由、思想解放，鼓励学生积极吸收东方哲学思想。

到了 19 世纪 80 年代，基督教科学会的规模发展得相当大，其势头不可阻挡，已然成为一个有着严格规章制度的“教会”。它有众多祷告者和诵经者定期聚集在一起布道、祈祷、做礼拜，期望通过“耶稣基督的神性疗愈功能”帮助自己克服疾病的痛楚、治疗疾病。同时，艾迪也加强了科学会内部的思想控制，三番五次告诫众信徒：基督教科学会的诵经祷告内容、聚会布道和礼拜形式在任何情况下都不得改变，哪怕只是一点点轻微的“修正”都不允许，学员们只能研习基督教科学会的内部教义，不得触碰其他流派思想（不论是神学信仰还是哲学思想）。霍普金斯去到波士顿的几个月后，艾迪也很清楚地跟她传达了这一指导思想。然而，现实中的霍普金斯却恰恰相反，早在她担任《基督教科学报》编辑之前，她就跟艾迪直率地表达了自己“包容并蓄，兼收一切”的观点，以及她对各种意识流思想的兴趣。不论是基督教还是东方的印度教、道教等，她对各种宗教和哲学思想都有所涉猎。

这一点从霍普金斯发表的各种长、短篇文章中可见一斑。1884 年 4 月，霍普金斯在《基督教科学报》上发表短文指出：“上帝无所不在，而每个民族、每种宗教信仰乃至某个少数民族的图腾崇拜，究其本质都是对于人的神性和宇宙洪荒的追寻和探索。”她还辩解道：“在这个世界上，无论种族、民族、信仰如何，最广为普世的信仰便是‘上帝乃客观之存在’，也就是神性和健康的统一体，此乃普世之福音。”霍普金斯还援引了各种宗教思想，来佐证自己的论点，比如佛教中的“涅槃”。

霍普金斯早期的时候，甚至还曾公开呼吁科学会会员应该广泛接触其他教派的观点，学习其他教派的思想。在霍普金斯的带动下，基督教科学会内部掀起了一股学习其他思想的热潮，一时间涌现了很多热衷于思考、孜孜探求生命真谛的学员，大家都争相研习各种宗教思想，尤其是东方的宗教以及神秘学。这一举动招致艾迪的极大反感，她开始觉察到有一股强大的势力正在质疑自己所创立的学说，这使她不得不考虑要遏制这股质疑的声音。于是，她才决定将霍普金斯从波士顿基督教科学院开除，杀鸡儆猴、以儆效尤。

在这股“不和谐”的声音中，除了霍普金斯之外，具有代表性的还有乌苏拉·盖斯菲尔德（Ursula Gestefeld），她起初也是艾迪的学生、霍普金斯同期的研习生。1888年，她发表了自己对基督教科学会的独特理解。这个独特理解基于她对基督教科学会的理解，融合了其他宗教学说，加上她自己的思想，并对基督教科学会教义进行了重新诠释。这一举动不但没引来老师们的赞许，反而遭到了艾迪的极力反对。由于艾迪反对此举，导致了这对师生之间的公开决裂。

艾迪绝对不能容忍任何人对基督教科学会教义进行重新解读、再创造，尤其是自己的学员。她坚决抵制基督教科学会会员设立独立的“研修”小组，也决不允许会员单独聚会布道诵经，同时这也是她的底线。在这一点上，艾迪绝不留情。她一旦发现学员有私下聚会、布道的行为，立刻将其逐出科学会，没有商量的余地。即便如此，仍然有很多勇敢的学生公然违反艾迪的规定，当然他们的下场只能是被逐出科学会了。据不完全统计， 到19世纪80年代中后期，科学会正因为这样的思想纷争、派系分裂导致流失了大约三分之一的会员。这些被逐出科学会的会员们，有的仍然打着科学会的名义传播思想，比如霍普金斯；有的则自立门户，单独设立讲台进行思想传播。“防民之口甚于防川”这句颠扑不破的古话不论在哪个年代都是通用的。艾迪对基督教科学会的思想控制、对会员追求新思想的扼杀不仅没有遏制住新思想，反而加速了这股思潮的发展，从客观上激发了宗教自由。

虽然艾迪对待基督教科学会的异己分子的手段比较强硬，她比19世纪的人对待当时医术已经仁慈多了。19世纪的美国医学界，现代医学还没有完全发展起来，“医师执照”考核流程还没有标准化，许多医疗活动也主要为以“江湖医术”为主。 这些医生大都没有经过系统培训，即便是发展到了19世纪中后期，这些“江湖医生”们仍坚持采用各种危险、残忍的“民间”治疗方法（也称之为“冒险治疗”法）来治疗疾病，如顺势疗法、放血疗法、灼烧疗法。这些治疗方式对妇女尤其残酷，让人生无可恋。在这个大时代背景下，艾迪的“基督教科学会”摒弃了临床治疗中的各种恐怖、激进、冒险式的治疗方法，在会员中推行“病榻祈祷”疗法，提倡用基督耶稣的神性疗愈作用，以布道祷告的形式帮助患者建立起战胜疾病的决心和信心。在实践中，基督教科学会治疗师坐在患者病床前祷告、诵经、和患者进行“一对一”交谈，以此来关注每个患者的情绪和情感需求，帮助他们缓解内心的恐惧、悲伤，并帮助他们去除负面情绪。基督教科学会的疗法从根本上来说就是临床的心理治疗和心理暗示，只不过在当时宗教森严、思想保守的大环境下，艾迪夫人于是在基督教教义的基础上对圣经进行了重新阐释，弱化了圣经中的“原罪”“性恶论”，强化了上帝的“救赎”、给予人类的疗愈功能，这对于在疾病煎熬中的病患来说是一种全新的体验。“病榻祈祷”疗法和“冒险治疗”相比，也更加地温和和富有人性。基督教科学会成立伊始便如山洪呼啸而来，迅速吸引了大批信徒，尤其是女性粉丝。

从某种程度上来说，艾迪将无数女患者从水深火热的“临床治疗”中拯救出来。由此可见，艾迪的基督教科学会对 19 世纪晚期美国人文医学的发展也产生了无法估量的影响。大批女粉丝的加入（尤其是这些女性大都追求思想自由、独立自由）在客观上促进了 19 世纪中后期的女性解放，并为后来的女权运动和女性“参政议政”起到极大的推动作用。基督教科学会运动作为一股精神心理学思潮，它既不是宗教运动，也不是政治化运动。然而艾迪夫人和这股思潮的影响在美国历史上却是相当深远的，艾迪本人也被誉为 19 世纪、20 世纪美国最具影响力的人物之一，并成为“美国精神”不可或缺的一部分。现在，我们来聊一聊“基督教科学会”在医学、社会、政治层面上的影响。

如前所述，那些追随艾迪加入“基督教科学会”运动的女性们大都聪明好学、独立审慎、思想开明，积极寻求女性在教会内部的一席之地。此前，教会以及教堂内部几乎都是以“男性为主”，比如大部分管事的神职人员都是由男性担任的，而几乎没有女性牧师。自从艾迪发起“基督教科学会”运动后，大批的女性开始要求建立以“女性为主”的“神学组织”（a female-led church），后来她们也在波士顿建立了基督教科学会会堂，并称之为“母教堂”（mother church）。这些都是后话，但在帮助女性提高其宗教地位和两性平等上起到非常好的促进作用。

在社会学层面上，任何接受过基督教科学会“病榻祈祷”疗法而痊愈的患者，都可以通过科学会的训练成为一名祈祷治疗师。而在当时美国的医疗行业，女性都处于从属或辅助的角色，很少有女性可以从事医生这一职业。基督教科学会在一定程度上推进了职业平等，在客观上争取了女性在医疗行业的行医资格。

在政治层面上，基督教科学会加速了女性参政议政的进程，其自成立之初就得到了众多女权分子的拥护。著名的“伊丽莎白·斯坦顿”就是美国女权运动的先驱，她曾于 1848 年提出“妇女选举权运动”纲领，成为该领域的第一人。

在基督教科学会内部的思想意识流派的分裂过程中，出现了一批艾迪认为的“野心家”、离经叛道者，这拨“异见者”在不经意中促进了一个“新女性”群体的诞生。这拨新女性思想开明，敢于挑战传统，对战权威；她们信仰“宇宙中有一股未知力量”；她们对这股未知力量和未知世界充满好奇；她们勇于打破陈规，积极探索这股未知力量在生活中的现实意义。这股艾迪所称的“逆流”中就有霍普金斯，曾几何时，这个被艾迪称为最有前途的学生在与老师“反目成仇”后，自立门户迅速发展出了自己的宗教疗愈方法，开启了“后基督教科学会”事业(post-Christian Science career)，并成为“新思想运动”的先驱之一，其对美国当代宗教活动的影响至今仍余波犹在。

百花齐放、百家争鸣的美国中西部

与艾迪闹翻了以后，霍普金斯于1885年来到了芝加哥，她在芝加哥一切安顿好后，成功转型为一名独立的心灵疗愈师，但还是沿袭了恩师的“病榻祈祷”疗法。而此时，作为美国中西部最大的城市芝加哥更是汇聚了各类特立独行的开明思想家、哲学家、玄学家以及人生体悟者，也聚集了众多基督教科学会的追随者。他们举办了各种基督教科学会的宣讲活动，积极推广“病榻祈祷”疗法，而由斯沃特(A. J. Swarts)创立的《心理科学杂志》(*Mental Science Magazine*)也设在这里，该杂志在美国心理学史上赫赫有名。此时的芝加哥可谓是“百家齐放、百花争妍”，成为了思想意识解放之都。这对霍普金斯极具吸引力。

纵观霍普金斯的人生发展历程，她一路从遥远的新英格兰老家离乡背井、抛夫弃子，只身前往波士顿，只为寻求心中的那个基督教科学会，而随后却又与之渐行渐远，最后辗转至芝加哥。霍普金斯的上半生也极具颠沛流离的色彩，可以被当之无愧地称为“神学宗教领域的开荒者”。

在芝加哥一切安顿下来后，霍普金斯回到了家乡新英格兰的肯特郡，匆匆看望了家人，此后再也没回去过，可见芝加哥对她的吸引力和魅力之大。霍普金斯继续着和丈夫乔治保持“形婚”，乔治还两次前往芝加哥看她。两人直到1900年才离婚，离婚在100多年前思想保守的美国是极为罕见的，乔治离婚后不久便再娶。两人所生的儿子约翰在乔治家中英年早逝，据称他死于流感，享年30岁，其他笔者则知之甚少。

1885年后的数十年中，霍普金斯全身心地投入到芝加哥的生活中，并在这里结识了很多挚友导师，其中就有一位非常重要的工作伙伴——玛丽·H. 普朗科特（Mary H. Plunkett），她也是艾迪的“前粉丝”，同时更是一名高度独立的思想家、精神主义哲学家。普朗科特的一生也极具传奇色彩，她曾因为重婚、婚外生子和倡导自由恋爱而饱受争议，她的各种“大逆不道”的言行举止也使她成为艾迪和基督教科学会中的一股逆流，并最终导致了她和基督教科学会渐行渐远。普朗科特也是美国女权运动史上最具有代表性的人物之一。

霍普金斯和普朗科特早在霍普金斯担任《基督教科学报》主编期间就已经相识了。普朗科特积极鼓励霍普金斯将视野拓宽至基督教科学会以外的领域，两个女人之间建立的“革命友谊”引起了艾迪的猜忌。霍普金斯转战芝加哥后，普朗科特更是不断给予其精神鼓励。最终，两人联合开办了基督教科学会学习班，以及一系列的净胜疗愈课程。1887 年，两人联合发起的《真理》（*Truth*）杂志也成功出版发行。让艾迪颇为恼怒的是，《真理》杂志仍沿用了她创立的“基督教科学”一词。

创办《真理》杂志后没几年，霍普金斯就和普朗科特在学术上分道扬镳。普朗科特离开波士顿前往纽约，并在纽约开办了新的学习班和精神疗愈机构。1889 年，普朗科特曾向艾迪求和但并未成功。不久后，她的新婚丈夫因为重婚和挪用公款被检举而被判入狱，种种原因使普朗科特离开了美国前往新西兰。婚姻失败以及和昔日恩师、同窗的决裂，导致她对生活心灰意冷，并于 1901 年主动终结了自己的生命，享年 53 岁。

相对于普朗科特来说，霍普金斯的事业却要平顺很多。在定居芝加哥后不久，她便将事业扎根于此，一时间声名鹊起。人们在当时芝加哥举行的各种中短期治疗、培训课程（包括各种研习班、讲座以及“积极心理暗示”疗法等系列课程）中都可见到她的身影。她的影响力也从美国中西部很快波及美国的其他地方，很多学员慕名前来参加她的课程。不同于艾迪的保守和故步自封，霍普金斯提倡各种神学、哲学思想的兼容并蓄、开放共融，也正是在她的带领下，当时的中西部才会呈现“百花齐放、百家争鸣”的景象。霍普金斯的事业蒸蒸日上，她很快便成立了新基督教科学会。

新基督教科学会和艾迪的旧基督教科学会有一个非常大的区别：旧基督教科学会仅仅关注健康和疾病，旨在研究神性祈祷治愈疾病；而新基督教科学会却在这一中心思想基础上加以改造和创新，形成了一种全新的核心理念，并且通过积极思想疗愈来提升个体的幸福感。霍普金斯曾在一篇文章中提到，新基督教科学会广泛吸收了犹太教神秘主义卡巴拉（Kabbalah）、佛教和印度教的许多思想，甚至还有通神学（Theosophy）中的神秘学教义。通神学是由俄国通神学家布拉瓦茨基夫人[①]于1875年在纽约发起的一股“唯心思潮”。

拉瓦茨基夫人的通神学思想引起了霍普金斯的共鸣。此时，她已经离开艾迪的基督教科学会搬到芝加哥发展，且小有名气，这一时期也是她思想蓬勃发展的阶段，她广泛涉猎东、西方各个时代的各种深奥艰涩的神学、哲学思想以及传统文化思想，并在她的研习班里引经据典。这些经典著作有希伯来立法者摩西口述五经、基督教圣经、印度教圣书、古埃及教义、波斯圣经、中国的《大学》、东方犹太教密宗（Zohar）、北欧的《萨迦》（*Saga*）[②]，另外还有诸如炼金术、古巴比伦占星术、印度六派哲学之一的吠檀多、婆罗门教义以及“毕达哥拉斯”[③]神秘主义，这些都频繁出现在霍普金斯的笔记中。在广泛研习了各种哲学思想后，霍普金斯曾在文章中引用“圣经外典”的经文，来证明精神科学（mental science）的价值。自霍普金斯伊始，精神科学逐渐从宗教神学中分离开来。而以艾迪、霍普金斯为代表的一批现代新女性，在美国掀起了一股宗教解放、宣扬自由、弘扬净胜科学的精神主义思潮，这就是美国神学宗教史上赫赫有名的新思想运动，我们稍后会对此做介绍。

虽然霍普金斯的后基督教科学会主义一直没有被艾迪所认同，但她却一直自称为“艾迪的粉丝”，并对自己的偶像怀着崇敬之情，甚至在自己的思想里仍然沿用了艾迪绝对的“唯心主义”：世间万事万物都是虚无缥缈、捉摸不透的，即使是人类的意识也是虚幻的，邪恶、疾病、死亡等社会的阴暗面也是不存在的，唯有上帝是真实的；上帝的思想才是万物的本源，上帝的神性力量经久不息，它决定着客观世界和人类思想的变迁、发展。

---

① 布拉瓦茨基夫人（Madame H. P. Blavatsky）是俄国通神学家，曾在印度建立通神学总部，自称可预知未来并可感知上帝、和上帝对话，著有通神学教科书《除去面纱的艾西斯》（1887年）一书。——译者注

② 《萨迦》是记载北欧古代神话的民间故事集，主要体现了各种宗教哲学思想。——译者注

③ 毕达哥拉斯学派（Pythagorean conclusions）曾创立了一个集政治、学术、宗教三位一体的神秘主义学派，由毕达哥拉斯提出的著名命题“万物皆数”是该学派的哲学基石，其提出的著名的毕达哥拉斯定理就是中国数学上的勾股定理。——译者注

霍普金斯的思想与艾迪相比更加开放、更加接近现代精神心理学，即便如此，她也仍把艾迪当作自己的人生导师，在她的研习班和出版物中继续沿用了“基督教科学会”这一概念。史料记载，霍普金斯也一直寻求和这位昔日恩师化干戈为玉帛。1886 年圣诞节，霍普金斯给艾迪写了一封信，在信中言辞恳切：“当年，拉夫人突然命令我离开《基督教科学报》的时候，如果您能多给我一点时间让我去完成我的研究，如果您能足够明智并放下身段感受我的所思、所想及所做，现在情况就会大不一样。”不出所料，艾迪并没有回信，这也是霍普金斯最后一次给艾迪写信。

虽然并没有回霍普金斯的信件，但艾迪却一直密切关注着霍普金斯及其事业发展。1887 年 4 月，她在《基督教科学报》中撰文称：“霍普金斯夫人所教的基督教科学没有一点是正确的，她只是在蛊惑学员盲从于她的歪理胡说。”

甚至当霍普金斯的《霍普金斯文集》（*Hopkins Episode*）出版后没多久，艾迪就修改了基督教科学会的会员章程，将自己所著的《科学与健康暨解经之钥》（*The Bible and Science and Health*）一书作为基督教科学会的“唯一”用书，凡是研习其他书目的学员将一律从基督教科学会除名。1888 年，她还在《基督教科学报》上公布了一组细则来禁止老师或学员使用除了规定教材以外的其他“精神疗愈”方面的书籍。1888 年 4 月，艾迪规定基督教科学院的老师们必须使用神学院指定的书目，而不得使用任何其他规定外的神学作品或精神科学书籍，并要求学生严格遵守此条约。

艾迪在基督教科学会内部推行的“思想控制”激起了一干学员的反抗，他们纷纷转而投奔霍普金斯参加霍普金斯学习班。霍普金斯鼓励学员“运用积极的心理暗示获得幸福感”，并将沃伦·埃文斯的思想内容加以补充完善，提出了“心灵乃快乐安康的源泉”的说法，并给出了实际操作方案去鼓励学员寻找个体的幸福。这个操作方案就是：现实生活有很强的可塑性，通过设定一个最容易实现、最期望达成的目标，并将这一目标写在纸条上，贴在生活中随处可见的地方，同时不断地暗示和鼓励自己，这些有助于人们实现自己想要的生活。据考证，这段话其实最早来自爱默生，爱默生于 1836 年曾在《自然》（*Nature*）杂志上发表了题为《意念的力量》（*the plastic power of the human eye*）一文，霍普金斯在此基础上加以改编而来。

霍普金斯不仅高度赞颂“意念的力量”，还大力宣扬内在的提升是外在的延伸，内心的修身养性和身体健康相辅相成、互相影响。她认为，每个个体在追求外在提升的同时，更应该寻找个体的精神觉醒以及精神自我的释放。这里的“精神觉醒”以及“精神自我”的释放也成为后来新纪元运动的核心理念之一。无疑，霍普金斯以及她带领的一帮新基督教科学会的前卫女性们为当今新纪元运动奠定了非常好的思想基础，其也被学界认为是新纪元思想之起源。

即使取得如此高的成就，这批前卫独立的女性还是遭到了以艾迪为领导的基督教科学会的打压。1888 年 3 月，艾迪在《基督教科学报》上撰文指责霍普金斯不忠诚，她在原文中这样写道：“艾玛·柯蒂斯·霍普金斯太太违背了我的教义信条，频繁在她冗长乏味的讲座中盗用我的思想学说，甚至还和学生们随意讨论。”

在此期间，霍普金斯早已声名鹊起，她的影响力已经远远超出了芝加哥的范围，从堪萨斯到旧金山、从密尔沃基到纽约都可以找到她的“培训班”。1888 年，从最偏远的缅因州到阳光灿烂的加州，霍普金斯精神疗愈组织（Hopkins Metaphysical Association）已经在全美 17 个城市设立了分支机构或同盟会。霍普金斯不仅给学员提供了宽松的研习氛围，更是提倡学员在实际生活中充分认识并重视精神意念的作用、用意念来影响自己的行为并解决实际生活中的问题，从而实现个人价值的最大化。

在这一点上，霍普金斯与艾迪颇为不同。艾迪认为“世间一切都是虚幻的、不可认知的，人类在疾病、痛楚以及丑恶面前是无助的，唯有等待、祷告，祈祷上帝之救赎”。不同于艾迪的“激进”和“虚无”，霍普金斯的观点要实际很多，她的思想观点更多地从解决问题出发，致力于获得个体幸福感、内心自我以及宁静，她想必正是基于此才会在短期内吸引众多的粉丝。

霍普金斯的一个粉丝曾写道：“霍普金斯的研习班不仅让学生们了解疾病可以通过心理疗法自愈，更难能可贵的是，很多参加过她研习班的学生在课程结束后，精神面貌焕然一新，他们都步入了崭新的生活中。”

除此之外，还有很多学生指出，霍普金斯给予学员非常多的鼓励和启发。有的学员曾高度评价她：“霍普金斯在精神、心理领域的成就是卓越的，她的理念更是非常前沿、远远超出了当时的时代，以至于很多学员都很难完全领悟她的思想精髓。”和艾迪的故步自封完全不同的是，霍普金斯敦促学员们以各种方式去广泛传播自己的思想，其中很多学员都成为了后来新思想运动的主力军。这些著名的学员包括：团结教会（Unity）的创立者菲尔莫尔夫妇（Charles and Myrtle Fillmore），两人在堪萨斯市建立了精神疗愈中心，开设了一系列课程，并出版发行了与心理自愈相关的书籍、报刊杂志；心灵科学（Science of Mind）的创始人欧内斯特·赫尔姆斯（Ernest Holmes，又译“霍姆斯”），他也是20世纪颇具影响力的精神心理学家；神圣科学运动（Divine Science movement）的发起人美琳达·克莱默（Malinda Cramer），神圣科学运动在旧金山和丹佛曾受到广泛关注；著作等身的女权主义者海伦·威尔曼斯（Helen Wilmans）；大名鼎鼎的心灵科学先驱、神秘学作家威廉·沃克·阿特金森（William Walker Atkinson）；安妮·里克斯·米莉兹（Annie Rix Militz）成功地在美国西岸创立了“真理之家”组织，该组织专门提供心理治疗服务；还有弗朗西斯·罗德（Frances Lord），他是成功神学的早期创立者，来自英国，却活跃在19世纪末期的美国，他曾经也是一名热血青年，成功神学亦是励志成功学的前身；还有著名的女权运动家爱丽丝·斯托克姆（Alice Bunker Stockham），她活跃于维多利亚时代，也是美国第一位职业女医生，主张“婚内性平等”，在推动女性平等就业方面做出了卓越贡献；这一时期，励志诗人艾拉·威尔克斯（Ella Wheeler Wilcox）也深受新思想的熏陶，她曾写过闻名世界的短诗：“你笑，世界与你同笑；你哭，谁能解你忧伤？”

这些大家们几乎都生活在维多利亚时代（Victoria Age），他们都是精神心理学界的先驱，而他们掀起的这股“唯心”思潮则被后世称为“新思想”，也是继“超验主义”之后美国又一次思想解放运动。在新思想运动中涌现出的这批人士很大一部分都是具有独立思想学识的女性，她们在精神上要求突破宗教神学的枷锁，在经济上要求有平等就业的机会，在政治上提倡妇女“参政议政”。在某种程度上，新思想运动推动了美国最早期、影响最深远的一批女权分子和女性领导的诞生。

女性撑起半边天

霍普金斯和学生们不仅继承了艾迪的精神哲学，还吸取了她有关“女性社会流动性”[①] 的观点。女权主义学者玛杰里·福克斯（Margery Fox）的书中有一段记载：“基督教科学会早期的影响不亚于任何一种宗教，其在美国社会尤其是广大女性中掀起了一股‘独立’‘勇敢’和‘互帮互助’的风潮，给处于社会弱势地位中的女性以勇气

① 女性社会流动（feminine social mobility）指的是女性的社会地位、身份职业的转换。——译者注

和力量。”也正基于此，基督教科学会与其他思想意识领域的运动一样，促使美国出现了最早一批女性领导者，并在思想意识领域中激发了女性领导力的萌芽。

基督教科学会在全美拉起了女性独立的大幕，将宗教神学从男权社会中解放出来，赋予了上帝的母性特质。自此，上帝不仅是父亲、儿子、丈夫的“三位一体”，更是父亲和母亲的合体，而基督教科学会位于波士顿的总部也被称为“母教会”（Mother Church）。更有甚者，艾迪所创立的《基督教科学卫报》的封面上也有两个身着长袍、手持烛灯、互相凝视的女性，正下方印着从著名诗人亨利·沃兹沃思·朗费罗（Henry Wadsworth Longfellow）《提灯女神》一诗中摘选的两行小诗：

持灯女神
高贵的精神，
女界的英雄
将永远载入
这个国家的史册 。

当然，艾迪并没有漠视基督教科学会及其作品在社会上的影响，她也曾试图去影响社会大众。她曾在《科学和健康》一书中写道：“美国民法存在着非常不平等的两性权利，但是基督教科学会教义却史无前例地弥补了这种不平等。”

宗教学者盖奇·威廉·查普尔（Gage William Chapel）在书中给予了艾迪夫人很高的评价：“艾迪给解放中的美国女性树立了一个非常好的榜样。”我们应中肯客观地去评价，而不能直接武断地断言，艾迪的所有信徒都完全拥护妇女解放或者支持女权主义。当然艾迪夫人本人一直提倡“两性平等”，诉求“社会公正”，然而从严格意义上来说，艾迪及其领导的基督教科学会并没有直接发起美国的女权主义运动。历史学家安·布劳德（Ann Braude）曾指出：“艾迪的基督教科学会前所未有地赋予了女权主义以神学的面纱，但就女性领导力发展方面与同期的霍普金斯等人相比却较为微弱。”

即使艾迪没有直接发起美国的女权运动，但是从基督教科学会中走出来的各位奇女子却在妇女解放、女权运动中起到至关重要的作用。例如，霍普金斯于1888年在芝加哥建立了基督教科学会神学院，第一期招收了22名学员，其中有20名女性，这批学员于1889年1月10日顺利毕业。在这批毕业的学员中，有著名的路易莎·索斯沃思（Louisa Southworth），她也是女权运动家伊丽莎白·卡迪·斯坦顿[①]的写作合作者。

索斯沃思曾作为学员代表在霍普金斯神学院结业典礼上发言："由艾迪夫人带领的女性新时代的大幕已经开启，以精神意念为主导的身体、心灵治疗方法将会永远延续下去。"对于早期的女权主义者来说，这是一个标志性的时刻，一场由"基督教科学会"开启的思想解放大潮就此拉开大幕。

这场结业典礼上还有一个非常著名的女权主义者伊丽莎白·伯顿·哈勃（Elizabeth Boynton Harbert），她是《芝加哥洲际日报》（*Chicago Daily Inter-Ocean*）的编辑，作为优秀学员代表，她在结业典礼上发言称："曾几何时，女性很难有宗教信仰，也很难有机会去表达对社会不公正的不满；而现在，女性的时刻终于到来了。女性也可以自由选择美好的生活，大批勇敢的女性可以站在人群面前自由表达自己的诉求。"

这里提到的几位女性（包括斯坦、哈勃、斯托克姆以及罗德等人）都是在美国女权主义运动进程中响当当的人物，她们在英国、美国的两性平等、民权运动中乃至女性参政议政方面都起到非常重要的作用。在这场结业典礼中，霍普金斯也进行了总结发言，而她的演讲也赢得了非同一般的反响，演讲的大概内容如下：

> 仁慈悲悯可以强大我们的内心，使我们勇敢；我们可以呼吁大众推翻旧的分配不公，迎接公平、公正的信仰：使老有所终，壮有所用，幼有所长，矜、寡、孤、独、废、疾者皆有所养；无论穷苦还是富贵，无论壮男还是妇孺，都有受教育的权利、自由平等权利，使你我都能无惧前行。

霍普金斯这位曾几何时有家不能回、没有社会关系、独自在外乡打拼的女性，生活的磨炼加上自己坚毅的品质，使她拥有足够的阅历、丰富的人生故事、非凡的智慧。霍普金斯神学院毕业典礼后不久，她就在自己创办的《基督教科学会》杂志上发表文章称：女性主义的曙光已经出现，女性作为半边天的时代已经到来，长期的思想禁锢使广大的女性同胞急切地渴望新思想，女性不再逆来顺受、沉默地被旧思想所禁锢，她们正无声地打破旧思想的枷锁。这种摧枯拉朽、推陈出新的大胆行动，不仅震惊了

① 伊丽莎白·卡迪·斯坦顿（Elizabeth Cady Stanton，1815年11月12日—1902年10月26日）是美国社会活动家、废奴主义者、早期女权运动的领军人物。——译者注

社会，更是带动了更多的女性来加入这场思想解放的风暴。

这场浩浩荡荡的新思想运动在解放促进女权主义方面起到令人意想不到的结果，以霍普金斯为领导的女性们非常聪明地将思想解放的思潮和政治运动相结合，并将其发展成初具规模的女权运动。此时的女权主义已经从早期的妇女著书立说发展成为有组织、有规律、有目的民权运动。例如，当时的霍普金斯神学院学生联盟就在霍普金斯的安排下，与美国联邦妇联共同掀起了一场女权运动，旨在改善芝加哥女佣和女工的工作条件。就在此时，《妇女圣经》（*The Women's Bible*）杂志诞生了，该杂志专门聘请在宗教神学上造诣很深、深谙圣经教义并且致力于推广社会公平的女学生作为文字编辑，这些编辑们大都具有极强的文字功底，她们在斯坦顿的带领下频繁在《妇女圣经》上发表文章，对社会不公、男女不平等进行口诛笔伐。《妇女圣经》被美国史学界称为"百年女权八大事件"[①]之一，《妇女圣经》提倡的女性主义影响了整整几代知识女性，被誉为"精神领域的'国际妇女劳动节'"（稍后会有斯坦顿其人的介绍，以及其在女权主义运动、新思想意识领域的影响，这里就不赘述）。

除了与美国妇联合作、开展女权运动外，霍普金斯的主要精力还是放在推广自己创立的神学院以及招募更多的新学员上。为此，她采取了形式多样的宣传推广策略，比如定期召集学员聚会，鼓励学员邀请朋友参加；还有就是举行研讨会、布道大会，诵经祈祷大会等。史料统计，霍普金斯神学院毕业的学员已经改变了美国宗教团体牧师的结构比例。据历史学家J. 戈登·梅尔顿（J. Gordon Melton）统计，从霍普金斯神学院毕业后，90%的人都在各大宗教团体担任要职。除此之外，霍普金斯还任命了100多位牧师学员到全美各地建立神学院分部。由此，霍普金斯成为美国现代历史上自行设立主教办公室并且任命女性担任牧师一职的第一人。

1889年，霍普金斯任命的一批牧师及早期学员和一批信徒组成了一个庞大的以妇女为领导的神学组织，并正以燎原之势从美国东北岸的马萨诸塞州席卷至西北部的太平洋沿岸，不论是政府部门、出版社、冥想中心、流行杂志期刊，还是基督教科学会会堂等各个组织机构，都能捕捉到这群女性活跃的身影，她们不遗余力地推广女性的

① "百年女权八大事件"包括女权启蒙、美国芝加哥劳动妇女罢工游行、妇女选举权运动、节育运动、女性圣经、全美女性大罢工、性激进运动、妇女生命大游行等。这些事件极大地推动了女性解放、两性平。——译者注

领导力，并使其逐渐被美国社会所接受，为女性在神学组织中谋取一席之地起到不容忽略的作用。霍普金斯神学院的学员们积极活跃在美国宗教活动的各个领域，这一时期女性活跃程度极高，几乎没有其他组织可以超越。直到多年后大名鼎鼎的麦艾美姊妹[①]（Aimee Semple Mcpherson）的出现，麦艾美所创立的四方福音会的影响力以及辐射群体之广可与基督教科学会相媲美。

新思想的曙光

19 世纪 90 年代早期，霍普金斯及在其影响下的一批思想家崛起，这批思想家们大都是从基督教科学会中走出来后著书立说的女性们。在她们的带领下，美国兴起了一股精神疗愈的风潮。这股风潮引起了艾迪的猜忌，她加紧了对基督教科学会的控制，将那些她认为的“变节者”永远地逐出教会，甚至起诉那些因为没有得到她授权而宣传基督教科学会理论的会员们。

为此，霍普金斯神学院的学生们围绕着“精神力量的哲学”这个核心概念，为霍普金斯的思想进行重新命名，并瞬间涌现了很多新名字，如：神性科学（divine science）、脑力科学（mental science）、正确思考的科学（science of right thinking）、基督教疗愈（christian healing）、基督教神学（christian theosophy）、信仰疗愈（faith-cure）、真理疗愈（truth-cure）以及思想疗愈（thought-cure）等。然而这些词似乎都很难抓住这股精神主义思潮的核心思想。此时，有好事者认为“新思想”一词抓住了这场运动的核心理念，其含义就是推翻了旧思想、传播了新思想。从此，新思想运动正式登上历史舞台。

“新思想”一词由来已久，早在 1836 年就已经出现了。最早使用该词的是著名作家拉尔夫·沃尔多·爱默生，他早在其 1836 年为《自然》杂志上的撰文里就写道：“这里有新的土地、新的人民以及新的思想。”这里提到的“新思想”是指努力奋斗、

---

① 麦艾美姊妹（Aimee Semple McPherson）是四方福音会的创始人，她是一名卓越的精神布道师。她年轻时经历种种磨难，历经丧偶以及被第二任丈夫遗弃的痛楚后，于 1915 年至 1923 年间，因在全美各大城市举行户外帐篷布道会而成为闻名全美的新教传教士。其在科罗拉多州的丹佛聚会竟容纳了约 1.2 万人，且持续了一个月，场场爆满，天天有人来医治。——译者注

积极进取、实现成功的人生。在某种程度上，爱默生笔下的“新思想”带有更多的成功学色彩。1858 年 12 月，爱默生曾发表过一个名为“成功”的演讲，并于 1870 年将其发表成文章，这篇文章中有句相当著名的格言——“用新思想和坚实有力的行动来战胜挫折、克服困难”，这句格言非常好地总结了霍普金斯以及其他新思想界先驱的人生轨迹，更是完美地预示了一场蓬勃发展的思想运动的到来。

到了 19 世纪 70 年代，伴随着维多利亚时代经济大发展和物质水平的提高，“新思想”一词的外延较之以前也更为宽泛，世人也赋予其更多的涵义。19 世纪 80 年代中期，新思想开始在各种精神疗愈书籍、报刊杂志中频繁出现。艾迪的“前学生”之一爱德华 • J. 阿伦斯在其 1884 年所著的《旧神学》（*Old Theology*）一书中也提过“我们呼吸着新思想，它已经成为我们生活中密不可分的一部分”“新思想是一种永恒、实在的人生体悟思想，我们已经进入了一个新思想的新纪元”。

1887 年，威廉 • 亨利 • 贺尔康（William Henry Holcombe）出版了《基督教科学会的审慎思考》（*Condensed Thoughts About Christian Science*）一书，将“新思想”一词作为关键词在书中重点引用。他在这本书中写道：“新思想总是要和拒绝退出历史舞台的旧思想做斗争。”贺尔康是芝加哥的一名顺势疗法医师，曾师从霍普金斯的学生弗朗西斯 • 罗德，算是霍普金斯的“徒孙”吧。他也信仰斯威登伯格主义。贺尔康曾被新思想运动研究员杜勒瑟评价为“精神科学界第一个使用‘新思想’这一术语的作家”。

1892 年，记者普伦蒂斯 • 马福德（Prentice Mulford）在其文章中重点突出地使用了“新思想”一词，并用他独特的视角去重新诠释了这一思想。1894 年，《马萨诸塞州精神科学日报》（*Massachusetts Mental-Science Journal*）上刊登了标题为《新思想》（*New Thought*）的文章。次年，“新思想”更是成为波士顿形而上学研究会（Boston Metaphysical Club）的正式术语，该研究会成员主要由波士顿一批著名的精神科学专家们组成，其中不乏大名鼎鼎的杜勒瑟和作家亨利 • 伍德（Henry Wood）。

1899 年 2 月，一场名为“新思想公约”的大会在康涅狄格州的哈特福德轰轰烈烈地召开了；同年 10 月，波士顿举行了与之遥相呼应的大规模集会，终于，这场精神思潮有了最终的名称。而“新思想”一词更是涵括了精神心理学界的最高目标：思想就是力量，用新思想去唤醒沉睡中的个体。波士顿“新思想公约”在全美迅速扩散开来且发展迅速，国际新思维联盟（International New Thought Association，I.N.T.A）也是在此基础上发展起来的。

任何新兴事物在发展之初都会遇到质疑、阻挠甚至是反对的声音，新思想也不例外。最早对其提出质疑和反对意见的是哲学家查尔斯·菲尔莫尔（Charles Fillmore），他曾是霍普金斯的学生，也是基督教合一堂（the Unity School of Christianity）堪萨斯分部的创始人，也是霍普金斯神学院众多极具影响力的学员之一。波士顿“新思想公约”大会召开后不久，大会组委会就印刷出版了相关的书面材料，菲尔莫尔的名字也出现在了组委会名单上，但是旁边却注明他已辞去组委会委员一职。1905 年，为了将自己创立的合一堂与新思想划清界限，菲尔莫尔撰文称“在过去的几年里，各种纷繁芜杂的哲学神学思想、神学学说如雨后春笋般涌现，这些种类繁多的唯心学说都有一个共同特征：倡导精神意念的新思想。这场唯心主义运动的核心为占有欲”。他还在文章中指出：“精神科学界之所以以“新思想”命名这场运动，是认为上帝就是一种‘吸引力’，而不是‘爱和智慧的结晶’。而‘合一运动’是一个传统的基督教术语，其中的‘精神疗愈’应该更名为‘实用基督教’。”

自此，菲尔莫尔还未曾与新思想联盟撕破脸，而直到 20 世纪初才产生过两次真正的决裂。第一次决裂发生在 1906 年，他在参加完芝加哥举办的国际新思维联盟大会（I.N.T.A.）后，曾撰文指责“新思想”一词概念模糊：“关于新思维的外延和内涵，我问过若干名相关研究人士，但得到的答案却仁者见仁、智者见智，我也渐渐明白‘新思想’一词已经被许多异端人士所利用，而我曾苦苦追寻的真理却早已难觅踪迹。”若干年后的 1919 年，菲尔莫尔重新返回新思想联盟，甚至还应邀主持了次年在堪萨斯市举办的新思想联盟年会。

菲尔莫尔还连续参加了 1921 年在丹佛举行的公约大会。这一切都表明，他对待新思想的态度逐渐缓和下来。然而，就在丹佛大会举办不久后的 1922 年 3 月，他就单方面宣称脱离新思想联盟组织。这位哲学家的反反复复，着实让新思想界的学者们都颇为不解。

为此，菲尔莫尔撰文从侧面做出了回答：“我们虽然宣称耶稣基督为精神指导，并且信奉基督教及其教义，但是事实上在实践中却恰恰相反。虽然曾有人提出将新思想运动重新命名，并冠以基督教的名义，但是却在 I.N.T.A 执行委员会小组会议中很快被否决了。”这场争论的焦点在于，虽然新思想联盟大会始于基督教，但是如果冠以基督教之名，就有歧视非基督教徒之嫌，更难争取让其加入。

虽然，菲尔莫尔和新思维联盟断绝了联系。但是，霍普金斯的其他学生还是欣然接受了“新思想”一词，大多数学员和研习者都喜欢这一术语的灵活性以及可塑性，这一点让菲尔莫尔颇为不屑，他始终认为“新思想”一词不严谨，更无系统性可言。

这里姑且不论菲尔莫尔与I.N.T.A的学术之争孰是孰非，单从这场争论本身也可以看出，即使是兼容、开放、自由的新思想也充满了内部斗争、学术争论和意见分歧。不论怎样，最重要的是，“新思想”这一术语的诞生终于给精神心灵科学指明了清晰的发展方向。而新思想运动在以霍普金斯为领导的一众精神治疗师的推动下，终于走出了艾迪的基督教科学会故步自封的阴影。这场浩浩荡荡的唯心主义思潮也很快吸引了众多的粉丝，但是霍普金斯却日渐疲于充当这场运动的“精神领导”。在新思想领域充当了10年的领导角色后，霍普金斯极其渴望独处，追寻内心的宁静。纵观其一生，从早年离开在新罕布什尔州的丈夫和孩子独自闯荡波士顿，再来到芝加哥发展的数十载，她几乎都是在独处、追求自我中所度过。

1895年，她离开了芝加哥前往纽约，在曼哈顿44大道西的易洛魁酒店租下了一个两居室，并在这里度过了余下的30年，从此很少离开过纽约。

霍普金斯在家中设立了一个接待室，她在那里接待访客，并为病人进行心理治疗。她的家陈设简单，除了基本的生活必需品，很难找到多余的家具。1919年9月16日，她在给朋友的信中就提到不想要家具，而希望生活简单、明晰，不为名利所累。

励志成功学的萌芽：成功神学的诞生

励志成功学在美国通称为“自我提升文学”，正如其字面含义，该理念是给读者以指导，从而实现个体的自我成长和自我提升。自助的目标也是教人在某些方面获得成功，但对成功的定义并不只是事业有成，还包括在主观上的幸福，如内心的充实或平静。

追根溯源，新思想运动的主旨从来就不是以追求金钱财富为目的、以世俗意义上的成功为主旨，而是寻求个体生理心理健康、寻求心灵自由、宁静的一门精神心理学、哲学思想。1888 年，霍普金斯告诫学生不要被“虚荣”“财富”及“金钱交易”所迷惑，应该坚定地追随内心的信仰。1919 年 11 月 20 日，她在写给朋友的信中告诫友人“生活的本质并非由光怪陆离的浮华和花花世界所组成”。

在新思想运动早期，新思想界人物对“成功学”“致富法则”还是保持相当大的距离，即使遭遇新思想运动的反感和唾弃，“励志成功学”和“思想吸引财富”的致富法则还是悄然流行开来。

伴随着成功神学的兴起，诞生出了一批新兴职业，如励志成功学导师、成功学演讲大师等，其中比较具有代表性的有本杰明·富兰克林和霍雷肖·阿尔杰（Horatio Alger）。富兰克林既是美国历史上鼎鼎有名的开国元勋，还是一位励志成功学作家，其在代表作《致富之路》（*The Way to Wealth*）中阐述了几个主要的致富法则。而霍雷肖·阿尔杰更是白手起家、依靠自身努力而成功致富的典型代表。

成功神学一经兴起，即刻遭到了以霍普金斯为首的新思想运动发起者的抗拒，然而也有许多人表示欣然接受、乐见其成。新思想诗人艾拉·威尔科特斯（Ella Wilcox）就在 1902 年承认，科学利用精神和意念的力量可以帮助个体发财致富、实现财富积累。“但是如果只是一味地追求财富，并以此作为修身养性和人生追求的唯一目的，那就大错特错了，”她接着补充道，“一个思想清晰、逻辑缜密的观察者必须意识到，人生的主要目标是建立和发展完善的人格，构建起积极乐观的性格特质。”

另一位著名的新思想风格的诗人威廉·华兹华斯（William Wordsworth）有首著名的诗《快乐勇士之品性》（*Character of the Happy Warrior*），诗中表达了快乐勇士是如何从几个方面（如个人品行、拥有巨大的热情、善于运用知识的力量学习）来不断完善人格的。华兹华斯的这种浪漫主义的文学风格风靡英国，并迅速开始在美国蔓延。然而，真正意义上的以新思想为基础的成功学福音直到 19 世纪 90 年代才初步形成，即使其发展缓慢、时断时续，然而却一直向前发展着，其中有两个原因起到加速推进的作用。

首先，19 世纪末，刚经历过第一次工业革命的美国经历了有史以来第一次经济大发展，进入了现代标准化、规模化的大生产阶段，尤其是消费品的大批量生产激发了消费主义、物质主义和消费群体的诞生：从建筑材料到家居用品，从商店货架上琳琅满目的商品到橱窗展示柜里的展示品，所有这些激增的新产品无不昭示着美国正从农业经济向以制造业为基础的城市经济转型。在消费的驱动下，市场和资本开始形成，并很快发展开来，从而滋生了人们不断膨胀的消费欲望和焦虑。

其次，19 世纪晚期，现代医学的进步极大地改进了临床治疗手段，大幅缓解了病人的痛苦，那些冒险式治疗方法逐渐消失，取而代之的是更安全、更有效的以化学药物和手术治疗为主的“对抗式治疗法”。不仅如此，法律法规的健全也有效地规范了临床治疗。立法机构开始颁布法律、法规来规范医疗行业，将常规治疗和辅助治疗区分开来，并着眼于规范其他诸如“顺势疗法”“自然疗法”“精神治疗法”在内的“非常规”临床治疗法，逐步放宽对心理疗法从业者进行临床实践的限制。到了 19 世纪，临床治疗逐渐开始对此类病人实行精神心理治疗和心理干预。

总之，随着经济和医疗的发展，人们彻底改变了美国民众的需求以及新思想的面貌。

第 4 章
励志成功学的兴盛与中产阶级的兴起

运用科学正确的方法，工人阶级将会成为社会的中流砥柱。

摘自华莱士·沃特斯所著的《科学的致富之道》（1910 年）

19 世纪 90 年代的美国是一个医学突飞猛进的时代，各种报刊杂志、电视节目、电台广播中到处可见特许药品的广告，日常保健品也开始登上历史舞台。当时广告中最流行的当属消化糖浆、防脱发剂等各种专利药品。为了规范医疗药品研发行业，使其走向科学化、系统化、规范化和法制化，联邦政府、各个州议会都竞相制定法律法规来规范医疗从业人员的医疗活动。执业医师资格证书考试也开始在全美普及开来，大部分州开始制定法规，禁止无证人员从事临床医学工作。随着临床医学的日益规范化，医学领域的理论研究发展突飞猛进，各大医学院校竞相扩招，医药研究、公共卫生、预防医学等各领域也取得了令人叹为观止的进步。细菌学理论（germ theory）的发现，结核病、炎症感染等治疗取得了划时代的发展，曾经红极一时的放血疗法、甘汞疗法等冒险治疗也逐渐消失。医生不再是望而生畏的职业，其在美国民众中的公信力得到了前所未有的提高，人们开始在第一时间去看医生。除此以外，各大医学院校也相继开设了心理科学或心理学研究生课程，心理学作为一门独立的学科开始进入了研究领域。

在美国历史上有几个广为人知的案例，病人都因信仰基督教科学会而拒绝接受医学治疗，从而延误了疾病的诊断、治疗，最终导致死亡。经常有因信仰基督教科学会而拒绝接受治疗的病人家属将基督教科学会告上法庭，但是法院没有足够的证据证明

是基督教科学会的病榻祈祷疗法直接导致了病人的死亡。因此，一番争议之后，马萨诸塞州通过了一项法案，旨在限制宗教疗愈师从事临床医疗实践，而其他州也纷纷效仿，开始严格监督、审查病榻祈祷以及其他精神治疗法。马萨诸塞州并不是第一个通过该法案的州，早在 1880 年，纽约州立法会就明令禁止磁疗师、催眠师或类似的精神治疗师从事临床医疗活动。

马萨诸塞州立法院通过该法案后，波士顿的一位哲学家、心理学家开始坐立不安，他就是威廉·詹姆斯。他是美国心理学会的创始人之一、实验心理学的先驱， 也是激进经验论（radical empiricism）、实用主义和宗教疗愈的倡导者。詹姆斯早年留学法国学习心理学，回到美国后一直在哈佛大学从事教学工作。

詹姆斯认为，精神疗愈、宗教心理学是一个充满无限可能性的未知领域，这么早就立法限制其发展不仅会扼杀这门学科的潜力，也会抑制美国社会探索、研究未知世界的热情。1894 年，詹姆斯在与朋友的谈话中透露："我认为所有的治疗手段都存在着发展、完善的空间，每个领域（包括心理治疗领域）都有一批满怀激情、极具天分的天才，我们不能毁灭他们探索未知世界的热情，更没法承担这种毁灭所带来的后果。"为此，他竭力提倡将精神治疗和心理学理论相结合，并和卡尔·荣格（Carl Jung，1875 年—1961 年）一道被公认为宗教心理学的奠基学者。而詹姆斯更加注重个案的实证研究，他在 1902 年出版的著名的《宗教经验的种种》一书中搜罗了大量案例，论证宗教信仰和宗教体验如何帮助实现精神皈依和身心灵健康以及带来生命的意义感和心灵的慰藉，实现宁静、平和的人生。

为了发展和推广精神治疗和宗教疗愈，1894 年和 1898 年，詹姆斯曾先后两次在马萨诸塞州组织群众游说，抗议立法机构对基督教科学会和其他精神心理治疗的限制。詹姆斯之所以会亲自组织群众游行抗议的另一个重要原因在于，他本人曾接受过基督教科学会为其治疗失眠、抑郁、焦虑和心绞痛，并且认同其疗效。他曾在给朋友的信中也表示认同精神疗愈："每个人的生活都同我一样曾出现低谷和各种坎坷，打退堂鼓或逃避不是解决问题的办法，而解决问题的方案可能就存在于精神疗愈中。"他认为，以化学药物和手术治疗为主要手段的对抗疗法存在着许多盲点，甚至在进行临床跟踪时缺乏透明度，而且"对抗疗法"是否有效还有待临床验证。为此他认为，人们对传统、非常规领域的临床实验和研究应当予以开放、包容的态度，应进行全面彻底的分析研究。

詹姆斯的这一观点却很难被其反对者所理解和接受。

然而，因为对知识的渴求、对未知世界探索的热情，詹姆斯将自己对心理治疗的诸多疑问带进了其实用主义哲学研究中，并极具创造性地开创了实验心理学的研究，为其建立美国心理学会奠定了很好的基础，也在一定程度上预见了美国心理学的发展方向。

19 世纪 80 年代以前，美国的心理学论著大都借鉴和学习欧洲的理论，而并没有自己的优势和特点。美国的心理学家开始用实验方法把心理学作为一门独立的学科来研究，主要是受到德国内容心理学的影响。而詹姆斯则主张扩大心理研究的范围，不仅局限于发现意识的要素，更应重视心理学在实际生活中的应用，并充分认识和研究精神治疗。

为了阻止立法机构干涉、妨碍精神疗愈的研究和发展，詹姆斯和媒体、立法机构进行了长期艰苦卓绝的斗争，其中包括他曾两次组织游行亲身说法。早在 1894 年，马萨诸塞州立法机构就讨论过出台法规，禁止没有接受过正规医学院学习、无学位的人员进行临床治疗，这一举措遭到了詹姆斯的反对。同年 3 月 17 日，詹姆斯写信给《波士顿晚报》（*Boston Evening Transcript*）抗议此法案，他在信中列出了三个反对理由：

1. 精神治疗法由来已久，禁止精神治疗师从事临床实践违背了美国的历史传统和文化信仰；
2. 精神治疗法安全、无副作用，它可以给处于疾病痛楚中的人们以心灵慰藉，让其寻找内心的安全感；
3. 禁止使用精神治疗法往往会妨碍疾病治疗的进程。

除了上面列举的三个原因，詹姆斯还巧妙利用美国民众对“冒险治疗”挥之不去的恐惧、对医学界的怀疑，辛辣地指出：“马萨诸塞州的人口和医疗资源严重匮乏，暴露出专业医学教育的严重不足。”詹姆斯的这一点也正戳中了美国民众的痛点，在公众和媒体的压力之下，立法机构不到两周后达成妥协，重新颁布了一项法案，规定心理治疗师以及其他精神疗愈师可以参与临床实践，但不得对外宣称自己是医生或医学硕士。针对这项法案，詹姆斯在 1894 年 4 月 2 日给《波士顿晚报》的撰文中回应道：“我个人认为，这项新法案的颁布是一件好事，人们有权知晓‘常规’和‘非常规’

治疗法，并有权选择自己认同的治疗方案。”

也正因为这次“笔仗”，人们关于精神疗法的开放性研究和临床实践才开始进入公众视野。

在这场论战中，詹姆斯和州立法院或多或少都有所妥协和让步。但是，不到 4 年时间，立法院就于 1898 年制定修正案开展了会议讨论，旨在禁止非医学院校毕业生进行临床实验。这一次，詹姆斯亲自出现在波士顿的州议会大厦来反对这个修正案。

1898 年的某一天，波士顿的州议会大厦挤满了围观、不明真相的吃瓜群众，在公共卫生立法委员会一众人等面前，詹姆斯采用了先扬后抑的演讲策略，先称赞“医疗行业中的行会和派系联盟有助于提高医生的专业素养”，随后慷慨激昂地指出，狭隘的行会主义和封闭的派系思维容易导致人们忽视局外人的观点、忽略用户体验，造成“当局者迷”的局面。

此外，他还在演讲中指出，在他任教的哈佛医学院里，能够专心于实验室研究的学生寥寥无几，医学学术界严重缺乏“实验精神”，几乎没有学生会待在实验室里对“顺势疗法”和其他精神治疗法进行实验室研究。他还在演讲中指出了当时医学界存在的问题，原文演讲如下：

> 在座的医学界朋友们，你们今天无端地指责心理治疗为面目可憎的“民间迷信”，可是你们当中又有多少人真正地了解心理治疗法，又有多少人能静下心来尽力地跟进、研究每个临床案例？我怀疑没有人会愿意这么做。当然你们会说，这些所谓的实验心理疗法只会带来无知和混沌，而不是知识。让人意想不到的是，马萨诸塞州医学会竟然同意这个观点并表示支持。然而，当无知狭隘、傲慢偏见变成权威主流时，我认为每个公民都应该有权站起来为寻求一种真正完善的医学科学而发声。

这场论战中，詹姆斯以自己特有的嬉笑怒骂的演讲风格做了总结陈词：“你们所谓的‘江湖伎俩和骗术’并没有导致死亡率的攀升。”这一陈词充分显示了詹姆斯作为一名公知具备娴熟的辩论技巧，也正因为这一“掷地有声”的辩解促成委员会一致否决了新的修正案。然而，詹姆斯还没有完全胜利。他的批评者在各大医学期刊［包括《波士顿医疗和外科杂志》（*Boston Medical and Surgical Journal*）］上攻击他为“黑暗中世纪的代言人和江湖庸医郎中的盟友”。

与心理治疗领域发展同步的是，临床实践也正逐步走向规范化，医师“持证上岗”运动（License Movement）迅速在美国扩展开来。截至詹姆斯在波士顿议会大厦激辩时，俄亥俄州和纽约州已经颁发了新的医师上岗条例。19 世纪 90 年代，全美已经有 35 个州建立了执业医师监管政策，其中有 14 个州制定了严格规定，规定只有州政府承认的医学院校毕业生才有资格申请医师执照。很快，不到 10 年时间，全美只有阿拉斯加唯一一个地方没有相关方面的法律法规，美国的医学教育和医疗实践也从此走向了系统化、规范化和法制化。

医疗的进步

即使詹姆斯担忧医师持证上岗会给实验室研究和知识产权调查带来一定程度的负面影响，主流医学还是在 19 世纪 80 年代得到了迅速发展。

19 世纪 90 年代前，美国的医学研究、临床水平都稍落后于以英、法、德为代表的欧洲国家，并且美国的医学发展远远落后于在其他科学领域的发展。这主要是由于其缺乏教学资源和研究设备。史料记载，在 19 世纪初，全美只有三所医院，它们分别设立在纽约、波士顿和费城。

尽管 19 世纪欧洲的医学水平并不比美国先进多少，但此时的欧洲正逐步摆脱中世纪行会的束缚，整个欧洲得益于其整体具有的临床医学知识体系，使其医学领域逐步走向现代化。此时的欧洲发现草药具有疗伤功能，由此发明了包扎伤口的敷料，其对外伤导致的炎症感染具有非常好的疗效。欧洲很多国家已经出现了医院和疗养院。除此之外，在临床实践和理论培训中，医师分级制度和正规医学培训中心也逐渐诞生。而接受过皇家医学院系统培训过的正规医师则服务于中、上层阶级，不论是见习药剂师还是正规医师都是广受尊敬的职业，医生这一职业在欧洲的社会地位明显要高于美国。反观同期的美国，由于教学资源严重不足、尚未全面开展实验室研究，很多医生都去往德国、法国和英国等国学习深造。除了少数愿意漂洋过海的欧洲移民，在美行医的医师大都是农业或手工业者，只有极少数接受过正统训练。

美国缺少接受过系统训练的医护人员，病人只能任由自学过或者没有接受过正规训练的赤脚医生随便处置，这些医生的社会地位和公信力都不高。这种问题在偏远地区尤为明显。据史料统计，1850 年，田纳西州东部有 16.4 万人，而仅仅有 201 名医师来为这么庞大的人口提供服务。而在这 201 名医师中，只有 35 人接受过正规医学院的学习，其中更有一半医师声称自己除了自学以外没有接受过任何的系统知识培训。

到了 19 世纪 90 年代，美国医学领域却发生了翻天覆地的变化，这主要得益于两个突破。

第一个是理论研究领域的突破——巴黎学派（Paris School）的兴起和细菌学理论（germ theory）的发现。巴黎学派是 19 世纪后期在法国兴起的、由一群生物学家和医师组成的研究学派，这一学派发现了细菌学理论，并向欧洲和美国的医疗界证明了“疾病是身体的某一特定器官的感染或菌群失调所致”。而细菌学理论的发现也彻底终止了多年来在欧洲流行的蚂蟥吸血、甘汞治疗等痛苦的冒险治疗法，保守治疗法逐渐被应用于感染、化脓等病症的治疗上。同时，欧洲也率先提出了“卫生”“无菌”治疗来避免感染。

第二个是医学研究领域的突破—— 约翰 · 霍普金斯学院的成立。约翰 · 霍普金斯学院成立于 1893 年，目的是为了将医疗教育领域的教育培训和考核科学化、规范化和系统化，同时也致力于将医学教育、医护人员持证上岗推广到全美各地。霍普金斯医学院成立伊始，其教学方法主要是从德国的教学医院和医学院引进的，研究标准也是参照德国的方法，指导教师也大都是德国的临床住院医生。在德国的帮助下，美国的医疗研究领域有了长足的进步，于是，美国医学界开始制止各种滥用心理治疗法的临床活动，其中也包括基督教科学会的病榻祈祷疗法。

然而，科学会并没有被时代所抛弃，因为宗教信仰自由和美国强大的教会势力，医师持证上岗这一规定在宗教界、精神疗愈界、宗教心理学界具有相当大的灵活性。祈祷疗愈和其他心理治疗方法也并没有失去其功能。詹姆斯也将余生都投身于这些领域的实验研究中，直至 1910 年 8 月逝世。同年，基督教科学会创始人玛丽 · 贝克 · 艾迪夫人也仙逝了。但是，随着 20 世纪大门的打开，美国人民对基督教科学会的祈祷疗法和其他心理治疗方法的热情并没有因两人的逝去而减退。

无形之手：神秘的力量

20世纪科学领域（包括医疗领域）的大幅进步，使越来越多的美国人渴望探索人类社会潜藏的、不为人知的“未知力量”，并最终将这些探索发现运用到实际生活中。这股热情随着社会的进步有增无减。20世纪之初，这些领域也得到前所未有的突破性发展，物理学家们研究发现了亚原子粒子，并率先将放射线、电流、无线电信号和收音机电波广泛运用到生产和生活中。与此同时，医学界开始将“病毒”和“微生物”两个概念区别开来。心理学家们开始研究神经系统疾病和心理创伤疾病的潜意识根源，几乎各个领域的科学研究都指向了一股隐形未知的力量，亦即“神秘力量”。

在经济领域，市场经济的大潮正在涌入，传统的农业社会向工业制造社会转型，其和传统农业、手工业经济最大的区别是标准化、规模化生产：工厂里各式各样的消费品；商店橱窗里熠熠生辉的样品；各种便利店、现代化超市里琳琅满目的待销品……随之而来衍生了很多新兴产业。人们获取利润的方法不再单纯依赖于传统的物物交换，买卖股票、债券交易和资本市场的投融资等各种新兴金融行为的诞生，无不昭示着一股涌动着物质主义和消费欲望的新型经济形态的到来，以及一股掺杂着浓重金钱味的社会意识形态的到来。随着物质主义思潮和消费主义金钱观的涌现，有识之士开始寻求精神信仰、道德归宿和人生的终极意义。

1921年，作家查尔斯·托马斯·海岭南（Charles Thomas Hallinan）发表了题为《我的“新思想”童年》（*My “New-Thought” Boyhood*）一文，详细描述了在这一社会大变革下的主流皈依新思想，以寻求思想和道德归属。海岭南在19世纪晚期的在明尼苏达州长大，此时的美国正经历着第二次科技革命，经济发展突飞猛进、日新月异，他在文章中对这一变革进行了这样的描述：“一夜间，大大小小的百货公司、商店如雨后春笋般矗立在城市的各个角落，也扰乱了这座城市本来的宁静和祥和，搅动着每个人平静的内心。诚然，我们可以在这些商店买到许多生活必需品，但同时那些我们永远无法企及的奢侈品也在刺痛着我们内心深处不安的灵魂。”

面对物欲横流的物质世界以及随之而来的社会问题，越来越多的美国人在积极寻求精神上的慰藉和信仰上的解脱，越来越多的社会进步人士期望通过新思想去寻求心灵的宁静。然而这一想法并没有让土豪俱乐部的商业大亨们为之买账，也没有引起那些急着发家致富的地摊小贩们的蜂拥哄抢。无论是商业巨贾还是个体商贩，大家更关心的是如何利用思想的力量发家致富并实现成功富有的人生。

在宗教运动、思想解放领域，以霍普金斯神学院为代表的一大批女权主义者、社会运动积极分子、黑人活动积极分子都跃跃欲试，想从宗教神学的角度来探讨和解决诸如“造假、贪污腐败”等社会问题。她们呼吁信仰自由、打破宗教藩篱，积极寻求女性在教会中的领导地位。与此同时，还涌现了一批“动物权利活动分子”。而在政治领域，出现了以尤金·德布兹（Eugene V. Debs）为首的美国社会党，其主张革命社会主义，提倡社会民主，积极倡导政治体制改革，经济上主张消除私有财产和阶级不平等，重新分配社会财富，实现社会大同。德布兹代表美国社会党在美国 1920 年总统大选中获得近百万的选票，这也是美国社会渴望变革的一个强大信号。

从以霍普金斯神学院为代表的“一切源于思想”，到社会党的革命社会主义，再到基督教社会运动，这些精神意识流派改革和政治运动交汇融合演化成曾经非常盛行的成功福音（也称成功神学），成功福音也是当今美国最大的也是最为保守的福音派教会。

励志成功学的萌芽：新思想成功神学

现在，我们介绍一下成功福音的诞生。其最初起源于新思想，它的诞生离不开一名伟大的女性——弗朗西丝·罗德（Frances Lord）。罗德女士来自英国，她的美国之行促成了成功学福音的诞生、传播和盛行。而罗德女士之所以从英国来到美国，是因为其中有一位关键性的人物——美国女权主义领袖伊丽莎白·卡迪·斯坦顿。

斯坦顿女士在美国的女权运动史上赫赫有名，她是美国历史上首个提出女性参政议政诉求的人，她也是美国历史上第一位女医生，她领导编写的《妇女圣经》（*The Women's Bible*）被史学界称为“美国女权运动史上八大事件之一”。

那时，斯坦顿女士正在编写《妇女圣经》（*The Women's Bible*）一书，该书旨在弘扬女性地位、强化女性在教会中的领导地位。在编撰该书的过程中，她主要将《圣经》中对女性予以肯定、颂扬的条目摘录下来，结集出版，所以也可以称该书为《圣经》的“女权版”。罗德女士正是应这位“女权斗士”的邀请，前往美国去协助《妇女圣经》的编写工作。然而罗德女士在来到美国之后，很快便就离开了《妇女圣经》工作组，转战到思想意识领域的研究中，个中原委且待我慢慢道来。

在来到美国之前，弗朗西丝·罗德是一名教育家，她在英国积极倡导“进步主义教育法”（progressive education methods）。这种教育方法来自20世纪上半期的美国，其主要反对传统教育的形式主义，提倡以学生为中心，以实际生活经历为课程内容，以解决问题为教学目的，淡化教师的权威意识，强调团队合作精神。这种教育方法很快就在美国掀起了一股进步主义教育运动，也是美国教育界对社会现代化过程中一系列重大变革引发的挑战的回应，更是美国社会在城市化、工业化和现代文明下对教育改革所做的努力和选择。

除了倡导美式进步主义教育，罗德还是一名翻译家，她曾于1882年将挪威剧作家易卜生（Ibsen）的《玩偶之家》（*A Doll' s House*）一书翻译成英语。易卜生在书中塑造的那个想要努力走出传统家庭束缚的女主角——诺拉（Nora）深深地打动了罗德，这本书可能也是罗德女士的“女权启蒙”作品。需要说明的一点是，因为《玩偶之家》的书名听起来更像传统的儿童文学读物，罗德将其英文版的名称定为《诺拉》《*Nora*》，希望借此将其和儿童文学区别开来。

1883年，著名的女权斗士——伊丽莎白·卡迪·斯坦顿及其女儿哈丽特（Harriot）在前往英国的途中遇到了罗德。她惊讶地发现，罗德对神秘世界的探索饱含热情，于是她在这名女翻译家的影响下开始研究“通神学”。斯坦顿后来在回忆录里称：“我和我的女儿开始对通神学产生了浓厚兴趣，并开始通读布拉瓦茨基夫人（Madame Blavatsky）所著的通神学经典著作《除去面纱的艾西斯》（*Isis Unveiled*）。”罗德还介绍了其他几本相关著作，如记者A.P.尼特（A.P. Sinnett）的《神秘世界》（*The Occult World*）、神秘学作家安娜·金斯福德（Anna Kingsford）的《完美方式》（*The Perfect Way*）等。

斯坦顿还在书中写道：“我对通神学和神秘学的热情是如此地强烈，而这股热情也很快感染到了我的亲朋好友，尤其是家族中的（堂/表兄弟）姐妹们，我们很快便组成了学习小组，并决心在神秘学这一领域探索研究。”所以，从英国回来后，斯坦

顿立刻回到了纽约州日内瓦的老家，此行的目的主要是拜访她的表妹伊丽莎白·斯玛特·米勒（Elizabeth Smart Miller）共商“神学研究”大举。

这次商谈的结果是：她们要邀请埃及古物学者杰拉尔德·梅西（Gerald Massey）前往纽约指导她们的学习研究。梅西是一名“神秘学”思想家，同时也致力于古埃及文明、古埃及的考古发掘。

不巧的是，梅西正好身体抱恙，无法前往纽约指导两姐妹的研究学习。基于种种原因，斯坦顿很快将研究重心转向对《圣经》的重新解释和修订。她此次对《圣经》进行修订和解释的目的主要是为了突出女性对宗教、政治、经济和文化等方面的贡献和作用，从而提高女性的社会地位，促进两性平等。《圣经》中尤其是“犹太教基督宗”（Judeo-Christian）对于女性的社会贡献并没有完全否定，还零散地提及过，所以斯坦顿将这些只言片语摘录下来，重新结集进行出版，而这一浩大的工程花了她大约 9 年的时间。

为什么斯坦顿女士要花 9 年的时间去重新诠释《圣经》呢？这要追溯到 19 世纪 60 年代，她在哲学研究过程中对于现实世界的方方面面以及这些现象背后独立存在的规律研究产生了浓厚的兴趣，这一研究在学术上称为“实证主义”（positivism，或“实证哲学”）。“实证主义”认为，世间现象万千，人们透过纷繁复杂的现象，运用观察、分类、探求事物彼此的关系、总结归纳可以得到科学定律。同理可推断出，宇宙和大自然也遵循一种亘古不变的规律在循环往复着。由此推及人类社会，不论是大人还是小孩、老人还是少年、男性还是女性，一切人也都遵循一种社会发展规律。所以，女性同男性一样，在人类精神探索上和社会改革中都占有重要作用。无奈的是，女性的这一领导或先知的作用却常常被忽略甚至抹杀。由此斯坦顿认为，女性知识分子应该在传统基督教教义中有所选择，选出其中对女性成就予以肯定的部分。在提高女性地位这一点上，斯坦顿和布拉瓦茨基夫人以及“新思想运动”的女性领导者们都起到了推波助澜的作用。

斯坦顿认为《圣经》的修订版（《妇女圣经》）唤醒了女性的意识，但是她的密友兼合作者苏珊·安托尼（Susan B. Anthony）却对这一研究不感兴趣。安托尼认为，宗教就如时间一样稍纵即逝、一去不复返，也不会对现实产生任何影响。19 世纪 80 年代，她在给斯坦顿的信中提道：“民智的未开化（这里特指“男女不平等”）来源于人类

自身的丑陋、卑鄙的想法和龌龊的行为，而非古犹太教圣经。”

没有安托尼在精神上和工作上的支持，斯坦顿需要重新寻找帮手去完成对《圣经》的重新阐释。“也许就是在寻找灵魂伴侣和新帮手的过程中，纠结的斯坦顿转向了精神自愈和新思想的实践。在 19 世纪 80 年代的数十年中，斯坦顿结识了一些新朋友，并在这些朋友的影响下开始研究新思想，而罗德就是这些新朋友中的一个。”史学家凯瑟琳 • 科恩（Kathi Kern）在其书中曾这样描述道。

在斯坦顿眼中，罗德在精神心理学和文学方面具有非常强的天赋，并且还是一个天生的宗教改革派。所以 1886 年，斯坦顿和女儿哈里特力邀罗德前往美国协助《妇女圣经》的编写，而事情一开始也很顺利。

1886 年 8 月 4 日，罗德抵达斯坦顿在新泽西州特纳夫莱的家中，开始一切都很顺利。但是好景不长，罗德女士很快便对这一工作失去了热情。根据斯坦顿的回忆：“罗德女士和我一起工作了几个星期，没多长时间，她就通篇读完了《圣经》，并将书中任何提到妇女的字、词、句进行了标注和摘抄。不久，我们便发现这项工作并没有预期的那么简单，因为整本《圣经》中有关妇女的教义还不到整本书的十分之一。”

与此同时，霍普金斯在芝加哥所开设的基督教科学会课程已经深深地吸引了这位年轻的女士。她开始抱怨身体上的不适，并决心去芝加哥参加霍普金斯的精神疗愈研修班。

罗德早期在芝加哥参加的课程取得了不俗的进步，芝加哥的经历让罗德坚定了一个信念，那就是精神自愈和精神治疗法代表着一场伟大的社会改革，而这一变革也昭示着每个单独的个体（尤其是女性）都有掌控自己健康的能力，这大概就是现代医学上所说的“心理干预和预防”。1887 年到 1888 年两年间，罗德频繁前往芝加哥去参加霍普金斯的课程，课余之时，还自己购买新思想研究的官方报纸《女性的世界》（*The Woman' s World*），并以霍普金斯早期的研习生为楷模自己研习精神疗愈法。

虽然斯坦顿失去了罗德这一工作上的帮手，但这并没有让她和新思想为敌；相反，她还和研究新思想的几个女性结成了好朋友，其中包括前基督教科学会会员乌苏拉 • 盖斯菲尔德（Ursula Gestefeld）以及女权主义者路易莎 • 夜查（Louisa Southworth），夜查也是参加霍普金斯神学院毕业生典礼的学员代表之一。

即便有了新的盟友，斯坦顿在心中还是颇有微词：“罗德小姐已经深深沉迷于心理学研究，我再也无法从工作中获得她的帮助了。”失望和不满并没有终止两位女权斗士的友谊，罗德甚至在 1887 年还成功说服了斯坦顿和女儿哈米特报名参加了霍普金斯的精神自愈课程。

斯坦顿之所以同意参加这个人生体悟课程，其实是本着寻求真理的原则，这从她和朋友的对话中可以得出，她告诉朋友：“我们并非沉迷于提出问题，而是执着于探索真相。”

与此同时，罗德也发现自己在新思想方面天赋异禀。在不到几个月的时间里，她很快就发展成为独立合格的教师、报刊出版人，并于 1888 年秋天成功出版了《基督教科学会治疗法及自学守则》（*Christian Science Healing*：*Its Prinicipless and Practice with Full*）一书。这是一本对基督教科学会有着详细、严谨解释的手册，也正是这本手册帮助罗德成功地拉开了成功神学的大幕。

罗德所著的图书主要专注于个体潜能开发（empowerment）、物理治疗和提升幸福感,这些可以通过自我肯定、祈祷以及“主观忽略”疾病或身体上的痛苦等方式来获得。罗德这本书最重大的意义在于，他在书的结尾提出了一种克服贫困的治疗方法。

这种治疗方法其实就是一个为期 6 天的心灵疗愈课程，主要通过自我暗示及肯定以及其他积极心理治疗方法来打破穷困的心理阴影。比如，罗德在书中要求读者在第一天纠正时运不济或“生来就是穷苦命”等消极悲观的想法，并且告诫自己：

> 上帝赋予我全部，除此无它；
> 上帝不是生来贫穷的，我也不是；
> 上帝赋予我高智商，指引我洞察秋毫；
> 上帝赋予我高情商，指引我明辨是非；
> 上帝赋予我高毅力，指引我执着前进；
> 上帝赋予我高爱商，让我时刻有爱、愉悦前行。

罗德的“心理暗示和自我肯定”课程最重要的一点就是对于伦理精神的肯定。在 6 天课程结束时，罗德提醒读者：“当精神生活的品质提升时，物质欲望反而会减弱。”她坚信“你不理财，财不理你”。她还告诫读者：“人的气场和外在表现非常重要，即使境遇再糟糕，外在的场面也一定要做足；面子功夫下足后，更要充实内在。我们的生活与工作都是因循同一种力量和法则，每个人生活所发生的一切都是被吸引过来的，花香满溢，蝴蝶自来！”

对罗德来说，将心灵疗愈法推广到成功神学上是完全自然、水到渠成的。她的目标并不是自我膨胀、自我实现，而是自我解放。罗德认为，就像现代医学出现以前，心理治疗师们可以将病人的身体从诸如“蚂蟥放血”疗法等其他残酷的治疗中解救出来一样，同理可证，成功学思想也可以将妇女和工人阶级从消费主义、物质主义的负担中解放出来，这也是新思想的核心内容：境随心转，改变思想方能改变命运，运用思想的力量去塑造客观现实。

思想即物质

思想是一种物质吗？思想不能被直接观察到、感觉到，而必须以语言、符号或者图像文字形式为载体。那么思想是否就像磁场、电磁波和光一样，也是一种物质呢？精神心理学认为，宇宙存在的根本在于能量（power & force），任何具有能量的有形、无形载体皆可称为“物质”。在这一节中，我们对此会有介绍。

最早提倡和传播“吸引力法则”“改变思想，方可改变命运”“思想即物质”的是普兰特斯·马福德（Prentice Mulford），可惜的是这个记者兼作家生前却无人知晓。19 世纪 80 年代末，马福德在文学和哲学方面的造诣就达到了顶峰；而同一时期，美国的语言学界也发生了一场非常重要的运动——“英语简化”运动（the abstruse nineteenth-century language of the movement fell away），该运动旨在去除 19 世纪晦涩难懂的艰深语言，将语言直白化、简单化，这里姑且称之为美国英语的“白话运动”。

马福德的同期作品深刻反映了这一语言运动带来的变化。他在作品里使用了大量现代化、活力满满的口语词汇去解释深奥艰涩的哲学思想观点，也因此获得了人生体悟者、普通百姓的广泛支持。从某种意义上来说，马福德的作品及思想是“新思想、积极思想”转型至“励志成功学”过程中的一个纽带，或称之为“过渡阶段”。

从某种程度上来说，马福德是早期励志成功学发展中非常重要的一员。但他创立的“成功学法则”“吸引力”法则却没能将他从自己曲折跌宕的人生中解救出来。他幼年家境殷实，少年丧父，家道中落，之后辍学从商，破产倒闭，后又加入“淘金大潮”成为一名淘金矿工，然而他的财富并非来自金矿，而是他那令人感兴趣和富有想象力的文章和书籍。

1834 年，马福德出生于美国长岛萨格港的一个富裕家庭，他是家中的长子，也是唯一的儿子，下面还有三个妹妹。但是父亲的早逝彻底改变了他的命运，父亲过世后留给整个家庭唯一的遗产就是位于长岛的一栋破旧的四层酒店。于是，马福德在 15 岁那年被迫辍学回家经营酒店，希望以此赡养寡母和养活三位年幼的妹妹。然而，一切却并非想象中那么简单，不到四年的时间，酒店就因经营惨淡而关门。沉闷、繁重的工作似乎并没有打消这个少年对前途的展望。这位雄心勃勃、勤奋好学的年轻人决定把事业重心转向海洋业，加入到萨格港的捕鲸大军之列。

19 世纪 50 年代末期，整个萨格港的捕鲸行业江河日下，马福德的事业也因此停滞不前。不久，淘金热便在加州蓬勃兴起，马福德也拿起铁铲加入到淘金大潮。那时候，为了迎合主流社会对财富的向往，主流报刊杂志曾几何时完全将“淘金”美化，而忽略了最真实的劳动场景：面朝黄土背朝天，两鬓灰白双手黑。而沉重的工作负荷、恶劣的工作环境、低廉的劳动报酬等却很少被主流媒体报道，当然也不可能被大众关注到。于是，从 1861 年开始，马福德开始用“山茱萸”这一笔名在报刊上发表文章。有别于其他浪漫派作家描述的“冒险”“刺激”，他用现实、挖苦的口吻来描述真实的“淘金”生活，向公众揭露淘金行业中的黑暗现实，这一点代表了广大淘金工人的心声。

1866 年，马福德所在的矿厂不景气，而做自由撰稿人收入又比较微薄。同期，一本名叫《黄金年代》（*The Golden Age*）的文学期刊正在招聘编辑，于是马福德辞去矿厂的工作并顺利获得了期刊编辑一职。《黄金年代》这本杂志的赞助商之一就是大名鼎鼎、家喻户晓的马克·吐温，还有另一位赞助商则是没有那么有名的安布罗斯·比尔斯（Ambrose Bierce）。其实，那个时候，马福德已经和文学大家马克·吐温打成一片，已然成为旧金山文学圈中炙手可热的人物。他给朋友的印象中也常常是“一个浑身散发着青年梭罗气息却又腼腆害羞的小镇青年”。马福德也回忆，那个时候的自己带着“破枪、马鞍、毯子，穿着松垮的衣服，还带着一个可以放下很多东西却常常空空如也的旧手提箱”。

马福德在担任《黄金年代》编辑一职期间发表了很多文章，给“后淘金时代”旧金山的文学发展做出了卓越贡献。历史学家富兰克林·沃克（Franklin Walker）认为，马福德与其他许多批判现实主义作家一样，深刻地揭露了社会生活的阴暗面，刻画了真实的淘金生活，在很大程度上促进了美国的“文学复兴”。不过，这位前淘金者很快就依靠自己敏锐的商业嗅觉，掘取了人生的第一桶金（可惜的是，他没有发挥好这一特长，而要立志做“文青”）。

1872 年，马福德发起了一个“众筹”，不知道这是不是人类历史上的第一个众筹。他发起的众筹项目用现在的话说就是“世界那么大，我想去英国看看”。众筹的目标也很简单：帮助加州商人去英国寻找商机，帮助中小企业开拓英国市场、发家致富，并扩大加州在英国的知名度。那时候的加州籍籍无名，所以地方上的商贾巨富纷纷出资。马福德很快便募集到了 500 美金，而他的英国之行却并不像他在游说中说的那样精彩和乐观。到英国后不久，他便遭遇了经济上的寒冬，最惨的时候每周大概只有十个先令（差不多两美元）的生活费。客观地说，马福德的英国之行道阻且长、艰难大于成功，于是他便离开英国回到了美国。

回到美国后的第二年，马福德便在纽约市的一家报社找到了一份记者的工作，成了一位针砭时弊的媒体人，也被称为“耙粪工”（muckrakers）。这批以“揭露社会阴暗面为己任”的“耙粪记者”在“进步时代”的美国鼎鼎大名。然而，他很快便厌倦了对谋杀、丑闻、偷窃、腐败等社会阴暗面和社会问题的报道。他在回忆录里称：“那些市井百姓茶余饭后的社会阴暗面有如老奶奶的裹脚布一般又臭又长，令人讨厌，让人恶心。”

不久后，马福德的婚姻生活就亮起了红灯。无聊的工作、烦闷的生活加上家庭的破碎，这些在精神上给予他沉重的打击，随之而来的就是“抑郁症”。为了逃避现实的困顿，他决定效仿自然主义者梭罗。1883 年，他选择在新泽西北部的一个沼泽森林里建了一间“桃花源”般的小木屋，过起了“漫步树林中，悠然闻木香”般的隐遁生活，希望可以在此“闭门修炼”，找寻内心的宁静和心灵的皈依。但可惜没过多久，寂寞的生活和糟糕的阴雨天又让他无法忍受这样的生活。他的书中有这样一段文字记录：“昨日年华的虚度，昔日生活的悲伤，加上糟糕的天气、失落沮丧的心情被人为地被放大、放大，直至将生活中的美好和幸福完全遮住。”“无数个悲伤难捱、寂寞难挡的日日夜夜，我也尝试过用坚定的意念和积极的思想来控制情绪，并时刻鼓励自己只要保持乐观、坚定和自信，就可以扫除人生的阴霾，把光明带到生活中最黑暗的角落。我一次又一次地尝试用这个方法去克服自己的抑郁症，然而却失败了。”

于是，他便决定离开新泽西和自己的小木屋。1884 年，离开“小木屋”的马福德决定重新拾起笔墨，开始独立写作，也就是现在所称的“自由撰稿人”。自由撰稿人的好处就是可以自己制定工作进度，自由支配工作时间。马福德自由撰稿的内容也很明确，就是把自己之前写过的励志、抚慰心灵的字句重新整理、结集出版成励志文学作品，这就是后来大家所熟知的《白十字图书馆》（*The White Cross Library*），马福德在该书中提出了“思想即物质”这一推论。

下面，我们来介绍一下“思想即物质”。思想的力量可以改变客观的物质世界，即后世人所称的“精神治疗法”或“精神胜利法”，著名的吸引力法则也是在此理论的影响下产生的。这一理念是如何产生的，以及马福德是如何提出这个概念的？

曾几何时，旧金山流行形式多样的宗教活动，其中以“降神会”（seance）尤为盛行。这是一种和死者进行超我沟通的宗教活动，降神会的主持者［西方人称“灵媒”（Psychic）］进入催眠状态时，就可以和死者进行沟通交流，这类似于中国民间的“招魂术”，只不过降神会注重的是和死者进行超我沟通。根据马福德在《黄金年代》中撰文所称，他曾代表《黄金年代》工作组参加过几场降神会，并结识了一些唯灵论者，也就是在这个时候，他才慢慢产生了“思想即物质”这一想法，而这一想法的产生并不是一蹴而就的。

据记载，马福德起初参加“降神会”对和“死者通灵，和灵界沟通、对话”充满着怀疑，后来在亨利·路易斯·门肯[①]（H.L.Mencken）的影响下才逐渐对此深信不疑。马福德正是在门肯的影响下开始用英语白话文进行创作，并且因为其通俗、简单的语言风格在文学上取得了很大成功。马福德在一篇文中曾经提到过自己接触“通灵”，以及怎样从拒绝到接受的大概过程，原文如下：

> 我是一个属灵上的“巴纳姆”[②]，我相信个体意识很容易受周边客观环境和

① 亨利·路易斯·门肯（H. L. Mencken，1880 年—1956 年）是美国著名教育家、评论家，著有《美国语言》（*The American Language*）一书，该书于 1919 年首度问世。

② 巴纳姆（Barnum）现象是一个心理学术语，其含义是个体很容易受到外界的影响，这被称为“巴纳姆现象”。——译者注

周边人的影响。当然，我并不苛求我的读者去理解这一点。在我刚接触降神会、通灵学这一圈子时，我是抗拒、不接受和不相信的，我对其中的内容也是不接受的。然而，当我参加了布道、聚会后，我慢慢相信，无形的载体可以实现客观、伟大的目标。我不是找寻鬼屋凶宅的鬼魂侦探，你们应该自己去寻找、探索这个世界上是否有鬼魂凶灵存在。当然，我对通灵这门学问非常感兴趣，但是其中也有陷阱和误区，这就需要每个人去努力寻找。

1884 年，马福德前往波士顿并做了短暂逗留。此时的波士顿和芝加哥一样，关于精神心理学、心灵疗愈和形而上学的研究尤为盛行，吸引了众多人生体悟爱好者前往。波士顿一时间成为了美国东北部的人生体悟圣地和核心城市，这就是大家所称的“波士顿狂潮”①。马福德也正是受到了这种狂潮（或文化）的强烈冲击才前往波士顿的。

从波士顿回来后不到两年，马福德就成功地举行了他的第二次“众筹”，这次“众筹”的项目就是我们前文中提到过的“箴言集”，简而言之就是将其之前写过的励志短句和文章重新结集出版成散文集小册子。1886 年 5 月，马福德终于融资成功，发行了自己这本箴言集，并命名为《白十字图书馆》。让马福德始料未及的是，《白十字图书馆》的销售异常火爆，直至他 1891 年去世一共加印过 74 次。这套小册子一开始只是通过邮局订阅的方式进行销售。1890 年，一家纽约出版社将其重新排版、装订成一套共 6 卷的系列书籍，并更名为《挖掘并充分利用你的潜力》（*Your Forces，An How to Use Them*），这套书在商业上更是取得了巨大成功，可以说是马福德最有影响力的代表作之一。马福德在该书中反复使用“思想即物质”这一观点，并从中得出“改变思想，方能改变命运”这一结论，这也成为新思想运动最具代表性的口号一直流传至今，并奠定了当代励志成功学的一种重要思想。

让我们回到“思想即物质”这一理念上来，追根溯源，最早提出这一观点的是瑞典神秘主义者、神学家斯威登伯格。1876 年，沃伦·菲尔特·埃文斯在《灵魂和身体》（*Soul and Body*）一书中引用了该观点，并且用斯威登伯格主义的方式给“思想灵魂”下了一个定义，即思想灵魂就是我们内心深处苦思冥想、孜孜以求的“精神世界”。

① 波士顿狂潮（Boston Craze）是指 19 世纪 80 年代早期，波士顿人开始接触基督教科学会，而科学会在当时还不为人知，其提倡的是一种全新的精神疗愈方法。——译者注

埃文斯认为："在这个'精神世界'里，思想即物质，思想才是宇宙间最真实的存在。精神世界发生的一切都会折射到每个个体中，没有思想就没有个体的存在。" 不同于埃文斯颇为理论化的艰深解释，马福德聪明巧妙地将"思想即物质"这一理论从神秘学中分离开来，进行加工和再创造，用浅显、简单、直白的现代白话英语进行了重新阐释，并最终演变成"改变思想，方能改变命运"这一放之四海而皆准的成功学法则。

马福德在《挖掘并充分利用你的潜力》一书中提出，除了现实世界（the world of reality）外，还有精神世界和思想世界存在，后两者是前者的延展，也是前者建立的基础。没有精神和思想，就不会有现实世界。他还在书中对"灵魂出窍"（out-body experience）进行了这样的解释：

> 每个单独的个体都是由两个"我"组成的：一个是"有形的我"，即我们所称的"身体发肤"，通俗点来说，就是躯干、四肢和脏器等；还有一个是"无形的我"，即"属灵的我"，就是我们的灵魂、精神。简单、笼统地说，这两个"我"就是"有形的身体"和"精神的自我"，两者共同生长、相辅相成、缺一不可。身体是灵魂的载体，灵魂则赋予身体力量，让身体的存在得以被感知；身体发肤受之父母，而灵魂则有待个体去探索、寻找和发现。一旦灵魂从身体里释放出来进而主宰身体，并通过身体与精神世界进行对话和沟通，此时的灵魂便处于一种更高阶的状态，其能力是无极限的。

马福德如何来证明这种具有无限潜能的精神力量呢？他在书中是这么解释的："思想是一种物质，它就如空气或其他看不见的元素一样可以发生化学变化，还可被感知，其潜力无限且远远强于物质世界中任何一种化学变化。"马福德似乎完整地证明了自己的"思想即物质"这一观点。

马福德认为，大部分人都处于"睡眠状态"，处于睡眠状态下的个体的内在灵性和能量都处于未激活的状态。而一旦个体的灵性被释放出来，就会释放出更高阶的、无穷尽的能量。"灵魂出窍"就是"个体潜能被激活的过程"，通俗来说，就是此时的个体潜能被唤醒，呈现出各种超越普通人极限的能力，也就是普通人眼中的"特异功能"或"灵异现象"。

在之前的章节中，我们提到过斯威登伯格主义的“神性觉醒”（divine influx），而马福德笔下的“挖掘、使用个体潜能”在本质上就是“神性觉醒”。只不过，马福德结合了来自英国社会心灵学研究所[①]（British Society for Psychical Research）的ESP[②]实验研究成果，从当代的角度以最直白浅显的白话文对“神性觉醒”进行了重新诠释，从而使晦涩冗长的斯威登伯格主义更能被当代社会所理解和接受。

多少年来，“新思想界”一众人士包括霍普金斯和罗德等人在内都认为，金钱物质、财富积累对于成功和幸福来说只是极其微小的一部分。然而，马福德特别强调了“财富之于幸福、金钱之于成功”的重要性，他在《挖掘并充分利用你的潜力》一书的第一章中用了一个小节专门讨论这个问题，并引用了爱默生提出的“成功法则”。“成功法则”最早出自爱默生的演讲稿，其后收录在他发表于1870年的演讲集《成功》（*Success*）中。爱默生在《成功》中高度赞扬了“激情的力量”。但同时，他也称“消极厌世”的人生观将使你与机会失之交臂，这样的人不配拥有成功和希望。

但是，马福德并没有像爱默生那样将人分成三六九等，他也没有将理想、愿望分门别类，只是单纯地去阐释成功致富的法则。1886年，他出版发行了《成功致富法则》（*Law of Success*）一书，为当今世界流行的精神自助课程（Spiritual Self-help）奠定了非常良好的基础和雏形，这也是一部自助领域的鼻祖级作品。他在书中所写的指导法则至今仍被后世所效仿，无人能超越：

> 不论在何种条件下，成功、失败都和个人情绪、心理状态密切相关。心灵就像一块磁铁，磁铁有磁力，心灵也有其吸引力。你的所思所想，心灵都会将其吸引过来：心中充满爱，心灵便吸引爱，世界充满爱；心中充满恨，心灵也会将仇恨吸引来，从此你的世界阴霾不散。所以，如果你渴求成功，那么必须满怀理想抱负，这样，成功才会吸附在你身边。为此，我们非常有必要了解成功的要素：希望、快乐、坚强、独立、勇敢、正直、温柔等各种品质。只有将这些品质吸附

---

① 英国社会心灵学研究所（British Society for Psychical Research）成立于1882年。作为临床学术研究性机构，其旨在研究人类的濒死体验、超感官知觉、轮回以及其他非特定领域的超自然现象，研究手段主要为案例研究，这也是当代心理学研究的一个新兴领域。此外，英国社会心灵学研究所的研究方向还包括斯威登伯格主义的“神性觉醒”，其被称为“精神觉醒”。——译者注

② ESP是指超感官知觉（Extra Sense Perception）。

在你身上，形成积极正性的内在性格和外在气场，方能有所成功。

1888 年，马福德发表了《发家致富的锦囊妙计》（*The Necessity of Riches*）一文，他在文中写道："物质生活是每个人生活的重要组成部分，每个人都有权去追求高质量的物质生活，每个人都有权去争取更好的衣、食、住、行等各方面的生活品质。"马福德对物质世界单纯率真的向往使其听起来更像 21 世纪的成功学导师。他反对传统的"自我牺牲""生而有罪""自我救赎"的神学伦理思想，反对等待上帝的救赎来实现美好生活。他认为"精神意念、思想动力"是更好的解决方案，而传统意义上的"埋头苦干""等待上帝拯救"已然脱离了时代发展的方向。为此，他提出了一系列论点来佐证自己的观点：（1）早起晚睡真的能带来发家致富的机会吗？机会是需要你主动去寻找和争取的。（2）起得最早、睡得最晚、工作时间最长的是哪一类人？穷人，成千上万的穷人！（3）独立、勤奋、努力地埋头工作可以让你的工作效率更高吗？应该不能吧！

反驳完"埋头苦干、发家致富"陈词滥调后，马福德给出了自己的解决方案——运用一种"精神法则"将财富吸引过来。这种"精神法则"来源于基督耶稣的一句格言："当人经历过一种内在的、高阶的精神改变时，他将会看见一个'神的国度'。这个国度将会把你想要的东西都添加进来。" 那么这个"神的国度"是什么呢？ 这一次，马福德借用了斯威登伯格主义的观点，并成功地给出了自己的理解："这个'神的国度'里的'神'就是"精神法则"；而'神的国度'则是"精神法则的国度"。在精神法则的国度里，思想就是力量，你的每一种思想都是真实存在的力量，它们就像电流一样，虽然看不见、摸不着，但却是真实存在的。思想用在了对的地方将会给个体带来健康、美好的世界，反之则会有完全相反的结果。" 这就是马福德创立的"境随心转，改变思想，方能改变命运"的观点，其作为一门哲学思想也已初步形成。 马福德不仅论证了这种思想，甚至还设定了一系列量化标准来对其进行评估和衡量。 他还屡次在书中指出"心理暗示、精神疗愈"对身体康复的作用已经逐渐被淡化，取而代之的是其对社会的繁荣富强、个人的名利成功的积极作用，这也是主流社会所关心的。

马福德是一位顶尖的思想家、哲学家，更是一位天生的"心灵治愈""励志成功学"导师。他将晦涩难懂的哲学思想重新解释、演绎，并创立了"放之四海而皆准的"的精神自助法则，这也为他在美国赢得了诸多声誉。他被公认为新思想运动的先驱之一。

美国心理学会创始人威廉·詹姆斯更是对马福德推崇有加，其书单里就有马福德的书，甚至把他的书推荐给了自己的妻子爱丽丝·吉本斯（Alice Howe Gibbens）。爱丽丝同时也是詹姆斯事业上的伙伴，她帮助詹姆斯创立了"心理治疗"法，并在詹姆斯成立美国心理学会的过程中起到非常重要的作用。

1888 年 3 月 29 号，詹姆斯在给妻子爱丽丝的情书中重点推荐了马福德的书："我郑重地向您推荐一本'心灵治愈学家'的书，作者为马福德。如果可以的话，请好好阅读这本书并进行反思，下次见面的时候，我们一起探讨这本书。"

马福德即使在逝世多年后，其影响力仍未消退，甚至比其生前有过之而无不及。1899 年，詹姆斯发表了题为《休养生息的福音》（*The Gospel of Relaxation*）一文，旨在探讨心理的疗愈作用，他在书中介绍了许多新思想的领军人物，如马福德、德雷瑟、特赖因（Ralph Waldo Trine）等。詹姆斯还在书中写道，这些早期的思想家们为美国的精神心理学和心理学研究开了一个好头，也为心理学发展成为一门独立的学科指明了方向，更为心理学走下神坛、服务于社会大众起到推波助澜的作用。

当马福德小有名气、读者群逐渐壮大起来的时候，他也走到了"油尽灯枯"的边缘。刚刚过完 57 岁生日的马福德被人发现离奇地死亡了，其死亡现场没有任何打斗痕迹，也没有发现有谋杀动机的嫌疑人，鉴定结果不排除自杀的可能性。我们不妨回顾一下事件发生当天的情景。

1891 年 5 月下旬，马福德告诉亲友，他制订了一个海上漂流的旅行计划。这和他当初在新泽西的隐遁生活颇为相似，只是这次，他将这个"桃花源"从新泽西的陆地搬到了大海上。其旅行的目的就是为了寻找自己儿时在长岛萨格港的童年记忆，旅行路线从布鲁克林羊头湾一路奔驰前往长岛。他的旅行装备也准备得非常充分，他准备了一艘帆船，将其命名为"白十字"，并且在船上囤满了食物、 油炉、 笔、 墨水、书写纸、 美术用品和毯子， 他甚至还备了一把班卓琴用作娱乐消遣。他在船上装了一个 16 英尺的遮阳篷外加一个帐篷天气好的时候，他就可以走出船舱，躺在遮阳篷下面，慵懒地晒着太阳， 一切似乎都准备就绪，万事俱备，就差启程了。他的这次旅行也得到了羊头湾人们的广泛关注。没过多久，有人发现，停泊在羊头湾岸边的"白十字"帆船上已经好几天没有看到马福德的身影了，于是人们自发出海去寻找，并于 5 月 30 日在"白十字"帆船上发现了他的遗体，他被发现时已死亡 3 天。经鉴定，他的身体没有外伤打斗的痕迹，也无疾病征兆及淤泥污水，基本排除他杀的可能性。

马福德的神秘死因引起了社会各界的关注和讨论。1891 年 6 月 1 日，《纽约时报》撰文称："白十字船上设备、供给齐全，距离陆地近在咫尺，他很容易就能打开船舱呼唤岸上的人过来援救。本案最蹊跷、最神秘的地方在于，马福德在如此容易获得外界援助的情况下是怎么死的？他又是为什么死的？如果是他杀的话，动机是什么？嫌疑人又是谁呢？这一系列问题萦绕在每个人的心头。"

经推理分析，马福德死于自杀的可能性非常大，而他去世前的日记也更加证实了这一推理。他在 5 月 11 日中的日记中写道："这种沮丧、挫败的感觉和 6 年前一样，并没有太大改变。为了改变这种状况、治疗我的抑郁症，我曾试着将任何消极、悲观的想法抛之脑后，尽量表现得正面、积极，并尽力将美好的愿景写在纸上，让自己远离消极悲观的情绪。"

5 月 25 日，也就是在他去世的前两天，他在日记遗稿中又记载道："我相信，每个人都或多或少地存在这样或那样的害怕或者说不安全感，而我的恐惧就是生活的重复、年华的虚度。在这段海上漂流的日子里，6 年前那个抑郁、沮丧的我又迸发出来。6 年来，我却始终未能跳出自己的阴影。我知道，这种消极、悲观的情绪正在我的身体里生长放大，甚至已经损害到了我的头脑，我也正在寻找其他的办法去消灭它。勇敢不是无所畏惧，而是心怀恐惧依然无惧前行。"

与抑郁症的长期抗争、家庭生活的不如意、自己创立的"励志成功""精神疗愈"理论却治不好自身的心理问题。种种迹象表明，这位伟大的思想家、哲学家、宗教学家以及新思想运动的早期奠基者，很有可能死于自杀。

在和抑郁症斗争的过程中，马福德似乎也想为读者们做些什么，或者说想将他所有的作品进行总结，留给后世。关于这点，他在日记中有一段记载，给抑郁症做了一个划时代的解释：

> 人生就如海上航行的帆船，其主要目的和终极意义不在于事先计划好的目的地，而在于找寻精神的归属，这也是生命的意义所在：打破陈旧固有的思想，寻找新的思想。寻找真理思想的道路障碍重重且漫长，也正因为如此，才越显得真理的可贵。每个个体都由两部分组成：一个物质世界的"我"——"属欲的我"；

一个精神世界的“我”——“属灵的我”。“属欲的我”总是在寻求物质上的享受，期望达到财富上的富足；而“属灵的我”却似乎总是期望打破各种思想的束缚，从而进行自我精神解放、达成精神自由和心灵平和。当个体“属灵”和“属欲”的需求渐行渐远、很难共生甚至产生冲突的时候，消极、悲观、抑郁、沮丧等情绪就会产生，这可能就是“抑郁”的发病机理之一。

之所以说马福德给抑郁症做了一个划时代的解释，是因为他突破了传统社会的固有成见。千百年来，主流社会认为沮丧、抑郁等各种消极情绪来自上帝对子民的惩罚。马福德对抑郁症的全新解释已然给予了抑郁症患者一个减轻痛楚的出口，而这个出口就是平衡“属灵”和“属欲”之间的关系，每个人在追求物质欲望的同时，也应该关注自身的“属灵”需求，为心灵找一个释放的出口。欲望无极限，灵魂恒久远。

在人生即将落幕之时，马福德的思想已然超脱了“属灵”和“属欲”、精神和物质、生和死的范畴，他的“思想即物质”的观点、他的各种随笔文章乃至“因果轮回”的观点都对周边朋友产生了深远影响。而就在他去世的当天，他的两个老朋友还声称见到了他的魂魄正在试图说着什么。

马福德的一生始终生活在对思想、真理的追求和内心的自我挣扎中。回顾他的一生，从早年在萨格港当捕鲸人，到淘金热时做矿工，再到担任报纸撰稿人，最后到新泽西过隐遁的生活，他穷其一生追求的“思想的真理”“思想的力量”影响了一代又一代的心灵大师。这种“思想的力量”包括“心灵的力量”和“超自然力”，这种思想的力量有着无穷的潜力，可以帮助我们驱除生活的阴霾，给予我们的生活以阳光和温暖，进而改变我们的生活。

马福德最后被安葬在家乡萨格港，他的墓碑上就刻着他的毕生所求：“思想即物质：改变思想，方能改变命运。”

马福德去世后，他的思想广泛影响到后世的作家、思想家乃至社会各界学者，即使是多年后，仍然有许多作家深受其影响。他的文字也被后世许多文学家广泛“引用”（如果不能称之为“剽窃”的话）。1910 年，励志作家克里斯丁·拉尔森（Christian D. Larson）就在自己的书中用了马福德的《挖掘并充分利用你的潜力》一书作为文章标题；1928 年，年轻的拿破仑·希尔更是效仿马福德，将自己的第一卷书命名为《成功的法则》；同年，成功学作家罗伯特·科利尔（Robert Collier）出版了一套名为《生命的磁场》（*The Life Magnet*）的宣传册，这套宣传册重新诠释了马福德的观点“思想即磁场”（the mind is a magnet）。这些作家都是美国励志成功学史上响当当的代表人物。

这些事例都表明，马福德放之四海而皆准的“新思想法则”已经成了励志文学作品中广泛颂扬的法则，同时也被许多新思想领域的作家所引用，其中也包括诺曼 ·文森·皮尔（Norman Vincent Peale）。1952 年，皮尔出版了一本名为《积极思想的力量》（*The Power of Positive Thinking*）的书，他在这本书中第一次使用了“吸引力法则”一词。从此，“吸引力法则”一词迅速在全美蔓延开来并引起广泛讨论。

征服贫困

马福德“励志成功学”的兴起，曾一度让社会上兴起了“思想吸引财富”“成功致富学”的思潮，但它们大都如星星之火，未及燎原就已熄灭。到了 19 世纪与 20 世纪之交，积极思想、励志思想和心理表现形式成为商业期刊、流行文学中所表现的主要风格。然而，“思想创造财富”这一话题却还未被主流社会所关注和认同。

这一时期的励志成功学领域中有两位最重要的领军人物，他们是拉尔夫·沃尔多·特赖因（Ralph Waldo Trine）和阿尔伯特·哈伯德（Elbert Hubbard）。特赖因著有《顺应无限》（*In Tune with the Infinite*）一书而小有名气，该书最早出版于 1897 年，而特赖因本是一位哲学家、思想家、资深教育家、美国“新思想运动”的发起人。另外，他自称是“社会党党员”，信奉社会主义。他还是坚定的乐观主义者，认为乐观、慷慨、包容、分享、祝福可以带来快乐、幸福。

相较于特赖因，阿尔伯特·哈伯德名气就大了许多。他于 1899 年出版的《致加西亚的信》（*A Message to Garcia*）一书全球销量超过 8 亿册，成为有史以来世界上最畅销的读物之一，列入全球最畅销图书排行榜第 6 名，这本书几乎被翻译成所有的语言出版。哈伯德是美国著名的出版家和作家，同时也是一名成功的企业家，拥有一家印刷厂和一家手工艺品商贸公司，公司全名“罗伊克夫特公司”，其主营业务为制造和销售各种手工艺品。他曾发起过“美国之翼手工艺品运动”（American Wing of the

Arts and Crafts Movement），算是一名成功的企业家。他还是一名马术爱好者。他的思想观点和特赖因稍微有些不同，两人思想的侧重点不同。他认为一个成功的、有担当的男人在面对困难和挑战时，应该勇于承担责任、面对挑战，而不应抱怨连连甚至逃避责任。特赖因和哈伯德都出生于 19 世纪 50 年代，他们都是新思想运动和吸引力法则的忠实信徒，但是却都没有将吸引力法则引入到经济学领域，更没有提及“思想创造财富”一说。

与特赖因和哈伯德同期的著名成功学大师［如罗素·康威尔（Russell H. Conwell）和奥里森·马登（Orison Swett Marden）］，也甚少提及“成功致富学”。罗素·康威尔是著名的励志演讲大师，曾做过上千次的演讲，并于 1890 年将自己的演讲稿结集出版了《钻石田亩》（*Acres of Diamonds*）一书，该书关于“成功源于性格和创造力的完美结合”的观点在世界范围内引起广泛关注；同时，康威尔也是天普大学（Temple University）的创始人。

与康威尔同期的另一名伟大的成功励志导师奥里森·马登十分崇尚“塑造良好的性格和坚毅的品质”，他也甚少提及“致富思想的力量”的观点。他在 1894 年出版的《伟大的励志书》（*Pushing to the Front*）一书中写道：“良好的个性与人格是缔造成功及维持不败的基础，任何苦难都不能阻碍一个人的成功。只要你心中有希望，保持一颗积极向上的心，你就能获得你想要的。性格决定命运！塑造良好的个性与人格是通往成功之门的法则！”马登也被誉为“美国励志成功学运动的先驱”。

19 世纪 80 年代的美国，无论是成功学演讲大师康威尔还是励志导师马登都未曾提及马福德关于“思想创造财富”“思想吸引财富”的理念，“思想的力量”还仅仅停留在精神意识层面，而甚少涉及金钱财富和功名利禄。

直到 19 世纪 80 年代末和 90 年代初，一位伟大的奇女子继马福德之后第一次全面提出“将思想转化为物质财富”，并将此观点迅速传播到美国各地。这位伟大的女性叫海伦·威尔曼斯（Helen Wilmans），她是佛罗里达州的一位神学家、精神疗愈师，曾写过很多关于精神科学的书，其中包括《精神科学教程》（*Lessons in Mental Science*）。

威尔曼斯是一名“进步主义者”和女性参政议政倡导者，同时也是一名工人运动积极分子，她孜孜不倦地追求社会进步，坚持社会改革。1899 年，威尔曼斯出版了《征服贫穷》（*The Conquest of Poverty*）一书，并在扉页上致词："谨以此书献给全世界辛勤劳动中的男男女女。"我们下面介绍一下她写作本书的目的和动机，以及她从一名农场主妇成长为主张自我解放的新思想倡导者的精彩绝伦、跌宕起伏的一生。

19 世纪 70 年代，在加利福尼亚州北部的一个农场里，威尔曼斯正苦苦挣扎于烦琐的农场生活，并苦苦追寻如何打破家庭的牢笼，以实现自己心中的"自我解放"。此时的威尔曼斯就是"草根版"《玩偶之家》中的诺拉，指甲缝里的泥垢彰显了她坚毅的品质和吃苦耐劳的精神。为了打破家庭的"枷锁"，威尔曼斯深谋远虑地筹划了自己的"三步走"计划。这个"三步走"战略在 100 多年以前的美国提出相当不容易：第一步，解决夫妻不和以及家庭中普遍存在的问题——子女教育的缺失和抚养权之争的问题，问题的解决办法现在听起来有点过于简单——把两个女儿送到旧金山的一所寄宿学校；第二步，和老公进行离婚拉锯战；第三步，离开思想保守的老公和不愁吃喝的农场生活，前往旧金山开始新生活。初到旧金山当天，她几乎身无分文，据说所有的钱也只够吃一顿午饭、在最廉价的小宾馆里住一晚。迫于生计和对未来自由生活的向往，她几乎踏遍了旧金山所有的报社、杂志社，最后终于在一家非常小的报社找到了一份记者的工作。威尔曼斯因为对工人运动的有力报道和为女权主义摇旗呐喊，她很快在旧金山媒体界崭露头角、小有名气。

在旧金山小有成就后，威尔曼斯开始转战芝加哥，在《芝加哥邮报》（*Chicago Express*）担任记者一职，并从旧金山搬到芝加哥。几年后，她逐渐从工人运动的坚定追随者倒戈成为"批评者"。她曾在《芝加哥邮报》上撰文称，自己曾支持的"劳工阶级思想麻木、不思进取、甘愿做大时代下的奴隶"。她还批评道："在我们这个时代，大部分的男人们没有个人奋斗目标，缺少自我增值、自我实现等方面的意识。即使有机会，他们也不想去付出、去努力，为自己或他去创造一个崭新的世界；他们也没有想过事业发展、与时俱进；他们唯一热衷并感兴趣的事情就是压制女性的发展和女性地位的提升。"她还称，这个问题产生的根源更多是因为广大工人阶级思维固化、没有远见、缺少格局、缺乏教育，而非缺少社会压力。

和许多的进步主义者们一样，此时的威尔曼斯拥护"社会改革"并积极促成。她还积极提倡思想解放和思维革新，认为人类解放可以通过改变思维模式来实现。每个人身上都潜在具有一种内在驱动力，每个人都应该重视这种内在驱动力并充分挖掘。

因对这种内在驱动力的执着和坚持，1886 年 6 月，威尔曼斯参加了霍普金斯的精神疗愈研习班，并结识了霍普金斯本人。几个月后，与霍普金斯的一次谈话深深地唤醒了她的灵魂，并在精神上给予了她巨大的勇气和鼓励。这次谈话无论是在思想上还是政治上都促成了威尔曼斯的精神觉醒和宗教皈依，并最终促成了威尔曼斯的人生观、世界观的根本转变。

这次精神觉醒要源于威尔曼斯在《芝加哥邮报》工作时和老板的一次争执。那是 11 月的一个下午，她兴致勃勃地冲进老板办公室告诉老板，她想出版发行自己的报纸并希望得到他的支持和帮助。没想到，老板不但没有鼓励和支持她，反而嘲笑她不自量力。离开老板办公室后，威尔曼斯心中充满沮丧和失望，她跑出了出版社，在芝加哥街头独自徘徊。暮霭沉沉的芝加哥大街上，茕茕孑立、形影相吊的威尔曼斯开始对过去多年的工作和生活进行了深刻反思。突然间，一股神性的电流击中了她，让她醍醐灌顶般地顿悟过来，她开始意识到这个世界上每个人都是高度独立的个体，每个人都是高度自由、拥有强大驱动力的个体；意识到这点后，她感到瞬间有一股充盈着自由、希望和能量的内在动力渗透到全身。

她后来在书中回忆当时的心情：“虽然走在那些冰冷的街道上，我却像刚从压抑的学校里释放出来的孩子一样，内心雀跃欢快，仿佛获得了一次身体和精神上的重生，空气中飘荡着自由、独立、成功、健康、快乐。这股力量支撑着我去找寻自己的内心，并遵从内心而生活。”

之后，威尔曼斯毅然决然地退了租住的高档公寓，并开始创作她的处女作，直至后来成功创办并发行了自己的报纸《女性世界》（*The Woman’s World*）。在进行文学创作、准备报刊发行期间，威尔曼斯得到很多意想不到的帮助和支持，其中也包括那个很厉害的房东。这个房东对她的“创业写作项目”非常感兴趣，并四处帮她筹钱甚至减免她的房租。《女性世界》其实还是一个相当靠谱的“创业项目”，其也成功地进行了“融资”，前面我们提到过的罗德女士也给《女性世界》投了资。

在进行创作的过程中，威尔曼斯慢慢形成了自己的人生观，尤其是在创作《征服贫穷》一书过程中，她逐渐认识到了“思想吸引财富”的重要性，她在书中说：“唯有在最乐观、最积极、最专注的精神状态下，才能达到学习和工作上的最高效率，并完成财富的最大化。”

威尔曼斯自称是现实的理想主义者，她认为顽强独立的坚毅品质加上切实的行动，才能带来当下的成功。和老师霍普金斯略微不同，她更注重结果，更加“以结果为导向”。虽然从来没有直接提过老师霍普金斯的名字，但她认为霍普金斯对基督教科学会的诠释有待完善和健全。另外，她还提倡个性发展，认为每个独立的个体都应该充分发挥自己的个性和开发自己的创造力，这大概就是美国个人主义（individualism）的开端。

在成功出版发行《女性世界》杂志后，威尔曼斯的事业一发不可收拾。很快，她便将事业扩展到杂志、书籍出版业，并声名鹊起。事业做得风生水起使她成为各种演讲的座上宾，她甚至也效仿霍普金斯开办各种公开课来传达自己的成功学理念，并成功获得了上万名的受众。

随着受众的增多和知名度的提升，一种全新的商业模式应运而生——邮政函授服务（a distance-prayer mail-order service）。在当时，对于那些远在千里之外的受众来说，参加公开课或演讲的可行性似乎不大，于是威尔曼斯便开始向受众邮寄她的课程材料、宣传手册等课程相关书籍。她甚至还在书中帮客户答疑解惑，解答这些人对于人生、事业等各种问题的困惑，事业的发展也为威尔曼斯迎来了感情生活的第二春。19 世纪 90 年代早期，她再婚并举家搬到佛罗里达州附近的代托纳海滩，此处阳光温暖、海风习习，适宜居住。她还在那里成立了自己的房产中介公司，并很快发展壮大成为一个庞大的房产帝国。

在发展房地产事业的同时，威尔曼斯还积极部署成立一家以研究新思想为主旨的神学院，并暂定名为“精神心理学研究院”（University of Psychical Research），学校旨在教授科学和传统艺术，同时也提供应用思想和精神科学相关课程的辅导。

威尔曼斯成立精神心理学研究院其实只是为了一个目的：帮助更多的人去实现自我解放，发现内在的真我。经过了若干年的奋斗，她的理想终于实现了。1893 年，威尔曼斯终于出版发行了属于自己的杂志《自由》（*Freedom*），杂志名称也正是其创刊宗旨，这种“寻求心灵的自我解放、追求精神上的自由”的理念，也是新思想运动及其先驱们一直孜孜以求的宗旨。

然而事实告诉我们，在寻求“自我解放和追求自由”的路上注定荆棘丛生。1901 年，佛罗里达州州邮政部部长控告威尔曼斯通过邮寄销售课程书籍属于诈骗行为，并开始了一系列的指控，以打击其商业行为。幸运的是，次年，州联邦法院裁定邮政部部长的控告不成立。但是很快，威尔曼斯又惹上了新的官司，控告的罪名和之前一样——利用邮政服务进行诈骗，但是和上次略有不同的是，这次的控诉人是佛罗里达州房地产大亨。

这还得从威尔曼斯的本职工作说起，她不仅是一名成功的励志导师，更是一名成功的企业家，并且具有非凡的生意头脑。她在佛罗里达成立的房地产公司发展迅猛，甚至危及到了同行巨头的利益。1904 年，佛罗里达房地产业寡头起诉威尔曼斯利用邮政业务兜售她的成功学理论。1905 年 2 月，经过了一系列的核实、议定和陪审团建议后，联邦法院最终驳回了对威尔曼斯的诈骗指控，联邦法院还指责政府将意识形态的纠纷强加到司法层面，联邦法官甚至指责道："法院不是一个心理研究所。"

虽然受到了联邦法院法官的支持，但是这个无罪裁定似乎来得太晚了。多年来饱受各种官司、纠纷的困扰以及时间和金钱的耗损，已经严重影响到了威尔曼斯的公司业务。1906 年，她试图推出一本新杂志——《人类和诸神》（*Men and Gods*），但是州邮政部部长完全无视 1905 年 2 月联邦法院的裁定结果，甚至还彻底禁止威尔曼斯使用邮政服务。而对威尔曼斯最致命的打击还是来自丈夫的去世。1907 年 6 月，她的第二任丈夫兼合作伙伴查尔斯离世。她和查尔斯早年相识于芝加哥，并在此坠入爱河，多年来一直并肩战斗。查尔斯的离世对威尔曼斯来说无疑是最沉重的打击。

事业的江河日下、旷日持久的官司、理想实现的遥遥无期、挚爱的离世，一系列的打击彻底击垮了威尔曼斯。1907 年 9 月 5 日，威尔曼斯平静地离开了人世，享年 76 岁。就在她去世 5 天前的 8 月 31 日，她在给友人的信中写道："我累了，无以言表地累，我厌倦了世界上的一切，只想躺下来好好睡一觉，永远不要醒过来。"

虽然，威尔曼斯生前就已经累积了成千上万的读者，但是她的著作和创办大学的理想却在她去世后很快就烟消云散了。然而作为一名青年导师，她对于年轻人的影响却是深远的，其中也包括一名远在英国的年轻人。这名年轻人自幼历经磨难，曾做过工厂工人、打过零工，而他后来经过自强不息的努力，终于收获了人生的果实。同时，他在阅读了大量的成功学书籍后，在结合了自己的人生经验、成功经验的基础上发明了一套心灵疗愈法，这是一套可以抚慰世人内心痛苦的精神疗法，也是引领世人走向成功、幸福的疗愈法。另外，他还积极地将自己的疗愈法则付诸文字，通过笔尖和和书本的力量将自己的智慧奉献于世，给数以百万计的普通美国人带来了福音。除了精神导师的身份外，他还是一名社会改革家，积极倡导社会改革，他就是詹姆斯·艾伦[①]（James Allen）。

劳动人民的英雄

在美国的精神心理学研究领域，除了玛丽·贝克·艾迪夫人广受关注以外，颇具影响力的还有艾玛·柯蒂斯·霍普金斯、普伦蒂斯·马福德和海伦·威尔曼斯等人，他们的作品和思想也或多或少地影响着后世的作家们，我们在之前的章节中已经介绍过这些大师们，这里就不再一一赘述。

然而真正把精神心理学研究（尤其是成功学思想）推广给普通大众，并在世界范围形成普遍的影响的人当属詹姆斯·艾伦（James Allen），他被后世誉为“20世纪最伟大的心灵导师”和“人文科学领域的神秘学家”。尽管他的著作曾给予世界千百万的人极大的鼓励，但世人却对他的生平知之甚少。

我们在前面已经提到过，他在政治上主张社会改革，提倡人性化地对待动物。他短暂的一生中著有多部中、短篇散文和随笔。他的短篇冥想书籍《做个思想者》（*As a Man Thinketh*）盛为流行，共发行了数十个版本，并传遍了千家万户。艾伦并没有在这本书中直接传达自己对于新思想、基督教科学会以及宗教解放的兴趣，但却在这本书中彰显了自己的世界观、人生观以及对于宗教神学、形而上学的认识。

1864年，艾伦出生在英格兰中部的工业重镇莱斯特，自幼家境富裕。他的父亲威廉曾经是一名成功的纺织业主，幼年的艾伦受到了良好的家庭教育，并在父亲的熏陶下对阅读和哲学产生了浓厚的兴趣。19世纪60年代，英国经济蓬勃发展，然而纺织品行业却萧条低迷，威廉的生意也随之江河日下。为了让企业走出困境，威廉于1879年前往纽约谋生，并计划安定下来后把远在英国的家人接到美国团聚。然而悲剧却降临到这个原本幸福的家庭，威廉刚刚抵达美国两天就在纽约的街头被人谋杀了，路人

---

① 詹姆斯·艾伦是世界上最伟大的励志丛书《羊皮卷》的作者之一，他是英美文坛极具神秘色彩的心灵大师之一，其代表作有《积极思考的力量》《看开的活法》《结果的法则》《奔向富足》《宁静的力量》《做个思想者》等。——译者注

发现他的时候，他的身体受过重击，口袋、钱包被一洗而空，不久就死在了纽约市立医院。而此时，远在英国的小詹姆斯刚刚过完15岁生日。

客死他乡的威廉没有留下任何遗产，詹姆斯的妈妈玛莎目不识丁。为了照顾母亲和两个年幼的弟弟，小詹姆斯承担起了支撑家庭的重担。于是，他不得不辍学，在当地的纺织厂找了一份纺织工的工作。

这份工作一干就是9年。在这9年里，他勤勤恳恳、兢兢业业，甚至常常一天工作15个小时。但即使过着忙碌紧张的工厂生活，他仍然保持着从父亲那里传承下来的、勤奋好学的传统，坚持每天阅读、写作两三个小时。这就不得不提威廉和詹姆斯深厚的父子情意，少年时的詹姆斯一直是威廉生前最宠爱的儿子，威廉也将自己对于阅读的狂热遗传给了自己最疼爱的儿子。除了一起阅读各类著作，他们还常常一起探讨生命、死亡、宗教、政治等话题，也共同研究莎士比亚的作品。威廉生前也一直希望把他培养成一名学者。尽管现在所有的希望都伴随着父亲的离去而破灭了，但詹姆斯·艾伦却并没有失去对生活的信心。当其他工友出去喝酒或打盹睡觉时，他却在利用点滴的空余时间努力学习，他也因此被工友们戏称为“圣人”和“大师”。

在纺织厂工作的9年间，詹姆斯通读了父亲生前收集的《莎翁文集》以及其他诸如伦理学、宗教神学方面的书籍。在通读了各类文学神学著作后，他开始陷入了对于生命意义、宗教神学、人生要义的思索，并下定决心去发现人生的“核心要义”。

24岁那年，阿罗德（Edwin Arnold）的《亚洲之光》（*The Light of Asia*）一书为詹姆斯指引了人生的方向。这本语言优美的史诗般巨著，给他打开了通往东西方宗教、哲学的大门。这本书介绍了维多利亚时代的西方宗教以及东方的佛家思想，并以叙事诗的形式向读者介绍了王子乔达摩悉达多悟道成为佛陀后，觉醒到了生命的意义和时间的重要性。此书是向西方读者普及东方佛教的第一次成功尝试，并被翻译成西方的多种语言。詹姆斯在这本书的影响下领悟到，所有的宗教（不论是西方宗教还是东方佛教、道教抑或其他形而上的哲学信条等）都是对人生终极意义和生命真谛的探索。詹姆斯认为，生命的真正意义是持续的自我完善和内在提升。

在接触到《亚洲之光》后不久，艾伦的职业生涯就发生了一个大转折。1889年前后，他在伦敦找到了一份白领工作，担任一家公司高管的私人秘书和书记员。搬到伦敦后不久，他便遇到了莉莉，两人后来结为伉俪，而莉莉也成了他事业上的得力助手。

19 世纪 90 年代中期，詹姆斯在精神心理学领域里的研究更加深入了一步。他的阅读范围也更加广泛，许多西方学者的经典著作（如弥尔顿、爱默生、惠特曼等大家的作品）他都深入研究过。他也通读过东方哲学、宗教神学的经典翻译著作，比如，印度佛学、瑜伽的经典著作《薄伽梵歌》[①]（*Bhagavad Gita*），中国道家的经典读本《道德经》还有佛经。除了东西方的哲学、宗教作品外，他还研习过特赖因、马登以及拉尔森等新思想先驱们的作品，并在这些大家们的影响下开始对美国正在进行的新思想文化产生了浓厚兴趣。在进行了深入研究和比较对比中，他也形成了自己的精神信仰："气象万千、宇宙洪荒皆为虚无，唯有精神才是真实的存在，世间所有信仰的终极目的都是对于人生意义和归宿的探索。"

詹姆斯在新思想文学领域的研究使其精神信仰更为清晰，他对于"思想决定命运"的观念也更为坚定。1898 年，詹姆斯终于找到了发挥自己文学爱好的出口，他开始为《黄金时代的先驱》（*Herald of the Golden Age*）撰稿。他撰写的文章题材、体裁各异，也涵盖了许多方面主题，如形而上学研究、素食主义、善待动物、动物权利保护等。在这些题材中，尤以"素食主义"和"善待动物"的主题最为前沿。19 世纪晚期的美国，"素食主义""动物权利""动物保护"等话题极具前瞻性。1901 年，艾伦出版了他的第一本实用主义哲学著作——《兴盛之路》（*From Poverty to Power*）。他在这本书里强调了应该平等对待基督教伦理道德和新思想的核心思想，同时还高度颂扬了思想的创造力。次年，他又出版发行了一本神秘学杂志，将其命名为《源于内心》（*the Light of Reason*），并在此基础上很快就推出了另一本新书《美妙人生》（*All These Things Added*）。

20 世纪初，詹姆斯迎来了自己的创作高峰期。1903 年，他出版了第三本也是影响最为深远的冥想学著作——《做个思想者》，书名取自《圣经》中的一句箴言"思想的吸引力"，用现代语言可以理解为：你的心里在想什么，你就吸引什么，你就会成为什么。在詹姆斯看来，这句简短的箴言囊括了其哲学思想的核心：思想不仅可以决定人生的发展方向，也可以改变命运。随着《做个思想者》一书的知名度不断扩大，这本书的名言"思想的吸引力"也迅速成为新思想运动的格言之一，并在随后的一个

① 《薄伽梵歌》简称"梵歌"（Gita），梵歌是印度教三大盛典之一，该书也是对古印度智慧文明的总结。——译者注

多世纪里频繁被各种励志作家和成功学导师所引用。

在长达一个多世纪里的反复使用、跨界引用以及翻译成其他语言后，人们时常会曲解詹姆斯思想的原意。詹姆斯在书中提到的“思想的吸引力”，即你想什么就会吸引什么，这并不是一种绝对的因果法则，也并不是说任何一切你想要的东西、你所有的欲望，“思想的吸引力”都能帮你吸引过来。詹姆斯笔下所主张的“吸引”意指“健康、自由、忠诚、友善、快乐”等美好品质，而他对于“贪婪、伪善、丑恶”等一直持反对态度。然而，他的这一主张却时常被误解。

由于受到宗教和教会在欧美各国的强大势力的影响，也或许是害怕遭到教会迫害，早期新思想界的学者大家们总是有意或无意地将他们的思想赋予主流宗教的色彩，并冠以主流教会的旗号。因此，他们倾向于重新诠释《圣经》中的福音和其他教义，而在这个重新诠释的过程中由于所处语境、上下文的不同，经常会有不同程度的曲解。这种对于字面意思的曲解在新思想运动各大家的作品里并不罕见。

回到詹姆斯的《做个思想者》一书上来，他在书中用自己独到的看法为“成功”做了一个意义深邃的定义——压抑内心的欲望使人渺小，拥有远大的志向让人伟大。在书的末尾，詹姆斯还以传记形式写道：

> 饥寒交迫和繁重的劳动充斥着这个人的青少年时期。长时间在封闭狭窄的车间工作、没有接受过良好的教育、缺少技能培训，然而这一切并没有阻止他对于美好生活的向往以及对于智慧、自我提升和出淤泥不染的价值观的追求。他对于美好事物的追求和向往从来没有停止过，他不停地在脑海中勾勒出理想生活的蓝图，想象着更自由、更独立的生活。那种内心对于未来的憧憬和向往鼓舞着他不断行动，他利用所有的业余时间和各种可能的资源去学习各种技能，挖掘自己的潜力。很快，他的思想学识发生了本质的改变，并最终帮他脱离了本来的蓝领工作，实现了职业生涯的转折和人生的提升。

《做个思想者》一书在艾伦生前并没有像在他死后那么受关注，但是这本书却给他带来了足够多的读者以及足够多的报酬去维持他的家庭生活开销。此后不久，他便辞去了高管私人秘书的工作，带上妻子莉莉和女儿劳拉，全家搬到英国南方沿海的一个小镇上。他在此专心于写作，并度过了生命中的剩余时光。

回到家乡英国后，詹姆斯和家人过着安详、平静的生活，同时，他还保持着早年一丝不苟的生活习惯和严谨规律的生活作息。在专心写作的同时，他还非常重视修身养性，冥想、园艺、散步乡野间和自然对话成了他每天的必修功课。这一时期也是他创作的高峰期，他大概出版了 19 部作品，平均每年超过一部。他在 1904 年写过《专注认真成就伟大》（*Thoroughness is genius*）一书用以鼓励读者。

在醉心于文学创作的同时，詹姆斯也饱受着疾病的折磨。据莉莉的回忆录中记载，他从 1911 年底就开始罹患肺结核。1912 年 1 月 24 日，詹姆斯在英国小镇的家里英年早逝，时年 47 岁，死因可能为肺结核；1 月 27 日，当地的一家报刊在讣告中称“詹姆斯先生的书在海外尤其是美国的知名度，远比在英国高”。

事实的确如此！ 20 世纪美国成功学的导师们（从拿破仑 • 希尔到诺曼 • 皮尔）无不读过詹姆斯的《做个思想者》一书，也无一不被詹姆斯的思想所深深吸引着。而励志大师戴尔 • 卡耐基更是称赞道：“这本书对我的生活产生了持久而深刻的影响。”匿名戒酒协会创始人鲍勃 • 史密斯称这本书为一生挚爱。黑人民族主义先锋马库斯 • 加维（Marcus Garvey）将这本书的名言“思想的吸引力”印在了其报纸《黑人》（*Blackman*）的封面上。

即使在当代社会，詹姆斯的影响力也从未停止过，其在娱乐、体育、政治和商业等各个领域的影响力越来越大：青少年时期的迈克尔 • 杰克逊就称《做个思想者》是他“这个世界上最喜欢的书”；美式足球联盟的退役运动员柯蒂斯 • 马丁（Curtis Martin）称这本书功劳很大，帮他克服了身体上的伤痛；商人兼著名脱口秀主持人奥普拉的搭档德曼 • 格雷厄姆（Stedman Graham）说，詹姆斯的思想帮他实现了真正意义上的自由。

詹姆斯的思想及其书中的警世格言激励着几代读者去追求更高的目标，并将“成功源于内在的提升和完善”的理念传递到每个读者心里。詹姆斯曾告诉读者：“无论罪恶丑陋还是美好高贵，你们想要什么就能得到什么，但这并不是‘思想的吸引力’的准确表达。‘思想的吸引力’最根本的是帮助个体发现更美好的自己，成就更美好的自己。”在这个意义上，詹姆斯用自己的人生故事影响了大批寻找追求美好生活的人们。

中产阶级的到来

20 世纪早期的新思想领域里出现了一批主张政治改革、宗教改革和思想解放的社会运动积极分子，他们在政治上主张进步主义，在宗教上要求改革，在思想上倡导神秘主义和思想解放。他们中的杰出代表有华莱士·沃特尔斯[①]（Wallace D. Wattles）和伊丽莎白·汤（Elizabeth Towne）。华莱士是来自印第安纳州的社会党党员，同时也是著名的神秘学作家。而汤女士则是他的出版商，同时也是女性参政议政积极分子。这一时期，以华莱士和汤女士为代表的一拨新思想界人士积极参与政治运动和社会改革，侧面反映了当时受新思想影响和改变的美国主流社会的状况。

在华莱士的一生中，他的许多著作甚少被世人所关注，其于 1910 年出版的《科学致富之道》一书勉强可以称较为流行。他在这本书中提出了“人类的思想是影响宇宙能量、创造财富的动力”的观点。1911 年他去世以后，他的作品以及他提出的“思想是创造财富的动力”一说很快就淡出了公众的视线，并很快被遗忘。究其原因可能是当时市场上新思想方面的书籍、报刊杂志琳琅满目，而它们大部分都是来去匆匆，很难出经典。直到 2006 年，一部红透半边天的电影《秘密》（改编自同名小说）将华莱士重新带进了公众的视线中，并为他迎来了无数的赞誉。次年，《科学致富之道》一书在距首次出版发行大约一个世纪后再次出版，并荣登《商业周刊 》（*Business Week*）畅销书排行榜第一名的宝座，也激励了数以万计在商场打拼的精英们，特别是激励了那些具有创业精神的读者们。除去“创业导师”的身份，华莱士还是一名基督教社会党[②]和社会改革家，这点此前并不为人所知。

---

① 华莱士·沃特尔斯（1860 年—1911 年）是新思想代表作家，其代表作有《科学致富之道》（*The Science of Getting Rich*）。沃特尔斯是一名基督教社会党（christian socialist）和社会党党员，曾在卫理会教会任职。——译者注

② 基督教社会党中有很多虔诚的基督徒，但是基督教社会主义作为一种政治思想与其他基督宗教的神学思想有着很大区别。基督教社会党是指那些在政治立场上将基督教思想和社会主义思想视为互相联系的、有基督教思想的左翼人士。——译者注

19 世纪 80 年代，华莱士印第安纳州的拉波特市（La Porte， Indiana）师从著名的改革派牧师乔治 • 赫伦（George D Herron）并担任卫理公会牧师一职，开始了他的职业生涯。然而，到了 1910 年，华莱士便被卫理公会驱除出教会。事件源于当地血汗工厂的老板给教会捐赠了一些祭品，但却受到了华莱士的严词拒绝，这引来了保守派教士的不满，并因此将他驱逐出教会。 很快，他便投向更自由的贵格会（Quaker）。与此同时，他也开始为进步主义月刊《鹦鹉螺号》（*Nautilus*）撰写文章，该月刊也为新思想运动的宣传、推广起到非常重要的作用。

《鹦鹉螺号》月刊是美国历史上运营最久的心理学杂志，其在美国的宗教神学发展史、思想解放中起到非常重要的作用，同时也是马萨诸萨州女性参政议政、思想解放的前沿阵地，由伊丽莎白 • 汤女士于 1898 年马萨诸塞州创刊。该刊物的宗旨是倡导女权主义，提高工人权利，主张精神自愈，发展心理科学研究。

伊丽莎白 • 汤女士曾是乔瑟夫 • 斯特鲁布尔的夫人（Mrs. Joseph Struble），她 14 岁辍学嫁给了波特兰市的约瑟夫 • 斯特鲁布尔，育有一子一女。作为家庭主妇，婚后的伊丽莎白并不甘心受家庭生活的束缚，而渴求奋发图强。她勤奋好学、积极研习宗教神学著作和各类心理学著作，还报名参加了霍普金斯神学院的课程。在此期间，她逐渐形成了自己的人生观和价值观：思想之于现实具有无限可能性。

19 世纪 90 年代晚期，伊丽莎白和丈夫因感情不和而离异，离异后的她因没有争取赡养费而陷入经济窘境中。1898 年秋，伊丽莎白从父亲那里借来了 30 美元，用了三个星期的时间出版发行了《鹦鹉螺号》杂志首期，并引起新思想文化圈和其他社会各界的关注。很快，心理治疗师、基督教科学会从业人员和一群民间养生爱好者纷纷在此月刊上刊登他们的广告，推销他们的课程，这给《鹦鹉螺号》和伊丽莎白带来了丰厚的经济回报。

19 世纪晚期，伴随着第二次工业革命的发展，出版印刷技术得到了大幅提升，报刊杂志不再是上层阶级、上流社会的消遣方式，通俗廉价报纸也开始走进大众视野、走向平民化。廉价报纸的普及为大众消费品提供了宣传、推广渠道。19 世纪晚期至 20 世纪初，特许药品广告是报纸杂志广告收入的主要来源。然而由于相关法律、法规不健全，广告市场发展良莠不齐，这些广告中有植物糖浆、酸奶益生菌等健脾消食类保健品广告，当然也不乏毒品、灵丹妙药、长生不老丸之类的“毒广告”，这些“毒广告”充斥各大报刊杂志上。但《鹦鹉螺号》却很少刊登“包治百病”的“灵丹妙药”，从而成为一众通俗杂志中的一片“净土”。

随着《鹦鹉螺号》的发展和发行量不断扩大，伊丽莎白实现了财务自由和经济独立，使她得以彻底摆脱自己支离破碎的婚姻。为了从失败的婚姻中走出来，1900年春天，她带着年少的一双儿女到了马萨诸塞州的霍利奥克市。此次出行的另外一个重要目的则是为了拜访她的书籍经销商威廉・汤（William Towne），两人一见如故，很快便结为连理，妇唱夫随，一起经营《鹦鹉螺号》杂志。此时，伊丽莎白成为出版人兼编辑，威廉是专栏作家兼财务，而她的儿子切斯特则担任执行主编。在伊丽莎白和威廉的共同努力下，《鹦鹉螺号》迅速成长并发展壮大起来，只用了10年时间就将年发行量从3400册增加到35 000册（据统计，之后几年的发行量达到了9万册）。此后它一直运营直到1953年停刊，是美国历史上发行时间最长的精神心理学杂志之一。

《鹦鹉螺号》杂志上刊登的文章主题大都围绕着“精神科学、成功致富”展开，其核心主旨是引导大众如何运用“思想的力量去改变自己的命运、走向成功”。除了长短不一的精神疗愈、身心疗法文章，《鹦鹉螺号》还为读者配有“科学运动”以及“人生体悟”小贴士，帮助读者塑造更强健的体魄和更聪明的大脑，比如，科学的拉伸运动、新鲜空气、深呼吸以及冥想的作用、素食的益处等，这一切大受读者欢迎，而伊丽莎白也经常与读者通信往来，探讨身心灵、精神科学以及人生体悟等问题。

汤女士的写作风格简单、通俗、直接，即使在写给读者的回信中也相当直接、毫不留情。举个例子，她在给一个署名为“羸弱无力之人”的回信中是这样写道：

> 你和其他羸弱无力的人有着同样的问题：没有思想、不会思考、没有想法；你们只是坐在那里不动，任由思想掠过身体，蒸发消失。你们应该学会思考，学会运用思想的力量和身体对话，了解自己的身体乃至每一根神经、每一块肌肉的需要，这样才能更好地进行身心治疗，塑造更强壮的体魄。

在潜心发展身心疗法的同时，汤氏夫妇还广泛活跃于政治舞台上。1912年，他们先后参加了美国民进党成立大会和罗斯福提名竞选总统大会。伊丽莎白更是积极撰文号召社会改革，呼吁妇女、儿童都应该享受和其他工人平等的工资待遇。她还号召推行每周 5 美元工资制，这一切的努力为她在地方政府和当地政坛上赢得了一席之地。1926 年，她当选为市议员，成为当地第一位女议员；两年后，她作为无党派人士参与市长竞选，可惜没能当选。

而同一时期，在印第安纳州的埃尔伍德市，华莱士也代表美国社会党连续两年参与国会议员和市长的竞选。1909 年，他在参加埃尔伍德市市长的竞选中向 1300 多名罢工工人承诺永远支持工人阶级，维护工人权益。在竞选市长的同时，他还完成了著名的《科学的致富之道》一书，并于次年通过伊丽莎白・汤出版公司向市场发行。而在此过程中，汤女士也发现这位作家和她有着相似的政治抱负：为劳动人民发声，帮助中下层人民改善生活。

在《科学的致富之道》的一书中，华莱士描述了一个繁荣兴盛的乌托邦。他不鼓励个人埋头苦干、单打独斗去获取财富，相反，他主张工人阶级应该利用思想的力量，通过团队协作去建造一个“奖惩分明、公平公正、开明宽松”的新世界。这个新世界类似爱德华・贝拉米（Edward Bellamy）于 1888 年所著的知名小说《回顾》（*Looking Backward*）里所描述的“温柔的乌托邦”，这个“乌托邦”在华莱士笔下是这样描述的：

> 如果美国工人选择这样做，他们就可以仿效比利时和其他国家的工人兄弟们建立大型百货公司和大型合作企业；他们可以选出自己的代表制定法律、法规，帮助这些百货公司和合作企业发展。不出几年，他们就可以和平地占领自己所属的领域，从而实现工人阶级自己当家做主。但是，这一切必须通过“特定的方式方法”才能实现。

对华莱士来说，这种特定的方式方法就是“吸引力法则”“吸引力的神秘潜能”，而《秘密》的作者也正是被这个法则所深深吸引，并以该法则为主线创作了后来大卖的畅销书。

华莱士提出的“吸引力法则”也是他和同期其他作家的重要区别，这里所指的“其他作家”主要是指罗素・康威尔和奥莉森・马登等人。康威尔和马登都积极提倡打造坚强意志力，充分赞扬了积极乐观主义以及培养无所不能的心态，然而他们却没有任何政治主张和政治抱负；在面对人类潜能方面，他们似乎也无动于衷。相比之下，华莱士则积极寻求实现社会目标，追求社会公平，促进社会稳定发展以及公共福利最大化；同时，他也将“挖掘个体无限的潜能、思想改变命运”这一哲学思想普及到全美，这一理念也发展为新思想和积极思想的核心信条，不仅让其有别于其他早期的励志成功学作品，还使其形成了现代美国文化和美国精神中最重要的一环。

1911 年，华莱士通过伊丽莎白·汤出版公司发行了他的最后一部著作《失落的成功经典》（*The Science of Being Great*），该书听起来像是一本遗落在深山老林中的“成功学武林秘籍”，然而它却是一本介绍社会党领袖尤金·德布兹（Eugene V. Debs）的书，该书也是美国励志文学史上唯一一部歌颂社会党领袖的书。

德布兹是美国著名的政治斗士，他在 1918 年第一次世界大战期间因反对联邦军事草案而被判入狱 10 年。1920 年，他在监禁期间参加总统竞选，并赢得了 100 万的选票支持。和华莱士一样，德布兹也善于辩论演讲、擅长著书立说，他屡次在自己的书籍和演讲中鼓励工人阶级要在行动和思想上自力更生、自给自足。他曾在一次演讲中鼓励听众：“即使有理想之国，也不是随随便便就能进来的，你们应该利用自己的大脑、凭借自己的双手走出眼前的困境，去寻找各自的理想国。只有走出去，凭借自己的力量才能找到理想之国。”演讲的中心说得简单、直接一点，其实就是告诉美国工人阶级去实现各自的“美国梦”，通过思想的力量，让所有阶层的公民都过上更好、更富裕和更幸福的生活。

华莱士和德布兹颇有“英雄惺惺相惜”之情，下面一段话摘自华莱士 1911 年出版的《失落的成功经典》一书，华莱士在书中对德布兹给予了高度赞扬：

> 我们应该想想人类可爱、美好以及引人入胜的一面，并将类似的品质都展现出来。德布兹先生是我们这个时代非常伟大的人，他曾两次代表社会党参加总统竞选，从这点上来说，极少有人能达到这种成就。他充分认识并尊重人性，对人友善、谦恭。他没有通过华而不实的口号来争取大家的支持。不论是底层的劳动人民还是辛勤工作的妇女，他都礼貌对待，即使是马路上衣衫褴褛的小孩，他也会给予温柔的鼓励。他热爱这个土地上的人民以及所有的一切。他是我们这个时代的伟大领袖，被我们深深爱戴。他的名字将载入美国史册、永垂不朽！

1911 年年初，华莱士再次参加国会竞选，此次竞选团队的经理就是他的女儿——佛罗伦萨。虎父无犬女，此时的佛罗伦萨虽然只有 23 岁，但是和父亲一样具有非凡的演讲、辩论能力。她坚称，父亲在第一次的市长选举中失利，是因为竞选对手涉嫌选票欺诈，并声称华莱士团队正在为1912年的市长选举进行一场更接地气的筹备和运营。同年，佛罗伦萨在印第安纳州告诉社会党：

> 在之前的选举中，我党的选票完全被对方强盗般地窃取了。但是，我们会越战越勇，继续参加1912年的竞选。这一次，我们将会完全彻底地解决上次竞选中存在的问题，并组成更有效、更专业的竞选团队，我们一定会取得那个席位。

就在竞选进行得如火如荼时，华莱士的健康状况却每况愈下。这位一生笃信“身心灵”“思想的无尽潜能”并信奉其为一生信条的新思想先驱，最终没有战胜身体的病痛。他在一次去田纳西的路上，因肺结核医治无效与世长辞，享年50岁。

作为一名神秘学作家和新思想家，华莱士更是劳动人民权益的维护者，他代表了广大工人阶级的心声。一篇名为《韦恩堡前哨》（*The Fort Wayne Sentinel*）的纪念文章称他为“印第安纳州最著名的社会党党员之一”。

自由解放的力量

在这一节中，我们将主要探讨新思想对其他领域的解放运动产生的影响。我们上面提到的这些新思想界的先驱们（如海伦·威尔曼斯、伊丽莎白·汤、华莱士·沃特斯）以及其他思想家们，他们都曾期望在理论上将政治上的进步主义和“新思想”的力量结合起来，为人类谋求最大程度上的公平。他们代表着思想迸发、文化繁盛、政治进步的短暂繁盛时期。这一时期的思想家们普遍存在一个共同信念，即生命的发展进化、宇宙的演化都源于一种未知、神秘的内在驱动力，这是一种高阶的灵隐之力，而人类可以磨炼和打造这种高阶的内在驱动力。

让我们回到大历史背景中，维多利亚时代的人们不论男女老少都着迷于达尔文进化论[1]，华莱士以及同时期的新思想家们大都认为，人类有能力在各个领域里生存、

① 达尔文主义进化论“适者生存”的观点不仅适用于自然界，更适用于人类社会，即“社会达尔文主义”，而该观点的提出者并不是达尔文本人，而是英国维多利亚时代社会学家史宾赛。——译者注

有序发展乃至演化进步。他们认为，人类是一种有心理灵性的生物，这种生物与生俱来就拥有各种潜能，而这些潜能就像放射线一样隐匿不可见，但是其影响和能量却非常巨大。华莱士认为，正确地利用自然规律和社会发展规律可以指导实践生活、改善社会大环境，而正确地运用心灵法则一样也可以影响和改变自身所处的外部环境。

新思想运动和积极思想深深影响着 20 世纪早期的美国自由派人士，他们积极倡导种族解放运动和消除种族隔离。这一时期比较具有代表性的人物当属黑人解放积极分子马库斯·加维（Marcus Garvey）。加维对积极思想有着很深的研究，也深受詹姆斯·艾伦的影响。他在演讲风格和文章的表现手法上也都模仿艾伦，频繁穿插新思想格言、警句，比如：斗志昂扬，才能百战百胜；放下得失心，方能全力前行；释放最美好的自己；通往成功的道路上，激情必不可少等。

此外，加维还提出了“通用商业意识”[①]（a universal business consciousness）这一概念，敦促粉丝们用科学的方法去看待宗教，这里所说的“科学的方法”是指精神科学和积极思想。1928 年 1 月，在牙买加金斯敦市的一个演讲会现场，激情澎湃的加维告诉他的黑人听众：“白人们活在科学的世界里，他们做事靠逻辑，而你们只凭感情做事，一切都靠义行事。这就是两个种族之间最大的区别。你们应该学会用科学的方法看待宗教和上帝，你们需要用科学的方法去思索‘你是谁’，更需要为你们自己创造更美好的世界。黑人同胞们，世界是你们的！”

加维很少跟他的粉丝们介绍新思想运动的作家们，但也有两个例外，就是阿尔伯特·哈伯德（Elbert Hubbard）和埃拉·惠勒·威尔科克斯（Ella Wheeler Wilcox）。他曾把哈伯德的作品推荐给众多的粉丝们；另外，他还在一次集会上当众朗读了威尔科克斯的一段诗。我们之前提过威尔科克斯其人，她是一名励志诗人，曾师从艾玛·柯蒂斯·霍普金斯。那首短诗是这样写的：

无惧前行，
只为那个目标，

① 通用商业意识这一概念最早发表在 1922 年的《黑奴世界》（*Negro World*）杂志上，该杂志旨在为全世界的黑人提供自我提升的建议，鼓励黑人同胞们通过自身努力去实现更美好的生活。——译者注

犹如海上漂浮的小船，

只为寻找真我的彼岸。

虽然威尔科克斯在当今世界甚少为人所知。但当年，她在社会活动分子的圈子里呼声却相当高。美国著名的黑人民权领袖阿尔·夏普顿牧师（Al Sharpton）就称威尔科克斯深深地影响过他，以下就是夏普顿牧师口述的故事：

> 2001 年，我被判入狱 90 天，这期间，亚特兰大市前市长梅纳德·杰克逊（Maynard Jackson）来狱中看望我，他向我推荐了埃拉·惠勒·威尔科克斯的书并告诉我，他之所以能成功当选为亚特兰大市的第一位黑人市长，跟威尔科克斯的激励有着密不可分的联系。他每天都在读威尔科克斯的书，这也是我第一次接触威尔科克斯的书。

神学政治

“新思想、积极思想”促进了思想解放、女权运动和励志成功学的产生，更是深深影响了政治活动。这一节中，我们将介绍新思想对戴维恩神父（Father Divine）及其政治活动的影响。戴维恩神父和前面提到的加维一样，都是非洲裔宗教领袖，都是新思想和积极思想的倡导者，两人在黑人运动、解除种族隔离、民权运动方面都做出了卓越贡献。戴维恩神父是一位非常具有影响力的前民权时代的黑人运动领袖，同时也是一名杰出的演讲大师。当然，戴维恩神父在美国社会也引起了很多争议，他自称为上帝的化身，受上帝的委派到凡间解救全天下受苦受难的百姓，因此颇受宗教界诟病。这里就不赘述他所受的争议。

不可否认的是，戴维恩神父在美国的民权领域做出了杰出贡献。他曾多次公开或私下场合声称，在他一生的政治、宗教活动中，“新思想”和“积极思想”一直作为一种神秘的力量深深地影响着他。而且，他也擅长将“新思想”“积极思想”的信条、警句糅合贯穿在其演讲、赞美诗甚至格言警句里。不仅如此，他还不停地将这一信仰灌输给自己的追随者。

20 世纪二三十年代，神父戴维恩和新思想圈内的思想家、学者们建立了密切的联系，他尤其喜欢作家罗伯特·科利尔（Robert Collier）的作品，科利尔是出版业大亨科利尔（P. F. Collier）的侄子。

20世纪20年代早期，科利尔曾不幸遭遇食物中毒，随后健康受到了毁灭性的打击。在久治不愈、别无他法后，科利尔尝试了新思想的心灵自愈法，竟奇迹般地痊愈了。从此，他就成为新思想运动坚定有力的支持者，并于1926年出版发行了《史上的秘密》（*The Secret of the Ages*）一书。该书颇具影响力，和华莱士的《科学的致富之道》并驾齐驱，也是《秘密》一书的灵感来源。

在《史上的秘密》一书中，科利尔用紧密联系现实的方法引用了很多稗文野史、秘闻典故，记载了古人如何运用"思想的力量"战胜自然，这些秘史典故也非常好地证明了"思想的力量"在古代就已经广为人知，反而到了近现代后逐渐被人遗忘。科利尔认为正是因为"思想的力量"，远古人类才得以从洞穴中解放出来去建立如古埃及、古希腊和波斯等古代文明。在他看来，很多古代的寓言故事（从阿拉伯神话里的持灯精灵，到《圣经》新约里的耶稣基督"水上行走"的故事）都寓意着"思想的力量"的伟大。

戴维恩神父非常喜欢科利尔的书，并且买了很多书馈赠亲友。20世纪20年代伊始，戴维恩神父定期在长岛的家里或办公室里举行布道大会或者晚宴，邀请当时的意见领袖、先锋派激进人士参加。其中，科利尔的儿子戈登就是他的座上宾。每次聚会，他必定会准备丰盛的、菜式繁多的大餐来款待客人。他还带领信徒们在布道会上大唱"积极正能量"的赞歌。他之所以这样做，就是想要营造一个积极乐观的布道氛围，目的是把"丰裕富足的物质、精神生活"这一积极理念灌输给信徒和参加者。他告诉赴宴者："这一大桌菜肴代表着我们所处的外部环境，它是我们内心诉求的表达。就像这一大桌丰盛的菜肴一样，我们的内心也是丰富多样、富足的。没有缺失，就没有遗憾；没有缺失，就没有欲望。"

大唱圣歌之后，戴维恩神父还把科利尔、查尔斯·菲尔莫尔和贝尔德·T. 斯伯丁（Baird T.Spalding）等人的作品赠送给信徒们。我们之前已经介绍过科利尔和查尔斯·菲尔莫尔，大家已经对他们有所了解，而大家想必还不熟悉斯伯丁的故事，他的故事和之前提到的马福德的故事有点类似，他的职业生涯始于淘金业，但却是那种"人在金矿、心系文学创作"的人。

20世纪20年代中期开始，斯伯丁开始了创作一系列神秘、魔幻游记的创作历程，他在书中描绘了一个神秘的灵隐大师和一所远东的神秘学学院，还记录了自己在远东师从这位灵隐大师的求学经历。斯伯丁引用了很多通神学中的神话传奇，书中的灵隐大师传授给他的知识、学习内容和新思想如出一辙。所以不难理解，斯伯丁不远千里东游至远东，其实是为了学习新思想。

我们回到这一节上来，戴维恩神父对斯伯丁的作品推崇有加，并将其广泛推荐给其他人。他将这些人的作品介绍给自己的粉丝和追随者，期望将新思想和东方神秘学教义、哲学思想结合起来，推荐给自己的信徒。

在戴维恩神父的粉丝和追随者中，除了有大批的黑人运动积极分子，还有一批白人社会活动家和新思想家，在这些人中不乏公知名人，其中就有讲师尤金·德拉玛（Eugene Del Mar）和作家沃特·兰宁（ Walter C. Lanyon）。德拉玛是一名新思想运动追随者和讲师，曾师从海伦·威尔曼斯，也是她的忠实追随者。兰宁是一名英裔美国人，主要从事"新思想""积极思想"的研究和写作。兰宁深深折服于戴维恩神父的思想，甚至还效仿神父的写作风格在自己的作品中广泛引用神父的文字，甚至还在其1931年出版发行的书中以神父的一句箴言作为书名。戴维恩神父影响力广泛深远由此可见一斑，他能迅速聚集社会各界人士发起各种民权运动也不足为奇，

戴维恩神父发起的运动并不具有强烈的政治色彩，但他却不断鼓励追随者们去组织或者参与民权运动，并发起集会、请愿、罢工、抗议等各种形式的政治活动，以争取更多的权利。20世纪30年代，戴维恩神父带领追随者们向政府请愿，请求通过《反滥用私刑法案》（anti-lynching bill），并迅速收集了20多万份签名。戴维恩神父还带领追随者们大唱赞美诗和诵读经文，用成功励志文学的名言警句来呼吁政治进步，用积极思想去鼓励民智开化、民权解放。1938年，密西西比州参议员兼3K党成员西奥多·比尔博（Theodore Bilbo）发表长篇演讲，阻挠《反滥用私刑法案》通过，戴维恩神父的追随者们是这样反击的：

> 消除种族隔离和歧视，
> 让民主的浪潮席卷
> 这个国家的每一寸土地，
> 让这里的每一个公民

都享有平等的权利。
无论男女老少，
我们每一个人
都应该高举
民主的大旗。
对主张滥用私刑之徒，
我们都不应放过。
民主之花终将盛放在
这片自由之土。
民主之花终将结成
自由、幸福之果。

戴维恩神父的一生颇具争议性，他生前拥有众多粉丝和信徒，也被学界称为美国民权运动的先驱。然而也有许多学者（尤其是新闻工作者和评论家）却认为，神父其人狂妄自大，他自诩为“上帝”、是上帝派到地球的“肉身”，这种人神化的意识形态遭到了媒体人的反感。但不可否认的是，他所倡导的、在新思想指导下的民权运动，给美国民权运动注入了一股新鲜的血液。这场以追求“心灵自由、内心宁静、思想觉醒”为终极目标，倡导积极正面、反对流血牺牲的民权运动，无疑是美国意识形态中重要的一环。

自 19 世纪 80 年代起，沃伦·埃文斯和艾玛·柯蒂斯·霍普金斯就一直强调“人的神性”或“内心的神圣力量”。罗伯特·科利尔（Robert Collier）曾写道：“精神思想即内心之神，潜意识则是神性的一部分。”戴维恩神父认为积极思想可以唤醒个体去追求神性的自我，也就是唤醒个体去追求内心的自我。

戴维恩神父所倡导的积极思想为遭受种族压迫、种族隔离中的美国营造了振奋人心的良好氛围，鼓舞了许多黑人运动积极分子为了争取更多的权益而斗争。宗教学学者罗纳德·莫兰·怀特（Ronald Moran White）曾指出，戴维恩神父的宗教政治活动深深影响了其追随者们，并在某种程度上重塑其人生观和世界观。

吸引力法则背后的故事

19世纪末至20世纪初期，工业革命的飞速发展给美国的经济带来了巨大的腾飞。到了20世纪初，美国在许多方面已经超过了英、法等老牌资本主义大国，其经济的高速发展也带来了颇为严重的社会问题，引起了民众一系列的政治抗议活动以及社会精英、公知名流们对于社会问题的反思。而在新思想领域，一批先锋们期望能把积极思想应用到社会政治改革中去，运用积极思想和“思想的精神力量”去抚平民众对社会问题的不满，激发群众对政府改革的决心，鼓励民众树立对未来生活的信心，并期望以此来缓和社会矛盾，解决社会问题。

这一时期，新思想领域出现了“成功福音”和“吸引力法则”两个新术语：成功福音主张基督徒不仅要传播思想，更要积极参与社会改革运动，我们在第3章中已经提过，这里就不再赘述；吸引力法则则在当今世界非常流行，并被普世价值反复提及，而本书也是以“吸引力法则”为主线进行创作的，正因为《秘密》的大卖和吸引力法则的流行才使新思想为世人所知。

什么是吸引力法则呢？它是指当某人的思想集中在某一领域时，跟这个领域相关的人、事、物就会被其吸引而来。其背后有个很重要的聚焦概念，所谓“聚焦”即持续地把注意力投注在一个地方，聚焦的对象可以是时间，可以是对象，也可以是具体的某一物质（如金钱、财富或事业）。

伴随着时间的飞逝和经济的发展，主流社会对物质财富的呼声此起彼伏。于是，新思想界的领袖们将积极思想在经济领域里的作用突显出来，强调积极思想在财富创造上的正面意义，这在主流社会引起了很大的反响并迅速流行开来。然而积极思想在社会领域中、尤其是在缓和社会矛盾方面的积极作用却很少被提及，甚至即将消失，以至于20世纪30年代，查尔斯·菲尔莫尔曾不无遗憾地评论道：“大部分的宗教学校或神学院现在已经基本上将‘上帝’视为‘吸引力的所在’。”菲尔莫尔的言下之意就是宗教神学具有的疗愈作用以及帮助个体达到宁静平和的抚慰作用即将消失。

20世纪上半叶，社会学家路易斯·施耐德（Louis Schneider）和斯坦福大学教授多恩布什（M. Dornbusch）曾联合发起过一个大规模的调查，其主题围绕励志成功学书籍展开。调查结果显示，这些励志成功学作品中很少提及“种族歧视和强权主义”等社会问题。而新思想代表的一种非主流的宗教神学观、价值观和人生观在一批非主流人群中相当流行，这批人往往是艺术家、演员、同性恋群体以及一大批自由思想家，他们或主动拒绝传统宗教信仰、主流价值，或不为世俗、主流社会所接受。不难理解，演员歌手、艺术家们不屑于主流和世俗，而同性恋群体又不被宗教、社会所认同，于是新思想恰好迎合了这群开放前卫、不被世俗所接纳的特定人群，也正是因为这批人，新思想才得以传播发展。

新思想运动强调个体参与、发挥个人主观能动性，提倡每个个体应深入挖掘潜在的精神力量。精神力量在这里是指“自己的潜能，所擅长的、比较具有天赋的方面”，而在这个世界上，唯一重要且具有实际意义的就是单独个体所创造的现实。

追根溯源，新思想“吸引力法则”概念最初的提出者是安德鲁·杰克逊·戴维斯（Andrew Jackson Davis）。他是“唯灵论”的创始人，能言善辩并以此为傲。19 世纪中期，戴维斯作为一名传教士活跃于纽约北部，他自称为“波基普西先知”（Poughkeepsie Seer），曾接受过中度催眠，并在催眠中以口述的形式举行唯灵论讲座。1855 年，他出版了一套 6 卷的精神主义巨著《伟大的哈尔摩尼亚》（*The Great Harmonia*）。在这套书的第 4 卷中，他提出了一个“精神法则”（metaphysical laws），并称之为“宇宙法则”。他将这个法则具体解释成“人死后，个体灵魂是否长存于人世间主要取决于其生前与这个世界的紧密联系程度”。简单来说，如果你想死后魂魄长存于人世，那么生前就不要与世界为恶，你与这个世界的联系越紧密，你死后就会流芳百世。他笔下的这个“精神法则”既不是简单的“因果思维”法则，也不是“吸引财富”的途径，更多的是个体道德、品行修身养性的指导。

随着工业革命的发展、经济和物质水平的提高，很多积极思想家们都期望将吸引力法则应用到经济领域中，并期望通过该法则帮助世人创造更多的物质财富。1892 年，马福德在他的《发掘并如何使用你的潜力》一书的最后一卷中引用了戴维斯的精神法则。他在书中写道：“这种神秘的、无处不在的吸引力具有无限的潜力，可以将它所思所想给吸附过来。”1897 年，特赖因在其《顺应无限》一书中也直接使用了吸引力法则。1899 年，海伦·威尔曼斯在她的《征服贫穷》一书中也引用了吸引力法则。

1899年7月，新思想的领导者查尔斯•布罗迪•帕特森（Charles Brodie Patterson）在《思想》（*Mind*）杂志上发表了题为“吸引力法则”的文章，并在文章中将吸引力法则作为案例进行了剖析阐释。他在文章中高度赞誉了吸引力法则，并指出吸引力即是我们的思想，这种思想具有至高无上的精神力量；物质世界的一切都是思想的产物；同理，健康和快乐也是意念的结果。

不论是戴维斯、马福德还是帕特森，他们都没能真正将“吸引力法则”普及开来，第一次真正将吸引力法则的精神力量形象直观阐释给公众的当属威廉•阿特金斯（William Walker Atkinson）。阿特金斯是芝加哥的一名律师，也是一名神秘学作家。阿特金斯早年师从霍普金斯和威尔曼斯研习新思想，曾经在名为“瑜伽出版社会”（Yogi Publication Society）的出版社出版过一系列书籍。他于1902年出版的《新思想的法则》（*The Law of the New Thought*）一书里专门有一章着重提到了吸引力法则。

阿特金斯的写作习惯特别有意思，他爱好使用看起来很神秘、极具异域风情的笔名，如塞隆•杜蒙（Theron Q.Dumont）和瑜伽士•马查卡（Yogi Ramacharaka）等，借此营造一种神秘的异国情调。1908年，他使用了三个假名出版发行了《卡巴拉密教》（*The Kybalion*）一书，该书也是他最成功的著作之一。这本书的书名听起来很像古希腊语，但其实是介绍赫尔墨斯主义的一本哲学读物。阿特金斯在书中以自己的方式重新诠释了赫氏哲学，并赋予了其现代意义。

《卡巴拉密教》无疑是一本杰出的神秘学著作，阿特金斯在书中使用了大量的自创语言以及神秘学术语，这本著作也是用假名出版发行的，但是却极具理论深度。阿特金斯在书中将吸引力法则定义为一种古老神秘的智慧和教义，他甚至还明确指出新思想和炼金术在哲学思想上，存在着惊人的一致性，二者都“信仰宇宙之主宰”。以赫尔墨斯哲学为框架的吸引力法则迅速在新思想界声名鹊起，而《卡巴拉密教》一书更是被新思想家、密宗学者甚至黑人民族主义者、非洲中心论者公认为是对古埃及智慧文明最原汁原味的传承。

曾几何时，《卡巴拉密教》一直被归为“地下读物”（underground work），且不被主流文化所接纳，但它无疑是20世纪最畅销的神秘学著作，甚至更是在20世纪晚期出现在了许多公开场合，比如报纸杂志的娱乐版面上。美国电视明星谢尔曼•汉姆斯利（Sherman Hemsley）就是其追随者之一。汉姆斯利因出演电视荧屏中的“乔治•杰弗逊”（George Jefferson）一角而成名，其生前极其低调神秘，一生很少接受公开采访。1982 年，《电视指南》（*TV Guide*）杂志刊登了他的个人简介和一篇名为《不要问他的生活方式或他的信仰：明星杰弗逊的采访录》（*Don' t Ask How He Lives or What He Believes In*： *A Rare View of The Jeffersons Star*）的采访，这篇采访描述了汉姆斯利神秘低调、颠覆传统的生活方式。汉姆斯利在采访中很隐晦地表明，有一位神秘学家及其神秘学著作在其年轻时代深深地影响了他，他之所以能出色地扮演杰弗逊一角，也要归功于这本书。然而，汉姆斯利并没有透露这本书的书名以及这位神秘学家的姓名，而据汉姆斯利的室友安德烈·帕文（Andre Pavon）在接受《电视指南》采访时指出，此书正是《卡巴拉密教》。帕文称：“汉姆斯利将这本书强烈推荐给了身边的亲朋好友，并再三嘱咐大家好好阅读。他也是朋友们公认的‘隐士’，有着与众不同的价值观，过着全然不同的生活。他不喜闹、热爱冥想，对犹太教神秘主义也颇有研究。每当别人问他为什么不参加好莱坞明星们的聚会和晚宴时，他回答‘这些聚会完全没有独处来得精彩，唯有独处和思考方能萃生出生命的精华’。”汉姆斯利的例子告诉我们，虽然《卡巴拉密教》一书已经远离了主流社会，但是这一神秘学著作对于众多追随者的影响却是长久深远的，该书也成就了吸引力法则。

随后的若干年，吸引力法则一直被当作古典赫尔墨斯主义和现代成功学的典范，并形成了其思想精神力量的核心，被世人广泛称颂和传承。吸引力法则的流行和普及给新思想运动带来了一个巨大的转折点。这个超级定律的逻辑思想具有至高无上的吸引力，思想如同机器，可以进行拆卸、重组和升级换代，当然亦可被破坏。一言以蔽之，吸引力法则下的人类思想与上帝是同步存在的。基于此，新思想的核心已经从基督教科学会时代信奉的“思想的虚无，唯有上帝才是最真实的存在”转移到“思想即物质，具有无限吸引的能量”。吸引力法则是一个放之四海而皆准的思想法则，在此法则指导下的人类应该是这样的：

> 无论是健康、美丽、富足还是疾病、痛苦、沮丧，气象万千都源于心。此花寂静、绽放与否，取决于你的思想：你若绽放，此花与你一同盛开；你若痛苦，世间万物皆是苦。

多少年来，新思想被公认为一种哲学思想和一场唯心主义运动，它在某种程度上既成就了又抑制了积极思想运动的发展。其颂扬了人类思想的重要性，肯定了人类的主观能动性，提倡改变思想就可以改变客观环境乃至改变个人命运，为工业革命、经济高速发展中的美国人民提供了一种与时俱进的精神慰藉、一种全新的宗教信仰，而这种信仰使“君子爱财”成为一种新的成功典范时，也客观地引发了 20 世纪励志成功学的盛行。

第5章
“新思想、积极思想界”的先驱们

高谈阔论终为虚无，唯有行动才最珍贵。

摘自埃兹拉·庞德[①]的《诗章81》（*Canto 81*）

20世纪20年代末至30年代初的金融危机后，随之而来的就是经济大萧条和市场动荡，但这些都没能阻止新思想运动和积极思想的发展。新思想所倡导的积极正性、精神疗愈，不但为美国宗教活动、主流意识形态注入了新鲜血液，还向传统主流宗教发起了一次挑战和碰撞。这种碰撞让基督教新教主流教会的统治地位受到了很大冲击，各种新兴的神学思想、人生体悟思想、形而上意识流派如雨后春笋般层出迭起、鳞次栉比。

随着经济危机愈发严重、大量产业工人失业以及各种社会问题的出现，很多教徒失望地发现，祈祷、诵经、布道、做礼拜等传统宗教活动并不能解决现实生活中的各种问题。在面对金钱、职业发展、升职就业、两性关系和人际交往等各种危机时，“上帝的神性”似乎也不能解决各种实际问题。主流教会（如基督教）多年来一直不重视，甚至刻意忽略教友的心理求助。虽然大多数教徒仍然保持着与主流教会的密切联系，然而此时，新思想、积极思想因其不受民族、种族以及宗教信仰的限制而受到各个教

① 埃兹拉·庞德（Ezra Pound，1885年—1972年）是美国诗人和文学评论家，意象派诗歌运动的重要代表人物，“后期象征主义”诗歌的领军人物。他曾改编并翻译了中国的《诗经》《论语》等，为东西方诗歌的互相借鉴做出了卓越贡献。——译者注

会会众的追随，其提倡的精神自我提升法则更是给予正处于经济危机下的焦虑不安、压力重重中的美国普通民众以极大的精神安慰和心理慰藉，其思想依托于基督教神学教义，而又不仅仅局限于基督教徒的思想包容性，又给经济高速发展、社会转型期的美国主流社会一个全新的信仰寄托。

新思想方面的许多著作，如《做个思想者》《顺应无限》等也开始被众人所熟知，之前提到的威尔曼斯和汤女士的函授课程更是遍布美国大江南北，新思想的种子也传播到了美国各地。基督教科学会堂也如雨后春笋般开设在纽约、波士顿和洛杉矶的闹市区，占地面积非同一般；而其刊物《基督教科学会箴言报》[①]（*Christian Science Monitor*）更是成为全美盛行一时的杂志，即使在今天也毫不逊色。各大报刊、流行杂志以及通俗文学期刊等都开始发表精神疗愈、自我提升相关方面的文章，所有这一切都预示着：宗教信仰、精神疗愈不仅仅用以拯救处于原罪中的人，还可以运用到生活中，帮助他人解决更多的实际问题。

随着“新思想、积极思想”以及其他神学哲学意识流派的产生，基督教新教的作用似乎每况愈下，其统治地位也岌岌可危。为此，新教教会权威们敦促神职人员改进教义、增加教会活动，将教会活动和经文内容从专注于传统的神学研究、伦理道德问题过渡到研究个体在工作生活中遭遇的实际问题，并为教徒们提供一些诸如贫困、酗酒、成瘾症、两性危机甚至形象不佳等实际问题的解决方案。人们通过鼓励教友不断提高对自我的认同感、树立自信心、提升幸福感等方法来弱化生活中的种种不如意，并从精神层面、心理学角度去解决生活中的问题，而这些方法可以总结归纳成一个核心原则——对自身的信念和对未来的信心，这也是个人职业发展、人生提升的重要前提。在这一原则指导下的主流教会开始组织了一系列旨在凝聚人心的教会活动，甚至在此基础上衍生了一系列新兴行业和自我提升课程，比较具有代表性的有成瘾症康复治疗课程，如嗜酒者互诫协会、青少年发展运动营、长老会教堂野营等。长老会活动营主要关注物理治疗领域。除此之外，还有一些互助组织或公益机构，它们大都以教会为单位，面向教友，旨在帮助教友解决婚姻、生老病死或职业发展中出现的各种问题、危机乃至人生中的困惑。

---

① 《基督教科学会箴言报》的前身为《基督教科学日报》（*Christian Science Journal*）。因其秉承创始人艾迪的创刊方针“帮助他人、不伤害别人”而闻名，曾 7 次获得普利策新闻奖。——译者注

除了基督教新教受到“新思想”的影响以外，犹太教也深受其影响。20世纪20年代，犹太教改革派人士大力提倡犹太教拉比们应该接受系统的心理治疗培训，学习如何使用精神疗愈法以及阅读励志成功学读物，实现自我提升和精神成长。不仅如此，犹太教内部很快便创建了希伯来语咨询中心，并在教派内部开展心理咨询活动，这一趋势也迅速影响到其他教派，其他教派也争相在教会内部设立心理咨询中心。

新思想运动最强有力、最直接的影响就是提高了精神治疗的地位，从某种程度上改变了美国的宗教版图。从某种意义上来说，新思想运动后的美国各大教会不仅是传统教会意义上的“救赎中心”，更是一处全新的“精神疗愈”圣地。

实用主义哲学

实用主义认为真理不是绝对静止、一成不变的，而是：（1）相对的：所有真理都处于相对变化之中；（2）经验性的：真理是新旧经验的两个相连点。

20 世纪早期，随着工业革命的开展、经济的发展、工业技术的进步、各项新技术的发明以及现代文明的出现，美国逐渐从一个建立在宗教神学基础上的形而上社会发展为一个民主、唯理、科学的现代社会，并逐渐演变为一个以逻辑推理、理论分析、数据验证为导向的现代社会。在现代文明社会中，一种科学方法的论证过程往往需要经历以下几个过程：（1）假设、理论的提出；（2）通过实验反复进行推敲、论证；（3）利用大量的数据分析和实验结果来推断并验证此假设或理论是否具有科学性、实用性、正确性。现实生活中的假设、论断、理论的提出并不是以个人意志或形而上的理论为转移，而是由大量的数据分析、实验论证来支撑的。

维多利亚时代（1837 年—1901 年），第二次科技革命的开展和电气的发明使科技取得了巨大的进步，并给当时的人们以及后世带来了极其深远的影响。在医学领域，路易·巴斯德（Louis Pasteur）发现了细菌及其致病原理，为许多感染疾病找到了病源；在生命科学领域，查尔斯·达尔文提出了“物种有序发展”理论、“物种起源”学说，彻底颠覆了几个世纪以来宗教神学上的“创世纪”“上帝造人”的传说；在物理学领域，阿尔伯特·爱因斯坦提出相对论、量子力学理论，探索隐藏在能量、物质和时间背后的力学原理；在政治经济学领域，卡尔·马克思和弗里德里希·恩格斯认为，经济剥削必然导致阶级矛盾恶化和阶级斗争发生，矛盾和斗争的加剧及恶化不可避免地导致社会革命，这是社会发展的客观规律；同期，西格蒙德·弗洛伊德发现成人神经官能症、焦虑抑郁症的根源是童年创伤所遗留的阴影。

上述所有的自然科学、社会科学（如哲学、形而上学领域）理论形成了近现代文明的核心要义：宇宙万物并非偶然，更不是天成；客观世界所发生的一切，其背后都有着隐秘的、未知的、有待挖掘的神秘力量和内在驱动力。“透过现象看本质”从来就不是一句空谈。人类社会、自然界、生命科学界、政治经济学界、微观量子力学界等各个领域都存在其自身的规律，不论是社会科学家、专业学者还是普通百姓，其都可以通过掌握正确有效的规律方法来解答人生中存在的各种疑难问题，甚至改善自己的实际生活。

同隐藏在自然界、社会科学界以及政治经济学界等领域背后的规律一样，精神心理学界也存在着类似的规律。第一次世界大战后，宗教学者霍雷肖·杜勒瑟（Horatio Dresser）曾写道：“现代人类探索世界、证明自己、认识宇宙的欲望，以及个体表达、个人主义的发展，赋予了‘思想的精神力量’一个全新的时代意义。我们对该精神力量的理解变得更具体、更实际，当然，也唯有经过科学证明方可确认其是否有效。”

杜勒瑟、威廉·詹姆斯、荣格以及其他新思想家、精神心理学家们都曾试图去寻找某种能因循生命发展规律的精神疗愈方法，进而建立起一种可复制、具有良好疗效、经过科学证明的精神治疗模式，这就是美国精神治疗界大名鼎鼎的心灵疗愈运动。在心灵疗愈运动期间，詹姆斯推出“放松福音”（Gospel of Relaxation），即将某种特定的心理学理论和心理健康相结合运用到实践中。它要求研习者在生活、言语以及各种社会活动中始终保持着快乐、健康、积极向上的心态，每天重复诵念“快乐积极健康”等格言警句，敦促个体保持积极向上和奋发进取。詹姆斯认为“放松福音”可以帮助研习者树立自信心，祛除生理疾病和心理痛楚，改善人际关系。那么，詹姆斯此时提出“放松福音”一词，是否标志着心理健康及精神治疗开始成为一门独立的现代学科？是否标志着宗教心理学已然形成？

20世纪早期的若干年里，精神心灵健康、心灵人生体悟、精神心理学相关方面的术语已经屡屡出现在新思想家们的著作中，而关于新思想的内涵和外延却似乎众说纷纭。新思想创始人昆比曾预言“这是一门健康幸福的科学”；诗人威尔克斯在其诗中屡次提及“正确思维的科学”；华莱士更是将“成就伟大的科学”普及到大众。无论是昆比笔下的“幸福学”，还是威尔克斯诗中的“正确思维的科学”、华莱士的“成就伟大的科学”，都昭示着20世纪早期积极思想界所倡导的精神疗愈作为一门学科已初步形成。大批的新思想家、积极思想倡导者都跃跃欲试地从科学角度去证明精神疗愈和积极思想的效用。

那么，新时代下的“积极思想”“新思想”运动是否已发展为一门独立的精神哲学，并普及成为一门生活哲学呢？

新思想界内部的分崩离析

昆比、艾迪夫人、威尔克斯、华莱士等一大批思想家崇尚积极正面的思维方式，我们借用华兹华斯那首著名的诗《快乐勇士》（*Happy Warriors*）姑且称他们为“快乐勇士”吧。他们中有作家、学者、讲师甚至还有发明家。这群积极思想界的斗士们大都不拘泥于传统宗教，不固守传统思维：他们思想前卫，学习能力极强；他们大多是在积极思想领域自学成才，可独立开班授课，具有出众的演讲能力，极具号召力和感染力；他们涉猎广泛，学贯中西，博古通今，擅长将爱默生的“先验论”、斯威登伯格神秘主义、基督教科学会教义、神智学理论融会贯通，并结合东方的印度教、佛教、儒教和道教等理论触类旁通。他们无师自通，自发形成了一种新思想派别，掀起了一股精神运动，重塑了主流宗教，甚至颠覆了现代美国人的生活方式，给当代美国社会带来了革命性的影响，奠定了现代美国文化的基础。

站在这股“精神运动”最前线的还有心灵会（Psychiana）的创办人弗兰克·鲁滨逊（Frank B. Robinson）、著名教授葛伦·克劳克（ Glenn Clark）、作家欧内斯特·赫尔姆斯（ Ernest Holmes）以及律师罗伊· 贾勒特（Roy Jarrett），这些作家、学者、讲师们在其生活年代大名鼎鼎、如雷贯耳。虽然这群人中的大部分已随着时间的消逝被遗忘在历史的尘埃里，但是他们对于20世纪上半叶的新思想运动、美国文艺复兴、思想解放、民权运动乃至妇女解放都做出了很大贡献。他们或自立协会、著书立说，或演讲授课、读经布道，或开办人生体悟养生课程等各种途径去传播新思想，他们也清晰地给新思想下了一个明确的定义——成功人生的实现方式，也就是现代意义上的“积极思想”。

到了20世纪早、中期，积极思想界中涌现出一批新的派别，他们的立场、态度、核心理念和新思想、积极思想如出一辙。他们频繁借用新思想界的概念理论从各自不同的角度对积极思想加以重新诠释，并结合各自的人生经验加以论证。他们经常在不同场合（如教会、某个神秘小屋甚至政府市政厅）聚集一帮听众，大家一起推理、论证，并在无形中已然掀起了一场思想界的革命。然而，因为他们和新思想、积极思想保持着非常远的距离，这一举动为许多新思想界的学者们所诟病，这些学者们认为频繁盗用新思想理论是不道德的行为。

笔者认为，仅仅因为精神意识流派的派别之见就将这些人定性为没有格局、缺乏远见的人是不公平的，也是错误的。在这里，我们重点谈一位最具代表性的人物，此人燃起了普世对于新思想、积极思想的热情，完美地将精神疗愈融入到现代文明中，他就是医师理查德·卡博特（DR. Richard C. Cabot）。

倡导医学和精神疗愈相结合的大师：理查德·卡博特医生

20世纪早期，医师持证上岗政策逐渐普及，其对于规范临床医生的实践、加强医师临床培训极具正面意义，并起到很好的推动作用；但是另一方面，将信仰疗愈以及心理学理论方法推广到临床治疗中却是一个相对缓慢的过程，可谓道阻且长！大部分医师都将任何基于积极思想或宗教信仰的临床辅助治疗方法视为基督教科学会的“余孽”，认为其是对现代医学科学的摧残。而大部分临床医师认为，基督教科学会是一种狂热危险的异端学说，甚至在传统教会内部也持有相似的观点。大部分新教神学院和新教教会认为，宗教医疗已经随着罗马教皇时代的落幕而死亡，就在许多传统教会对宗教医疗进行打压的同时，天主教会则对“宗教疗愈、心灵医学”保持认同、肯定和积极的态度。正是基于这种态度，在美国的宗教改革期间，基督教新教徒常常非难天主教会，批评天主教会的“信仰天主教可治疗疾病”的说法是为了笼络人心，霸占话语权。

这种反对“信仰疗愈”的声音在20世纪早期颇为盛行，而就在此时，马萨诸塞综合医院的一位年轻医生却持有不同的看法，他就是理查德·卡博特医生。他不仅是哈佛医学院的高材生，而且还是第一位将心理治疗和精神疗愈推广到临床治疗中的医学界专家。

卡博特 1868 年生于马萨诸塞州的布鲁克林，早年深受新英格兰超验主义的熏陶。超验主义的代表人物就是拉尔夫·沃尔多·爱默生，爱默生是卡博特父亲的密友。卡博特的父亲名叫詹姆斯，是爱默生的书稿、遗稿保管人，同时也是爱默生早期传记的作者，两人关系非同一般。在宗教信仰方面，卡博特在家人的熏陶下，参加了自由开放的唯一论教会（unitarian church）。后来，卡博特考入哈佛大学，师从威廉·詹姆斯和唯心主义哲学家乔赛亚·罗伊斯（Josiah Royce）学习实验心理学。卡博特与许多宗教神学界、哲学思想界的大师们亦师亦友，他在宗教神学、哲学上的素养集各位大师之所长，同时又不拘泥于某一种特定的宗教信仰或哲学神学流派。

威廉·詹姆斯在前面第 4 章中已有介绍，这里就不赘述了。在此，我们主要介绍一下他的哲学观点。他是实用主义哲学的总架构师，该哲学的核心观点是：衡量一个想法或观点的价值要看其是否对人类行为产生影响；忠诚于某一种信仰或价值观是没有意义的，除非这种信仰或价值观能对人类行为产生直接影响。他在 1898 年写道："在特定情况下，这种价值观就是金钱观。"

由于早期受到实用主义、超验主义以及其他唯心主义学派的影响，卡博特的价值观一直秉承"开明、前卫和实用"的风格，其中对他影响最为深远的当属詹姆斯的实用主义，他也因此选择做一名临床医生，希望能对社会有直观的影响。至关重要的是，不同于主流医学界对精神疗愈的排斥态度，他秉承着开放友好的理念认为其值得研究。深受实用主义价值观的影响，他深信"不管白猫黑猫，抓到耗子就是好猫"。因此，任何心理学治疗或者精神治疗方法（不论是顺势疗法还是安慰剂替代疗法，不论是精神疗愈法还是情感治疗法，抑或是多种疗法的结合）只要有助于临床病人的治疗或康复，并且在临床上证明是有效的方法，那就值得提倡并对其进行更加深入的科学研究。他坚定地认为，临床上的心理治疗由许多因素组成，主要包括病人对于疾病康复的信心、对于战胜病痛的决心、强烈的自我认知能力等。这些方面从本质上来说都是思想意识和精神层面上的隐性力量，人们很难一眼看穿，更难以量化。然而任何有利于临床病人身体、心理上的病后康复手段都值得深入研究。

卡博特在 1908 年写道："任何领域都会存在流派差异、意见纷争或派系斗争，宗教神学领域同样如此，哲学界和思想界一直存在着各个流派的争论不休，医学领域也不例外。我们医学界同仁应该团结起来求同存异，共同去寻找不同流派、不同学说背后的真理。人们对于真理实现的渴望、真相的探索才是最具美国特色的精神体现。”

卡博特不仅是一名出色的临床医生，也是一位杰出的理论研究员以及理论研究和临床实践都很出色的医疗界精英。1896 年，他年仅 28 岁就编写了一本血液病学教材，这在当时的美国非常前沿、极具前瞻性。

19 世纪末期至 20 世纪初，历经工业革命的美国虽然经济迅猛发展，但和英国、法国等欧洲其他国家相比仍相对落后，尤其是在医疗领域，其临床医疗和医学生的教育培训体系都是引进法国、德国等欧洲国家的教育模式和教育理念。直到 1876 年，约翰·霍普金斯医学院的建立才使美国的医疗教育和体系慢慢地与欧洲国家接轨，即使到了现代，美国医疗保障体系在世界范围内也不是最领先的。

所以，卡博特在 1896 年自己能够编写英文教材，这在美国医学界应该是一个非常大的进步，也奠定了其在美国主流医疗界的重要地位。随后不久，马萨诸塞州立综合医院有意聘请他为该院的第一位细菌学专家。由于早年受到詹姆斯实用主义的影响，卡博特认为临床实践对病人进行面对面的治疗比单纯的实验室理论研究更为有效，也更吸引人，于是拒绝了这个机会，并于两年后在医院门诊部找到了一个职位较低的工作，成为一名门诊医生。

卡博特在长期的临床实践中发现，大部分临床医生处理医患关系的方法过于陈旧。在医患关系的角色定位上，大部分临床医生过于疏离与患者的情感交流。他们往往忽略了病人心理上的恐惧、个体的情绪差异，更不会去关心病人经历过的个人情感问题等。当然，临床治疗也忽视了健康良好的心态对于疾病康复的正面作用。为了从科学理性的角度去解读这一问题，用数据分析去证明积极心态对于疾病康复的积极作用，1905 年，卡博特聘请了美国医疗界的第一位社会工作者协助自己进行这一项目的研究。然而，医院管理层却不赞成此举，并拒绝支付该社工薪水，卡博特不得不自掏腰包来维持该项目的开展。

次年，卡博特加入了一个颇具争议而又相当有趣的康复治疗组织，这个组织在波士顿后湾区的一座圣公会教堂中成立，名字相当浪漫且颇具诗意，叫“基督教灵光运动”（Emmanuel Movement）。而它不是一项宗教改革运动，而是一个心理治疗医疗组织。该组织提倡在临床治疗中辅以心理治疗手段，帮助病人更好的康复，他们拥有自己的心理治疗诊所，这个诊所就设立在基督教灵光堂里。

该组织的发起者是教堂主持牧师埃尔伍德·伍斯特（Elwood Worcester）及其助理牧师撒母耳·麦库姆（Samuel McComb），卡博特也作为首席医学顾问应邀加入了该组织。该组织定期会邀请波士顿地区的临床医生举办医学讲座，普及医疗知识。除此之外，他们还举办种类繁多的心理治疗课程，如冥想疗愈、积极思想普及讲座、催眠暗示课程等，以帮助病人更好地摆脱疾病的痛楚，从而实现康复。

基督教灵光运动与基督教科学会及其他精神治疗相去甚远，其最主要区别在于，基督教灵光运动的成员大都具有很强的医学背景，在病员的接待上有一定的准入机制，他们只接收有医生诊断说明书或从别的医院来的转诊病人，并不是任何病人都可以接受他们的心理治疗。灵光堂还宣称，灵光组织不能代替医学治疗，而只是临床治疗的一种辅助手段。通过长期的临床实践，灵光组织对于功能性神经失调具有很好的治疗效果，当时常见的功能性失调疾病有酗酒、抑郁症、偏头痛、慢性疼痛以及消化、肠道系统疾病等。很快，当时流行的通俗报刊杂志如《妇女家务杂志》（*Ladies' Home Journal*）和《好管家》（*Good Housekeeping*）等争相报道了灵光组织和灵光治疗方法，其反响良好，好评如潮。

在卡博特担任灵光组织首席医学顾问期间，他不仅被该组织的心理治疗方法深深吸引，更被这场革命性的心理治疗法的效果深深折服，以至于曾公开宣称，很多临床上的轻微病症都可以通过类似诊所的辅助性治疗去治愈，而完全没有必要去大医院大费周折。他认为，这种辅助性治疗方法适用于神经紊乱性疾病，如失眠、肠道消化系统疾病以及假性疼痛、牵涉痛等。

他在 1908 年撰文指出："在临床疾病诊断、治疗中，我们应该去寻找病因及发病机理，通过对病因、发病机理的诊断，进而给出相应的治疗方案。对于那些心理上、精神上或思想上的疾病，我们应该使用心理治疗法或精神治疗法等方法进行治疗。在我的研究中，大概有五分之二的临床病例本可以通过心理治疗治愈，但其却被转为临床病例，患者也转为了住院病人。"

在进一步的研究中，卡博特还指出了分科诊疗的局限性，"头痛医头，脚痛医脚"，医生在临床治疗中只是局限于治疗某一特定脏器器官，而割裂了身体内部各脏器器官之间的内在联系，也割裂了临床治疗方案和心理治疗方案之间的联系，甚至否定了心理治疗对于临床疾病诊疗的正面作用。事实上，在实际操作中，从整骨疗法到顺势疗法，再到基督教科学会的病榻祈祷疗法，几乎每种治疗方法都有一定的疾病治愈率，但是没有一种治疗方案可以对治疗效果、适用病症、治病机理进行严谨、科学的论证分析。因此，卡博特敦促当时的医疗从业者共享病人资料和数据分析结果，并鼓励医生进行跨科合作。

卡博特对以信仰为基础的精神疗愈和心理治疗法疗效进行充分肯定的同时，也严格界定了神经功能性失调和器质性病变的区别，这一理论划分在医学界引起了很大反响。神经功能性失调方面的疾病不牵涉身体器官病变或细菌感染，它是由压力引起的精神不适或神经失调紊乱，而器质性疾病是生物学意义上人体器官的器质性病变，这些疾病必须接受严格、标准的医学治疗。在此理论基础上，他高度赞扬了包括灵光运动在内的心理治疗疗法在减缓和治疗神经功能性失调方面的疗效。而心理治疗对器质性疾病的治疗没有任何疗效，人们对治疗器质性病变的临床建议是使用安慰剂。为此，人们在疾病诊治中区分神经功能性失调和器质性病变非常有必要且至关重要。他同时又批评了基督教科学会，指出其完全忽视功能和器质性病变，而对于器质性病变的病人仍使用心灵疗愈法。

卡博特的推论与安慰剂效应的研究结果颇为相符，安慰剂效应的研究在当今世界备受好评。2012 年，《华尔街日报》采访了哈佛大学安慰剂效应和治疗方案研究中心负责人泰德·卡普彻克（Ted J. Kaptchuk），卡普彻克称“有证据证明，安慰剂不能改变疾病产生的治病机理，但是可以改变个体对疾病的反应”（在这里，我们应当指出，考虑到安慰剂治疗可能会改变临床病人对疾病的反应，并导致病人的行为发生改变，从而误导医生的诊断、治疗，所以卡博特曾明确反对医生使用安慰剂。相比之下，卡普彻克的实验研究却颇为不同，他的实验研究其实是在病人知晓的前提下进行的，他事先会告知被试正在服用一种中性物质。因此，卡普彻克的研究在当今世界还是颇受认同的）。

卡博特以及灵光运动没能赢得主流医学界的完全支持，即使他做了一系列的案例研究和大量的数据分析，并且以此来证明通过冥想精神疗愈、增强病人自信心以及精神辅导等方法对于疾病康复治疗的积极意义。然而，大部分医疗专业人士却对此不屑一顾。很多临床医师在各种媒体或公开场合中频繁指出，灵光运动将医生的临床实践和教会神职人员的宗教活动混为一谈，并以此迷惑公众，混淆视听。1909 年，医师查尔斯·迪恩·杨（Charles Dean Young）在《波士顿医疗和外科》（*Boston Medical and Surgical Journal*）杂志上撰文指出："毫无疑问，灵光运动在过去、现在和将来都是一种非常有用的心理治疗方法。不知出于何种原因，医学界和主流公众宁愿被假象所蒙蔽，也不愿意接受灵光组织。而灵光运动的组织者们也没有能力说服医学界将这种治疗方法合法化，我们的心理治疗师们已经意识到这场运动注定会以失败而告终。"

也正是同一年，西格蒙德·弗洛伊德访问美国，并表达了对灵光组织的关注。此时的弗洛伊德虽然在美国不为众人所知，但是却蜚声欧洲，已然成为著名的精神分析学家，他在 9 月 11 日接受《波士顿晚报》的采访中说道："这种将宗教信仰和心理治疗相结合的方法对公众具有的吸引力可以理解。但是，由一些没有经过系统医学培训的人士来进行'心理治疗'，我对其治疗效果持保留态度。再者，美国主流社会一贯的保守作风，注定了新生事物、新理论伊始必然会遭遇种种质疑甚至阻挠。综上所述，我对灵光运动的未来持保守态度。"

具有讽刺意义的是，即使灵光运动不受到弗洛伊德的支持，但其却在客观上刺激了美国社会对于弗洛伊德理论的关注，尤其是弗洛伊德的潜意识理论受到很多业界人士的关注和研究。威廉·詹姆斯也曾对该理论做过深入的追踪、调查，然而令他颇为失望的是，弗洛伊德却批评了詹姆斯的精神疗愈疗法，称该疗法有悖科学，非常危险。詹姆斯在 9 月 28 日写给同事的一封信中表达了他对弗洛伊德的失望和不满，这里就不赘述信件的具体内容。

弗洛伊德和詹姆斯的学术争论对卡博特的职业生涯并没有太大的帮助。相反，在此期间，他错失了一次晋升教授的机会，1912 年，哈佛大学杰克逊医学院（Harvard' s Jackson）将医学教授一职授予了另一位实验室教授，该教授在理论研究方面更为积极和深入，卡博特并没有因此而丧失对临床医学的热情，而是一如既往地继续着临床医疗事业。第一次世界大战期间，他曾在法国战场上负责战地治疗。

第一次世界大战结束后不久，卡博特就推出了一项全新的商业宣传方案，敦促神学院培训神职人员从事临床心理治疗、心理咨询工作。1925 年，卡博特和安东·博伊森（Anton Boisen）联合推出了一项培训课程，该课程主要针对教会神职人员进行临床心理治疗培训。博伊森是一名颇受敬仰的牧师，曾在一家心理治疗医院接受过卡博特的心理治疗方法并康复痊愈，他也因此成为卡博特最强有力的支持者。很快，卡博特和博伊森便在马萨诸塞州综合医院和伍斯特州立医院设立了教学培训基地，为教会神职人员从事心理治疗提供实习、实践场所。从此，灵光组织终于可以进入主流医学界，甚至在初期获得了不错的反响。

好景不长，随着运动的发起者伍斯特牧师的退休，灵光运动也走到了尽头。而随后的若干年里，虽然灵光组织的追随者们及其衍生出来的分支机构曾活跃一时，但都没能走得长远。究其原因，就像卡博特所分析的，虽然大部分神职人员对于心理治疗工作热情高涨、雄心勃勃，但是他们中大部分人都缺乏科学严谨、系统长远、可持续的心理咨询师培训。

一位曾参加过灵光组织培训的医院牧师卡尔·施尔泽尔（Carl J. Scherzer）称："一般的神职人员即使在心理治疗、心理咨询方面颇有天赋，但如果没有经过系统的心理治疗知识培训，也很难在这一方面有所建树。"1939 年，灵光组织结束 10 年后，卡博特也与世长辞。

虽然卡博特和灵光运动都未能赢得主流医学界的绝对支持，但是却给教会以及神职人员带来了深远的影响。20 世纪 50 年代初，一份针对全美基督教新教牧师的问卷调查结果显示，超过三分之一的受访者表示曾使用过精神治疗法或精神疗愈法（如积极的自我暗示、个人或团体诵经祷告等）。这些精神治疗方法恰恰和灵光组织的心理治疗法完全符合，也标志着基督教新教神职人员对灵光运动态度的转变。从 20 世纪初的冷漠孤立到 20 世纪 50 年代的拥护且身体力行，历经半个世纪，卡博特将宗教信仰的精神疗愈和临床治疗相结合的心理治疗方法终于在后世得以实现。

犹太教科学会的兴起：路易斯·维特拉比

在这一节中，我们将介绍精神疗愈法在犹太教群体中的影响，以及宗教心理学对美国文化的重要性。

> 我出生在一个犹太教家庭，年少时住在长岛，曾经听过一位年轻的犹太教拉比（rabbi）对保守派会众说："内心的历练和性格的打磨可以成就更美好的自己，不经历风雨，怎能见彩虹？成长的秘诀在于将风雨化为彩虹。"这些听起来或许

有点矫情、有点卖弄鸡汤的感觉，但是对我却影响深远，我永远也不会忘记。

上面这段话其实出自犹太教拉比[1]路易斯·维特（Louis Witt）。维特也是犹太教科学会支持者中最有号召力、影响力的一员，我们来简要介绍一下犹太教科学会。

大约从1916年开始，基督教科学会开始在美国犹太教教徒中间流行，越来越多的犹太教徒开始信奉基督教科学会所提倡的精神疗愈法，并很快展开了一场以信奉犹太教教义为基础的精神治疗运动；美国的犹太教徒也套用了玛丽·艾迪夫人命名基督教科学会的方法，将这股潮流命名为“犹太教科学会”。事实上，尽管维特拉比并不喜欢“犹太教科学会”这一名称，但是他还是积极活跃地将这股思潮传播给其他犹太教徒乃至其他派别的信徒。

追根溯源，犹太教科学会最早开始于20世纪初期，当时基督教科学会盛行并吸引了许多其他教派的信徒。当然，其中也包括为数众多的犹太教徒。有数据统计，截至1911年，就有数千名犹太教教徒曾参加过艾迪夫人发起的精神疗愈活动，并有加入基督教科学会的倾向。这时，犹太教的领导者们坐不住了，他们担心越来越多的犹太教徒投奔异教，也更担心教徒将基督教科学会和犹太教混为一谈。于是在同年，名为“圣约子会”（B'nai B'rith）的国际犹太教社会组织召开了一次犹太教大会，其在大会上投票宣布，将这些信奉基督教科学会的犹太教徒重新划分，并将这些人重新定义为“犹太教科学会”（The Jewish Science）。

为什么基督教科学会对美国犹太教徒有如此大的吸引力，究其原因可能有以下三点：第一，基督教科学会教义中并没有使用任何还有宗教歧视的语言。事实上，基督教科学会会刊《基督教箴言报》一直以来就是以中立、不带有任何政治、宗教、种族偏见而闻名的杂志，基督教科学会本身不带有任何反犹太主义色彩，这一点最为吸引犹太教徒。第二，基督教科学会会堂大都坐落在高档社区，通过接触富人和对富人的渗透可以增加主流社会对基督教科学会的认同感。众所周知，很多犹太人从事商业金融工作，所以和富人圈、上流社会、精英阶层有很多交集。第三，犹太教的礼拜仪式、清规戒律相对烦琐、复杂，而基督教科学会的精神疗愈法相对简单、易行、符合人性，更能解决实际问题。从上述三个方面来看，基督教科学会对于犹太教徒的影响之大以

① 拉比（Rabbi）是指犹太教中德高望重、品德学士威望兼具的长者。——译者注

及犹太教拉比的担心也是不无道理的。

犹太教改革派拉比莫里斯·哈里斯（Maurice H. Harris）曾在犹太教大会上发问："从古至今，我们犹太人都是历史理性主义者，而我们对待神秘主义和基督教科学会的影响这一问题上是不是太过于理性保守，以至于忽略了其价值呢？"

为了解决"犹太教"和"科学"两个术语之间的冲突。1916 年，阿拉巴马的一个犹太教改革派领袖专门写了一本书，并开创性地使用了一个全新的术语"犹太教科学会"，他的名字叫阿尔弗雷德·盖革· 摩西[①]（Rabbi Alfred Geiger Moses），我们这里简称他为"摩西"。摩西在他的《犹太教科学》（*Jewish Science*）一书中给这场犹太教和基督教科学会的信仰冲突做了一个非常好的理论解释，他在书中重点讲述了犹太教中的精神治愈部分，意在告诉读者，犹太教自古以来就有通过精神治疗来辅助疾病治疗的传统。1920 年，摩西又在 1916 年版本的基础上对《犹太教科学》一书进行了大幅修改，在书中大量使用了自我暗示、积极乐观、正念等积极思想，并重新诠释了犹太教《圣经》中的故事。例如，他在书中重新诠释了《创世纪》（*Genesis*）中"雅各和天使摔跤"的故事，并将这个故事比喻成人类探索内在成长的过程，其积极正面的能量不言而喻。后来天使还给雅各取了一个新名字"以色列"（Israel），这大概就是以色列国家名字的由来，意指"坚毅不屈、坚持到底"！

摩西在书中这样写道："所有人类的进步都源于人性中的'以色列'品质，这种坚毅不屈、永不服输的精神赋予人类无穷尽的力量，使其纠正生活中的错误，找寻和掌握生命的意义以及万物真理的所在。"

这个 1920 年版本的《犹太教科学》中使用的语言和文字、风格和新思想作家拉尔夫·沃尔多·特赖因颇为相似，摩西也在书中使用了大量新思想术语、词汇，比如"永恒与无限""交流的力量"等。从某种意义上来说，《犹太教科学》可能是迄今为止最能反映新思想和积极思想的著作，也可能是影响最为广泛的代表作，还是对新思想最大胆、最独特的改良和实验。

然而摩西的这本书并没有解决犹太教在面临精神疗愈和基督教科学会的冲击所带

---

① 摩西（Mose）是希伯来语，意思为"犹太教最伟大的先知"，简单来说，就是犹太先知中最聪明、最有智慧的一个。——译者注

来的一系列问题，甚至对这些冲击也没有做出正面回应。与此同时，同期的很多拉比希望通过一个更正式的途径将犹太教教义和精神治疗方法更系统地结合起来，其中呼声最高的是来自密苏里州的路易斯·维特。作为犹太教改革派的代表人物，他在 1925 年的美国拉比联合会议（Central Conference of American Rabbis ，CCAR）上提出，犹太教团体应该成立一个专门委员会，并授权该委员会审议决定精神治愈运动中的哪些内容可以纳入犹太教中。

在 1925 年犹太教拉比的年会中，维特的这一提案引来了很多尖锐、带有敌意的批评，其中最激烈的批评来自于密歇根州西部卡拉马祖市的菲利普·沃特曼（Philip Waterman），他发表了一份义正辞严的申明道："犹太教科学会的先生们，我谦恭地申明，对于你们的主张，我是持否定态度的，让我们将这个提案自此烟消云散，从此不要再提了。" 沃特曼拉比称犹太教科学会将犹太教妖魔化，它是一门邪教 。

即便是面对众多的批评和否决，本次大会还是任命了维特为该委员会的委员，并授权他负责调研犹太教会堂和精神疗愈的关系。

两年后的 1927 年 6 月，拉比大会再次召开，此次召开的地点在新泽西州的开普梅市。维特在会上公布了他的调研报告，并在委员会投票中以 5 比 4 的微弱优势否定了"犹太教科学会为异端邪教"的说法，此次投票也为维特再一次赢得了的发言权。

维特在本次大会上引用了卡博特"宗教与健康"的理论，并呼吁对犹太教进行三项基本改革：

- 犹太教应该在教会活动中倡导和推广心理治疗、宗教精神疗愈等方法，用以辅助疾病的诊疗和康复；
- 犹太教会堂刊物、经文乃至教义教规中将添加"精神疗愈"的内容，并将其打印成册发放给教友；
- 辛辛那提的希伯来协和学院（Hebrew Union College）将增设"信仰疗愈、精神治疗"一课，希伯来协和学院也是犹太教改革派的活动基地。

在发出这三个呼吁的同时，维特也面临着非常大的阻力。我们要知道，当时是维多利亚时期、一个禁律盛行的年代，教会势力庞大、无宗教自由可言，那是一个大部分人仍害怕在教会中谈论个人生活的时代。维特能在教会 300 多人面前发表自己在犹太教科学会的亲身经历，其阻力可想而知。他之所以会冲破重重阻力站出来呼吁，就是因为其具有一种强大的动力和一股对自身信仰的执着和坚定，以及其对教会无力解决教友心理问题的失望。另一个拉比圣·路易斯（St. Louis）曾高度赞誉过维特：“维特的一言一行都充满了巨大的能量，很多时候，他更像是一位远古的希伯来先知。”维特还在教会的拉比面前口述了他采访的几个教友的亲身经历，以证明信仰疗愈、精神治疗在疾病治疗中的积极意义及其对个体生活的价值：

> 令我没有想到的是，大家竟然认为我这里所说的精神治疗在疾病中的价值背离了犹太教，其实我不仅没有背离犹太教，这恰恰是正统犹太教的精华所在，也就是理性看待上帝的神圣存在。
>
> 上周在纽约市，我采访过一批正统的犹太教徒，请他们分享各自的亲身经历，其中有几位是我私下里非常要好的朋友，有个教徒就分享了他女儿的故事。
>
> 事情是这样的，这个教徒的女儿病得很厉害，他四处寻医治病但都无药可救。于是，他就去会堂让牧师给女儿祈福，回家后，他的女儿跟他说：“爸爸，我刚做了个梦，梦中有人把我的床抬到了神坛上，现在我感觉好多了。”第二天，医生给小女孩检查身体时，发现小女孩的病情竟奇迹般地好转了。
>
> 听到这个故事后，我颇为震撼。于是，我走访了很多医院，调查了很多病人，发现精神治愈和心理治疗在很多非改革派犹太教徒中也颇为流行。
>
> “上帝会帮助我们的、上帝就在我们身边、上帝与我们同在，当我们身处逆境和困窘中时，上帝会帮助我们解决困难、化险为夷；当我们遭遇疾病的痛楚时，上帝总是会救死扶伤。”当时很多的犹太教徒在困境中都是通过类似的祈祷来进行自我心理暗示和心理治疗的，而犹太教的信仰疗愈也由此彰显了其实用价值。
>
> 在犹太教内部，我们多少年来一直在谈论教义、理论、主义。我曾听过很多犹太拉比频繁地说：“我们应该赋予教友更多的犹太教主义。”但是再多的教义学习、煽情的布道讲经、频繁的“扶轮社”讲座又能给我们带来多少具体的收益呢？事实上，我们什么也没得到，因为我们已经在理论、主义的道路上越走越远，而这注定是一条不归路。
>
> 下面，我来分享一个自己亲身经历的故事。
>
> 3周前，我接待了一个重度抑郁症女患者，当时我真不知道该怎么去帮助她，所以，我尽可能地以一个医生身份为她治疗，但其实，我更想给她介绍一个专业的心理咨询师，让她通过心理咨询去治好抑郁症。我之所以想给她介绍一位心理

医生，其实是源于我自身的经历。我曾经也是一个忧郁症患者，和生活中的平常人一样经历过生活的不如意，也曾对教会内部光怪陆离的人和事感到无力和不满，对生活失去了信心，并因此患上了神经衰弱、失眠症。

虽然常被世人称作“圣人拉比”，我也会有许多生活上的问题、心理上的困惑和大部分拉比所具有的烦恼，我的痛苦多半来自对自身信仰的挫败感。频繁的布道、讲经、祈祷，然而却发现上帝离现实生活越来越远，在面临实际问题时，上帝是如此地遥远。

最后，我想通过这次大会，让我们重新意识到信仰疗愈的潜力远比预期的强大，我也期望大家可以重视这一潜力。

在这次大会上，维特的提案感染了整个委员会，以 46 比 13 的压倒性优势在投票选举中赢得了票选，犹太教科学会的种子就此播撒开来。10 年后的 1937 年，作为改革派神学院的希伯来协和学院在美国开办了第一个信仰疗愈的培训课程，并很快推广到纽约和洛杉矶的其他两个校区，如今这一课程更是改革派犹太教教徒的必修课程。同年，全美教会理事会就“宗教和健康”这一议题专门成立了一个委员会，并鼓励神职人员参加精神治疗培训课程。

1949 年，路德教会成立了教牧关怀顾问委员会（Advisory Council），以期在教会牧师中推广心理治疗培训。不仅如此，媒体也对此非常关注。1946 年和 1950 年，《教牧关怀日报》（*the Journal of Pastoral Care*）和《教牧心理学》（*Pastoral Psychology*）分别出版发行，并很快成为教会心理咨询方面最有影响力、最具权威性的两本杂志。

真正使教牧心理关怀咨询被主流社会所认同的最具决定性的一步始于第二次世界大战。战争期间，美国向前线输送了 8000 多名随军教士。随军教士的职能是为士兵进行心理疏导，并在紧急情况下对受伤士兵进行急救、外伤包扎等任务。

在战地一线的随军教士们很快发现，无论是士兵还是军官都急需心理疏导和心理干预，他们敏锐地发现，这些现役士兵的心理需求和实际所能接受到的咨询服务相去甚远。于是，随军教士们参加了系统的心理咨询、心理辅导培训课程，并于 1944 年建立了一个教牧关怀的培训课程体系，这个培训课程的主办单位是哈佛大学随军牧师学校（Harvard’s Army Chaplains School）。

20 世纪 50 年代，纽约科学研究院（New York Academy of Sciences）就美国牧师进行了一项调查研究。研究结果表明，很多随军教士在战后仍在继续从事心理咨询及辅导，而他们也因第二次世界大战时期的战地经历而更加充分、深刻地认识到了教牧关怀的重要性和特殊性，并将其作为辅导的重要部分。

宗教学者瑞贝卡·特拉赫腾博格·阿尔珀特（Rebecca Trachtenberg Alpert）认为，20 世纪 50 年代，教牧心理学已然成为牧师培训课程的必修基础课程。

路易斯·维特这位来自密苏里州的犹太教法师、深信宗教精神疗愈的哲人，虽然他的名字早已被遗忘在历史的尘埃中，但是他的思想及其同期的改革派拉比们共同发起的犹太教科学会已然形成了一股浪潮，这股浪潮最终促成了“教牧关怀、教会心理咨询”成为美国宗教活动的主体，此乃宗教信仰和心理咨询、心理辅导的有机结合。宗教心理学也是美国现代心理学中使用精神疗愈的典范。

精神疗愈的内在驱动力：超越自身极限的“能量”

精神治疗在心理学中的治疗作用、宗教信仰和宗教体验可以帮助身心灵健康和精神转化，并给信徒带来生命的意义感、精神活力和心灵慰藉。关于这一点，威廉·詹姆斯在其所著的《宗教体验之种种》一书中列举了大量的个案和详细分析加以证明。

在当代美国历史上，论成功地将新思想、积极思想运用到实际生活中去解决实际问题，并迅速使其在美国普及开来，恐怕没有人能胜过比尔·威尔森（Bill Wilson）和鲍勃·史密斯（Bob Smith），二位是美国嗜酒者互诫协会（Alcoholics Anonymous，又译作戒酒无名会、匿名戒酒会或 AA 协会）的创始人，AA 协会也是美国第一个以宗教教义为理论基础，通过系统的心理治疗课程来帮助成瘾症患者解除心理依赖或成瘾行为的民间互助组织。

在成立 AA 协会之前，比尔是一名第二次世界大战的退役老兵，鲍勃则是一名外科医生，联结两人的纽带就是他们共同的朋友——酒。酗酒、怎么戒除酒瘾成了他们共同的话题。

1935 年，比尔因公来到俄亥俄州的阿克伦。当时他刚刚开始戒酒，身处异地，在一个阴冷漆黑的寂寞午夜没有朋友和家人陪伴，孤单、寂寞难捱的比尔唯一能倾诉的可能就是酒精了。为了抵抗酒精的诱惑，他便到处寻访当地的牛津小组成员，因而认识了同样嗜酒成性的外科医生鲍勃·史密斯。

鲍勃是阿克伦当地一名出色的外科医师，同时也是一名瘾君子，甚至还差点因喝酒断送了自己的职业生涯。他穷尽毕生积蓄和精力在和他的“老朋友”抗争。多年来，他试过各种土法、妙方，但都无济于事。当两个因酒而结缘的中年男人碰到一起后，他们的共同话题如“滔滔江水绵延不绝”，这是一场两个男人共同的战争。

两人首次会面时彼此交换了当时医学界对“嗜酒成瘾”的看法：嗜酒成瘾几乎无药可救，戒酒成功后一旦再次接触，即使只是少量饮酒也很难控制，进而导致再次酗酒形成恶性循环。这场对话持续了 5 个小时，而鲍勃也在见了比尔后立即开始戒酒。虽然鲍勃此后又复发了几次，但终于在 1935 年 6 月 10 日后彻底远离了酒精。于是，人们把这一天定为 AA 匿名戒酒会的诞生日，鲍勃医生也成为 AA 协会的另一位创始人。

比尔和鲍勃在此次会面中还交换了各自的戒酒心得，并发现彼此都存在着一模一样的体会：给予其他戒酒者的帮助和鼓励越多，自己戒除酒瘾的概率就越高，与酒精的距离就越远。于是，他们开始鼓励更多的人戒酒。同时，他们也迸发出一个想法：是否有可能让酒精成瘾者结伴组成互帮互助小组，相互倾诉、互相疏导和相互督促。于是，他们广泛招募戒酒志愿者，并将他们随机配对结成互戒小组。就这样，这个没有名称、没有任何组织形式、也没有任何介绍文献的戒酒活动在美国缓慢地发展起来，并先后在阿克伦、纽约、克利夫兰等几个城市中成立了地区小组。

这两位先生从着装、谈吐等外在行为看都貌似保守、严谨、老派的银行家。事实上，比尔也曾经从事过金融业，但他们却都是思想上的冒险家，他们在意识形态、精神和宗教信仰上都极为开明：不论是形而上的先验论还是唯心主义，不论新思想还是东方哲学，他们都曾涉猎。为了能从意识形态和精神层面上搞清楚成瘾症背后的发病机理并研究出有效、可行的解决方案，比尔和鲍勃广泛研究东、西方的各种宗教思想和哲学观点，从基督教教义到斯威登伯格主义，从基督教科学会的教义主旨到新思想的核心思想、甚至是卡尔·荣格的精神分析法，他们都深入研究过，并且将这些思想融会贯通，进行提炼、再加工，然后通过 AA 协会的创作者们写成 AA 协会的戒酒疗程并运用到实际 12 步戒酒行动中去。

AA 协会创立之初的目的只是为了帮助嗜酒成性者戒除酒瘾。出乎意料的是，这一疗法很快便发展到对其他成瘾行为（如吸毒、嗜赌成性、肥胖症、过度消费和易怒等精神心理疾病或障碍）的康复治疗，并取得了良好的成效。其即使在 21 世纪的今天，尤其是在北美（美国和加拿大）极为流行，更是频繁出现于各种“美剧”中，AA 协会已然掀起了一股现代心理康复治疗的新潮流，也在某种程度上对美国的主流意识形态产生了革命性的作用。

该互助小组发展得很快，很快就吸引了大批围观群众和慕名而来的粉丝，并发展成为有组织、有纪律、有规章制度的组织。1939 年，该组织还出版发行了《嗜酒者互诫》（*Alcoholics Anonymous*）一书，“AA”的名称也由此而来，AA 协会的影响也迅速扩大并开始引起全美和国际社会的关注。

12 步康复计划是一种建立在会员互相督促、互相支援基础上的团体疗法，有数据证明，这是一种行之有效的心灵疗愈和自我提升法，而它也不是一夕之间就制定出的。事实上，它的前身其实是比尔和鲍勃专门为酗酒者量身定制的三步法戒酒方针，这个三步法方针背后有着深厚的神学、精神心理学和心理学背景，它是心理学和精神心理学治疗相结合的典型范例。这个三步法方针具体包括：第一步，直面问题本身，认识问题的严重性；第二步，我们要乐观地坚信有一种超越我们自身而存在的力量，即存在上苍或上帝的至高无上的能量，而这里的“上帝”或“上苍”已经是超越了宗教信仰而存在的一种普世的超现实存在，这种超力量可以帮助我们实现精神意义上的自我；第三步，培养执念，将我们的愿望和生活托付给我们各自所信奉的上苍照管。我们决定把意志和生命交付给这个上苍。这里的“上苍”也是 AA 协会这个集体的最高权威，协会中的每位成员都应该服从这个上苍，并在上苍超能力的指导下集中全力戒除酒瘾，并帮助他人从酗酒中走出来。

追根溯源，“上苍”和生命存在的“更高阶力量”这两个词本身来自特赖因的《顺应无限》一书。《顺应无限》是新思想的代表作之一，也是《秘密》一书的创作灵感来源。该书也是鲍勃医生的最爱，特赖因本人在书中也反复强调精神疗愈对戒酒起到的功效，下面一段就是书中的原话：

> 在某种程度上，这种精神和心灵上的高阶力量可以弱化甚至驱除我们自身对酒池肉林、金钱财物等外在的物质欲望。在意识到这种超越自身的精神力量后，

油腻厚重的食物和各种高、中、低浓度的酒类很难会再次引起我们的兴趣。

说起这两位创始人的宗教信仰和思想意识形态，斯威登伯格主义对比尔的影响尤其深远，虽然比尔从未在任何公开场合透露自己深受其影响，但是各种史料证明比尔深受斯威登伯格主义的影响，这种影响最开始来自家庭影响。

1918 年 1 月，比尔 • 威尔逊娶了一位有着深厚背景的、保守家庭出身的千金露易丝 • 伯纳姆，路易斯的家庭有着很深的宗教背景，尤其和斯威登伯格教会关系密切，她的爷爷就是美国斯维登伯格教会的第一任牧师，而其家庭带来的宗教影响更是遍及宾夕法尼亚州的兰开斯特市、纽约的布鲁克林等。斯维登伯格教会是在瑞典神秘主义哲学家、神学家伊曼纽 • 斯威登伯格（Emanuel Swedenborg）的思想基础上发展起来的，斯威登伯格教会在美国曾红极一时，影响甚远，吸引了一众权威人士在此定期聚会，如威廉 • 詹姆斯的父亲老亨利 • 詹姆斯和海伦 • 凯勒。

比尔和路易斯的婚礼也是在斯维登伯格教会举行的，但是自从比尔成立了 AA 协会以后，他们就很少在公众场合提起与斯威登伯格教会之间的联系，甚至在 1988 年路易斯去世前夕，有人问及斯威登伯格主义和 AA 协会及其 12 步疗法之间是否有联系时，她还是一再撇清其中关系。

即使路易斯一再声明斯威登伯格主义对比尔创立 AA 协会没有任何信仰影响，然而许多迹象都表明，斯威登伯格主义的确对比尔产生了深刻的影响。在 AA 协会手册中有一条“人类有着超越自身、至高无上的能量”，这也是斯威登伯格主义的核心教义，用斯威登伯格的原话就是“一股神圣的力量弥漫着整个物质世界，瞬间神性觉醒”，这股“神性力量”在特赖因的笔下称之为“一股内在的精神力量”，而比尔则称之为“精神觉醒”，现在我们来聊聊他的觉醒经历。

1934 年 12 月，在纽约曼哈顿的一家医院，因为酗酒而再度入院躺在医院病床上的比尔极度痛苦抑郁，濒临崩溃的边缘。在过去的几年间，因为酗酒，他频繁出没于该医院，而他的生活也差不多处于“酗酒 – 戒酒 – 犯酒瘾 – 戒酒 – 酗酒”的无限循环中。此时的比尔身心极度痛苦，频繁的酗酒、戒酒治疗已经让他在精神上和物质上陷入了崩溃的边缘，以至于他一度怀疑自己的人生会因酗酒而画上永久的句号。他曾写过这样一段话来记录自己的心路历程：

我躺在那里，身心俱疲，一种莫名的、无法言表的沮丧涌上心头，瞬间击碎了我的骄傲和坚强。一刹那，泪水充盈了我的眼眶，沮丧、痛苦、骄傲瞬间化为满眼泪水和号啕大哭，我在人生中第一次哭得如此奔放、如此解脱。此时，一个问题盘旋在我的脑海里："如果上帝真实存在的话，那么它会出现帮我度过这一劫吗？"冥冥之中，电光火石间灵光乍现，一股全新的力量瞬间如醍醐灌顶般地向我袭来，随后一个巨人般的声音如雷贯耳："你是自由的。"

这件事情没过多久，比尔的老同学、老朋友艾比•撒切尔（Ebby Thacher）去看他，并送了他一本詹姆斯的《宗教经验之种种》，比尔也跟他分享了自己在医院的离奇经历。为此，他们共同学习了《宗教经验之种种》。根据书中的案例分析，他们两人将比尔的意识觉醒归结为书中所阐述的皈依经历，威廉在书中将这一经历解释为："这是一次心灵的回归、一种超越自身极限的能量释放。这一回归可以坚定我们的内在信念：一种找寻更美好的自我的执念。基于这一内在信念可以促使我们以实际行动改变自身所处的外界环境。" 威廉在《宗教经验之种种》中讲到"重生"和生命转化的条件是对神无条件的信赖（因信得救）、自我交付、全然开放自我、体悟自我生命与神的一体性。

艾比的此次造访促成了比尔将他的灵魂皈依，以及将其戒酒经历用文字的形式呈现于纸上，与世人分享他的戒酒经历、成功经验，这就是著名的 12 步治疗过程的前身，也就是我们前面提到过的三步法方针。这个起初为酗酒者设计的戒酒疗程后来也被应用于戒毒、戒赌、戒嗔、戒怒等领域中：

1. 直面问题本身，认识问题的严重性；
2. 乐观地坚信有一种超越我们自身而存在的力量，即存在上苍或上帝的至高无上的能量；
3. 培养执念，将我们的愿望和生活托付给我们各自所信奉的上苍照管。

1939 年，作为新出版的《嗜酒者互诫》一书的第一作者，比尔正式将 12 步疗法收入该书中，该书被誉为"大全"。在此书的编撰过程中，比尔一再研读了其他精神疗愈方面的著作，如艾迪夫人的《科学与健康暨解经密钥》、新思想作家艾米顿• 佛克斯（Emmet Fox）的《登山宝训》（*The Sermon on the Mount*）一书，除此之外，还有一些基督教文学作品，如苏格兰福音传教士亨利•杜蒙德（Henry Drummond）的《完全的爱》（*The Greatest Thing in the World*），这本书主要描述了亨利的冥想经历以及爱对变革世界所产生的伟大力量。

我们在前面提到过，在艾比和比尔的会面中，艾比不仅将牛津小组介绍给了比尔，还把卡尔·荣格及其著名的精神分析法推荐给了他，这深深影响了AA协会的发展。总之，所有早期的如威廉·詹姆斯、牛津小组以及荣格等都对不同的思想体系产生了巨大影响。

牛津小组是20世纪上半叶一个有着深刻影响力的基督教福音派运动，旨在从传统的基督教思想和教义中，通过宗教信仰的疗愈作用，帮助广大信徒提升自己的道德品质。该组织成立于1929年，由牛津大学的一批福音派学生在美国牧师卜克曼的发起下成立，其因为成立于牛津大学而故此命名。牛津小组倡导通过诚实地接纳自己的不完美、反省、忏悔及救赎自己的不完美，通过静默冥想或独处打开自己的心灵、和自己对话，通过一系列自我修行而达到坚定自己的内在意念和外在行动（或者称为“皈依”）的目的。这些原则也深深影响了12步疗程的制定。

牛津小组还开创性地使用了小组聚会和家庭派对的团体聚会形式，将组员聚集起来组成病友谈心治疗小组。这些小组成员在聚会时，共同研习圣经教义、共同祈祷，以此来营造一个自我疗愈以及帮助他人疗愈的群体氛围，这一组织形式也与后来的AA协会非常类似。

事实上，比尔和妻子路易斯也加入了牛津小组，成为其中一员。该组织后来的影响力扩展到美国，但是其内部文化颇为极端，甚至在后期也颇受世人所诟病。它要求成员以最大的热情和尽最大努力将自己奉献给牛津小组，这种从一而终的方式主要来自于其创始人——卜克曼牧师。

卜克曼牧师是一名路德教牧师，他最早于20世纪20年代发起了牛津小组聚会。他也是一名优秀的领导者，通过招募意见领袖的形式来吸收新成员、发展壮大其组织。弗兰克招募的骨干人物必须具有一定的社会影响力和号召力，比如，公众人物、银行家、知名大学足球队或篮球队队长等，也只有这样的人才能最大地吸纳更多的信徒去加入牛津小组。将这些人招募到组织后，卜克曼会定期举办组织聚会或家庭派对来加强组织的凝聚力，聚会和派对的地址通常会选在高档酒店或者某位富豪的家中，他之所以这么做是为了赋予牛津小组更多成功的光环，吸引更多的成功人士加入。后来，当别人为他为什么以“牛津”来命名该组织，他也毫不讳言自己打着“牛津大学”旗号的功利目的。就这点上，卜克曼牧师并不是首创，基督教科学会的创始人艾迪夫人也曾将科学会会堂、神学院和科学会学习小组设在高档社区内，借以招募更多的成功人士加入。

可惜的是，牛津小组的后期发展却争议不断、屡遭批评，这一切都源于卜克曼招募的一个极具争议的“骨干”——阿道夫·希特勒。20 世纪 30 年代，卜克曼去德国旅行并结识了纳粹头目希姆莱（Heinrich Himmler）。有报道称，希姆莱的妻子一直支持牛津小组。在与希姆莱的谈话中，卜克曼直言不讳地赞扬了希特勒的“反共产主义无神论”的观点。1936 年 8 月 26 日，他在接受《纽约世界邮报》（*New York World-Telegram*）的采访中表示：“如果希特勒、墨索里尼或者任何一个独裁者能投入到上帝的怀抱中，并甘愿接受上帝的掌控，那么所有的战争问题都能迎刃而解。”后来，卜克曼甚至还抛出了他那句臭名昭著的话：“感谢上帝派来阿道夫·希特勒等人，并铸造了一个反抗‘无神论共产主义’的堡垒。”

虽然卜克曼一直声称要拯救全美的酗酒者，然而他的世界观尤其是反对共产主义和对待纳粹主义的暧昧态度最终将他拉向了另一个道德深渊，以至于越来越多的牛津小组核心成员与其渐行渐远，其中也包括大批的牧师和小组领导者，如备受尊敬的山姆·修梅克牧师（Sam Shoemaker，又名宋铭嘉），他当时担任纽约加略山教堂的圣公会牧师，其对比尔的一生影响巨大。1937 年，比尔·威尔逊夫妇也发表声明，正式与牛津小组分道扬镳。20 世纪 30 年代末，AA 协会更是终止了与牛津小组的一切合作。

比尔在创立 AA 协会之时，除了受到牛津小组、“新思想、积极思想”的影响之外，还有一个人及其思想理论也对其至关重要，此人就是瑞士精神分析专家、分析心理学之父卡尔·荣格 。荣格毕生都在强调、倡导个人转化。

比尔加入“牛津小组”和荣格颇有渊源。荣格医生曾有个叫罗兰·哈兹德（Rowland Hazard）的病人，哈兹德是一名来自罗得岛的商人，艾比经过哈兹德的介绍加入了牛津小组，也正是因为艾比的介绍，比尔接触了荣格医生的精神分析学说，并在其影响下创立了 AA 治疗方案。我们下面介绍荣格医生的学说和 AA 协会之间的渊源。

1931 年，因为严重的酒瘾，罗兰拜访了荣格医生寻求心理上的帮助，在荣格的心理治疗和精心照料下，他的酒瘾大为减轻、几欲痊愈，但不幸的是几周后又重新复发。罗兰非常绝望，他再次前往瑞士，恳求荣格医生给出具体的治疗措施。荣格给出的回复更加地令人绝望，大概的意思就是他也无能为力，但是他也给出了一种可能性，即唯一的办法是通过信仰的力量找回灵魂的皈依，坚定自己的意念，清除一切杂念，回归作为终极神性的真我自性，使充满分裂和冲突的人格重新获得统一与和谐。此处，荣格对罗兰的回复也非常好地印证了比尔当年在曼哈顿医院的皈依经历，而这一灵魂皈依对于比尔来说正是解决他酒精成瘾的心理治疗方案。

多年后的 1961 年 1 月 23 日，比尔写了一封信给荣格医生，并在信中写道："许多 AA 会员中的案例对于心理学研究来说非常重要，这些案例非常值得深入挖掘。"比尔还在信中表达了荣格对其创立的 AA 协会的重要影响。令人兴奋的是，荣格很快便于 1 月 30 日回复了一封很长的信，他在信中生动地描述了自己帮助罗兰戒酒的细节，并用拉丁语给出了克服酒瘾的治疗公式：灵魂皈依赋予个体无限的精神力量，这是一股超越自身极限的意志和意念，用这股超越一切的意念去戒除酒瘾，也就是"执念加行动，在宗教皈依、精神觉醒中发掘统一自我的心理驱动力"，这也是我们现在所说的 12 步疗法的基本宗旨、核心思想。此后没多久，荣格先生便走到了生命的尽头。

早在 AA 协会成立以前，美国历史上从未有过如此大规模地将宗教信仰、精神疗愈结合到心理治疗中去的先例，这在美国心理学发展史上也是头一遭。当然，AA 协会及其创立的 12 步疗法前身也广泛融合了斯威登伯格主义、威廉·詹姆斯的宗教心理学理论、牛津小组的活动形式、"新思想、积极思想"的宗教疗愈等关键的核心哲学思想，同时非常好地吸收了卡尔·荣格医生的精神分析法，并在这几种思想的基础上创立了"健康心灵的宗教"。

冥想导师、人生体悟课程首创者：葛来恩·克拉克

20 世纪二三十年代，金融危机、经济大萧条下的美国社会进入了一个前所未有的困难时期，面对经济危机带来的一系列社会问题，传统的宗教理论、教义信仰越发缺少实用性和难以解决问题。无数的教徒开始质疑宗教信仰的实际意义，要求教会能给

予切实的益处，帮助会众解决他们生活中出现的问题。此时，长老会的奠基人葛来恩·克拉克（Glenn Clark）为这一问题提供了一个解决方案：信仰祈祷的力量源于个人意念、意志力的养成。

1882年，克拉克出生于艾奥瓦州得梅因市的一个虔诚的基督教家庭，年少得志，年轻的克拉克已经在马卡莱斯特学院（Macalester College）担任文学教授兼体育教练。该学院是一所位于明尼苏达州、圣保罗市的长老会学院，以人文学科见长。在这里，克拉克接触到了基督教科学会以及新思想，并频繁参加与其相关的小组会议、学术讨论以及大型研讨会等。

随着认识的加深，克拉克深深着迷于基督教科学会和新思想，更是将当时新思想界领袖人物费德雷克·史皮里奉为偶像。史皮里是英国一名颇具影响力的精神导师，他本人并没有在教会担任神职工作，而是一名工程师和生意人。他早年追随玛丽·贝克·艾迪，但后来却与其在意识形态上分道扬镳。后来，史皮里开始尝试从理论上去寻求更实用的精神治疗法，克拉克也正是因为这一点而深深为之着迷。

20世纪20年代早期，史皮里前往美国明尼阿波利斯的时候，克拉克曾长途跋涉去拜见自己的这位偶像。然而见面之后，让克拉克颇为失望的是，史皮里更像一名技术工程师，他太局限于固有的思维，而缺乏追求真理的激情。于是，克拉克决定不再追随史皮里，转而自己去找寻心中的真理。

为此，克拉克进行了长达两年多的人生体悟、诵经、祈祷以及冥想，希望通过自己的修行去找到那个切实可行的、有效可用的经文。其间，运动员出身的克拉克很快便发现祈祷人生体悟和运动员备战比赛具有一定的共通性。通常情况下，只有做足充分的准备工作，运动员赢得比赛的概率才会更大。人生体悟冥想也一样，需要做准备工作，例如，学习掌握冥想的技巧、做正确的呼吸方式训练以及为人生体悟场所准备。正式进入人生体悟前，还需要适当的热身运动，如清除杂念、迅速将自己从外界的纷繁中脱离出来、专注于内心的修行、专注于自己的内在等。很快，克拉克便推出了自己的冥想人生体悟法，并获得了主流社会的推崇迅速流行开来。1924年夏天，《大西洋月刊》（*Atlantic Monthly*）发表了克拉克的《心灵的真诚渴望》（*The Soul's Sincere Desire*）一文，并迅速在全美范围内获得了广泛的反响。《大西洋月刊》是20世纪早期美国颇为流行的刊物，这个月刊极少刊登“神学、精神心理学”的文章，其能刊出克拉克的文章也充分肯定了克拉克在实用神学领域的成就。

的确，克拉克在信仰疗愈和心理学研究领域相当有天赋，他也极其擅长将圣经教义和心理学术语结合起来，通过生动形象的语言去阐释艰深晦涩的自我提升理论。他认为，每个人都有着自身不知道的潜意识。潜意识是人类意识的核心，也是外在行动的内在引擎和驱动，在某种程度上控制着我们的大脑和思想。只有将潜意识的举动和有意识的努力地结合起来，才能达到人生的高峰。他在书中引用了圣经中的名言："为了追寻他，我的脚快如母鹿的蹄。"克拉克将人的潜意识比喻成"母鹿的蹄"，而人的意识行为就如母鹿奔跑中的前腿，只有脚底风驰电掣才能带动前腿奋力向前奔跑。很快，克拉克便着手将自己创立的这一理论应用到实践中去。

1929 年，克拉克结识了基督教青年会远足训练营（Christian Youth Camps，Camps Farthest Out）的一帮朋友，在朋友的引荐下，他萌生了开办主题为"人生体悟艺术"的训练营，而该想法的产生最早源于他的本职工作。克拉克一直在一家教会学院担任该校队的教练一职，在训练校队成员的时候，他相当注重从宗教信仰、精神修行层面上培养成员之间协同、团队合作、互帮互励的氛围，并取得了非常好的效果。校队教练一职使他认识了很多青少年，这无形中为他的训练营带来了很多潜在的客户。

1930 年，人生体悟艺术远足训练营在明尼苏达州考诺尼斯湖畔正式开营，首期就取得了非常大的成功，吸引了宗教界各个流派人士参加，其中有人数众多的基督教徒、一部分犹太教徒，还有少数无神论者，而在这些参加者中就有 AA 协会创始人鲍勃 • 史密斯。史密斯在训练营期间多次提及克拉克，称他为自己"最爱的作家"。

人生体悟艺术训练营成功创立了 20 世纪基督教青年会夏令营的蓝本，而这一训练营即使在当今世界也相当流行。

克拉克的这个训练营之所以经久不衰，与其创办精神和创办目的有很大关系。其创办目的主要是帮助青少年更好地寻求精神追求、了解各种意识形态，运用信仰的疗愈力量来更全面、更好地发展自我。其创办宗旨主要有：（1）以家庭为核心；（2）无宗教限制；（3）关注自我灵性成长；（4）建立友善、放松的氛围。

在创办训练营的同时，克拉克继续保持着他与新思想的紧密联系，并在国际新思想联盟（INTA）的大会上发表演讲。

克拉克的一生笃信信仰、人生体悟的治愈力量，他相信精神疗愈可以治愈心理疾病，改善人际关系，克服各种生理、心理依赖疾病，甚至在战争调停方面都具有非常重要的作用。第二次世界大战期间，克拉克主张使用精神疗愈的力量感化希特勒以结束其对波兰的闪电战。这种做法本身并不麻烦，就是往战争前线输送大批的随军牧士，通过神职人员的宗教感化能力去说服轴心国主动停止战争、杀戮。克拉克组织派往前线的教会群体以及神职人员在前线诵经、布道，在客观上阻止了战争的恶化，延缓了战争的发展。

宗教的感化力量和疗愈作用还是非常大的，即使是第二次世界大战中的纳粹法西斯分子也被克拉克所感化。1940 年，波士顿的出版商利特尔 · 布朗给克拉克寄了一份报纸简报，简报称轴心国意大利的独裁统治者曾购买过克拉克的《心灵的真诚愿望》一书，而且是自掏腰包。

克拉克一直对宗教信仰和爱的感化能力深信不疑。1949 年，他在文章中写道："如果当初波兰能满足希特勒的要求，将但则走廊（Danzig Corridor）'和平'地移交给第三帝国（即 1933 年至 1945 年间的德国纳粹政权），那么将有效地拖延战争的爆发，并且有效地帮助同盟国寻找机会去反击。"克拉克还在书中写道："我不相信任何对轴心国的姑息或绥靖政策可以结束战争或解决战争问题，但是运用宗教信仰的感召力和爱的感化力却能在感化以希特勒为首的纳粹分子的问题上起到非常好的作用。"可惜的是，这个灵魂先驱没有完全认识到战争的黑暗，也没能对积极思想的现实意义进行更深入的探究。

在本书的最后一章，我将更加充分地讨论新思想和积极思想在解决痛苦、罪恶、混沌等问题上的实际意义。需要说明的是，第二次世界大战期间，其他新思想领导者们都在积极奔走呼号反对法西斯战争，并形成联盟去支持同盟国。比如，比尔 · 威尔逊就曾在战争爆发前报名参加随军牧师；基督教科学会也曾向前线输送大批随军神职人员及后勤服务人员，为盟国军士进行心理疏导和心理治疗。

新思想的传播大使：欧内斯特·霍姆斯

欧内斯特·霍姆斯（Ernest Holmes，1887 年—1960 年）是一位神秘学家和美国宗教科学的奠基人，他主张在新思想的大旗下将其宗教科学的教义运用到实际生活中。他通过举办讲座、演讲以及疗养课程等形式，将这一哲学观点运用到实际生活中，并在美国掀起了一股精神科学的宗教运动。

新思想之所以被更多的美国人所知，霍姆斯在新思想的发展形成中起到非常重要的作用。同时，他也是将新思想普及到全美的重要人物，吸引了很多社会名流追随。他的粉丝中有大名鼎鼎的猫王（Elvis Presley），还有著名的电影制作人塞西尔·德米勒（Cecil E. DeMille）。如果非要给他一个评价的话，那么霍姆斯可以当之无愧地称为美国新思想的传播大使。

霍姆斯的生平非常有意思。1887 年，他出生在美国最北边的缅因州，父母都是地地道道的农民。他年少时家庭条件艰苦，是一个地道的北方扬基客（Yankee），然而他却称自己来自富饶的加州。他从未接受过系统正规的教育或培训，但是却颇具天赋，在青少年时期就热衷于研究新思想、超验主义、基督教科学会教义以及创造性思维等。他还研究过新思想领域颇有建树的一些英国作家，如苏格兰福音传教士亨利·德拉蒙德（Henry Drummond）、玛丽·贝克·艾迪等，并被英国法官托马斯·特洛沃德（Thomas Troward）的思想所吸引。亨利· 德拉蒙德是英国维多利亚时代具有代表性的作家，代表作有《世界上最奇妙的事》和《人类的进步》，前者奠定了他的终身成就。托马斯·特洛沃德则是新思想领域的重要作家，他擅长演讲，曾将演讲稿结集出版，这一系列演讲稿的主题是“创造性思维之逻辑及其原理”（logic behind creative-mind principles），他极其重视和提倡发挥个体潜能。

除此之外，霍姆斯对爱默生超验主义的著名代表作《论自立》（*Self–Reliance*）尤其感兴趣。当大部分评论家认为爱默生为个人主义大唱赞歌时，霍姆斯却认为爱默生的思想中隐藏着一个更深层的事实，即每个独立的个体都存在着一个真实的自我，这就是个体的精神核心，其不为外界所影响和控制，唯有充分认识到真实的自我才会体悟到人生的终极意义。霍姆斯对超验主义和“新思想、积极思想”的热情要始于其青少年时代。

第一次世界大战开始之初，霍姆斯在哥哥芬维克·霍姆斯（Fenwicke Holmes）的说服下，从新英格兰举家迁往南加州风景秀丽、气候怡人的威尼斯市。此时的芬维克在威尼斯颇有建树，他在此成立了第一所公理会教堂，并担任牧师一职长达6年之久。在担任公理会牧师期间，芬维克深受阿特金森的影响，一直致力于“新思想、积极思想”领域的研究，也成为弟弟霍姆斯的灵魂导师。

霍姆斯到达威尼斯市后，在哥哥的影响下，兄弟俩开始著书立说，联合开办讲座传播自己的思想理论，并很快吸引了一批听众和追随者。有史料可考，截至1915年，在威尼斯市大大小小的报告厅里，随处可见霍姆斯兄弟的演讲和报告。

1916年初，在洛杉矶的一个演讲大厅内，双目炯炯有神的欧内斯特在众多听众面前，语调高亢、逻辑清晰、态度诚恳地解释了精神哲学以及宗教体系的思想，其核心观点为：客观世界发生的一切都会折射进大脑中，并存入脑部的某个皮质层中。思想反映着现实，意识支配着人类行为；思路清晰、规划明确以及意志坚定的思想有助于目标、理想的达成；否则，则会有碍目标的达成。简而言之，如果想要达成理想中的目标，必须逻辑清晰、有明确的规划以及坚定的信心；相反，如果思想意识混乱无章、没有明确的思想指导以及坚定的信念，将很难达成目标。

此后不久，霍姆斯就前往纽约市以及其他城市举办形式多样的演讲、工作坊，邀请不同行业的人士参加，以此来实地考察和测试其思想的实际效果，很快。他便对其思想进行了系统性的梳理，整理成一套系统的哲学理论，将其命名为“思维科学”或“宗教科学”（Science of Mind or Religious Science），并由此掀起了一股精神疗愈的思潮，迅速吸引了美国宗教科学联合会（the United Church of Religious Science）的众多会众。在吸纳众多听众的基础上，霍姆斯开始将其观点运用到实践中，他举办的精神疗愈课程吸引了更多的听众加入。随着名气大增，兄弟俩在加州长滩成立了精神提升疗养院，并在此举办了一系列的讲座、课程，且发展迅速，其影响很快波及洛杉矶并在此成立了思维科学研究院、哲学院，从而在加州刮起了一股“欧内斯特热潮”，吸引了众多的会众加入，人数之多超乎想象。不久，欧内斯特便在思维科学的理论基础上成立了思维科学会，该会是在“新思想、积极思想”基础上发展而来的。截至20世纪60年代欧内斯特去世时，思维科学会在全美已经招募了超过十万的会众。在他生命的最后几年中，思维科学会内部出现了派系纷争，而纷争的焦点则在于是否让各个城市的分会自行管理各自会内事宜。

1957 年，一批牧师从思维科学会中分离出来，成立了单独的组织。直到 2011 年，全美以研究霍姆斯哲学为主旨的研究所仅剩两所，分别为美国宗教科学联合会以及国际宗教科学会（Religious Science International），后者规模稍小，后来两个机构合并并重新命名为“人生体悟之家”（Centers for Spiritual Living）。

欧内斯特・霍姆斯之所以能够进入新思想领域并掀起一股热潮，很大程度上源于哥哥芬维克的影响和鼓励，从他早年在哥哥的说服下举家迁往加州，到后来两人联合在长滩开办人生体悟疗养中心，兄弟两人一直都是紧密相联的。但其后期却渐行渐远，主要原因在于哥哥芬维克深陷一桩经济丑闻中。

1929 年，芬维克担任公理会兼思维科学会牧师期间收到了纽约州律师的调查传票，据传芬维克向两个教会会众兜售矿业股股票，而这个矿业股实则是垃圾股票，为此纽约州律师启动了调查小组对芬维克进行立案调查，并禁止芬维克以及霍姆斯家族在教会内部从事股票、证券交易等经济行为。虽然本案最终判决芬维克取保候审，但是从某种程度上却深深影响了他的职业生涯。

1932 年，美国纽约州检察局的两名调查人员沃特・沃什伯恩（Watson S. Washburn）和埃德蒙・狄龙（Edmund S. De Long）曾就芬维克一案联合出版了一本名为《无处不在的金融家》（*High and Low Financiers*）的书，书中有这样一段记载：

> 从 1920 年到 1929 年，在霍姆斯经济案审判前夕，欧内斯特和芬维克两兄弟就抛售了估值约 500 万美元的股票，而这些股票却没有给股民带来一丝一毫的红利。

此书的两位作者兼本案的调查员对霍姆斯兄弟经济案热情高涨，曾表示即便倾其所有也要彻查此案，此案也定于 1930 年 5 月进行州高院判决。但问题是，此时的纽约州首席检察官哈密尔顿・沃德（Hamilton Ward）正好任期结束，可能是新任检察官将霍姆斯一案遗漏了，也可能是此案从来就没有进入过司法程序，霍姆斯兄弟经济案就这样不了了之了，而纽约州联邦法院也没有任何关于芬维克案件的记录。

芬维克设法逃脱了法律制裁后，开始积极传播积极思想福音，并获得了非常大的反响和群众支持，其支持者中比较有代表性的有日本的生长之家以及神话学者约瑟夫·坎贝尔（Joseph Campbell）。生长之家为日本的新兴宗教之一，它是在综合佛教、道教、基督教、西方神学及哲学思想的基础上，吸收了美国的身心医学，在第二次世界战后建立起来的类宗教组织。约瑟夫·坎贝尔是美国神话学大师，他深受个人心理学、宗教神学的影响，将二者结合到文学创作中，从此奠定了其在神话学上的历史地位，成为一代宗师。

20 世纪 20 年代后期，坎贝尔曾参加过芬维克在纽约的讲座。此时的坎贝尔还只是一名年轻的学者、籍籍无名的小作家，芬维克鼓励他去体验生活，去找寻本真的自我，积极思考人生的意义。芬维克教给坎贝尔一个练习方法："在四到五个星期内，写下所有能让你感兴趣、令你开心的事，它们可以是一项运动、一件事情，也可以是一种学习。这样经过一个多月的记录、对比，你将会发现这些能吸引你、让你感兴趣、令你开心的事情或事物都存在某种共性和联系，其都有一定的规律，发现这种规律后，对更好地认识自己将有莫大帮助。"这也就是说要遵从内心的幸福和喜悦。坎贝尔也正是在芬维克的启发下发现自己对神话世界的痴迷，并坚定自己成为一名神话学学者的决心。尽管芬维克·霍姆斯没能在经济上大富大贵，但却在精神上和意识形态上影响了社会各界人士。

在芬维克经济纠纷案中，欧内斯特很幸运地没有被卷入其中。联邦调查局的两名调查人员也曾试图指控他涉嫌 1917 年在长滩兜售垃圾股票，但最后都因没有证据而不了了之。1925 年左右，欧内斯特停止了与芬维克的工作往来并断绝一切联系，具体原因不得而知，两兄弟于 1958 年再度合作，联合创作了颇有影响力的史诗——《天外之音》（*The Voice Ccteti*）。两年后，欧内斯特·霍姆斯与世长辞。

欧内斯特·霍姆斯在传播、普及新思想方面的成就和贡献要远远高于他对公理会的贡献，作为南加州人生体悟文化领域一位非常有影响力的人物，他曾经吸引了社会各界名流的追随和颂扬，包括以《为什么你不能做正确的事》（*Why Don´t You Do Right*）一曲成名的著名歌星佩姬·李（Peggy Lee），还有好莱坞影星卡莱·葛伦（Cary Grant）、著名电影制作人塞西尔·德米勒。著名已故歌手猫王普雷斯利生前就称欧内斯特是自己最喜爱的作家之一，而欧内斯特最具代表性的著作《思维科学的基本思想》也被收录在乔治·卢卡斯图书馆。并且，欧内斯特的影响力在当今美国仍未消失，备受世人敬仰的传教士兼作家诺曼·文森特·皮尔（Norman Vincent Peale）就多次宣称自己深受霍姆斯思维科学的影响；著名的棒球王牌投手巴里·席托（Barry Zito）称其著作和思想深深地影响了自己，也是自己运动生涯能够取得瞩目成就的精神动力；2007年，马丁·路德·金的孙女尤兰达在生命弥留之际，称霍姆斯的人生体悟科学是自己一生最崇尚的人生体悟信仰。

欧内斯特和大多数新思想、积极思想的学者们一样，其在当今的美国已经消逝于历史的长河中，然而他所掀起的一股精神疗愈、人生体悟对于新思想的补充非常好地将新思想、积极思想普及到了大众中。在这一点，他无愧于“新思想、积极思想普及大使”的称号。

乐观主义的首创者：克里斯蒂安·拉尔森

积极思想或多或少地影响着积极心理学的产生和发展。在这一节中，我们将详细介绍将乐观主义普及推广的第一人，他就是著名的新思想作家拉尔森，也是现代美国励志成功学、精神疗愈和自我提升的奠基人。

克里斯蒂安·拉尔森（Christian D.Larson，1874年—1954年）是美国著名作家、新思想学者、精神心理学家和宗教科学家，同时也是《心理科学》杂志的创始人、新思想运动的领导者和精神领袖。另一方面，他还是新思想界的多产作家，他洞察人生，具有非凡的远见，其作品中的主旋律皆为自我提升、积极乐观、永不停息，并在美国刮起了一阵乐观主义风潮。拉尔森奠定了美国现代自我成长领域的基础，他是现代美国精神疗愈、自我提升界的奠基人。拉尔森同时也是一名成功的商人，拥有强大的出版帝国。

1874年，拉尔森出生在艾奥瓦州北部的一个小村子，父母都是挪威移民。青少年时期的他曾立志从事路德教派牧师一职，并于1893年报名进入明尼阿波利斯的路德教神学院学习。但在神学院学习了一年之后，他却对一元论[①]、超验主义以及精神哲学、

① 一元论认为上帝只有一位，提倡自由、理性和容忍。超验主义认为，人可以超越感性和直觉认识真理。人类具有主观能动性，个体应该去追寻内在的灵魂和思想。——译者注

心理科学越来越感兴趣。

1898年，拉尔森搬到辛辛那提，在此开始了写作生涯，很快便出版发行了一系列“积极思想福音”方面的书，一跃成为多产且颇受关注的作家。他这一时期的作品中诞生了许多广为人知的名言警句，如简约生活、重塑自我、活在当下、心怀感恩、尽你所能等。著名的脱口秀女王奥普拉•温弗瑞更是将“心怀感恩”一词常挂在嘴边。美国军队的“尽你所能”的征兵广告就是引自拉尔森的笔下。

1922年，他出版了名为《给自己的承诺》（*Promise Yourself*）的冥思诗集，这本诗集旨在颂扬积极乐观的心态和精神面貌，引导读者如何做一名坚定的乐观主义者，很快就在全球范围内引起广泛的瞩目，并被国际乐观主义协会（Optimist International）收入为协会信条。国际乐观主义协会是一个国际性慈善组织，类似于国际青年会和扶轮社。拉尔森的诗集引起了世人的关注，书中所倡导的乐观精神被世人称为“乐观主义信条”。拉尔森还曾一度担任国际新思想联盟的荣誉主席。

至此，拉尔森的职业生涯相当精彩，他出版发行了大量书籍，在芝加哥成立了自己的图书出版发行公司，帮助其他作者出书，并于1901年创办了《自强不息》杂志（*Eternal Progress*）。《自强不息》杂志的发行具有划时代的意义，而这一杂志的命名和当时所处的进步时代息息相关。

为响应该时代的号召，拉尔森将自己的杂志命名为“自强不息”。该杂志制作精良，创刊宗旨旨在关注社会进步、思想发展、精神觉醒，颂扬乐观主义精神、弘扬普世价值观。同时，该杂志最具特色的一点是刊登了一系列旨在突出美国国家形象、经济发展、弘扬社会正能量的照片和插图，并以图文形式进行刊登，颇具报告文学色彩。例如，1906年旧金山发生地震和大火，《自强不息》杂志就报道了旧金山市政府和市民积极参与灾后重建，其在太平洋西北沿岸建立了很多捕鱼公司，以及其他促进经济发展的举措，以此来激励美国人民对生活充满希望、保持乐观进取的精神。除了积极推行乐观主义信条外，拉尔森还率先在杂志上发表文章，呼吁全民普选，尤其是妇女参政议政。他还倡导劳改犯的再教育和再改造。《自强不息》一直运营了十多年，直到20世纪10年代停刊。

《自强不息》杂志非常好地捕捉到了美国进步时代的一切特征：经济上，工业革命带动经济蓬勃发展，使商业界对打破贸易壁垒的诉求日益高涨，从传统农业社会向工业社会转型中的美国经历了任何国家在经济转型中的阵痛；政治上，社会矛盾的加剧，主流社会要求社会变革的呼声此消彼长；思想意识上，威廉·詹姆斯的实用主义的兴起和流行打破了传统宗教神学对于人性和创造力的束缚，鼓励民众积极努力、奋发进取。除此以外，一种打破宗教束缚、呼吁新型心理治疗法在实践中开展。这些具有很强时代精神的方方面面都反映在拉尔森的《自强不息》杂志中。1909 年，汤森德·艾伦（Townsend Allen）在该杂志上发表的一首短诗非常好地反映了此时的时代风貌，原诗如下：

最是那远古的一粒尘埃，
向上向上，是你的使命，
更大更强，是你的目标，
勇往直前，即便心怀恐惧，
上苍会给予你坚强，
上苍会给予你动力，
去往更美好的明天。

为了扩大杂志的影响力，1909 年 6 月，拉尔森将《自强不息》杂志更名为《进步》（*Progress*）。拉尔森的职业生涯和他的出版帝国似乎一帆风顺，然而事实却并非如此，他的一生尤其是他的商业生涯却是此起彼伏、盛衰无常的。1911 年 7 月 25 日，拉尔森因卷入一桩 30 万美元的债务纠纷中而被北伊利诺伊州地方法院裁定强制破产，法院下令收回其公司名下的所有工厂，解除拉尔森对该公司的控股，并勒令《进步》杂志停止发行，而此时，该杂志在全美的发行量高达 25 万份。虽然拉尔森的公司被地方法院接管，杂志也被勒令停止发行，但还是留下了价值约 1 万美元的厂房、印刷设备等固定资产。然而雪上加霜的是，就在他的公司被裁定破产后不久，一场大火将芝加哥的印刷厂和设备化为灰烬。一夕之间，拉尔森从响当当的出版大亨沦落到一无所有。

同年 8 月，拉尔森离开芝加哥前往洛杉矶，初到洛杉矶的拉尔森整装待发、重拾旧业，将他之前出版的书籍重新补录，并再版发行了《如何挖掘并利用你的潜力》一书。没错，这本书也是普伦蒂斯·马福德的代表作。1910 年，拉尔森借用马福德的代表作来为自己的书命名，在这本书里，拉尔森推出了他著名的乐观主义信条。1912 年，已经迁至洛杉矶的他再版发行了这本书，只不过这次，他将版权页上的出版年份从 1910 年改为了 1912 年[①]，将版权所有人从他芝加哥名下的出版公司更新到他的私人名下，他此举的目的可能是为了保护书籍的发行，避免这本书因为芝加哥的债主和破产而受到影响。通过同样的方法，拉尔森在洛杉矶又出版发行了多部书籍。

在洛杉矶东山再起后，拉尔森在接受媒体采访时，当被问及为什么没有对芝加哥的出版公司进行重建，他回答自己并不是因为失去信心才离开芝加哥。他之所以离开芝加哥去洛杉矶，主要是为了顺应国家发展的趋势，此时的西海岸蕴藏着更多的发展机会，而洛杉矶正好给了他一个非常好的重塑自我的机会。重塑自我是拉尔森一生的生活哲学，即使面对堆积如山的债务、排成一个“加强连”的债主，他也不会对生活失去信心、对人生失去希望。

1912 年，拉尔森重新回到出版业重建他的出版帝国，重新发行了《进步》杂志，该杂志继续秉承了之前的传统，承担社会责任感，弘扬社会正能量。另外，该杂志还曾主办了以“走向繁荣”为主题的征文比赛，悬赏 500 美元寻找最励志、最积极、最催人奋进的文章。《进步》杂志很快便又风生水起，拉尔森又重新回到了事业巅峰。截止到 1962 年去世，他一共出版了 40 多部著作，且其可读性都非常强。在这 40 多部书中，他传递了自己的积极乐观主义信条，积极倡导思想意识对现实的重要性。他的早期作品给宗教束缚下的教徒带来了自由的曙光，给遭受经济转型阵痛的美国民众带来了希望，他的作品被誉为“积极奋进、修身养性的福音”。不仅如此，拉尔森也对霍姆斯兄弟以及新思想界其他人士产生了深远的影响。

纵观拉尔森跌宕起伏的一生，从债务缠身的芝加哥破产生涯，到洛杉矶的东山再起，他面向光明、思维积极，避免被生活的不如意所累。可惜的是，评论界鲜有人能理解他这一生活哲学和人生理念，他在宗教信仰上所做的妥协也遭到了很多宗教界人士的批评。

---

① 拉尔森将《如何挖掘并使用你的潜力》一书版权页上的出版年份从 1910 年改至 1912 年，因此也造成了一种世界范围内的误解——乐观主义信条产生于 1912 年，但事实上是 1910 年。

毕生追寻人生体悟的销售大师：罗伊·赫伯特·加勒特

在这一节中，我们将介绍罗伊·赫伯特·加勒特（Roy Herbert Jarrett）这位活跃于20世纪二三十年代的大家。他大器晚成，年过半百才开始著书立说。他很好地将积极思想运用到实际生活中，并将积极思想的积极心理暗示普及推广，自创了一套基于积极心理暗示基础上的实用主义生活哲学，即通过积极正面的心理暗示，在日常生活中不断鼓励自己、肯定自己，建立积极正面的生活信条，以期实现个人成功，改善生活质量。年过半百之际，他将自己半辈子的人生经验总结成系统的生活哲学并结集成书，以笔名R.J.F（其实就是他本名的缩写）自费出版了一本口袋书，书名为《行之有效的生活哲学》（*It Works*）。

此书出版于1926年，全书共计28页，短小精悍、易于携带、便于阅读，一顿饭的工夫就可以翻完，因此又名“小红宝书”。此书一经出版，就引起了众多读者的普遍好评并一度脱销，最终加印150万册，甚至很多从没涉猎过精神心理学的人也纷纷购买。读者的热情是高涨的，成批的书迷们成打地买来此书赠与亲朋好友。不仅如此，更有大批读者通过出版社写信给加勒特，表达他们对偶像的崇敬之情。他俨然已经成为名噪一时的畅销书“偶像”作家，只不过这位“偶像”此时已经52岁了。同时，这本书在业界也得到了非常好的评价。

关于这本口袋书的命名，其中还有一个小故事。早在这本书定稿、出版前，就已经得到了资深出版人士的关注，如芝加哥史蒂文森广告集团的老板史蒂文森先生，虽然名为“广告集团”，但史蒂文森广告集团实际上就是一家出版公司，以专业出版发行精神心理学、宗教神学类书籍刊物而闻名。史蒂文森先生在看完书稿后，在书评中仅仅用了一个言简意赅、语气坚定的词语：切实有效！后来，加勒特就用史蒂文森的书评来作为这本书的书名。这本书面向市场发行后不久，史蒂文森就向加勒特抛来了橄榄枝，聘请他为自己公司的顾问和客户经理。一夕之间，加勒特晋升为企业高管。

52岁转行投身文学创作，发表的处女作莫名其妙大卖，一不小心成为了名作家，甚至跨界做起了企业高管，加勒特的一生非常好地证明了他的人生哲学确实是一门靠谱的、行之有效的哲学。

1874 年，罗伊 • 赫伯特 • 加勒特出生在伊利诺伊州昆西市的一个苏格兰移民家庭中。他年少时家庭贫困，父亲是一名帮公司看大门的保安，而母亲在他 8 岁的时候也不幸去世了。将近而立之年时，加勒特搬到了纽约州的罗切斯特，在这里开始了第一段婚姻，并在史密斯精品打印机公司担任销售经理一职。可惜不久之后，他的婚姻宣告失败。

1905 年，为了能照顾年迈的父亲，加勒特搬到了离昆西市更近的芝加哥，并在此认识了第二任妻子。在芝加哥，加勒特完成了职业生涯的一次华丽转变，跳槽到美国印刷公司（American Multigraph，简称“美印公司”）担任销售经理一职，这也是他人生中一个非常关键的选择。

美印公司主要生产（手动）打印机、办公用打印设备，其中打印机是该公司的明星产品，其也曾是美国红极一时的打印机公司。美印公司生产的打印机引起了美国印刷业的一场革命。该产品体积小，简单易用，用途广泛，可以打印商品标签、黄页、企业产品目录、传单、宣传册、广告单页、信件书稿等各种纸质材料。因此，美印公司在 20 世纪二三十年代风靡全美，其地位绝对不亚于现在的苹果公司。不仅如此，美印公司还因为其传销式的销售动员大会和狂热的销售策略而在业界名噪一时。

1922 年 9 月，美国制造业日报《办公用品》（*Office Appliance*）杂志曾采访过该公司的广告部经理提姆 • 斯韦伏特（Tim Thrift），提姆在采访中说道：“多年来，美印公司在所有员工的销售或动员大会上都着重强调了公司的使命和愿景，希望员工认识到美印公司不仅仅是一家生产、销售打印设备的制造企业，更是一家社会型企业。公司期望服务社会、改变社会，为人们创造方便快捷的工作环境。而销售部员工在接受销售策略技巧培训的时候就屡次被告知初级销售推销产品、高级销售推销产品背后的灵魂和精神。美印公司的灵魂就是其服务社会、改变世界的决心和信心。美印打印机不只是一块金属浇铸的东西，更是一种奋发向上、积极进取、渴望改变的精神。用美印，永进步；使用美印打印机，引领进步潮流。美印公司就代表着进取、改革和进步。”

阴谋论者可能会认为，美印公司的这种营销方式是一种传销式的鸡汤推销，但是对于加勒特来说却极具里程碑意义。美印公司将积极思想结合销售策略的方法激发了他的创作灵感，从而促成其走上写作的道路。从某种意义上来说，加勒特在美印公司的工作经历对其有着非常重要的启发作用。

在美印公司担任销售一职以来，加勒特分析总结自己的销售经验发现，积极正面的、鼓舞人心的销售策略以及与客户之间的良性沟通，有助于提高销售业绩。其中积极正面、振奋人心的销售策略与积极思想有着非常重要的关系，加勒特早年曾研究新思想、积极思想。

加勒特初次接触到积极思想主要来自于他在芝加哥认识的一位法国心理学家埃米尔·柯尔（Emile Coue），并在柯尔的影响下研究新思想。柯尔是欧洲“心理暗示”研究的集大成者，其核心观点为：正面的心理暗示会给个体带来积极正面的生活、工作成果；反之，则会有相反的结果。

1857 年，柯尔出生于法国的布列塔尼，他早年研究催眠术，曾参加过美国一家学校的邮政函授课程，这一课程来自纽约州罗彻斯特市，主要通过邮局订阅课本教材和辅助学习资料来对远程学生进行辅导，柯尔从一开始坚持到最后学完此课程。19 世纪 80 年代末期，他拜师著名的昂布鲁瓦兹·奥古斯特·李厄保（Ambroise-Auguste Liebeault）进行系统的学习，研究现代催眠术。李厄保是法国著名的精神病学家、南锡学派的创始人，被世人称为“现代催眠术之父”。在师从李厄保研究催眠术的同时，柯尔也兢兢业业地做他的本职工作——做一名合格称职的药剂师。

时光回到 1900 年初，在法国东北部的特鲁瓦耶小城，此时的柯尔在一家医院担任药剂师一职。在长时间对患者的临床研究和分析中，他总结出了一个惊人的发现：在疾病治疗、康复的过程中，药剂师应尽可能多地跟患者提起治疗配方的积极治愈作用，更好地解释药品的治病机理及其效用，而尽可能少地在患者面前提起副作用，这样将会加快其疾病的治疗进程和康复。

柯尔也逐渐发现，积极的心理暗示不仅可以促进疾病的康复，也能帮助正常人达到心理、生理上的健康标准。为此，他对这一理论进行了大量的临床实践，并创立了积极的自我暗示理论和方法，也就是现代催眠术的一支。积极的自我暗示要求研习者在放松时或半梦半醒状态下，反复默念以健康、快乐为主题的箴言警句，以此来促进疾病的治疗和康复进程。

柯尔认为，大部分人对自我认知和自身潜力的评估远远低于实际水平。人类的潜能要远远超出个体的想象和现有的认知范围，人类的意识分为有自觉的意识和不自觉的潜意识。当二者发生冲突的时候，主宰我们的往往是后者，即潜意识。潜意识决定着个体的潜能，个体的潜意识越正面、越积极、越强大，其潜在的能量就越大，反之则越弱。在日常生活中的很多时候，潜意识下的自卑、焦虑、恐惧、多疑等许多负面因素会将个体的潜能局限在一个很小的范围，因此个体必须训练潜意识、挖掘潜意识的巨大能量。举例来说，当一个人走在木板铺设的平地上时，很显然，这是一个非常容易完成的任务，当然也没有人会觉得不可能完成。但当你把这块木板抬高离开地面10米，并且木板四周没有保护措施的时候，大部分人因潜意识中对高度的恐惧、对自身平衡感的不自信等因素（也可称之为“对实际情况过于消极的评估”），从而限制了自身能力的发挥，因而很难完成此任务。

通过这个例子，柯尔向我们阐释了一个道理：在大多数情况下甚至在人际关系中，很多看似很难、很复杂的问题或工作任务其实就其本身并不难，其只是被人为地复杂化和消极化。他认为，在心理意识层面，大部分人总是低估了自己的潜力，而在潜意识里暗示自己无论是心理还是生理上都是脆弱的，“我不能”“我不会”“我不敢”成了很多现代人的通病。为此，他提出了积极心理暗示疗法和积极自我暗示两个理论，并创立了心理暗示实践学会。

在临床实践中，柯尔的自我暗示方法可以简单概括成一句话——去繁就简、极简生活。这一理论的指导原则——去除负能量，创造正能量，指的就是去除或弱化人生的消极阴暗面，憧憬积极美好的生活，不断地提醒自己生活的美好、阳光的温暖、人性的光辉，建立良性的气场。他还创立了一个人生信条：日复一日，年复一年，生活其实并没有想象中的那么差，其往往会更好。

柯尔的自我暗示的实施方法很简单：每天早上起床、晚上睡觉前清除杂念，或在心中默念、大声诵读他的人生信条至少20遍。为了怕大家少念或多念，他还建议在过程中使用结绳记事的方法来记录，即在一根绳子上打上20个节。柯尔的心理暗示疗法可操作性强、难度小、灵活方便，任何人在任何地方和任何时间都可以进行。因此，这种方法一经推出就引起了众多追随者，并帮助数以万计的患者找回了生活的自信，获得了巨大的成功。他的思想和理论也影响了后世许多的心理学家，其中最著名的当属西格蒙德·弗洛伊德。

20 世纪 20 年代早期，柯尔的自我暗示理论和治疗方法从法国传到美国，并被美国媒体界誉为“法国的奇迹”。多家权威心理学报刊、杂志更是将柯尔设为封面人物进行重点推荐，他的故事和理论也被各大报刊杂志进行转载或连载，其中有家报纸上的柯尔的照片设计让他看起来就像一位留着山羊胡子的大魔术师，他的眼睛上面别具匠心地设计了一串打结的绳子，这代表着他在给病人做心理治疗时用的结绳记事。这一封面设计在全美引起了很大的反响，柯尔也一跃成为轰动一时的国际人物。1923 年 1 月底，柯尔应邀来到美国做了为期三周的访问讲学，讲学的最后一站就在加勒特当年工作的芝加哥。也就是在这里，加勒特参加了柯尔的讲座并接触到了心理暗示研究，从而深深为之吸引。

1912 年 2 月的某天，芝加哥的交响乐大厅内挤满了 2000 多人，其中有心理学界的权威，也有普通民众，大家齐聚一堂来听这位远道而来的心理学大师的专题演讲。柯尔还当场在众人面前演示了他的心理暗示疗法。他现场请上来一个因中风偏瘫而行动不便的病人，引导该病人将全部注意力集中到双腿上，并不断地暗示自己的双腿是健康的，使其进入半催眠状态，他最后连续不断地暗示该病人他的双腿是健康的。该病人在柯尔的催眠下竟奇迹般地从轮椅上站了起来，顿时全场轰动，大家纷纷表示柯尔的催眠暗示具有奇迹般的疗效，甚至还传他有通灵的本领。然而，柯尔当场就否定了这一说法，称他的催眠暗示疗法并没有通灵的功效。他的原话是这么说的：“我没有通灵的本领，不能创造奇迹，也没有奇迹之手。”他还当场指出，催眠暗示疗法只适用于心理性疾病。

那么，什么是心理性疾病呢？顾名思义，心理性疾病是指由于心理压力过大或精神长期处于紧张、焦虑或忧郁等状态下而产生的生理或心理上的病痛。催眠暗示对于因人体脏器受损的功能性或器质性病变丝毫不起作用。这从根本上确定了柯尔的心理暗示疗法的心理学意义。

对于相当一大部分的美国民众来说，柯尔的催眠暗示疗法对处于专制压迫中的人民具有十分特殊的意义，影响了众多的美国民众，其中最具代表性的人物有马库斯·加维（Marcus Garvey，1887 年—1940 年）。加维是美国著名的黑人民族主义者，提倡黑人解放、民族独立。20 世纪 20 年代早期，他就拥有几百万的追随者，具有相当大的社会影响力和号召力。他经营过名为《黑奴世界》（*Negro World*）的报纸，并曾在一篇社论文章中引用了柯尔的人生信条："日复一日，年复一年，生活其实并没有想象中的那么差，其往往更好。"该社论文章还称，加维的思想和柯尔的一样，都具有振奋人心、鼓舞士气的效果。

1921年的美国之行，让柯尔耳目一新，打破了他对美国人固有的刻板印象。他在书中写道："法国人普遍更倾向于探究心理暗示在理论层面上的可行性和其是否合乎原则，而很少考虑它的实际意义，即其对日常生活的正面作用。然而，美国民众却恰恰相反，他们对新事物、新理论的接受程度要高于法国人，他们中的大部分人在接触到暗示疗法之后就看到了它的积极作用，并在生活中广泛地加以运用，这一点远远超乎我的意料。"

1926年，柯尔再次来到美国演讲，加勒特也参加了，并在其书中描述了柯尔此行的情况："不久前，柯尔医生再次访问美国，并在演讲中向成千上万的美国民众解释怎么使用心理暗示方法以及怎样才能在实际生活中切实帮到自己。不过这一次，美国民众似乎并不买账，他们认为柯尔的心理暗示方法哗众取宠，并不具有重要的实际意义。"加勒特一如既往地对柯尔的理论深信不疑，并看到其中巨大的潜能。从美国讲学回法国后不久，柯尔先生就与世长辞了。不过他在应用心理学方面的成就却是有目共睹的，他也因此被尊称为"心理暗示疗法之父"。

加勒特在柯尔心理暗示理论的基础上创立了"成就自我的三个原则"，并在他的处女座《行之有效的生活哲学》一书中做了详细的解释。这三个原则可以简要地概括为：

1. 静心、寻找心灵最深处的自己；和自己对话，我到底想要什么？
2. 时刻提醒自己想要的和已经得到的；
3. 关注自己的内心成长，时刻保持正面、积极乐观、进取向上的心态，避免被消极情绪所干扰。

加勒特的积极心理思维三原则其实是在柯尔的"心理暗示"理论基础上发展而来的，在认识到心理暗示的作用和意义基础上积极主动地训练正性潜意识，培养乐观的性格，这便是加勒特在书中提到的"潜意识的训练"（subconscious-mind training）。

他鼓励读者将这一训练运用到生活中的每时每刻，久而久之就能形成正性气场。加勒特认为，对潜意识的主动、自觉、有意识的训练不仅仅是训练我们的思考能力、认识我们的内心、了解我们的渴望等，还要激发我们内在的潜能——一种我们自己都不自知、没有察觉的潜能。这种潜能可以激发、促成我们将思想最深处的所想、所需、所要转化为现实，还可以帮助我们实现心底最深处的渴望，其在宗教学上或唯心论上被称为“神光”“灵光”或“神与我们同在”。在精神心理学上，这种潜能被称为“身体和灵魂的合二为一”，现代心理学上则将其称为“本能”。

在《行之有效的生活哲学》一书中，加勒特鼓励读者将这一潜能训练尽可能多地运用到工作和人际交往中，用其解决更多在工作中遇到的困难、提高团队工作效率等。他在书中使用了大量通俗、简短、易懂的短语和警句以及简单易行的操作方案。

加勒特的书一经发行就获得了广泛的支持并迅速销售一空，商业上取得的相当大的成功给他带来了颇丰的经济收益，然而加勒特似乎却并不满足于此。多年后，他给自己的书作评价时说：“这本书仅仅给了读者一些达成目标、完成梦想的指导原则，以及如何在实际生活、工作和社会交往中正确实施的一些细则，虽然其内容在总体上有益身心，但却并不令人满意，大多数读者并没有领会书中很多深刻的细节，甚至会忽略它们。”

因此，在《行之有效的生活哲学》面市后的 5 年中，加勒特再次进军出版业，于 1931 年出版发行了他的第二本书《挖掘实现梦想的潜能》（*The Meaning of the Mark: Discover the Mysterious Success Power Behind the Classic It Works*）。该书无论从内容上、跨度上还是深度上都比第一本书更为全面、更为深刻，加勒特花了 5 年的时间来写作此书，将其作为对第一本书的完善和细节解释。

加勒特的第二本书的核心思想是如何实现充实、美满和有趣的人生。他认为，实现美好人生需要具备两个要素：外在的努力加上精神觉醒（或称个体的开悟）。对自身有足够深的认识后，就会触发某一个点，从而达到精神觉醒，只有将这两方面结合起来，才能实现更高层次的人生目标和实现人生的终极意义。关于这点，他在书中进一步解释道：

> 正确的思维模式应该是：把自觉的意识和不自觉的潜意识完整地统一起来，充分认识潜意识的力量，不断地训练、挖掘和利用个体的潜意识，将潜意识和意识很好地结合起来，实现人生的超越。

《行之有效的生活哲学》一书在商业上的成功，让加勒特的晚年衣食无忧，他和妻子在洛杉矶著名的比弗利山庄买了一套别墅，并在此度过了一段质量相当高的生活，但是加州比弗利山庄阳光明媚的生活却是短暂的。1934 年，他被诊断罹患白血病，并在 3 年后医治无效去世，享年 63 岁。

早年任职大公司担任销售主管，工作业绩颇佳；晚年从事艺术创作，并一跃成为畅销书作家，加勒特成功的一生很好地验证了他的人生哲学。和詹姆斯·艾伦以及其他新思想领域的领军人物一样，加勒特把自己的生活经验结合到自己的生活哲学中，并在生活中反复实验直至证明其真正有效，才将其系统地写下来并传于后世，就这一点来说，他就值得被世人尊敬和敬仰。

传媒领域的改革创新先驱： 弗兰克·鲁滨逊和菲尔莫尔夫妇

成功地将现代市场营销、广告宣传手段运用到新思想领域的先驱非弗兰克·鲁滨逊（Frank B.Robinson）和查理斯和莫尔特·菲尔莫尔夫妇莫属，三位人士创造性地运用现代市场的营销手段，极大地推广和普及了新思想和积极思想运动，并完善了该运动的内涵和外延。

鲁滨逊出生在美国西部，他幼年丧母，被父亲寄养在孤儿院，其青少年时期是一名典型的西部牛仔。据记载，他相貌英俊、仪表堂堂、谈吐不凡，甚至在进入职场后也因其超高的颜值得到不少好处。而菲尔莫尔夫妇和鲁滨逊几乎生活在同一时代，他们生活在美国的中西部地区，夫妻两人感情深厚、情比金坚，有着共同的信仰和相似的价值观，生活节俭、诚实守信、善良虔诚。在意识形态上，他们深信基督教的救赎和疗愈作用，认为基督教不仅能为广大教友提供一个互相支持、互相帮助、互相告慰的地方，还是一个疗愈组织。在美国大萧条时期，菲尔莫尔夫妇成立了团结教会，将这一理念普及给成千上万人；而同一时期，鲁滨逊也成立了心灵会（Psychiana）。

鲁滨逊和菲尔莫尔夫妇率先利用大众媒体渠道去传播新思想福音，他们通过广告、电台以及邮寄等形式向更广泛的受众传播福音，加速了新思想的传播。因此可以说，鲁滨逊和菲尔莫尔夫妇是第一批将现代广告营销学成功地运用到新思想传播的创新者和改革派，他们颠覆了传统教义的传播方式，第一次在全美范围内运用全新的现代手段去推广和普及他们的思想。

心灵会是由鲁滨逊在20世纪20年代末期成立的，最初主要通过邮政函授的方式来进行广告宣传和推广。当时，鲁滨逊在艾奥瓦州的莫斯科城经营着一个函授辅导班和一家印刷公司。该函授班就是心灵会的雏形。而这家印刷公司就是专门用于印刷函授材料，该函授班的指导思想源于“新思想”，旨在向函授学院介绍“思想改变现实的力量”。鲁滨逊的函授材料设计新颖、布局别具创意，大都是文摘形式的、通俗易懂、短小精悍的文章，鲁滨逊还频繁参加各种电台节目，通过电波向听众介绍函授班的课程内容、课程设置以及其他详细情况。他还开创了无效退款的先例，向用户保证如果整个函授课上完觉得没有效果，可以无效退款，这一条款吸引了大批学员加入。他还在电台节目中介绍自己的个人成长经历以及如何利用思想的力量来改变自己的命运，并发展了自己的人生成长哲学。同大部分新思想家们一样，鲁滨逊年少时命运多舛，经历悲惨，经历了人生的种种低谷，最后自己通过从人生中总结、学习的智慧而走到了人生的顶点。

弗兰克·鲁滨逊1886年出生于英格兰北路的一个浸礼会家庭，父亲是浸礼会牧师，但却酗酒、暴力，对家庭极不负责。小弗兰克8岁时，母亲死于肺炎，他幼年丧母、生活悲惨。6年后，14岁的弗兰克和12岁的弟弟悉尼被父亲扫地出门。此时，他们的父亲又娶了个妻子，重新组成了一个新家庭，开始了他的新生活，因此把兄弟俩送到了加拿大安大略省的一个传教士家庭，老鲁滨逊的本意是将兄弟俩送到这个传教士朋友家里寄养，但却没有给任何的赡养费或生活费。当弗兰克和悉尼兄弟俩到了安大略省时，他们就被这个传教士拒之门外。

身在异乡、举目无亲，弗兰克和弟弟流落街头并辗转于各种工作中，他曾在加拿大皇家骑警队担任警员，后来回到美国参军，在美国陆军和海军都曾服役过。在此期间，他染上了严重的酒瘾并屡次因酗酒、渎职、工作表现不当而被免职。尽管如此，他还是凭着潇洒倜傥的外貌和对宗教、人生体悟与生俱来的领悟能力，考上了麦克玛斯特大学（McMaster University）圣经神学院，甚至还在多伦多找到了一位资助者赞助他去学习。在神学院学习期间，鲁滨逊和其他学生颇为不同，他有自己独特的看法，并坚信自己的理论。他坚持认为，任何一种宗教都不能凌驾于其他宗教之上；所有的宗教理论都有相似的组织体系，而所有宗教的主旨在根本上都是对人类起源和生命奥秘的探寻。他还坚称，这世间没有一种神话或宗教可以给予凡夫俗子真实的依靠，也没有一种神话或信仰可以解决实际生活中的问题或困难，将处于水深火热中的人们拯救出来。因为和教会格格不入的理念，他的资助人相当恼火，并终止了对他的经济资助，失去资助的鲁滨逊不得不中断自己的学业，离开多伦多搬到美国的俄勒冈。

在俄勒冈的生活是稳定、踏实的，他在这里结了婚，也找到了一份相当体面、稳定的药剂师工作，随后他被公司派往洛杉矶。此时，鲁滨逊已年逾四十，稳定的事业、美满的家庭、持续而有规律的教堂礼拜活动都没能阻止他对人生意义和生活奥秘的探索。在一个阳光明媚的下午，42 岁的鲁滨逊刚刚结束教堂活动，走在回家的路上，陷入了深深的思索中。繁冗拖沓的教会活动和教堂服务已经耗尽了他对传统基督教中神和上帝的热情，传统教会的活动耗去了他大部分的精力。他已厌倦了教会及其所宣传的教义，在多伦多神学院的求学经历一下涌入他的脑海，在神学院指点江山、激扬文字以及和老师、同学辩论的场景过往历历在目，这些一下将他年轻时的斗志激发起来。他醍醐灌顶般地找到了灵魂的皈依和生命的出口，一股暖流击中他的整个身体，使其为之震动，给他注入了一股全新的血液。他的心情瞬间转阴为晴，他的目标也变得更加明确和坚定。他要去找寻年轻时的斗志，找寻在多伦多神学院时未完成的理想，去寻找世间万物的运行规律和前进法则，去找寻“灵魂的皈依”“心灵之皈依”。鲁滨逊的经历和我们之前介绍的 AA 协会创始人比尔·威尔逊的经历颇为相似。

但是，鲁滨逊对自己经历的感悟却和威尔逊的颇为不同，我们前面提过，比尔·威尔逊曾和鲍勃一起创立了嗜酒者互戒协会，该协会的宗旨就是用信仰的力量帮助酒精成瘾者戒除酒瘾。虽然鲁滨逊和威尔逊都用了“灵魂皈依”这一词语，但是他们两人对“皈依于何处”的理解却截然不同。威尔逊认为，灵魂皈依给世人一种超越自身的力量，帮助身处困境中的人走出逆境；灵魂皈依可以抚慰人的心灵，给迷失的人们一个精神的出口、一个宣泄的渠道；灵魂皈依给予人疗愈的功能，帮助人们从过去的阴影中走出来，去往更明媚的明天；灵魂皈依给予世人执念和内在驱动力。然而，鲁滨逊却将他的皈依归结为顿悟或称为“灵魂觉醒”，是一种对于普世规律的大彻大悟，这种普世大法人人都有，是一种形而上的普世法则，简而言之即为“人类的潜意识以及其延伸出的创造力”。他认为，很多年来，宗教界人士、学者们和教友们一直在所谓的“天堂”或通往天堂的路上寻找所谓的“上苍”“上帝”或“神性”以及永恒的普世法则。然而，这种神性或普世大法就在我们的身边，即为人类的心智。我们可以学习认识、开发利用这一心智，进而在实际生活中加以运用、帮助我们解决生活中的问题，使其具有实际意义。

为了能让更多的人去接纳、认识、了解、开发和正确利用自己的心智和创造力，鲁滨逊开始着手写作、制定并规划他的课程，希望通过文字的力量将其表达出来。为此，他接受了另一家医药公司的邀请，和妻子、年少的儿子举家迁往艾奥瓦州的小城莫斯科市，在一家医药公司担任药剂师一职，过着朝九晚六的规律生活。而他之所以接受这份工作的唯一原因，就是这家公司可以六点准时下班，不用加班，这样他就有足够的业余时间去完成潜意识研究和创造力开发的课程设置和撰写中去。

1928 年的某个星期六，36 个小时连续的不眠不休，鲁滨逊用借来的一台打字机逐字逐句敲完了课程的大概架构和设置，并将这一课程命名为“普通人也可以读懂的普世法则”，他一气呵成、很快就完成了这一课程的编写工作。随后，他便东拼西凑筹集了 400 美元去各大报纸、通俗杂志、女性期刊甚至高大上的金融杂志上去刊登广告，宣传他的人生励志课程。他选取了销量最好的通俗杂志和女性期刊作为刊登广告的据点，将费了九牛二虎之力筹来的 400 美元孤注一掷地全部投向市场，砸向广告。鲁滨逊甚至还在广告词中写道：“只在刹那，一切宛如初见，在与上苍对话的那一瞬间，它赐予思想的神秘力量，并授权我将这一力量传达给你们每个人。通过 20 美元 20 节人生课程的学习，我将会教你如何利用思想的力量去改变人生，获取财富，实现成功甚至获得你想要的任何东西，这些愿望我都可以帮你实现，这将是一场改变你人生的 20 节课……”他的这一广告词也引来了很多诟病和许多批评，他也被媒体讽刺为函授界的“先知”，但这丝毫没有影响到这个人生课程的大卖和大批粉丝的追随。

这个人生课程一经推出，便吸引了上万名的忠实客户，以及纷沓而至的成千上万的课程订单。学员们纷纷写信向鲁滨逊表达他们的崇敬之情，很快“心灵会”这一组织便形成了。心灵会认为传统宗教或神学机构很少关注教友们的心理问题，教会长期以来尤其对有心理隐患或忧郁症的教友采取漠视的态度而不去帮助教友解决。因此，鲁滨逊号召心灵会会众反对主流教会陈旧、故步自封的思想，转变思想，对新事物新思想保持开放、宽容的态度。同时，他还鼓励追随者们乐观积极、自信，坚定自己具有实现梦想和达成目标的信心。就这样，一场宗教运动就此诞生了，这就是美国历史上有名的第一场新宗教运动。不久后的第二场新宗教运动则发生在 20 世纪六七十年代，它为美国社会带来了一股性解放、性自由、自由恋爱的思潮，我们在后面一章中会着重介绍。

心灵会发展到后期，有了专门印刷教会材料的印刷厂和邮政函授的专属热线，这给鲁滨逊带来了不错的经济收益。那时，他和妻子以及一双儿女住在艾奥瓦州的一个上流社区，他们有一所大房子。他也因此陷入了“经济诈骗”的丑闻中，甚至有好事者竟然拿他的学历作梗，找出他当年从多伦多神学院辍学的事，指称他“没有正规的神学院学历”。

事实上，根据史料推算，为了扩大心灵会的发展和维持邮政函授课程，多年来，鲁滨逊只给自己发普通白领的工资，并把几乎所有的利润都投入到心灵会课程的印刷出版、市场广告以及邮政函授课程上，其中大部分的预算还会投放到市场广告中去。我们不去讨论这些争议纠纷，而在这里介绍一下鲁滨逊的贡献和美国历史上的第一次宗教运动。

20世纪40年代，鲁滨逊结识了欧内斯特•霍姆斯，两人结下了深厚的友谊。当时，美国的宗教派别意识强烈，宗教隔离问题严重，不同教别、派系的宗教人士、教友几乎老死不向往来，鲁滨逊和霍姆斯却打破了宗教隔膜，联合了一众不同派系的教友在洛杉矶开展了一系列的新宗教运动，呼吁大家要自由包容，兼收并蓄。1941年9月，两位哲学家、神学家联合发表了一个振奋人心、让人热血沸腾的演讲，呼吁大众消除种族隔离，提倡种族平等。在此演讲中，他们还召集了众多的随军牧师和教堂神职人员，一起为即将参加第二次世界大战的美国士兵祈福。就在演讲的第二天，美国政府正式宣布参加第二次世界大战。

在第二次世界大战中，鲁滨逊曾发电报给当时的芬兰总统，建议他使用心灵会教义提高芬兰士兵的士气，增强军队的防御能力，改变芬兰四面楚歌的境地。他还推荐总统先生阅读心灵会的教会材料——《上帝的力量必将战胜战争、疾病、仇恨、恶魔》（*The Power of God Is Superior to the Powers of War*，*Hate and Evil*），他甚至建议芬兰总统在全军中使用这一材料，并推荐全体士兵、军官每天朗诵这本小册子。令人惊讶的是，芬兰总统很快就回电报称，如果鲁滨逊的这一建议有效可行，他会采纳。当然，最后芬兰总统是否真的采纳这一建议，我们不得而知。

虽然一直以来，鲁滨逊都精力旺盛、体格健壮，但却没能战胜心脏病的威胁，这位函授界的先知、心灵会创始人突发心脏病，于1948年10月9日逝世。鲁滨逊逝世后，他的办公室被堆积如山的吊唁信函、慰问卡片、电报悼唁包围着，大批心灵会会员和他的追随者们心急如焚地堵在心灵会的办公室中，只想知道谁将接替鲁滨逊的职责领导心灵会？为此，他们真是操碎了心。

意料之中，领导心灵会的大旗传给了鲁滨逊的儿子阿尔弗雷德（Alfred），他是一位品学兼优的年轻人，曾在斯坦福大学学习，并在第二次世界大战中作为战斗机飞行员参与前线作战。然而，这样一名好青年似乎并没有父亲的激情以及对心灵会发展的热情，子承父业不久后，阿尔弗雷德就因经营不善欠下了如山的债务，不得不于1952年关闭了心灵会及其附属机构，随着曾经生意繁忙的艾奥瓦印刷厂的关门，以及囤积在印刷厂的心灵会宣传材料、传单、课程教材被一卡车一卡车地拉走，心灵会也就此走下了历史的舞台。

鲁滨逊的一生是历史长河中的一朵浪花，而他创办的心灵会从美国大萧条时期开始繁荣发展，到最后曲终人散，也犹如昙花一现，但是他对美国新宗教运动和宗教改革的意义却是非凡的。

20世纪二三十年代，在美国传统宗教影响持续衰弱的形势下，鲁滨逊为处于信仰迷失中的人们指明了一个方向，他创立的心灵会引领了一场宗教世俗化运动。所谓的“宗教世俗化”运动，通俗地说，就是让传统的、高高在上的传统宗教接“地气”，鼓励教会和教义使用宗教信仰的疗愈力量去解决实际生活中的困难和问题。另一方面，鲁滨逊创造性地通过媒体和广告宣传的力量（包括在全国范围内投放广告、电台广告以及函授直邮等形式）来推广他的课程和传播心灵会，这也为后世热衷于传播自己观点的牧师、神职人员等提供了一个非常好的成功典范。

然而，这还不足以概括鲁滨逊一生的贡献。作为一名非主流的基督徒、一名宗教上的“异端分子”和思想上的活跃分子，他呼吁教友打破宗教藩篱和派系偏见，鼓励大家各抒己见、包容并蓄、求同存异，坚持自己的信念并建立完全属于自己的、真正顺从自己内心的信仰，在这一点上，鲁滨逊的贡献是巨大的。

鲁滨逊去世后不久，他的朋友、史学家马库斯·巴赫（Marcus Bach）曾这样称赞他：

> 只有经历过人生的低谷、经济的窘迫，而后通过自己的努力打拼而获取财

富的人，才能明白鲁滨逊的一生及其人生哲学；只有出身草根、经历过生活苦难的人，才会明白从底层奋斗向上的过程是多么地艰难。没有人能随随便便成功。当然，这个世界上也没有固定、一成不变的成功模式。他的精神和灵魂将永远传于后世，这种敢于挑战权威、执着于内心信念的精神将永不停息。

在美国20世纪30年代的新宗教运动中，除了弗兰克·鲁滨逊创立的心灵会外，同期还有查尔斯·菲尔莫尔及妻子联合创立的团结教会（又译“合一教会”），心灵会和团结教会共同成为引领美国20世纪30年代新宗教运动的先驱。

团结教会是由查尔斯·菲尔莫尔及其妻子莫尔特·菲尔莫尔在20世纪20年代联合创立的，菲尔莫尔夫妇在创立此教会过程中也使用了媒体推广的方法，其方法比鲁滨逊的广告推广更为完善和全面，覆盖范围也更大。从某种程度上来说，菲尔莫尔夫妇完善了鲁滨逊的现代广告营销方法。同心灵会的昙花一现不同，团结教会对美国宗教运动的影响更为深刻，至今犹在。

团结教会之所以能有如此大的影响力，和两位创始人非同寻常的人生经历有着密切关系。

查尔斯·菲尔莫尔1854年出生在明尼苏达州齐佩瓦的一个美国原住民家庭。齐佩瓦靠近圣克劳德市，查尔斯的父亲亨利·菲尔莫斯是一名贸易商人，据说亨利曾经和齐佩瓦当地的原住民苏族（Sioux，美洲原住民，很多人居住于美国南达科他州）有着贸易往来。查尔斯两岁的时候，亨利因为贸易纠纷案而被苏族人带走，后来他千方百计逃离了苏族人的控制，回到了家中。

因受父亲亨利的“读书无用论”的影响，少年查尔斯和弟弟们大部分的时间都是在乡间田野中，捕猎、打鱼、务农中度过的。亨利只是把他们送到偏远的农村学校去读书认字。

10岁时，查尔斯在滑雪中不慎摔伤了腿，因为农村医疗条件的落后以及父母的不够重视，查尔斯的腿伤从来就没有真正愈合过，并在他成年后落下病根，造成他的左腿要比右腿长半公分，成年的查尔斯不得不在腿上装一个铁支架才能行走。雪上加霜的是，因为幼年时不慎染上病毒，他的右耳也几乎失聪。

青春期的查尔斯正值南北战争，当时在大部分年轻人中非常流行神秘主义、招魂术，查尔斯也宣称对赫尔墨斯哲学非常感兴趣，这里所指的赫尔墨斯哲学其实是指邮政函授的神秘学课程。青春期的查尔斯对哲学、神秘学和宗教问题有着浓厚的兴趣。同时，他还在一家印刷厂担任印刷工人，不久后的1876年，22岁的查尔斯在得克萨斯东部的一个城市找到一份铁路局书记员的工作。此时，得克萨斯州的铁路发展颇为迅速，已经建成了好几条铁路线路。因此，年轻的查尔斯去得克萨斯州寻找事业的新起点。

初到得克萨斯州的查尔斯很快就融入了当地的生活，积极参加各项文娱社交活动，拓展自己的生活圈子。他还参加了当地的读书俱乐部和讨论小组，在这里遇到了他后来的太太莫尔特·佩琪。佩琪有着良好的教育背景，曾在美国欧本林学院（Oberlin College）进修过一年，后来在一所私立学校当老师。她比查尔斯年长10岁，但是两人却有着相似悲惨的人生遭遇：佩琪患有结核病，而查尔斯又聋又瘸，相似的人生遭遇，让查尔斯和佩琪走到了一起。虽然佩琪比查尔斯大10岁，但这似乎并不影响两人的感情，他们很快便于1881年初登记结婚，此时查尔斯26岁，佩琪36岁。婚后不久，他们便搬到密苏里州的克林顿市开始了新的生活。

初到密苏里州的查尔斯便表现出他在房地产业的天赋，他很快便在密苏里州地产市场崭露头角，成为一名地产商人。1884年，查尔斯和佩琪夫妇再次搬到西部的堪萨斯市，此时他们已经育有两个儿子。一家四口之所以再次搬家，主要是因为当时美国西部城市的人口大概是中部的一倍，生活水平比中部更加富裕，所以西部的房地产业的发展突飞猛进，在总体上远远超过中部城市。

搬到堪萨斯的查尔斯夫妇很快便适应了当地的生活，但是他们却饱受着疾病的困扰，健康每况愈下。此时，查尔斯的右脚状况越来越糟糕，他的右眼视力也下降得十分厉害。佩琪被诊断患有疟疾，夫妇俩四处求医找药，但似乎效果都不大。1886年春天，经人介绍，夫妇俩结识了精神治疗师尤金·威克斯（Eugene B. Weeks），和当时许多精神治疗界的人物一样，威克斯秉承艾玛·霍普金斯教授的新思想，称自己为"基督教科学会会员"。

威克斯引导佩琪使用祈祷疗愈法找回健康，具体的做法就是在心中不停地告诫自己"我是上帝的宠儿，上帝赋予我健康、赐予我能力"。威克斯告诉佩琪必须不断地、富有激情地慢慢在心底重复着这句话，无时无刻提醒着自己，直到这一理念牢牢地印刻在自己的思想中，并形成潜意识的条件反射。威克斯称这一潜意识的条件反射为“心灵皈依”。和威克斯见面后，佩琪的健康状况似乎改善很多。

不久之后，佩琪便和查尔斯找遍了几乎所有有关精神治疗方面的书籍，他们甚至将研究范围扩展到其他方面，如佛教、印度教神学、现代催眠术以及基督教密宗等其他流派。夫妇俩后来还自费参加了霍普金斯神学院的课程学习。自此之后，两人的健康状况愈加好转。后来甚至有报道说，查尔斯的右脚肌肉已不再萎缩且逐渐好转，而他的右眼视力逐渐恢复，右耳听力也有一点点改善。

这些奇迹般的效果让查尔斯、佩琪夫妇兴奋不已，他们期望能将这一精神疗法传播给更多需要帮助的人。于是，他们便在堪萨斯市成立了祈祷疗愈研讨小组。因为早年有在得克萨斯州印刷厂的工作经验，查尔斯和佩琪于 1889 年 4 月出版发行了他们的杂志《现代思想》（*Modern Thought*），该杂志致力于传播精神治疗、新思想、基督教科学会、神秘学以及密宗等相关方面的哲学和思想，如梅斯梅尔磁疗术、招魂术、通神学、占星术以及星相学等。有意思的是，这些主题都是查尔斯后期所极力反对的，而该杂志的基本主题还是“纯粹的、只专注于精神治疗”。

《现代思想》杂志的出版发行具有非常重要的意义，其标志着团结教会联合学校的开始，也是基督教世俗化运动的重要组成部分。即使在之后的多年中，查尔斯也一直坚持宣称团结教会联合学校是建立在纯精神疗愈基础上的基督教的一个流派，和神秘学没有半点关系。

团结教会和《现代思想》很快便引起了大批的追随者和读者，他们纷纷订阅团结教会杂志、人生体悟手册、函授课程以及函授学习材料，大有“星星之火燎原”的气势。这里的团结教会和我们之前提到的“神体一位论”是两个不同的概念：团结教会是一个积极正面、实用的基督教团体，其通过学习基督教中正面积极、适用于生活的教义，来提倡健康、快乐、平和、自由无忧的生活方式；神体一位论则是否认“三位一体”和基督神性的基督教派别，其强调上帝只有一位，而并不像传统基督教一样相信上帝由三个位格（即圣父、圣子和圣灵）组成。

团结教会的主要形式是无声祷告（又译“静默”）。无声祷告全年无休、24 小时在线提供祷告服务，主要是接受教友的祷告申请，牧师会通过电话和信件等形式来提供祈祷服务。这是一个无宗教流派的精神疗愈活动，任何宗教信仰的人士都可以参加。随着无声祷告规模的扩大，1890 年，查尔斯·菲尔莫尔做了一个至关重要的决定——成立静默协会，聘请专业牧师 24 小时全天候提供远程祈祷服务；除此之外，他还培训专业牧师。任何人不论宗教信仰、年龄性别，只要写信申请静默都可以接受来自静默协会提供的服务。随着科技的进步、电话的普及，查尔斯也将现代技术运用到祈祷服务中。1907 年，查尔斯在协会办公室安装了数台电话，安排 24 小时轮班牧师通过电话提供祷告服务，团结教会可能是美国第一个提供电话祈祷服务的宗教团体。

团结教会的电话祈祷服务很快便引来了成千上万的追随者，他们中有人来自偏远的农村、小城镇，也有人来自各大城市甚至海外。来自全世界各地的大量电话都在寻求精神疗愈服务，来帮助他们解决生活中存在的诸如中年危机、婚姻危机、财务危机等各种问题，以至于团结教会发展至顶峰时，每天会收到成千上万个电话。但归根结底，团结教会还不是一个以盈利为目的的组织或机构，它是一种极其私密的、为会众提供有价值且有尊严的心理祈祷服务，也是现代临床医学治疗的一种辅助手段。

1919 年，查尔斯用在地产上赚来的钱在堪萨斯市买了一块 1400 英亩[①]的地，在此建了一个团结村和联合大学，并在大学里装了先进的现代化通信设备和印刷出版器材，电灯、电话、录音收音设备、教堂、会议室、宾馆、神职人员办公室、接待室、办公区、住宿区等一应俱全，一座现代化的大学校园已经初具规模。与此同时，他还持续加大了广告媒体的宣传力度，联合大学和《现代思想》杂志很快便成为美国家喻户晓的机构和杂志，使得上千个美国家庭得以接触精神治疗法。不仅如此，《现代思想》在儿童文学、启发民智方面也做出了意想不到的贡献。著名的好莱坞编剧西德尼·谢尔顿（Sidney Sheldon）曾于 1927 年在该杂志发表了自己人生中的第一首诗，并获得了 5 美元的稿酬，他那时候刚 10 岁，这极大地鼓舞了他对文学创作的热情，在他成为著名编剧的成长之路上功劳不小。

查尔斯·菲尔莫斯在运用媒体宣传推广方面远远领先了其他福音派人士，甚至比电视福音派人士欧洛·罗伯茨（Oral Roberts ）要早 20 多年，罗伯茨是一名通过电视宣讲福音的布道家，他直到 1947 年才出版了第一本类似于口袋书的著作。20 世纪

① 1 英亩 =0.4046856 公顷。——译者注

二三十年代，大部分福音布道活动还是通过帐篷聚会的形式展开的，而此时，查尔斯和佩琪夫妇就已经成功地将报刊广告、宣传册、箴言书、电台节目和祷告诉求结合在一起，共同推广团结会这种新型的精神治疗法。

1948 年，记者马库斯·巴赫参观了团结村，他被里面的设施震惊到了。巴赫也是心灵会创始人弗兰克·鲁滨逊的一个老朋友，他回来写道：

> 当我穿过堪萨斯城团结村大门门口的邮件收发室时，我才相信之前别人所说的一点也不假：他们平均每天会收到 4000 多封来自全国各地的信件。其中，有很多厚重的信件都是申请无声祷告服务的。这里还有无声祷告室，里面装有电话并有神职祷告人员 24 小时接受祷告申请。团结会的成就是有目共睹的：每月发行 100 多万份月刊、发放成千上万本宣传册和口袋书以及出版菲尔莫尔夫妇的各种书籍。毋庸置疑，菲尔莫尔夫妇已经将“耶稣在我们心中”的誓言实现了。查尔斯·菲尔莫尔夫妇创立的团结会建立在积极思想的基础之上，也是美国现代第一次大规模地使用广告媒体的力量去宣传推广新宗教运动。

成败总结

所有这些新思想、积极思想界的先驱们都曾努力地将新思想运用到实际生活中去发起一场精神疗愈运动，但是就其实际效果看来都不甚理想。究其最关键性的原因在于，精神疗愈界学者们既没能从医学和科学的角度去研究、证明精神疗愈的实际意义，也没能请医疗界、科学界权威人士为精神疗愈进行背书，更不要提将精神治疗这一方法运用到临床辅助治疗中或是实验室研究中了。多少年来，即使在 20 世纪 70 年代后新纪元思想开始流行，心理学界、科学界和医疗界仍竭力撇清和精神疗愈运动的关系，究其根本原因在于这项唯心运动没有和唯理的思想相结合，哲学领域的求知需要得到科学论证，确定其对错与否、是否合乎逻辑，关于这一点，之前理查德·卡博特医生已经提到甚至曾大力提倡过，但效果一直不佳。

20 世纪 50 年代初，欧内斯特·霍姆斯和阿尔伯特·爱因斯坦曾在加州理工学院共进晚餐，席间两人相谈甚欢。霍姆斯提出，永久的世界和平不是一种幻觉，相反却非常有可能实现，这也是人类演化使然，爱因斯坦对此观点深表同意。这一次，精神疗愈、哲学和科学碰出了火花。

1969 年，《纽约时报》曾重点报道了国际新思维联盟会议（INTA），并发表了题为“思想意识在寻求和平中的作用和人类战胜太空之间的关联性”的文章。但是，“将思想意识、精神力量运用到科学实验中”这一观点很快就销声匿迹，在随后的若干年中也甚少被人提及。

新思想方面的书籍也因为大量夸张的论断、奇迹化的治疗效果、励志成功学的心灵鸡汤，而甚少引起科学家、医生、文学家、记者或意见领袖的关注和认同。不过值得欣慰的是，在第二次世界大战中，医疗界研究人员开始在临床中实验使用安慰剂，并发现了安慰剂效应①。

第二次世界大战期间，意大利南部盟军的某个战地医院里药品短缺，医护人员在没有吗啡和其他止痛药的情况下不得不使用纯生理盐水，但却告诉病人其中含有吗啡，竟然也达到了很好的镇痛作用。基于此，当时就有临床研究人员开始着手研究身心医疗的可能性，这些研究人员中比较具有代表性的有理查德·卡博特医生以及威廉·詹姆斯，他们积极倡导将精神治疗运用到心理学治疗和临床案例研究中，并作为辅助治疗手段用于解决临床上的疑难杂症。当然，他们在做此项研究工作的时候，并没有意识到这就是后来史学界所称的“精神疗愈运动”。继卡博特和詹姆斯之后，直到 19 世纪晚期都没有相关方面的研究或人物的报道。

长期以来，这场精神治疗运动在高知领域甚少被提及，甚至被完全忽视，从历史角度上来分析，这也反映了新思想、积极思想运动并不是特别成功。早在 20 世纪初期，就有社会运动积极分子（如海伦·威廉姆斯、华莱士·沃特斯和伊丽莎白·汤等一众新思想界的活跃人士）积极推动社会改革并主张将思想意识、精神力量运用到社会改革中，主张运用思想的力量去造福人类，但是似乎都没能取得巨大的成功。

虽然新思想界的高知分子和社会改革家都跃跃欲试，积极推广发展这一想法，但都没能走远，美国主流社会也很少有人知道新思想运动，然而新思想运动却将“积极思想”和“新思想”两个术语普及开来。虽然在当今的美国社会很少有人提及新思想，

① 安慰剂效应（Placebo Effect）是指病人虽然获得无效的治疗，但却预料或相信治疗有效，而让病人的症状得到舒缓的现象。——译者注

但是积极思想却悄然流行开来，并已逐渐从神秘学、宗教神学标签中剥离，逐渐渗透到主流文化中去，成为美国文化中不可或缺的一部分。

越来越多的人将积极思想运用到实际工作和生活中，正向思考、积极面对、积极心理学、乐观主义等这些从新思想、积极思想运动中衍生而来的新名词，已经渗透到社会生活的方方面面：在销售大会上制定销售目标时，销售经理们常常挂在嘴边的“我们一定能超额完成销售指标，再创辉煌”；在公司全体员工大会上，董事长鼓舞人心的演讲；在心理治疗或人生梳理课上，心理治疗师让病人积极、正确地面对和接纳自己的过去和缺点；政治家们的竞选口号和拉票演讲中对选民的种种承诺，从里根总统的“没有什么不可能”，到奥巴马总统的“是的，我们一定能！”无不体现了这种乐观主义精神。甚至在日常生活对话中，大部分美国人都偏向于使用很多的“你很棒”“你是最厉害的”“干得好”等正面积极甚至略显夸张的词语，而这些都显示了积极思想已经成为美国民众工作生活中不可或缺的一部分，其已然成为美国民众的生活哲学。

“新思想、积极思想”从萌芽初期所遭遇的种种质疑，到后期能被主流所认识并渗透到社会生活的方方面面，其中经历了一个漫长的演变过程，而这一转变主要是从第二次世界大战后开始形成的。第二次世界大战后，积极思想界的研究者、老师们做出了很重要的贡献，他们吸取了前辈们的经验和教训，在衡量、评论积极思想和精神治疗的疗效和作用时避免使用任何带有“奇迹疗效”“疗愈万物”“超越一切”等类似的过于夸张的“鸡汤哲学”，他们会小心翼翼地将“新思想、积极思想”和神秘学、宗教神学剥离，一场全新的积极思想领域的改革就此酝酿开来。这是一场精神主义的运动，而“积极思想”“乐观主义”“积极心理学”“正向思考”“只要功夫深，铁杵磨成针”“没有不可能”等也就此渗入到美国的主流意识形态中，并成为现代美国文化、美国精神和美国梦的重要组成部分。

第 6 章
积极思想重塑美国精神

没有不可能 。

罗纳尔德·里根

20 世纪 20 年代，美国出现了两位伟大的作家，这两位作家互相不认识，从未有过写作上的交集，但是却有着相似的理念：他们都成功颠覆了新思想界各位先驱前辈的励志成功学定律，都详细地定义了精神疗愈法则及将其运用到实际工作、生活中的具体操作方案。两位作家奠定了美国现代励志成功文学的基础，他们的作品也是现代励志成功文学的典范，他们就是拿破仑·希尔（Napoleon Hill）和戴尔·卡耐基（Dale Carnegie）。

拿破仑·希尔的书大都倾向于研究精神意念的力量，以及如何在现实生活中发掘、运用思想的力量，在某种程度上，希尔的书可以说是精神主义的产物。他的第一本书于 1928 年出版，书名为《成功法则》（*Think and Grow Rich*），全书共计 8 章，这本书一上市就热卖，一度创销售纪录的新高，成为激励千百万人获得财富和地位的教科书。这本书的书名《成功法则》其实来自马福德的同名著作，而他的部分观点也与马福德相似。他认为意念具有洞察一切、明辨是非的能力，并提出了“心灵大师”一词，所谓“心灵大师”是指人类共通的、超越自身认知范围内的意识。我们的日常生活中常常提到的“直觉”“第六感”甚至很多梦境中与现实有关的场面，这些也都是“心灵大师”的一部分。而敲开“心灵之所”的大门、通往这座神秘的“心灵之窗”的宫殿，就成了拿破仑·希尔著作的核心内容，从这一点上分析，他深受新思想运动和思想精神运动的影响。

除了受到新思想和积极思想的影响，他还受到哈伯德等其他成功学作家的影响。他曾在书中给予阿尔伯特·哈伯德非常高的评价：“马路边有一个要饭的，我给了他一枚硬币，这枚硬币不是让他拿去买吃的喝的，而是让他去买一本哈伯德的《致加西亚的信》。我会告诉他，哈伯德的这本书是一个超值的投资。我要让他知道，如何做一名成功者。”希尔这里所指的哈伯德和《致加西亚的信》，我们之前其实已经泛泛提过。

《致加西亚的信》于1899年出版，本书的故事背景发生在美西战争时，美国总统期望和古巴起义军合作，为此，美军必须立即跟起义军首领加西亚将军取得联系。此时，加西亚将军隐藏在古巴丛林里的某个神秘地点，没有人知道他的确切地点，所以无法写信或打电话给他，但美军必须立刻和将军联系上。有人对总统说：“有一个名叫罗文的人能有办法找到加西亚，也只有他才能找到。”于是，他们把罗文找来，交给他一封写给加西亚的信。这个名叫罗文的人拿了信，把它装在一个油布制的口袋里封好，吊在胸口，划着一艘小船，于四天之后的一个夜里在古巴上岸，消逝在丛林中，并在接下来的三个星期中历经艰险，徒步穿越这个危机四伏的国家，最后成功把信交给了加西亚。

这里，罗文送的不仅仅是一封信，还是美利坚合众国的命运和整个民族的希望。这个送信的传奇故事之所以在全世界广为流传，主要因为加伯德在书中倡导了一种伟大的精神——忠诚、敬业、勤奋。就这一点而言，拿破仑·希尔对加伯德在书中所倡导的世界观和价值观的评价倒是有失偏颇。

哈伯德的贡献远远不只颂扬成功学，他的很多著作都切实地关心着国计民生的问题。他曾发表过多篇讨论美国劳工工作环境问题的文章，在文章中揭露了美国劳工恶劣的工作条件，并积极推动解决此问题的法律法规的执行。他还推动了美国第一部童工法的颁布和实施。哈伯德的妻子爱丽丝也是一名新思想家，她同时也是一名女性参政议政的倡导者，积极鼓励女性参与政治活动和企事业领导活动。

1915年，为了抗议德国恺撒大帝在第一次世界大战中的暴行，促进世界和平，哈伯德和妻子搭乘英国路西塔尼亚号（Lusitania）邮轮前往欧洲，企图阻止欧洲的军火交易。这艘邮轮于5月7日（黑色星期五）在爱尔兰附近海域被德国鱼雷击中，哈伯德夫妇连同船上其他1200多人全部遇难。临出发前，哈伯德也曾在日记中写下了他对战争的看法："通过兜售武器给强盗们来谋财害命，此种行为绝不能容忍，我们绝不姑息。"

凡此种种，哈伯德的贡献远远不只世俗意义上的励志成功精神，更多的在于他的人文关怀、悲怆悯人以及忧国忧民的情怀，他对社稷人民的关怀却在拿破仑·希尔对哈伯德的评价中被忽略了。拿破仑·希尔成功地将哈伯德的励志成功学精神加以运用，并很好地鼓舞了当时的社会弄潮儿、奋斗者们去奋勇向前，这一点很可能受到他的偶像钢铁大王安德鲁·卡内基的影响。

钢铁大王卡内基的慈善事业：《财富福音》

拿破仑·希尔之所以对励志成功学产生浓厚的兴趣，主要源于他1908年在《鲍勃·泰勒杂志》（*Bob Taylor's Magazine*）上从事记者工作期间的经历。杂志社的老板罗伯特·泰勒（*Robert Taylor*）是田纳西州的一名参议员，他安排希尔采访社会名流和成功人士，报道他们的成功经历及其背后的故事。年仅25岁的拿破仑·希尔得到了一个千载难逢的机会：采访"钢铁大王"卡内基。

希尔在其书中描述了与卡内基的第一次"亲密接触"："地球上最富有的国家中最富有的男人，他如同智者摩西，带领众生（以色列人）出埃及、过红海到西奈山接受上帝的旨意，领受刻在石板上的十诫律法，将其带给以色列子民。"由此可见拿破仑·希尔对卡内基的崇敬之情。但非常有意思的是，不论希尔如何在书中称赞卡内基，这位钢铁业巨头却从未在任何报道采访甚至是回忆录里提及自己认识这位年轻的小伙子。

1920年，卡内基出版了一本类似回忆录的自传，在自传中曾有一段描述，称成年时期的钢铁大亨之所以深深迷恋斯威登伯格主义教义和唯心主义，是受到其早年生活经历的影响。搬去美国后的卡内基曾寄住在阿姨家，这个阿姨信仰神秘主义，在这个阿姨的影响下，卡内基开始探索精神和潜能方面的研究，并展现出了非凡的天赋。

这一点从卡内基早期的文学作品中可见一斑。1889年，卡内基出版了《财富》（*Wealth*）一书，后来该书又再版更名为《财富的福音》（*The Gospel of Wealth*）。他在书中积极探究了成功的普世法则（无独有偶，这一主题也同样出现在了希尔的作品中）。他还在书中引用了哲学家赫伯特·斯宾塞（Herbert Spencer）中的新达尔文主义（Geo-Darwinism）的一个术语——“竞争力法则”，并在书中做出了如下解释：

> 众口难调，法律从来就不能确保人人喜欢、人人遵守，但却是确保每个领域公平竞争、适者生存的最好法则，我们应该接受并拥护它。为此，我们必须学会适应大环境中的不平等，把工商业集中在少数人手里，在少数人中展开竞争，这不仅有益于当前经济的发展，对未来的发展也至关重要。

除了受斯宾塞的影响之外，学界很多人士都喜欢将卡内基的成功学理论和早前华莱士的理论进行比较：华莱士拥护个体的创造力，认为个人的创造力比竞争力更重要；而卡内基则重视“点滴累积”，认为生活中的赢家之所以为赢家，主要在于赢家重在积累，即注重生活中的日积月累。这里所称的“日积月累”可以是金钱、时间、学习能力等各方面的积累，也就是他所称的“累积定律”（laws of accumulation）。他还在书中提出了一些非常有趣的观点：他建议将慈善行为“法制化”和“商业化”；他还建议如果富人没有好的方法来“散尽千金”，他们可以通过慈善捐助去分发财产；他还提议实行百分之百的遗产税，即所得遗产将全部转化为税收。

在1908年进行采访前，拿破仑·希尔做足了准备，他在采访中侃侃而谈，迫切地想了解这位“钢铁大王”的成功之道。卡内基却笑而不答，并没有正面回答他的问题，反而问希尔是否愿意接受一份没有报酬的工作，这份工作就是采访社会各界名流，将他们的成功经历撰写下来。沉默了几秒后，希尔毅然决然地接受了这份工作，在随后的20年中，他采访了商界、政界、军事、科学界等各界成功人士，并将这些采访进行归纳总结，最终得出了成功人士的17种特质或习惯，这些特质简单概括如下：

- 特定的时间内设定特定的目标，并在此期间全神贯注于此目标；
- 做足准备，功夫不负有心人；
- “从心、随性”，培养直觉或第六感，开发潜能；
- “只要功夫深，铁杵磨成针”，一旦确定目标就坚持努力，不达目标不罢休；
- 积极的自我暗示，消除潜在的负能量、消极因素，重新建立积极正性的思维模式；
- “兼收并蓄，包容一切”，学会接纳新鲜事物，包容新观点；
- “学海无涯，苦作舟”，善于将枯燥的专业知识学习游戏化、趣味化；

- “三人行，必有我师”，乐于向周围的同事、朋友学习，互相取长补短，借鉴周边亲朋好友的好想法和好主意。

在采访卡内基后的20年中，拿破仑·希尔开始了一系列的成功学研究，也尝试将上述成功法则系统地整理成文章进行出版、发行。1937年，他出版了《思考致富》一书，并引起了轰动效应。在此之前，他的书从未引起读者的关注，也从来进入主流大众的视线，更没有引起专业书评人的关注，然而《思考致富》一书却好评如潮，激起了社会的广泛反响。希尔无疑掀起了20世纪成功学的热潮，《思考致富》一书一举登上了“励志成功”文学之巅，自此掀起了一股成功学研究和创作的热潮。励志成功学作品已然荣登图书销售排行榜、各大书店里最热门的榜单。拿破仑·希尔也凭借此书成为励志成功学大师。如果非要吹毛求疵的话，希尔的作品中也体现了20世纪的“社团主义”[①]以及精英分子精致的利己主义。

每个人的一生中都有这样或那样的不完满、不尽如人意的地方，正是因为这种不完满才构建了最真实的人生，因为真实才更显可爱和美好。在通往名利顶峰的崎岖路上，谁没干过一些龌龊的事呢？有些人会终其一生去反省和自责，有些人却总是为年少的轻狂无知、三观尽毁找借口，拿破仑·希尔也不例外，他的一生中也并非光洁如玉石。

故事发生在1902年，在弗吉尼亚州的里其兰兹市，年仅19岁的希尔帮当地的一位富商做事。这位富商手下有个银行出纳，他在一次酒店醉酒后，意外地用一把上了膛的手枪杀死了酒店的黑人服务员。后来，希尔帮这个富商老板出面摆平了这桩意外谋杀案，将此案定性为“意外致死”，并很快地将死者掩埋，妥善地处理好善后赔偿等事宜。因为在这件事上的应急处事能力和公关手段，年轻的希尔很快便得到了富商老板的重用，并被委任为当地一个矿区的经理，希尔也一跃成为全美最年轻的煤矿区域经理。

这一事件侧面反映了当时社会的扭曲现实，为了追求名利，以至于忽略了最起码的道德准则和最基本的价值观，违背了社会法律法规。即使到了生命的最后时刻（1970年去世前夕），希尔对自己年轻时的所作所为也丝毫没有忏悔之意，甚至自诩为“一

---

① 西方政治社会学中有三种主要的理论模式：精英论（Elitism）、多元主义（Multi-formalin）和社团主义（Corporatism）。——译者注

个很有前途的年轻人”因为运气极佳遇到了一位很有魄力的工业巨头而就此发迹。

深受新思想影响的励志大师：戴尔·卡耐基

另一位与拿破仑·希尔有着相似价值观和世界观的人当属戴尔·卡耐基。戴尔·卡耐基和希尔一样都具有洞察人性的能力以及超凡的沟通技巧，都懂得如何打开别人的心扉、与人愉快地聊天。他们都有一个共同的小技巧，就是在每次采访或聊天中总是以相似的问题作为开场白："你是如何克服早期困难进而取得成功的？"以此方法开始采访或访谈当然总会受到被采访者的欢迎，但却似乎不具有挑战性。卡耐基的另一个视角则是站在企业家的角度提出有关企业生存发展的问题，并试图寻求企业家们对于工作、人生乃至职业生涯规划的意见和建议。然而，他却很少提出腐败、企业是非等负面问题。

卡耐基也和希尔一样懂得如何和各种各样的人打交道，并且把自己的观点和想法最大范围地传递给最多的人，为此他也著书立说。他在自己的书中曾强调这是一种后天可以学习、培养的技巧：愉悦舒心的人总是人生的赢家。

戴尔·卡耐基出生并成长于密苏里州，他的职业生涯是从产品推销员和舞台剧演员开始的。而就在第一次世界大战爆发前不久，他高瞻远瞩地预言美国将进入一个全新的时代和一个全新的纪元：商业世界的游戏规则已经改变，美国已经从最初的制造业向全新的经济转型，在新经济形式中，市场、销售成了商品经济中的一个重要环节，因此，沟通技巧就变得尤为重要。卡内基认为良好的沟通技巧是走向成功最基本的一步，良好的沟通技巧应包括：

- 清晰简洁、直截了当地表达自己的观点；
- 通过讲故事、说笑话的方式来说服别人；
- 学会和老板、同事、客户沟通也成了职场中的必备武器。

他还认为，辩论技巧、说服的能力可以通过后天的学习、练习和锻炼来获得。1912年，卡耐基成功说服了纽约 YMCA 的经理，让他举办了一系列关于“演讲的艺术”的讲座。更有意思的是，卡耐基的原名其实不是我们现在所知道的这个名字，“卡耐基”

（Carnegie）是他给自己取的一个艺名，他原先的名字其实是“Carnagey”，他觉得这个名字难登“大雅之堂”，所以就改了个艺名。

在随后的若干年里，卡耐基孜孜不倦地学习和训练自己成为一名出色的演讲教练。有数据统计，他曾亲自点评过 15 万场演讲。1926 年，卡耐基出版了他的第一本书，并在书中总结了成功演讲的秘诀，这本书就是大名鼎鼎的《演讲的艺术：为商务人士度身定制的演讲课程》（*Public Speaking*：*A Practical Course for Businessmen*），截至目前，这本可能是有史以来在演讲与口才领域最好的书了。

在这本书里，卡耐基给读者制定了一个近乎完美的解决方案，教授读者如何去做一场高质量的演讲，而这个解决方案包括：

1. 合理使用故事、寓言；
2. 适当使用夸张的手法；
3. 巧妙地在演讲中使用数字、图表、图形来佐证自己的观点；
4. 使用正确的语音、语调以及合适的停顿。

《演讲的艺术》一书给卡耐基带来了非常好的口碑，然而，其最具有里程碑意义的一本书是他在 1936 年出版的《如何赢得朋友和影响他人》（*How to Win Friends and Influence People*）。卡耐基的这本书得以出版，有个人起到了非常关键的作用，他就是里昂•希姆金（Leon Shimkin）。当时，里昂正在西蒙 & 舒斯特公司（Simon & Schuster）担任高管一职，里昂此前就认识卡耐基，曾参加过他为期 14 周的一个课程培训，培训内容主要是关于演讲技巧和如何处理人际关系的。在参加卡耐基的课程前，里昂是一名颇有自信的演讲者，也有自己特有的演讲方法，然而在参加完卡耐基的课程后，他便被这位演讲大师的魅力所折服，深信如果将卡内基的演讲培训课程结集成书的话，肯定会大受市场欢迎。于是他力排众议，帮助其出版和发行了此书。卡耐基的《演讲与口才》一书得以出版可谓是“好事多磨”，因为早在书稿出版前就有文学评论人、社会评论家对卡耐基的课程和著作持非常负面的态度，甚至早先时候，这家出版公司还曾两次将卡耐基的手稿拒之门外。然而这一次，里昂“慧眼识得千里马”，看到了卡耐基的潜质。他认为，卡耐基将会为读者带来全新的视角并给他的出版公司注入新鲜的血液，并笃定该书一定会大卖。于是他积极鼓励卡耐基将演讲手稿、课程培训讲义重新整理、结集出版，然而这一次，卡耐基却退缩了，他主要担忧如何将演稿、培训讲义重新撰写成一本叫好又叫座的书。在里昂的鼓励和支持下，卡耐基一遍又一遍地整理自己的手稿。终于，《为人处世的艺术》（*The Art of Getting Along with People*）一书终于悄然上市，这本书还收录了另一本书——《如何交朋友和影响他人》的内容，里昂认为“交朋友”（ Make Friends）没有“赢得朋友”（Win Friends）的话题吸引人，于是将此书最终取名为《如何赢得朋友并影响他人》，也就是大名鼎鼎的《人性的弱点》一书。自此，这部史上赫赫有名的书就这么诞生了。

《人性的弱点》一书很快成为了励志文学中的“宝典”，即使现在仍备受欢迎。和其他作家非常不同的是，卡耐基洞悉人性的弱点，他在书中写道：“这是一个功利的、阿谀奉承的世界，我们热爱溢美之词，渴望被戴高帽；我们热衷谈论自己，不喜欢听不一样的声音，讨厌被反驳、被质疑。”

《纽约时报》曾对他进行过专访，并在专访稿中指出“他的身上若隐若现地表现出某种微妙的、玩世不恭的态度”。但是，不可否认的是，卡耐基深谙在不同的组织和框架内如何完成既定的工作任务，无论是在一家大型的跨国公司还是一个民间组织里，他都能非常理性地、正确地处理好与老板、同事之间的各种关系以及各种因性格不合而产生的矛盾。他曾在书中一针见血地、尖锐地指出了人性的一个弱点：“生活中，每个人都有意、无意地将自己美化，并浸淫在自己为自己营造的理想国中。赢得别人的信任和达成合作的首要条件就是不要指出别人的弱点和虚荣心，因为每个人的心里都有一件无可比拟的‘皇帝的新衣’，我们所要做的就是尽量保证这件衣服的完整性，尽量给别人留有余地、多留面子。”

卡耐基的写作风格与典型的新思想、积极思想作家相比相去甚远，他也很少在文章中提及任何精神或形而上学的思想，但是他的文章和著作无疑都有着明显的新思想和积极思想的痕迹。他在书中曾明确地写过“思想是一种强有力的武器，这个武器赋予我们力量去影响身边的人和环境，当然也包括生理健康”。在其 1944 年出版的《如何停止忧虑、开创新生活》（*How to Stop Worrying and Start Living*）一书中，卡耐基就写过：“如果你们觉得我已经改变了信仰，转而投身基督教科学会，那么你们就错了，我不是基督教科学会教徒，但是毋庸置疑的是，随着年龄的增长，我愈发相信思想有着无穷的潜力。在多年来的成人教学和培训中，我曾做过调查和研究，发现生活中男人和女人一样，他们都有着担忧、恐惧和其他各种潜在的心理问题，但是我们可以通过改变思想观念、转换思维模式，去除不必要的负面思想，用积极乐观的心态去拥抱生活。那么，我们的人生终将改变！”

淡泊明志，宁静致远

同精神疗愈大师戴尔·卡耐基一样，另一位具有洞察人性天赋的人就是约书亚·罗斯·李普曼（Joshua Loth Liebman）。李普曼牧师是一位忧郁清新的宗教神学家、哲学家、文学家、心理学家，他赢得了公众的普遍赞誉，同时还是一名畅销书作家、极具影响力的精神导师、电台主播。美国众多知名人士（包括马丁·路德·金、约翰·肯尼迪、拿破仑·希尔、芭芭拉·史翠珊、史蒂文·斯皮尔伯格等）都是他的拥护者。李普曼牧师所著的《宁静的心灵》（*Peace of Mind*）一书曾连续 58 周高居《纽约时报》畅销书排行榜第一名，是美国有史以来最畅销的图书之一。这本书创造了美国出版界的畅销奇迹，影响了无数读者的一生。可惜的是，本书出版后不到两年，李普曼便神秘辞世，死因至今未解。

《宁静的心灵》于 1946 年出版。在书中，李普曼以主教的身份引导读者以平和的心态去面对生活，让世人体会到心灵的祥和平静才是生活的至上法则。1946 年，第二次世界大战刚结束不久，无论是战争中存活下来的士兵还是普通民众都普遍存在着焦虑、抑郁、恐惧等战后后遗症。此时，李普曼牧师在美国全国广播公司（NBC）的国际频道上主持布道讲经、进行心理疏导，他主持的每次广播都有数以百万计的听众。李普曼牧师在节目中引导世人远离纷繁嘈杂的人生，回归人性的自然本真，鼓励听众追求宁静的心灵、塑造美好的人格。

李普曼牧师是一名犹太教拉比、牧师、主教、哲学家、心理学家，也是一位精神成长导师，他在书中使用了犹太教科学会的教义以及极具精神神学（mind-power theology）的写作风格。他深受犹太教科学会的影响，甚至《宁静的心灵》的书名也是出自犹太教科学会的一名资深拉比莫里斯·列支敦士登（Morris Lichtenstein）。1927 年，莫里斯出版过《宁静的心灵》一书的同名著作，李普曼此次引用此书名，可见其受犹太教科学会影响之深。此外，他的写作风格还深受另外一位犹太教拉比菲利克斯·门德尔松（S. Flix Mendelson）的影响，门德尔松来自芝加哥，是一名积极活跃的改革派拉比。门德尔松曾于 1938 年发行了《现代犹太人每日祈祷必读》（*Daily Prayer for the Modern Jew*）一书，门德尔松将现代心理学理论和积极思想巧妙地与宗教神学结合在一起，这里我们摘取书中的一段话：

> 我们应该相信自己的潜力，学会和自己对话，了解真实的自己并坚信自己的信念，将自己的精力集中在勤奋的学习和工作当中，时刻与幸福、喜悦和快乐为伴，并消除潜意识中的恐惧、愤怒、焦虑，进而实现精神的升华。这样，我们每一天的存在才更有意义。

和门德尔松相比，李普曼牧师的作品中对于心理学的分析和引用更加透彻、深入和具体，他在书中倡导大家要清除消极情绪，塑造积极性格，形成积极思想，无条件地爱自己和爱他人，释放自信、真实和更好的自己。在《宁静的心灵》一书中，李普曼还重新定义了威廉·詹姆斯的健康心灵宗教（religion of healthy mindedness）："当下的我们在虔诚笃信犹太教教义的前提下，都需要培养健康的思想信念。"李普曼没有强调自己的犹太教信仰，但是却创新性地将犹太教教义和精神分析理论结合，形成了他的心理治疗和精神疗愈相结合理论。他认为，宗教疗愈是心理治疗不可或缺的辅助手段，其在抚慰人心、疗愈受伤心灵上有着非常重要的作用。这一点和其所处的大历史背景有着非常重要的联系。

李普曼的写作风格中有着浓厚的"新思想、积极思想"的印记，他在书中写道："抑郁、沮丧等消极情绪是生活中不可避免的一部分，但是我们可以建立积极正性的情绪去消除它们。"第二次世界大战后，大部分美国民众在身体和心理上都受到了严重的创伤和打击，精神抑郁、吸毒成瘾、婚内出轨等各种违法、不道德行为甚为流行，然而传统教会提倡的"原罪和救赎"已经远远不能解决当时的各种问题。于是，李普曼牧师将心理治疗和布道诵经结合起来，通过电台播音、电视布道、出版书籍等方式来布道讲经、传播福音，给深受战争摧残的美国民众以疗愈和心理治疗。相当多的美国民众（不论出身背景、教育背景、宗教信仰如何）都深受牧师的影响，李普曼牧师试图通过一种改进自我价值观和积极正面的自我评价的方法来治愈心理情感方面的疾病。

李普曼牧师之所以在当时备受欢迎和推崇，大概有两个原因：第一，李普曼牧师没有从那个时代的问题入手，而是从神职人员的角度和心理学的角度去分析问题、解决问题；第二，他从自身的经验和角度出发，从解决自己精神问题的经验开始，与听众分享自己的亲身经历以及自己处理生活中不良情绪的经验，现身说法往往比空洞的说教要有意义得多。

这里还有个小故事。第二次世界大战结束后，李普曼曾收养了一名在奥斯维辛集中营中幸存下来的犹太少女，少女的父母都惨死在战时的集中营中，少女自己也亲历了这一战争悲剧。1948 年 1 月，李普曼牧师在接受《女士家庭期刊》（*Ladies' Home Journal*）采访时曾表示："希特勒发动的全球战乱让人们面对流离失所、食不果腹、妻离子散等种种问题，我怎能高枕无忧地去面对生活？" 他认为，每个人都有义务让第二次世界大战的幸存者从战争的阴影中走出来，去追求更快乐、更有意义的生活。对此，他这样写道：

> 那些在战争中失去亲人和家园的人们，请振作起来！即使在战争中失去一切，我们也要振作起来。哪怕仅剩最后一口气，我们也要振奋起来，相信明天会更好！不为什么，只为了我们在战争中逝去的亲人，以及为了抗击法西斯主义而牺牲的社会各界人民。我们要团结起来，相信上帝的力量，坚信未来会更灿烂。

李普曼非常清楚如何将个人欲望和伦理道德结合在一起进行讨论，当然这也得益于他非凡的语言文字表达能力，他深谙如何用最准确、最优雅和最简洁的遣词造句去传达自己的心理精神灵性理论。他的作品基调、写作风格极易被主流社会所接受，他深厚的文学造诣使其能以一种温和、委婉、不犀利的语气去引导读者、听众。他致力于为受众营造一种安心、宁静、平和、回归家园式的氛围，给人一种如沐春风之感。基于上述诸多原因，《宁静的心灵》一书连续 58 周荣登畅销书排行榜前列。关于本书的命名，也有一个小故事。

1945 年，李普曼将书的初稿交给西蒙 & 舒斯特出版公司。这家出版社自从出版了卡耐基的书籍以后，就以出版成功励志文学作品而闻名，出版社内部为这本书起了很多名字，其中呼声较高有比较随意的《现代人的道德》（ *Morale for Moderns* ）。而此时，有个叫亨利 • 鲁滨逊（Henry Morton Robinson）的编辑提议［鲁滨逊本身似乎是一名作家，同时也曾是《读者文摘》（*Reader' s Digest*）的编辑］，将这本书稿命名为《宁静的心灵》，这一命名也正好契合了李普曼牧师写作本书的基调：安心、宁静、平和以及回归。

李普曼的作品为世人提供了一种探索人类心灵的方法，给予处于战后阴霾中的民众以深深的灵魂慰藉，直抵受众内心，这种方式给早期的励志成功文学作品树立了很好的榜样。《宁静的心灵》出版发行以后，也受到了来自各界的热议，人们对其褒贬不一。这本书在基督教教会内部遭到了公开批评，其中包括著名的比利·格雷厄姆牧师（Billy Graham）和主教沈福顿（Monsignor Fulton Sheen）等神学领袖，他们公开批评李普曼将圣经祷告方式和心理治疗“混搭”不合时宜。沈福顿主教对李普曼的电视布道讲经祷告尤其看不惯，并在祷告中讽刺现代心理学理论道：“感谢主赐予我弗洛伊德理论，让我知道所谓的内疚、原罪只是一种神话；感谢上帝赐予我神圣之光，让我独立于世人之外，远离尘世中的卑鄙无耻，比如那些藏在深宅大院中忏悔自己内心罪恶的基督教徒们。”

虽然该书在教会内部受到了严厉的批评，但是却在心理学界受到了广泛的好评，当时尚未大红大紫的诺曼·文森特·皮尔（Norman Vincent Peale）就对其深表兴奋，并积极将李普曼及其著作推荐给社会各界。1946 年，美国《联邦基督教协进会公报》（*Federal Council of Churches Bulletin*）撰文赞扬李普曼的写作方式，称其为“犹太先知的最好方式”。该文还急切呼吁教会应该以开放的态度去看待并接纳现代心理治疗法，不要重蹈中世纪宗教保守风气的覆辙。此前，基督教教会就曾公开反对在教会设立心理咨询诊所，反对在教会设立专人去研究、使用现代心理学方法。

李普曼牧师的电视布道讲经在美国宗教活动中具有举足轻重的作用，其代表了一个具有跨时代意义的时刻，也是宗教精神疗愈和心理治疗相结合的典范，从某种程度上改变了美国的宗教文化。从此，美国的宗教形式也逐渐走出了固化、教条、封闭的保守氛围，走向开放和开明。

《宁静的心灵》出版之后不到两年，李普曼突发疾病猝死，英年早逝，享年 41 岁。虽然李普曼生前年轻活力无限，并有着雄心勃勃的职业生涯规划：著书立说、到电台或电视节目布道，然而这一切却因为其仙逝而戛然而止。就在李普曼主教去世之际，《宁静的心灵》成为销量仅次于《圣经》的精神治愈类畅销书，成为 20 世纪的不朽著作。《圣经》一直以来都是美国历史上最畅销的书籍，超越其他任何领域的书籍，而《宁静的心灵》的销量仅次于《圣经》，可见其在当时的影响之大。

幸福箴言书：诺曼·文森特·皮尔

李普曼去世四年后，第二次世界大战后“新思想、积极思想”领域的巅峰作家当属诺曼·文森特·皮尔（Norman Vincent Peale）。他所著的《积极思想的力量》（*The Power of Positive Thinking*）一书以 98 周蝉联畅销书榜单第一名的骄人业绩，一举打破了李普曼所保持的记录。皮尔前所未有地成为了第二次世界大战后励志成功学、积极思想界的代表作家，而他本身也是一名成功的心理医生兼牧师。他在《积极思想的力量》一书中鼓励读者以积极的心态去生活，快乐充实地过完每一天。此书的畅销也使积极思想瞬间成为妇孺皆知的生活哲学。

皮尔还在书中提出了一个颇具革命性、激动人心的观点。基督教教义强调“原罪”“性恶”“宿命”，以“有罪者必得惩罚”的观念来警醒世人，这一点与其他许多宗教似乎并没有太多本质性的差别。而皮尔则在书中提出了人类的“原罪”可以通过救赎来弥补的观点。

皮尔成长于俄亥俄州，大萧条时期，他曾在大理石神学院教堂（Marble Collegiate Church）担任牧师一职。大理石学院教堂位于曼哈顿东区，曾是全美最古老的神学讲坛之一，最初建于 1628 年，也是北美存活最久远的东正教教会，曾几度沉浮，于 1932 年达到其发展巅峰。在担任教堂牧师期间，皮尔很快就吸引了一批新教徒的追随。他之所以被众多新教徒追随，是因为他对信仰的精神疗愈及心理治疗效果的肯定，这还要归功于他的合伙人兼好友史马里·布兰顿（Smiley Blanton）。布兰顿曾师从弗洛伊德学习精神分析学，并从事精神分析临床研究多年。皮尔和布兰顿都认为，宗教的精神治愈作用和精神心理分析学说可以互相取长补短、互为补充。皮尔还特别强调，现代牧师应该作为一种正规的职业加以正规化、系统化，牧师这一职业应该和医生和心理分析师一样可以从事心理咨询活动。而布兰顿则认为从精神分析学的角度来说，压抑的欲望和被忽视的记忆同宗教上的皈依体验类似，其都具有改变个体命运的功能。

1937 年，皮尔和布兰顿联合创立了以教会为基础的教感精神病疗养所（Religio-Psychiatric Clinic），其也被称为“教会心理疗养所”（church clinic），病人来到这里后可以接受牧师或者心理治理师的心理咨询服务，它有点类似我们前面提到的灵光运动，但不同的是，教会心理疗养所只为病人舒缓压力，帮教友找寻引发心理问题的原因，解决因压力导致的一系列心理问题。

截止到 1952 年不到 20 年间，教会心理疗养所发展迅速，得到社会各界的广泛支持，每年接待病人 3000 多人，并广泛从地区医院、各大心理疗养院和诊所吸收心理治疗师为机构增加新鲜血液。到 1962 年，心理疗养所年平均接待病人数已激增至 25 000 人。教会心理疗养所后来更名为布兰顿－皮尔研究学院和心理咨询中心（Blanton-Peale Institute and Counseling Center），并一直经营到现在。

在联合发展教会心理疗养所的同时，皮尔和布兰顿却在理论研究领域渐行渐远：布兰顿仍执着于他的精神分析研究和临床治疗，而皮尔却对神秘学研究愈发感兴趣，两人在学术理论上渐行渐远。布兰顿一直在各种著作文章中非常谨慎地与皮尔保持着泾渭分明的距离，闭口不谈皮尔的神秘学思想。

1952 年，距离布兰顿和皮尔联合创立教会心理疗养所 15 年后，皮尔的《积极思想的力量》一书着实在美国火了一把，其在美国几乎无人不知、无人不晓，然而他之前出版过的两本书并没有造成非常强烈的反响，但是却给出版《积极思想的力量》一书奠定了很好的基础。1930 年，他曾发行了自己的处女作，但是销量不温不火。他在这部书里阐述了宗教信仰应作为一种实用哲学，并用其解决实际生活中的问题，而不是作为心灵的疗伤地，更不能作为逃避生活的挡箭牌。1948 年，距离处女作发行 18 年后，皮尔的第二本书《自信生活的法则》（*A Guide to Confident Living*）得以顺利出版，这本书很好地体现了皮尔的生活哲学以及生活态度的转变。皮尔第一次将积极思想上升到生活哲学的高度，他在书中充分阐述了如何培养积极思想并将其运用到实际生活中。这本书一经出版就获得了非常好的市场销量，严格意义上来说，这本书也是皮尔的第一本励志成功学畅销书。

皮尔在《自信生活的法则》一书中引入了新思想的基本方法，并援引了《圣经》中的精神治愈教义，加工创造了自己的一套生活哲学，其中包括宏伟愿景、自我肯定以及积极行动。

除了这套简单的生活哲学外，他还给读者制定了一个实现目标的公式：

1. 持续不断的积极心理暗示；
2. 将目标具体化、实际化，给自己实际的动力；
3. 活在当下，不逃避问题，积极主动解决问题；沮丧失望时，可以通过祈祷的方法来给自己加油、打气。

这一次，皮尔非常聪明地将新思想、积极思想和实际生活结合起来，并结合了很多实际案例进行剖析。这本书中也不可避免地掺杂了一些神秘学的内容。但是，该书和此后出版的《积极思想的力量》两本书却都是普及积极思想的代表作品。自此之后，积极思想正式上升到生活哲学的高度，并迅速普及至全美。

《积极思想的力量》一书的写作风格，延续了特赖因的《顺应无限》和詹姆斯·艾伦的《做个思想者》两本书的风格。然而，毫无疑问，皮尔的影响力远远超过两者，究其原因有两点：书中引人入胜的讲故事方法并不枯燥乏味，因此吸引了万千读者的关注；皮尔在心理疗养所工作多年的经验，造就了其具有深厚独特的人性洞察能力，这种能力能直指读者心灵深处，引起大家的共鸣。

1984 年，皮尔出版了自己的回忆录《乐观生活的美好》（*The True Joy of Positive Living*），并在书中对爱默生以及罗马“哲学家之父”马库斯·奥勒留（Marcus Aurelius）给予了高度赞扬，称他们为让自己受益终身的良师。皮尔在回忆录中极力将自己塑造成一个积极正面的人物，并反复强调自己的父亲是俄亥俄州部长，以及他显赫的家族身份和地位。然而，在他阳光的外表和耀眼的光环之下却隐藏着一个五味杂陈的人生，个中酸甜苦辣唯有他自己知道。1993 年，皮尔溘然离世。我们在以下几个小节中会详细分析皮尔的一生和其理论。

皮尔和夫人联合成立了著名的《路标》（*Guidepost*）杂志，该杂志如今已成为美国积极思想界著名的期刊。皮尔的夫人于 2008 年逝世，享年 102 岁。

有志者事竟成

1987 年，很少接受媒体采访的皮尔罕见此接受了某媒体的采访，并在采访中透露自己和欧内斯特·霍姆斯关系匪浅，他的思想理论也深受霍姆斯的影响。我们仔细分析不难发现，皮尔和霍姆斯的思想理论都非常好地描述了新思想早期发展的情形，两位思想家也在励志成功学和精神疗愈文化方面做出了杰出贡献，奠定了美国文化的重要基础。皮尔的精神理论总结起来可以归纳为：上帝和信仰无处不在，一个有着信仰、坚定信念和意志的人会克服人生中的艰难险阻，甚至可以改变个体的生活和他人的命运。那么，皮尔和霍姆斯是如何结识的呢？其中有一段很长的插曲。

1940 年夏天的洛杉矶，皮尔和霍姆斯两人第一次在现实生活中相遇。此时，霍姆斯已经成立了心灵科学会，而皮尔却相对默默无名。两人见面时，皮尔表达了对霍姆斯的仰慕和敬佩之情，他声称已通读过霍姆斯的著作理论并深受其影响，而他之所以决定从事牧师一职也是受到霍姆斯的影响。在此次会面中，皮尔还透露，他年少时期极其自卑、安全感缺失，后来在霍姆斯和人生导师的影响下改变了自己的性格，其中还有一段鲜为人知的小故事。

1920 年，刚满 20 岁的皮尔找到了人生中的第一份工作——在《底特律日报》（*Detroit Journal*）担任记者一职。他的上司很快发现他的不自信，为此，上司送了他一本书以助其增强自信，这本书就是霍姆斯 1919 年出版的《创造性思维和成功学》。上司叮嘱年少的皮尔好好研读这本书，并告诉他将会从这本书中学会很多知识。而这本书也给年少的皮尔打开了一扇全新的大门，为他开启了一个全新的宗教神学世界，改变了他的人生观和对自我的认知。

参加工作后没几年，皮尔随即加入了波士顿大学神学院，并在此布道讲经。皮尔的感悟和心得可以归纳为："人类具有无限潜能，好好挖掘和利用人体的潜能，有志者事竟成；一个真正独立的个体不仅有小我，更需要有博爱和大我。"

在波士顿大学神学院布道讲学期间，皮尔的讲经深度和布道理论以及精神哲学方面的影响力已经超过了自己的导师霍姆斯。不仅如此，皮尔还一直在大理石神学院设立讲坛、布道讲经，并在大理石神学院工作至 1984 年退休皮尔退休后的继任者是卡利安蒂奥（Caliandro），卡利安蒂奥牧师广受世人尊敬和爱戴。在本书成书过程中，为了更好地了解皮尔的生平，我跟卡利安蒂奥牧师有过密切接触，他回忆皮尔生前的日常种种，称皮尔深受拿破仑·希尔的影响除了希尔以外，戴尔·卡耐基、查尔斯·菲尔莫尔和埃米特·福克斯等人也对其影响深远。皮尔的著作中有很多新思想和积极思想方面的术语，其中最著名的就是"吸引力法则"，他还在书中引用了许多这类大师们提及的其他术语，这里就不一一列举。

除此之外，皮尔的书中还反复重现了许多精神理论，如梅斯梅尔催眠术、斯威登伯格主义等。皮尔在其《积极思想的力量》一书中对于催眠术是这样解释的："心灵、意识和思想散发出磁场般的吸引力，这是一股真实的存在、可切实被感知的积极力量。每个人的体内都存在着成千上万个发出该力量的神经元，这些神经元一旦被激活，将会产生超越人类想象和认知的能量。"

在皮尔的书中频频出现"顺应无限""天籁之音"等典型的新思想术语。这里的"天籁之音"不是指那个音乐剧，而是指炼金术－毕达哥拉斯哲学（Hermetic-Pythagorean）中的一个理论概念，该理论认为行星的运行在有序进行，各个行星之间构成了一个和谐的整体。不仅如此，皮尔还在书中提出了"宇宙振动原理"，并写道："宇宙由振动组成，有形、无形皆是不断振动的能量，人类的思想、意识、灵魂乃至人际关系都在不断振动中，没有任何东西是静止的。"

皮尔对于振动原理的研究似乎是受新思想家作家佛罗伦斯·希恩（Florence Scovel Shinn，1876 年—1953 年）的影响。希恩是 20 世纪最具特色和影响力的新思想家之一，她出生于新泽西州的卡姆登，1898 年嫁给了现实主义画家埃弗里特·希恩（Everett Shinn）。希恩夫妇曾是著名的"垃圾桶派写实画家"（Ashcan School of American artists），该流派兴起于 20 世纪早期的美国，其因为真实记录街景、城市生活和移民生活而闻名。1925 年以前，佛罗伦斯·希恩一直在纽约城担任儿童文化插画家和艺术家，后转而研究新思想，并于 1925 年自费出版了首部新思想著作——《失落的幸福经典》（*The Game of Life and How to Play It*），该书后来成为新思想界的经典著作。该著作一经出版就引起了很大反响，希恩很快转型为讲师和演讲家，并为神秘学、新思想和积极思想界注入了一股全新的血液。希恩在书中也频繁提及"宇宙振动"原理，并多次在公开场合宣称，自己的宇宙振动原理来自秘传学著作《卡巴拉密教》（*Kybalion*）。

皮尔深受希恩的影响，而希恩则受秘传哲理和卡巴拉密教的影响，推理下来，皮尔的振动原理很显然深受秘传学和卡巴拉密教的影响。基督教基要主义[①]批评家可能会批评皮尔是披着"秘传哲学"外衣的神秘学者，但纵观皮尔的人生经历和职业生

① 基要主义（或基要派）是 19 世纪末 20 世纪初在基督教新教内部兴起的一个运动，而并非是一个教派，其在美国有较大的影响。——译者注

涯，皮尔其实是一个有着严格宗教操守的卫理公会教徒，他非常好地将自己的理论和《圣经》思想结合在一起。1961 年，诺曼·皮尔在其《坚强的乐观主义者》（*Tough Minded Optimist*）一书中，转载了一段父亲对他的叮嘱：

> 诺曼，我已经把你的书和布道全部研究了一番，你在以基督耶稣为中心的思想理论中，将自己的思想和宗教神学很好地融合起来，并将其发展到一个全新的高度，这一点非常好、非常好！你的书籍很好地将圣经教义、心灵科学、基督教科学会、临床医学和心理治疗乃至浸信会福音有机地结合起来，同时也见证了卫理公会和改革派加尔文主义的发展。

无疑，皮尔非常好地将励志成功学和宗教精神疗愈结合在一起，他不愧是美国励志成功学、精神成长领域的宗教神学大师。在他的影响下，成功学渐渐走出宗教神学的框架，并发展成为一门独立的思想。

励志成功学布道家

据卡利安蒂奥牧师回忆，皮尔善于结交成功人士，他的朋友圈中有很多商界大亨和企业精英。晚年的皮尔更是在电视上看过地产大亨唐纳德· 特朗普（Donald Trump）之后，就产生了想认识特朗普的强烈兴趣。皮尔热爱甚至是刻意接近名人、成功人士，“趋炎附势”可能是学界对皮尔缺点的评价。

皮尔本人也承认自己颇具功利性，他曾经热情邀请成功学畅销作家戴尔·卡耐基来教会心理疗养所举办演讲，该诊所是他和布兰顿共同创办的。布兰顿认为卡耐基的“鸡汤演讲”和疗养所的“精神心理治疗”原则背道而驰，因此反对邀请卡耐基来举办演讲，皮尔很不情愿地取消了对卡耐基的邀请。

不可否认的是，皮尔善于和各界精英交好，迎合政界、商界和娱乐界的各界人士。1950 年，他曾在著名的《读者文摘》上发表题为“让教会为资本主义背书”一文，迅速吸引了美国资本原始积累阶段的一众资本家追捧，其中就包括钢铁大王安德鲁·卡内基。此后的几十年间，卡内基成为皮尔及其杂志的忠实追随者。1945 年，皮尔创办了《路标》杂志，杂志创立之初经营状况艰难，幸得钢铁大工的鼎力支持才得以继续。

20 世纪 50 年代初期，钢铁大王为其公司的 12.5 万名员工订阅了全年的《路标》杂志。到了 20 世纪 60 年代，全美约有 762 家企业订阅了该杂志。

除了善于搞业务拉关系，皮尔始终和各界政客尤其是保守党保持着良好的私人关系。第二次世界大战开始后不久，皮尔在大理石神学院任教期间，尼克松随军暂时驻扎在当地，两人在大理石神学院结识后，自此便成为了终生的朋友。20 世纪 60 年代早期，尼克松竞选加州州长失败后，举家迁往曼哈顿，他仍和皮尔保持着密切联系。1968 年，尼克松入主白宫后不久，他女儿朱莉和前总统艾森豪威尔的孙子大卫举办婚礼，皮尔应邀主持了这次婚礼。而此时，前总统艾森豪威尔将军因病未能出席婚礼，只能通过医院闭路电视收看整个婚礼仪式。水门事件期间，皮尔成为尼克松的灵魂导师和心理治疗师。

1984 年，为了纪念皮尔对他人的鼓励和对积极思想传播的贡献，里根总统授予皮尔“总统自由勋章”，并称赞皮尔奠定了幸福哲学的基础。同年，皮尔在白宫接受了总统荣誉勋章，此后不久便出版了个人回忆录，其已然成为精英成功人士、美国梦和美国精神的典范。著名的《人物》（*People*）杂志评论称“诺曼·文森特·皮尔是当今美国公认的典范，这一点无可争议更不可辩驳”，《人物》杂志的这一评论无疑给打拼了几十年的皮尔做了一个完美的结语。

皮尔的一生并不是一帆风顺的，他也曾在政治上遭遇过沉重打击，其政治生涯早期饱受争议，频频受到右翼激进分子的陷害，直到后期遇到里根才扭转了政治境遇！

接下来，我们将介绍皮尔政治生涯的种种不顺。

政治斗争的牺牲品

与其个人的宗教神学形象完全相反的是，皮尔从来没有远离政治，他一直和各党派保持着密切关系。在 1934 年罗斯福新政期间，他曾呼吁教会反思罗斯福新政以及罗斯福的人权问题。1952 年，他积极为保守党运动奔走呼号，以此来支持道格拉斯·麦克阿瑟将军（General Douglas MacArthur）参加总统竞选。1956 年，皮尔在布道讲经时，公开批评民主党总统候选人阿德赖·史蒂文森（Adlai Stevenson）的离婚案，认为其背离了宗教精神。

1960 年秋天，在尼克松和肯尼迪竞选总统期间，皮尔集结了一群保守派新教牧师，公开反对肯尼迪参与总统候选，理由是肯尼迪是罗马天主教徒，其只效忠于梵蒂冈罗马教皇和罗马教廷。在这次集会上，一名自称倡导公民宗教信仰自由的集会者发表声明称："如果肯尼迪当选总统，不难想象，作为一名罗马天主教徒，肯尼迪肯定会受到来自天主教内部的压力，从而影响到其政治决策。"甚至有阴谋论者认为，当时颇为年轻的肯尼迪实际上是梵蒂冈派来和平演变美国的奸细。

1960 年 9 月初，皮尔联合了一众宗教信仰自由派人士在华盛顿集会，并召集了一帮记者和媒体界人士参加。皮尔以发言人的身份参加了随后的答记者问，并发表了电视讲话。皮尔在讲话中称，集会的目的仅仅在于和公众探讨罗马天主教会的性质和特征，并引导公众对宗教自由的反思。颇为讽刺的是，此次集会上并没有邀请任何罗马天主教徒参加。

集会后不久，其负面报道犹如洪水猛兽般蜂拥而至，一浪又一浪的呼声要求皮尔辞去教会职务，甚至多家报纸也撤掉了他的杂志专栏。迫于舆论压力，皮尔随即发表声明，并在声明中刻意淡化其政治态度和宗教观点，称华盛顿集会仅仅是一次宗教界的大聚会，目的在于讨论和弘扬宗教自由。他还声称自己对于华盛顿集会的会议议程并不知情，当然也更不会有任何涉及政治目的的举动。皮尔的声明和发起集会的动机前后矛盾，当初他发起集会的动机是反对肯尼迪参加总统竞选。

华盛顿集会后没几周，皮尔所领导的大理石教会内部就出现了意见不合，他对教会内部称自己笨如阿甘，事先对于华盛顿集会并不知情。当被问及为什么参加集会时，他回应："我从来就不是个聪明人。"他的自嘲和反讽瞬间化解了教会内部的干戈。

1960 年，皮尔在给一名女性支持者的信中写道："我一点也不在乎谁当选总统，我只要求我们的总统选自于民、服务于民，只接受人民的调遣。""美国是基督教加尔文教徒抛头颅、洒热血建立起来的国家，作为一名新教徒，我怎能热情支持肯尼迪这样的一名爱尔兰裔天主教徒来担任我们的新总统呢？"

同年 11 月 8 日，肯尼迪当选总统后，皮尔极为沮丧，他写信给朋友称"肯尼迪的当选是对美国新教徒的致命一击"。批评者和攻击者认为，皮尔对肯尼迪先是攻击诋毁、然后却矢口否认，完全丧失了其作为一名宗教人士的道德底线。他表面上是幸福和正能量的传播者，实际上则在为某个党派的政治宣传筹码，他的神学思想远离了《圣经》教义中提出的“原罪和救赎”，他所宣扬的“积极思想”“正能量”和“幸福学”并不能解决生活中所遭遇的困难和重重悲剧。

爱默生曾说过，当个体遭遇疾病、痛苦和死亡时，生命的尊严和人生的目的只是万物中的一部分，每个人都会经历生老病死，没有人会侥幸逃脱。在生命之树成长的过程中，缺憾和遗失不可避免。在面对悲伤和痛苦时，皮尔的幸福哲学和正能量之歌表面上看起来是多么地软弱无力。

不过，笔者在这里想要强调的是，那些对皮尔不屑一顾的知识分子和精英们如果能好好地看一下他的书，就会发现里面其实有很多有用的思想和概念。事实上，很多支离破碎的婚姻经过皮尔的劝解都破镜重圆了。20 世纪 50 年代，心理治疗和心理咨询还未普及流行时，世人普遍对心理治疗和接受心理咨询存在很强烈的偏见。皮尔将心理治疗和教会祈祷结合起来，大大减轻了当时人们接受心理咨询和心理辅导的思想负担。皮尔也被公认为“宣传和推广心理治疗方面最杰出的牧师，以及 20 世纪 50 年代最杰出的心理治疗专家、精神成长导师”。皮尔鼓励个性发展和个体表达，鼓励个体发挥潜能。在大理石神学院担任牧师四年后，皮尔私底下写信给一个教友说道：“随着时间的流逝和阅历的增加，知识储备的增加，人的思想观念会改变，一种被人津津乐道的信念可能用不了多久就不再具有说服力。”

皮尔在精神心理学方面有着深刻独到的研究，然而大部分人却没能领会到他的深度和独特，他的支持者和批评者们把注意力都聚焦在他的政治态度和神学理论上。

妄想和救赎

多年来，业界对皮尔的哲学思想有着颇为争议的评论，批评者认为，其盲目自信甚至偶尔自大。哲学家乔治·桑塔亚纳[①]（George Santayana）曾指出“狂妄自大偶尔会导致个体发生致命的错误，除非这种自信是对自身知识的认同”。桑塔亚纳的评论突显了皮尔思想的矛盾性，皮尔没有准确评估自己的优势以及分析如何达成目标，而

① 乔治·桑塔亚纳（1863 年—1952 年）是西班牙裔美国哲学家、散文家和小说家，他出生西班牙，后移居美国，曾就读于哈佛大学，其主要哲学著作《批判实在论论文集》（1920 年）、《怀疑主义和动物信仰》（1923 年），其名言有“那些不能铭记过去的人，注定要重蹈覆辙”。——译者注

过于盲目自信往往使自己进退两难。

桑塔亚纳和批评派的确有他们的道理，但是他们却错过了重要的一点，那就是对自我信念的执着追求（或称执念）本身就是个体自我探索的一种形式。皮尔笔下的积极思想。并非是一种缺少自我反省、盲目骄傲的理想主义，皮尔在书中所宣称的积极思想理论可以概括总结为两点：你是谁？你要什么？

正如桑塔亚纳所指出的，在现实社会中，拥有真正健康的自我信念的个体和缺乏自我认知的人有着显著区别。缺乏自我认知和独立人格的个体大抵总是有着相似的性格特征。例如，总是对他人有所求，外表看似充满自信，在外人面前总是精力充沛，擅长博人眼球、吸引他人的注意，这些往往反映了其内心的焦虑、恐惧和防范的心理。从心理学角度分析，安全感缺失往往导致个体需要获取他人的注意力，容易导致个体无法离开他人而真正独立，容易产生焦虑。

从正确的角度来分析，皮尔的理论要求个体定期进行自我反省，正确评估个体的能力和内心的欲望；准确选择自己的社会关系；明确自我意识以及个体之间的关系；同时必须具备跨越生活鸿沟的能力。皮尔的著作理论无疑能够帮助读者在追求精神的道路上更加前进一步。

作为人生体悟大师，皮尔的著作理论涉及了心理学、宗教神学、哲学思想乃至社会生活的方方面面。他和杜克大学心理学研究员莱茵（J.B.Rhine）保持着非常深厚的私人关系，两人曾互通信件表达仰慕之情。除此之外，皮尔还和很多宗教领袖都保持着良好的私人关系。他生前经常提到犹太教科学会联合创始人、犹太教科学会运动的杰出女性领导者泰希莱·李奇腾斯坦（Tehilla Lichtenstein），视她为人生挚友和导师。

皮尔一生都秉承宗教自由、信仰开放的原则，他所创办的教会心理疗养所自创立伊始一直秉承着宗教自由、思想多元化的原则，该组织董事会成员也来自各个教派，大家并没有宗教流派的区别。所有这一切都让我们不由自主地思考一个问题：“比尔对天主教的偏见到底来自哪里？”他身边的亲朋好友都对此感到不理解，甚至连认识他几十年的卡利安蒂奥牧师也对此完全不理解。

还有一种可能性就是，皮尔和当今社会的大部分人一样，他对待少数族裔人群有着不易察觉的偏见，即当与少数族裔做朋友，他们是自己身边的朋友或同事时，一切都很好；但一旦少数族裔成为了总统或者某个领域的权威时，他便会立刻产生一种固有社会秩序被打乱的恐惧。对于皮尔来说，他可以和天主教徒或犹太教徒做朋友、和他们同桌共用早餐，但是却不能容忍肯尼迪当总统，这对他来说是个无法承受的改变。而这一向是美国主流一贯的保守作风，他们在恪守政治正确的同时，却害怕固有的社会秩序被打乱。

从这个角度来看，皮尔作为一个政治上保守的人，其思想觉悟远没有其作品有深度。在肯尼迪总统被刺后的几十年中，皮尔对自己的公众形象、公开言论都异常谨慎。1982 年 4 月 12 日，《人物》杂志对皮尔进行了专访，皮尔在采访中称："你现在很难将我和任何政治家们划为一伙。"他不仅刻意远离政治，还非常谨慎地与新思想保持距离。1989 年，在他去世前四年，他在一次采访中透露："新思想者将我划为他们的一员，事实上我不是，但我也不反对新思想。"

20 世纪 80 年代，因新思想和积极思想而被公众广泛提及的第一人当属大名鼎鼎的里根总统，在下一节中，我们将介绍里根总统和他具备的神秘学素养。

水瓶座：史上最具神秘色彩的总统

20 世纪下半叶，在经济高速发展的美国，最虔诚、最具影响力的积极思想福音传播者不是牧师主教或教会神职人员，也不是神秘学者，但是同积极思想家们一样，他也曾自学过各种神学思想、涉猎过各种哲学意识流派，对各种宗教思想和流派都有着开明包容和兼收并蓄的思想，他就是继富兰克林 • 罗斯福之后美国 20 世纪最具影响力的总统、美国历史上公认的最杰出总统之一——罗纳德 • 里根。

几乎每个曾和里根总统有过接触的人（从史学家、传记作者到他身边的工作人员）都表示里根是一个谜，他们表示很难真正、完全了解里根其人，甚至连他的儿子荣 • 里根（Ron Reagan）也曾在媒体采访中称："世人对里根的了解其实只有 90%，而他剩下的 10% 深藏不露，连我都捉摸不透。他就是这样一个深不可测的人，即使是与他有密切接触的亲友也不例外。"

普利策奖获奖传记作家埃德蒙德 • 莫里斯（Edmund Morris）曾在他为里根总统撰写的回忆录《荷兰人》（*Dutch*）中指出，如果史学家或传记作家们想要更加深入地了解里根其人，应该更多地去关注里根的社会影响以及他在生活中的方方面面，应该多了解他周围的亲朋好友、工作人员，应该从他曾从事的职业、所受的教育甚至宗教神学信仰去分析，而非刻意地去揭开笼罩在他身上的神秘面纱。从他的工作、生活、教育、信仰等方面来着手写他的传记，远比简单肤浅地谈论他的个人生活更有意义。

于是，一批又一批的里根传记作家、史学家们，开始从里根年少时的家庭教育、他的好莱坞影星生涯深入挖掘。甚至还有好事者挖出了里根一家都是保守主义者、都是保守党人士的新闻。还有分析人士指出，在政治上，他对苏联的态度变幻莫测，从早年的反对孤立，到当选总统后态度暧昧、极力充当和事佬；在经济政策上，他则是个十足的保守派，即使是罗斯福新政的直接受益者，也对新政持保守态度。更有意思的是，里根虽然在经济政策上、政治和外交政策上持保守主义，但他却对未知世界、神秘力量、外太空持有浪漫甚至不切实际的幻想。他积极推进美国的宇航事业和外太空研究，在客观上促成了《星球大战》（*Star Wars*）、《星际迷航》（*Star Trek*）系列电影的大热。从各方面看来，里根是一个完美和矛盾的统一体，就如同一面多棱镜，你永远不知道他真实的一面在哪里，也正因为如此，他才愈发迷人、突出和与众不同。

里根不但颜值高，而且事业成功，成功学人士又要问了，那他的成功密钥是什么呢？是什么造就了他精彩绝伦的一生呢？很多人开始从他的电影着手，希望可以从中找寻答案；还有人主张从他的性格去分析，认为他之所以如此成功，与他的理想主义、极致的完美主义密不可分，他善于利弊进行权衡和准确把握，并根据利益最大化来判断自己的价值走向。对于里根来说，这个世界没有对错，只有利弊；没有永远的敌人，只有永远的利益。我个人却认为这些固然很重要，然而最重要的是他的生活哲学和人生态度。里根是一个彻彻底底的乐观主义者，他是积极思想的“完美产物”，他的一生无论处于高峰还是低谷，都保持着积极乐观的心态，这些都完美地体现在他的演讲、谈话甚至国会会议、政府工作报告中。无论作为前保守党激进分子、加州州长还是美国总统，他都彰显了自己非凡的演讲才能，他的演讲风格、谈话形式极其煽情、鼓动人心，而他的演讲内容也都有一个共同的、旗帜鲜明的主题，即美国是一个伟大的国家，这个国家负有神圣的使命，这个国家的未来充满无限可能，这个国家的明天会更好。

里根具备非凡的演讲才能和出众的演讲能力，再加上他潇洒俊朗的外貌，他被世界人民所熟知，更被美国民众所称颂，福特总统曾给予了里根高度赞誉：“在公开演讲中，他指点江山、激扬文字、力拔山兮气盖世；但是在现实生活中，他却谨小慎微、言辞谨慎，他是我见过的既能收放自如又能将两者完美结合的、非常少见的政治家。”

里根总统之所以能形成性格上收放自如的双重性格并将其完美结合，与他的家庭教育和早期“神秘学”信仰有密切关系。鲜为人知的是，里根总统对积极思想、精神信仰、占星术和神秘学都有很深的研究。他在加州好莱坞做影星时期，认识了几个星相学密友并深受他们的影响，其中就有星象学家卡罗尔· 瑞特尔（Carroll Righter）。瑞特尔曾于1969年荣登《时代》杂志封面，成为美国历史上唯一登上《时代》杂志封面的星象学家。和瑞特尔的相识、相交，让里根对占星学和外太空研究有着很深的情结。

早在认识瑞特尔之前，里根就已经开始研究塔罗牌。1942年，里根在拍摄电影《金石盟》（*Kings Row*）期间，结识了女演员艾登·格蕾（ Eden Gray），与其成为好友。格蕾女士有一份很奇幻的兼职，那就是塔罗牌占卜师。在一边演戏一边研究塔罗的同时，格蕾女士还写了一本塔罗牌占卜指南，而这本指南一不小心登上了畅销书排行榜，成为20世纪最受欢迎的塔罗书。在格蕾的影响下，里根对星座、占卜产生了浓厚的兴趣。据格蕾女士回忆，在《金石盟》的拍摄片场，里根就常常兴致勃勃地跟剧组演员、片场工作人员解释星座和塔罗牌。有趣的是，在里根的表演史上，电影《金石盟》也成为里根早期比较具有代表性的作品。

在好莱坞的演艺事业稳步发展的同时，里根也继续对占星、塔罗和神秘学进行了深入研究。在神秘学方面，他深受曼尼·霍尔（Manly P. Hall）的影响。霍尔是美国历史上赫赫有名的神秘学家、哲学家，其代表作有《美国的秘密使命》[①]（*Secret Destiny in America*）。据专门研究里根演讲稿的研究人员介绍，从20世纪50年代起早期的演讲稿，到后期当上总统后的演讲稿、国会发言稿等，里根的演讲风格、演讲主题甚至遣词造句的风格都和霍尔如出一辙。

里根和妻子南希从不避讳他们的神秘学信仰，如占星术、周公解梦 、数字符号论 、灵魂出窍体验等。这些当时所谓的“主流精英人士”都不屑讨论的话题，里根夫妇却对其津津乐道，毫无尴尬和不妥之情。他甚至多次在公开场合讨论不明飞行物

---

① 曼尼·霍尔（1901年—1990年）是在加拿大出生的美籍哲学研究学者，其代表作有《所有时代的神秘学教义》（*The Secret Teachings of All Ages*），而其所著的《美国的秘密使命》则讲述了美国建国史，记录美国建国初期的许多稗文野史。——译者注

（UFOs）。20 世纪 50 年代和 70 年代间，他表示自己曾两次亲眼目击了 UFO 的出现。

1980 年在竞选总统期间，他曾接受记者安吉拉·福克斯·邓恩（Angela Fox Dunn）的访问，在长达三个小时的采访中，里根前所未有地在公开场合敞开心扉，对自己青少年时期的经历和当下的时局侃侃而谈，几乎毫无保留地表达了自己的看法。里根在采访中透露，他少年时期深受母亲的宗教信仰影响，家庭的宗教氛围对他影响深远。20 世纪 30 年代开始，他在华纳兄弟公司担任戏剧教练一职，开始接触戏剧表演。20 世纪 40 年代开始，他在好莱坞接拍电影慢慢成名，并认识了一众神秘学者、塔罗牌师、通灵术师，如卡罗尔·瑞特尔、艾登·格蕾和珍尼·迪克森（Jeane Dixon）等人。后来，他参加竞选加州州长，又代表共和党竞选总统。里根几乎言无不尽、知无不言，他还在采访中和安吉拉聊起了几位已卸任总统的星座和星象特征。当被问及自己的星座和星象特征时，他无比自豪地回答自己是水瓶座，并称水瓶座是 12 星座中最具神秘主义气息和最具先知特质的星座。他甚至还称，在纽约名人堂（New York's Hall of Fame）里，有 80% 的名人都是水瓶座。

在采访几近结束时，里根还详细地向安吉拉·邓恩描述了水瓶座的共性：神秘主义者；天生具有理性逻辑推理能力，再加上直抵人类内心的本性，拥有高度的容忍力，富有研究精神；喜爱一切新事物、新发现、新挑战；同时，性格上隐藏着保守的一面；水瓶座的人坚持己见，很难改变自己的意见或主张，但另一方面却又极度讨厌和别人争执及暴力。

2010 年，《新闻周刊》（*News Weekly*）对里根重新做了一次评价，称他为“耶稣再生”（born-again Christian）。当然，《新闻周刊》这样说有夸大的成分，但是无可否认，里根和太太南希在星相学上的研究和造诣非常值得世人尊敬，而他最容易被世人所忽视的一面就是他对于神秘学的研究和神秘主义信仰，其很深的宗教神学的浸淫使他成为美国历史上最具神秘气息的总统。

“天之骄子”：童年、青少年时期的里根

在进入好莱坞之前，里根的童年深受神秘学的影响，他的童年可以用一句话来形容：传统严格的家庭教育和开明的、极具前瞻性的教育方法的完美结合。关于这一点，我们从里根的回忆录中可见一斑：“我的童年生活最好的部分就在于沉浸在自己的天

马行空中，我不会因为沉迷于幻想而被责骂。小时候的我寄住在爱玛姨妈家。爱玛阿姨家的大客厅中间有一把巨大的摇椅，摇椅旁边有一个蜡像，客厅的角落里放着一个装满书的书架，书架上有一个玻璃地球仪，我常常坐在摇椅上便陷入了奇思妙想之中。”里根的爱玛阿姨对招魂术和通灵术有很深的研究，她还鼓励年少的里根去追求精神上的信仰。

里根不仅受到爱玛阿姨的影响，也深受母亲纳莉的影响。纳莉在宗教信仰上相对保守，但是在子女教育观念上却颇为开明，她积极鼓励几个孩子去接受自由思想。在家中，她鼓励孩子们直呼父母的姓名，这种观念在当时相当保守的美国已经相当超前了，即使在当今的美国，孩子对父母直呼其名也不常见。不仅如此，纳莉还教会孩子们正确对待家庭关系。她直接告诉孩子们，因为丈夫酗酒，他们的夫妻关系并不和睦，她教育孩子们“酗酒是一种疾病，要远离酗酒”。虽然经济状况不佳，但是纳莉却经常带孩子们看戏剧或演出、听讲座，培养孩子们的综合能力。除此之外，纳莉非常注重培养孩子们积极乐观、阳光正面的思维方式，当然这和她积极乐观的人生态度密不可分。她还曾为教会里根写过一首名为《阳光》（*On the Sunnyside*）的小诗：

> 积极正性的观念
> 使灵魂更为高尚，
> 让正面积极扫除
> 尘世的烦扰纷争，
> 让世界充满
> 光明欢乐和梦想。

观察家、里根传记的作者卢·坎农（Lou Cannon）在里根传记中写道：“青少年时期的里根是母亲纳莉心中最爱的儿子，纳莉一直对里根抱有很高的期许和希望，这些也许培养了少年里根的使命感，母亲和整个家庭的使命和期许伴随着里根成长。”1928 年，里根带着母亲的期许和家族的使命感，考入了伊利诺伊州中部的尤里卡学院（Eureka College）。大学期间，他选修了法语课，与法语课教授建立了深厚的友谊和特殊的纽带。他当时的法语教授还是一名颇具声望的通灵学家，这命中注定般地掀起了里根少年时期研究通灵学的欲望。

从尤里卡学院毕业后，里根受聘于广播巨头帕尔默家族，该家族旗下有艾奥瓦州广播电台。1932 年，里根应聘上了该家族旗下广播电台体育节目的播音主持人。帕尔默家族是美国历史上一个非常奇特的家族，除了掌管广播电台生意外，该家族还因为笃信民间奇方妙术、神秘学和通灵术，并以家族思想前卫、开明、超前、怪诞古怪而著称，其中最著名的就是丹尼尔・大卫・帕尔默（D. D. Palmer）和儿子小帕尔默。

丹尼尔・帕尔默活跃于 19 世纪后期，他是脊骨神经医学的创始人，也是一位梅斯梅尔磁疗师和通灵学者。在艾奥瓦州通灵学研究大会上，帕尔默发表演讲称"脊椎按摩疗法为他打开了一扇全新的智慧大门"，在艾奥瓦州的达文波特市建立了一所学校，从此创立了脊骨医学，并将学校命名为"脊椎推拿理疗及心理疗愈学院"（college of chiropractic and mental healing）。帕尔默为家族事业打下了一个良好的开端，而真正将家族事业发展壮大的当属他的儿子巴雷特・约书亚・帕尔默（Bartlett Joshua Palmer），小帕尔默将父亲的理论发展壮大，将父亲建立的学院重新命名为"世界整脊医学中心"（World of Chiropractic）。他宣称，一切疾病都是因为脊椎不正造成的，其中包括传染性疾病，如小儿麻痹症。他也是发现里根的"伯乐"，里根在他的发掘下，开始从事电台播音主持的工作。

世界整脊医学中心不仅提供整脊医学理论培训，而且还播放体育、新闻和音乐等电台广播节目。不仅如此，小帕尔默还在校园设计和设施建设中刻意营造一种神秘学的氛围，并广泛吸收了东方宗教神学和哲学思想的精髓。例如，在校园的角落里摆满了世界各地尤其是亚洲的宗教神学装饰，如印度教之神卡利和甘尼萨（Kali and Ganesha）的塑像、巨大的佛头和佛教神龛，还有来自中国的狮子狗、青铜雕像和大理石雕刻的金星，以及日本神庙的大门浮雕，甚至有令人毛骨悚然的尖牙蛇等，连学校的教学楼也被命名为"天堂之路"（A Little Bit O' Heaven）。小帕尔默甚至让校委会印刷了一本校园游览指南，向前来参观的游客们介绍这些石刻雕像命名背后的故事。

就是在这所校园里，里根从事了据说是他大学毕业后的第一份工作，成为了一名校园电台体育节目的播音员。当时学校的播音室设在教学楼顶楼的天台上，餐厅就设在同一栋楼的地下室，顶楼的播音室和地下室的餐厅构成了里根生活的主线。偶尔，他也会去教室里旁听整脊疗法课程，这门课是由帕尔默亲自教授的。后来，里根回忆道："帕尔默的学校不仅培养学生如何进行整脊治疗，还非常注重学生品质的塑造，在课程设置中加入了很多积极思想的元素，意在培养学生的坚毅品质。教学楼的宣传栏、橱窗、教室墙壁上到处可见新思想和积极思想的名言警句，如：‘把你的想法说出来’‘把你说出来的想法做出来’‘心动不如行动’‘我就是我，不一样的我！’‘现在、马上、立刻行动’‘我行、我可以、我能！’等。同大部分的神秘学家、精神疗愈师一样，帕尔默认为，人类拥有一种超越普世认知范围的、与生俱来的内在潜能，这是一种人类先天固有的、潜藏在内心最深处、最高级、最具爆发力的能量，这种能量一旦爆发出来，将会具有无限的潜力。”

这是里根毕业后从事的第一份工作，因此，他深受帕尔默的影响。小帕尔默深受神秘学、积极思想和新思想的浸淫，这些对里根来说都不足为奇，因为其早年曾受到姨妈和母亲的影响。这段经历为里根进入好莱坞并融入到好莱坞的神秘主义文化中打下非常好的基础，也对他后来从政后产生非常深远的影响。

总统抑或是神秘学家

里根常常谈及美国的建国史和《独立宣言》签署背后有一股强大的“神秘力量”支撑着，“自由平等，天赋人权”的签署是奉上帝的旨意和神圣的力量完成的。1974年，他在保守党会议茶歇时谈道：“美国是一个伟大的国家，在追寻自由之路的背后，上帝赋予了我们神圣的使命，也赐予了我们无穷的力量，正是因为这股神秘力量使我们无惧前行，你可以称这股神秘力量为‘神秘主义’或‘神秘学’。”

1986 年 7 月 4 日的美国国庆日，里根在庆祝自由女神像落成一百周年纪念的电视讲话中，面对数百万电视观众又再次反复强调了他的这一观点。后来，他多次在电视讲话、公开演讲中都重复了这一基调，研究里根演讲、谈话风格的专业人士分析，里根的演讲风格、稿件撰写思路都和神秘主义学者曼尼・霍尔极为相似。

霍尔的职业生涯开始于 20 世纪 20 年代，他是一名生活、工作在洛杉矶的教师，同时也是著名的神秘主义学者，因著有《美国秘密的使命》一书而闻名全美。霍尔在该书中称：“美利坚合众国的成立，象征着民主、文明、自由和正义之国的建立，这个伟大的国度背负着启蒙世界神圣而秘密的使命。”

早在 1928 年，年仅 27 岁的霍尔就出版发行了人生中具有里程碑意义的著作《历代密教》（*The Secret Teachings of All Ages*），这是一本关于古代密宗、神秘学以及古代哲学的百科全书，也因此被称为“神秘学大全”（The Great Book）。霍尔在书中收集了大量的古代法典律例、神秘学故事以及古代哲学思想，还收集了各大文明古国的哲学、科学成就。例如，美洲土著神话里的毕达哥拉斯数学，古埃及的几何学，古代象形符号及其背后的宗教神学、哲学意义的解读，等等。这是一本通往古代神学哲学之路的美轮美奂的指南，也深受猫王、作家丹·布朗（Dan Brown）等人的喜爱。丹·布朗在其著作《达芬奇密码》（*The Da Vinci Code*）中大量引用了这本大全里的资料，可以说，这本书给了丹·布朗很多创作灵感。

这本神秘学大全出版发行后，霍尔在洛杉矶的格里菲斯公园附近建立了一个哲学、社会研究院，研究方向为古埃及哲学、艺术和建筑。该研究院建立伊始就是以毕达哥拉斯古代书院为模板，因此也被霍尔称为“神秘学院”。他在此度过了生命中的大部分时光。他在此讲学、写作，致力于神秘学研究，并于1944年出版了另一本神秘学短篇著作，也就是上文中提到的《美国秘密的使命》。本书很快便引起了主流大众的注意，也吸引了当时还在好莱坞摸爬滚打的里根的追随，并深深影响到这位后来美国历史上最伟大的总统。

霍尔在《美国秘密使命》中简明扼要地描述了美国建国史中很多不为人知的小故事。霍尔在书中称，《独立宣言》中宣示的自由、民主、独立的思想最早来源于一批隐遁的古代哲学家，其思想核心来源于某个秘密社团的教义。他在书中还记录了一个非常有意思的故事。1776年7月4日，就在《独立宣言》签署的前一刻，一位神秘的男人神不知鬼不觉地潜入了费城州议会大厦，并在此发表了一场极具煽动性的演说。这位神秘男子在演讲中指点江山、慷慨陈词，称“上帝赋予了美国自由与民主，美国民众的自由权利神圣不可侵犯”“即使被处以绞刑或斩首示众，即使心中满怀恐惧，但为了美国民众和美国的未来，我们仍要勇敢前行，捍卫自由民主的大旗，用生命和鲜血换来的自由才更能彰显自由的价值和民主的可贵”。这个极具煽动性的演讲深深打动了那些仍摇摆不定的议会代表，坚定了他们签署《独立宣言》的决心。刹那间，这些议会代表蜂拥而上，在《独立宣言》上签字画押。而当宣言签署完成后，这位神秘男子也如同空气般消失在议会大厅，他来无影去无踪！霍尔在书中称“这个神秘男子即是美国自由的信仰，他负有捍卫和保护神圣美国自由神圣不可侵犯的使命”。

霍尔书中的稗文野史和神秘学思想深深吸引了青年时期的里根，他的写作风格更是深深影响了里根的演讲风格，里根也在很多演讲稿中引用了霍尔的故事。比如，1957 年里根回母校尤里卡学院参加毕业典礼，他在典礼致辞中援引了霍尔书中关于独立宣言签署的小故事，并称："这是一块负有神圣使命的土地，我们的祖先们谨领着神的懿旨，背负着神圣的使命聚集在这里，带领一代又一代的人民筚路蓝缕、走过泥泞、趟过万水、爬过千山，终于走出一条自由的康庄大道，建立了一个民主自由的国家。"这次演讲极大地鼓舞了该校的学生。

1981 年 7 月 4 日，刚刚当上总统的里根接受了美国《PARADE》杂志[①]的采访。当被问及怎么看待美国独立日时，里根总统又重复了他当年在母校演讲中的小故事，并称"独立日即为美国的精神"。当采访结束时，总统助理迈克尔·迪福（Michael Deaver）交给了记者一张纸条，一再强调说这是总统亲自手写的便条，便条从措辞到文风都和霍尔如出一辙，大概意思则是"那位来无影去无踪的神秘男子象征着美国之精神，亦即'自由、独立、神圣且不可侵犯'"。

那么问题来了，霍尔又是从哪里发现了这些稗文野史呢？据考证，"神秘男子"的故事最初来源于 1847 年出版的一本名为《华盛顿和他的将军们》（*Washington and His Generals*， *or Legends of the Revolution*，又名《革命传奇》）的书中的一个章节，这个章节里收录了美国建国之初出现的民俗故事。我们知道了霍尔的灵感故事来源于《革命传奇》一书，至于他是怎么发现这本书的，其中还有一个小故事。据史料推断，霍尔认识已故的美国密宗神智学会（occult Theosophical Society）秘书长。这位秘书长的姓名已无处考证，他曾送给霍尔一本书，称这是一本"不被世人所知的演讲集"，这本书就是《革命传奇》，该书即使在美国也罕为人知。唯一一处可以考证的记载是，本书中的一个演讲曾出现在 1938 年的神智学杂志《神智学家》（*The Theosophist*）上，除此之外，再无其他关于本书的介绍。

据考证，里根和霍尔可能曾经私下见面，并讨论过这个故事。据史料记载，1974 年 1 月 25 日，保守党政治行动会议在华盛顿召开，里根参加并在会议上做了发言。他在发言中再次提到了这个故事，但是这次他说道："这个故事是我几年前碰巧从一

① 《PARADE》杂志是由《华盛顿邮报》发行的周末副刊，它是美国最流行的杂志之一，拥有 3200 万订阅者和 7100 万名读者。——译者注

个历史系学生口中听来的，这个热心的学生还告诉我，他在托马斯·杰弗逊（Thomas Jefferson）的书中看到这个故事，但是我从来没有调查或证实过其史料出处。”而霍尔也曾在书中向读者介绍，这个故事来自杰弗逊的书中。从这点看来，里根和霍尔可能曾私下见过，不论他们是否会过面，我想表达的观点就是，里根的演讲风格和基调都深受霍尔的神秘学影响。

传记作家埃德蒙·莫里斯指出，里根热爱稗文野史并擅长在演讲中援引历史故事，其主要是为了某个特定的目的，而这个特定的目的就是历史服务于现实。他同时还强调，我们应该认真严肃地对待总统在演讲、会议中所援引的故事，因为这些都代表着美国社会的核心理念，也是美国精神的核心。

那么，什么是美国精神呢？

一切皆有可能

有评论家认为，竞选口号是决定能否顺利赢得大选的一个关键因素。当初，卡特之所以在竞选中输给里根，与其竞选口号有很大关系。里根的竞选口号积极正面，充满着对未来的期许，正能量满满；而卡特的竞选口号则相对保守且低调。从后来的克林顿总统时期，再到奥巴马竞选期间，总统竞选几次更换竞选口号，并最终将口号定为“Yes，we can!”，可见里根深受积极思想的影响。

1979 年，里根代表共和党竞选美国第 40 届总统时宣布：“对我而言，我们的国家是真实的存在，这个国家的每一个民众都是鲜活跳动的生命，他们鲜活而可爱。在这片土地上，没有什么是不可能的。如果非要给未来下一个定论的话，那就是在我们这个国家一切皆有可能！我们现在就是需要这么一个人，一个具有无限能量、可以带领你们实现美好人生的人。而我非常确信如果我当选后，我一定会超额兑现现在给予你们的承诺，我将会致力于提高广大民众的生活状况和生活条件。”里根的演讲极具煽动性，充满对未来的信心和正能量，充满对无限可能的未来憧憬。

在 1980 年的总统竞选中，里根称“美国背负着神圣使命，这个神圣使命不因个人意志而改变，但是可以通过每个人的努力去实现”，里根卓越的演讲技能之所以能在美国民众中掀起一股热潮，吸引大批粉丝，当然也与他的高颜值有很大关系。

高颜值、好莱坞的演艺生涯为里根积累了一定的粉丝，加上卓越的演讲技巧、出众的表演能力，里根在其演讲中重新定义了美国民众的主流价值，即每个单独的个体都是独一无二、不可复制的，每个人都有与生俱来的、不屈不挠的精神，每个人只要通过不断地努力和尝试都能到自己想去的地方，绽放出自己独特的魅力。

里根用他一贯特有的积极乐观精神，再加上成功学导师的风范，感染了大部分的美国民众，为主流社会打了一剂强心针，同时也为以后的总统竞选者们创造了一种全新的竞选模式：即使当下阴霾沉沉，未来仍会天高云淡，积极思想才是大选之道。

事实上，在里根成功竞选并连任两届总统后，他之后的继任者从比尔·克林顿到奥巴马都在大选演讲中沿用了里根的“乐观、积极、励志”的演讲风格：克林顿曾在参选中呼吁民众“一个叫希望的地方，明媚灿烂的阳光普照大地”“不要停止对未来的憧憬”；奥巴马曾在 2011 年的国情咨文中鼓励政府人员“纵然前路艰难险阻，我们定然可以顺利走过”，他还援引了里根总统的名言：“这个世界上有一片神奇的土地，而在这片神奇的土地上一切皆有可能。”

政治心理学的萌芽

在里根的私人生活中，积极思想不允许他与其他人有很深的私交。他的竞选助手和在白宫的工作人员都称，里根总能根据政治形势的变化来决定自己的处世态度和处理方法，有时甚至会“不近人情”。20 世纪 80 年代初期，里根罹患结肠癌。1985 年，刚刚做完结肠癌手术、尚在术后恢复中的里根在接受《时代》杂志采访时对外界宣称：“我以前曾得过癌症，但这已经是过去的事了。此时此刻，在我身上没有癌细胞了，我完全是一个健康的人了，癌症对我而言已经是过去式了。”

这就是里根应对人生挑战的态度，他总能以最乐观的态度向世人展示最强大、最完美的自己，他以这种态度向世人展示了自己积极面对人生危机和困境的态度。当然，他的积极态度有时会给人以太完美的印象，甚至完美得让人觉得有点不真实。然而毋庸置疑的是，里根在政治决策的制定方面极具前瞻性，比如，他曾在一次总统竞选中主张对苏联采取冷战措施，然而他在连任之后却充当了美苏之间的“和事佬”，有效地缓解了美国在冷战中的消耗。甚至在其任期内的最后几年，他也是为数不多对戈尔巴乔夫经济私有化改革持积极态度的世界领导人之一，并对戈尔巴乔夫在多元化政治、思想上的贡献给予了充分肯定。他甚至还前瞻性地预见到后苏联时代（post-Soviet era）的政治格局。无疑，里根是非常具有前瞻性的领导人，这一点是非常值得肯定的。

里根的一生兼具理性主义和浪漫主义情怀，他也是两者的最佳结合体。在政治、外交政策上，他是一名坚定的理性主义者，一切以国家利益至上为原则。同时，他也是一个重度“科幻迷”，极其痴迷科幻电影以及对外太空、外星人的研究，可谓一位极具浪漫主义情怀的政治家。他坚信“星球大战”计划能消除世界范围内的核威胁，并帮助世界各国敞开大门，进行和平、友好、互惠互利的深度合作。

20 世纪 30 年代，里根开始加入好莱坞并接拍了多部电影，他于 1935 年被任命为美国陆军后备军官，并在第二次世界大战后期加入了一个名为“世界联邦主义者联盟”（United World Federalists）的政治组织，该组织信奉“世界联邦主义”（World Federalism），那么什么是“世界联邦主义”呢？“世界联邦主义”提倡用一种理想的、以法律程序为途径、按照联邦与民主的原则，以促进国际社会的合作与和谐为目的，解决各国之间的争端纠纷，在全球范围内建立一个“世界政府”（United Nations-style），并最终在全球范围内降低乃至消除战争，促进人类的和平和幸福。

里根顺应了当时的热潮，成为了世界联邦主义者联盟的一员。该组织提倡的“世界联邦”“消除霸权”“促进世界和平和幸福”的“宏大愿景”深深吸引了青年时期的里根，也成为他早期政治观点重要的一部分。全球范围内曾一度掀起了“世界联邦主义运动”的热潮，这股热潮于 1950 年到达黄金时期。这股热潮也影响了后来很多科幻小说、电影剧本的创作，比较著名的就是“星球大战”系列电影中的《星际迷航》和《银河共和国》[Galactic Republic，后更名为《邪恶银河帝国》（*the evil Galactic Empire*）]，两部电影中提到了“世界星球联盟（United Federation of Planets）”这一概念，甚至在很多娱乐新闻中也屡次出现“世界联邦主义”的影子。

里根甚至还多次在公开场合下毫不避讳自己深信有外太空生命的存在，深信外星人和外星智慧可以改变地球和人类的未来。他还曾公开宣称自己亲眼目睹过 UFO。这个故事来自一个叫露西尔•鲍尔(Lucille Ball)的人的口述，鲍尔是里根夫妇的一个亲戚。20 世纪 50 年代，好莱坞著名影星威廉 • 荷顿（William Holden）在家里举办晚宴，邀请了一干人等，但左等右等却不见里根夫妇。一个多小时后，姗姗来迟的两夫妇“气喘吁吁、面色潮红，他们满脸惊喜状、语无伦次地告诉朋友们刚刚亲眼见过 UFO，就在他们开车过来的滨海公路旁边”。甚至在总统任上，里根还非常“天真”地向苏联总统戈尔巴乔夫“保证”，美国将和苏联团结起来共同抵抗来自“外太空的威胁”。据戈尔巴乔夫在回忆录中称，起初他还以为里根在开玩笑，但后来却发现里根非常严肃、极其认真。

里根还有着部分爱尔兰血统，所以他常笑称自己有着爱尔兰血统中“疯疯癫癫”的个性，这一点从他对苏联摇摆不定的政治观点可见一斑，但是如果就此断定里根立场不坚定，称之为其性格中的弱点，笔者个人认为有失公允。

既然谈论到性格，那就不得不对里根进行一下性格分析。里根出生在一个宗教氛围浓厚的保守家庭中，然而其所接受的教育却相对开明和前卫。在里根的成长过程中，母亲纳莉起到非常重要的作用。纳莉是一个天生的乐观主义者，总是教育里根“好男儿胸怀天下”“成大事者必须站得高、看得远”“心有多大、路有多宽”等。除了教育里根要胸怀天下以外，纳莉还将自己自强不息、积极进取以及乐观向上的品质潜移默化地给这个她最心爱的儿子，这对里根的性格养成、事业发展有着非常重要的影响。当然，里根博闻强记的天赋也至关重要，他超凡的记忆力、极强的学习能力以及良好的学习习惯也非常重要。据里根白宫工作人员称，他保持着每天阅读的习惯，甚至平均每天阅读七份报纸。里根在镜头面前永远活力四射，即使是健康状况欠佳的情况下，他也精神饱满、信心满满，丝毫不受影响。

在里根的职业生涯中，无论是早期的好莱坞演艺生涯，还是担任加州州长，再到后来担任总统，他都颇受好评，他也被美国民众评为史上最好的总统之一，这无疑跟他所受的家庭教育、极强的学习能力和坚定的自控力有着密不可分的关系。但是他也遭遇过非议，他的政治生涯中也曾发生过错误。他曾在担任加州州长期间，对加州大学的学生运动采取镇压措施，如果非要做历史评价的话，这可能是里根政治生涯中的一个不太光彩的地方。

不过必须得说一下，里根的政治决策风格还是有选择性、有针对性的。我们要讨论他的经济政策，就要追溯到他早期的青年时代。他曾经一度以右翼激进分子茶党[①]为英雄，

① “茶党”（Tea Party）运动是右翼民粹主义运动，茶党激进分子反对纳税、反对现代经济，这一运动主要是对现代化进程中不断消失的传统经济和政治机会的忧虑和担心。——译者注

奉他们为偶像。里根对于减免赋税一直信心满满，竭力主张消除“政府官僚式的浪费”。同时，他也是一个全球主义者，甚至也可以称其为“现实的乌托邦主义者”。

在他的总统任期内，为了推动经济复兴计划，他主张缩减政府人员规模，缩小政府权力，下调税收，大幅削减社会福利。他认为社会福利过度发展会导致国家财政不堪重负，而且该制度中存在着浪费和大规模的福利欺诈等。为了支持他的“福利削减”计划，他甚至以讲故事的形式或离奇的统计数据来支持自己的政策主张。如果在这个历史大背景下来理解里根的“没有什么不可能”这句话的话，我想可以将其理解为“没有不可能，一切皆有可能，关键在于怎么去做”。这种政治主张和政治口号极大地鼓舞、振奋着人心，有助于帮助大萧条后的美国重新走向经济振兴。

里根、皮尔、拿破仑·希尔、安德鲁·卡内基、戴尔·卡耐基以及其他积极思想领域的专家学者、哲学家、思想家、政治家们都彻底而巧妙地将积极思想、新思想的理念和思想传播到公众中，并很快流行开来，其在无形中形成一种“类普世的信念”，也成为了美国精神、美国梦的精髓，被许多美国人以及穿越千山外水到美国的移民们所推崇。

2010 年，美国国会参议员、来自纽约州的民主党员查尔斯·舒默（Charles Schumer，又译为“查克·舒默”）主张“按比例缩小就业法案”（scaled-down jobs creation bill），并宣称“实现这一目的关键不在于政策制定者本身，也不在于政策间的差距，而是在政策落实过程中各方的实际行动以及人们的应对态度。研究市场经济的关键还是要研究市场心理学，市场心理学非常重要！”

从本质上来说，无论是舒默的经济心理学，还是里根的政治心理学，抑或是李普曼牧师的宗教心理学，他们都很好地将积极思想和经济政策、政治政策的制定与心理学治疗完美地结合起来，在这一点上，这和之前介绍的精神治疗大师“神医昆比”在本质上是类似的，他们在某种程度上都有一个共同的信念和目的——对于快乐的坚定信念，对于幸福的憧憬向往。

那么，什么是成功呢？什么是美国人所认为的“成功”呢？我们会在下一章中重点讨论。

第 7 章
新思想、积极思想铸就成功人生

聆听你的心灵，感受内心最本真的召唤，梦想、幻象和想象或许能够统一到现实中！

摘自詹姆斯·肯恩[①]于 1946 年为小说《蝴蝶》所撰写的序言

里根时代的到来也代表着美国精神潜能领域发展的重要时期。此时，一种全新的生活理念和生活态度开始风靡美国社会的各个角落，里根称之为“幸福哲学”。里根时代纷纷涌现出许多代表幸福哲学思想的著作，而积极思想也逐渐地从非主流的精神主义思想普及成为一门生活哲学，并已超越宗教而被世俗化地融入了现代商业文化中，形成了一股全新的文化意识形态，渗透到美国民众生活的方方面面，已然形成一种生活态度和生活方式。

1981 年，里根从总统竞选中脱颖而出，成功当选为美国第 40 届总统；而就在同一年，约瑟夫·墨菲（Joseph Murphy）也与世长辞。墨菲博士是新思想领域著名的神秘学家、心理学家和神学家，也是一名受人尊敬的牧师，他最广为人知的身份当属作家和讲师。墨菲博士终其一生花了将近 50 年的时间，致力于研究人类潜能和宗教科学。墨菲也被世人公认为最后一位为新思想摇旗呐喊，并将积极思想发展壮大的人。

---

① 詹姆斯·肯恩（James M. Cain）是美国小说家、电影剧作家，其作品大都为通俗小说《蝴蝶》（*Butterfly*）是《纽约时报》畅销书作家凯瑟琳·哈维（Kathryn Harvey）所写的一本悬疑、推理、神秘小说。书中描述了三名身份神秘的女子住在一个叫“蝴蝶”的地方，蝴蝶是一个有灵性的地方，梦想在这里都可以实现，幻想和想象都可以成为现实。——译者注

从此，新思想界无人能超越他。墨菲也为后世的新思想界的励志大师们提供了一个非常好的职业生涯规划和人生发展计划：不断自我学习、自我鞭策、自我提升和自我成长。他积极鼓励著书立说、四处讲学，并通过收取图书版税以及演讲费等来养家糊口。事实证明，大部分积极思想家们通过这样的方式也真的过上了小富即安的生活。

这其中不乏一批20世纪七八十年代兴起的新思想界的后起之秀。这一时期，新思想和积极思想运动也衍生出了很多分支流派，并随之出现了一批新兴的职业，如人生规划导师、销售培训师、职业发展规划师、NLP培训师等，这些新兴职业都是从励志成功学衍生而来。其中最具代表性的有金牌销售教练金·克拉（Zig Ziglar）和奥格·曼迪诺（Og Mandino），关注挖掘人类潜能的作者史蒂芬·柯维（Stephen Covey），管理大师肯·布兰佳（Ken Blanchard）和斯宾塞·约翰逊（Spencer Johnson），精神文学出版人露易丝·海（Louise Hay），励志作家杰克·坎菲尔德（Jack Canfield）和理查德·卡尔森（Richard Carlson），人生规划导师安东尼·罗宾斯和博恩·崔西（Brian Tracy），一大批个人精神成长领域的作家如韦恩·戴尔（Wayne Dyer）、让·休斯敦（Jean Houston），以及著名的灵性成长、新纪元流派作家玛丽安娜·威廉姆森（Marianne Williamson），她的职业生涯其实始于合一教会，也曾担任该教会牧师。

这些从积极思想运动的形成中衍生出来的新兴行业以及新兴职业演说家、职业规划师们和传统新思想界的学者们不同的是，他们不拘泥于某种特定的哲学流派或神学信仰，而更热衷于通过著书立说、演讲讲学、电视电台、媒体广播等方式将积极思想传播到更多的人中去。其中最著名的电视福音布道家当属精神疗愈师奥拉尔·罗伯茨（Oral Roberts），以及勇于创新、风格大胆的成功学励志牧师艾克（Ike），这两位牧师在20世纪70年代开始成为媒体高度关注的对象，他们都在电视节目中声称“人人生而富有，凡此皆为上帝赋予”。而这一时期，吸引力法则也被各大牧师广泛引用并加以创新，如牧师帕特·罗伯逊[①]（Pat Robertson）的互惠法则（Law of Reciprocity）、韩国传教士赵镛基博士[②]（David Yonggi Cho）的积累法则（Law of

① 里昂·戈登·帕特·罗伯逊（Marion Gordon Pat Robertson，1930年3月22日出生）是美国传媒大亨和前美南浸信会牧师。他支持保守派基督教思想，目前担任瑞金大学校长，同时也是视博网（CBN Christian Broadcasting Network，基督教广播网）的主席。——译者注

② 赵镛基博士（David Yonggi Cho，1936年2月14日出生）是韩国基督新教的牧师，他创立了“汝矣岛纯福音教会”，目前有50万信徒。——译者注

Incubation）。“积累法则”这一理念源自安德鲁·杰克逊·大卫斯（Andrew Jackson Davis）的精神理论，他也是精神主义的创始人，该理念代表着新纪元的核心思想。

在20世纪七八十年代的“电视福音布道”领域，还有一位最特别的福音布道家，也是备受尊敬的励志成功哲学派的代表人物，他就是诺曼·皮尔灵性心理治疗的传承者罗伯特·舒勒博士（Dr. Robert Schuller）。舒勒博士是知名的神学家、布道家和牧师，更是一名励志成功学哲学家。另外，他还是著名电视布道节目《能量时刻》（*Hour of Power*）的主持人，他主持的该档节目在美国有着非常好的收视率，每周大约有3000万人收看。而在此之前，他还开通了由教会主持的24小时预防自杀热线，数百万人通过此热线得到舒勒牧师的心理辅导。他还创办了成功教堂领导中心，培养了两万多名学生和教徒。

舒勒博士的布道理念和布道思想极为开明，他不拘泥于某个特定的宗教流派，也尽量回避政治福音主义（the politics of evangelism）。用他自己的话来总结其布道哲学，就是可能性思维（possibility thinking），因为这一理念不局限于某一特定宗教信仰，因此吸引了众多主流教会人士和新纪元人士的关注。

由于长期进行露天布道和帐篷集会，舒博士很快便拥有众多教徒和粉丝，其追随者也在不断增加。户外布道讲经很多时候会受制于天气和场地等各种因素，于是他便萌生了修建一座大教堂的愿望。他希望这座大教堂的屋顶和墙壁透明如水晶，它不是一座教堂，而是人间的伊甸园。于是，舒勒博士通过募捐、众筹和分期认购的方式募集建造水晶大教堂，前后历时12年，其终于于1980年9月竣工。这座四星级的水晶大教堂由著名的建筑师菲利浦·约翰逊（Philip Johnson）设计完成，可容纳一万多人。

这座的大教堂坐落在橘县（Orange County)境内一个诗意浪漫的叫“庭院葱葱”（Garden Grove）的地方。水晶大教堂是世界建筑史上的一个奇迹，其也成为世界各地前往加州的人必去参观的一个著名景点，这是一个名副其实的“人间伊甸园”。罗伯特·舒勒博士以自己的实际行动鼓励世人：心怀梦想，一切皆有可能。

在布道讲经时，舒勒非常聪明地避开了福音学的政治争议性和宗教派别之争，因此吸引了众多包括主流基督徒和“新纪元人”的追捧。值得一提的是，在美国历史上，很少有人能同时吸引基督教徒和其他宗教思想流派的关注，由此可见，舒博士在基督教、新思想运动、新纪元运动中的影响力。

舒博士于 2006 年宣布退休，他的退休使水晶大教堂工程失去了中流砥柱和灵魂人物。2010 年秋季，大教堂因为管理不当、巨额债务而不得不宣布破产。因为背负着 4300 多万美元的巨额债务，教堂管理方不得不将其开辟为景区，并一度向前来参观者收取费用以偿还债务。2011 年，舒勒家族宣布将大教堂连同土地一起出售给天主教教堂。2012 年初，舒勒家族因为教堂董事会发生纠纷，申请脱离教堂管理事务。而那个红极一时的《能量时刻》电视节目也在收视率问题中苦苦挣扎。

“海水潮，朝朝潮，潮起潮落；浮云长，长长涨，长涨长消”，罗伯特·舒勒博士和水晶大教堂的起起伏伏在积极思想史的长河中只是沧海一粟，但是将励志成功学作为商业模式并进行普及，舒勒博士无疑起到非常重要的作用。20 世纪晚期，从奥普拉·温弗瑞（Oprah Winfrey）的脱口秀节目，到多媒体时代下的讲习班、研讨会，励志成功学已然从积极思想运动中发展出来，被社会主流所接受，并成为当代美国文化中不可或缺的一部分。各类励志演说家（或称成功导师）也在各种媒体中频频出现，并成为被广泛认可的新兴职业，其中最受欢迎的励志演说家当属克里斯·法利（Chris Farley）。法利是在《周末夜现场》（*Saturday Night Live*）节目中走红的喜剧明星，他因在《周末夜现场》中扮演励志演说家马特·福利（Matt Foley），凭借其出众的演讲能力而闻名美国，他也成为 20 世纪七八十年代励志演说界中“讲而优则演”的名人代表。20 世纪 90 年代初，激情昂扬的法利在舞台上、荧光灯前指点江山、激扬文字，激励了多少位励志学大师走出神学的讲坛到电视台、广播或网络上去鼓励更多的人，同时也给自己带来经济上的收益。

最奇妙的秘密

随着高科技的发展，励志成功学跳出了传统的出版业，而通过电视、电话、收音机、录音机、DVD、互联网、智能手机以及 App 等新型媒介迅速传播开来。在这一节中，我们要聊一位美国励志成功学、积极思想史上非常重要的人物。他成长于美国大萧条时期，经历了大萧条的经济落寞；他也曾是第二次世界大战时期的一名海军陆战队军官，是“珍珠港事件”中的幸存者之一；另外，他还是一名成功的播音员、演讲大师；他不是一个金牌销售，却培训出了成百上千名优秀杰出的金牌推销员。1956 年，他用性感磁性、深沉洪亮的声音，将《秘密》一书灌制成了音频版本，该音频版一经推出，就吸引了数以百万计的追随者。他就是厄尔· 南丁格尔（Earl Nightingale）——一名活跃在成功神学向励志成功学转型期的成功学导师。

1921 年，厄尔出生在加州长滩。1933 年美国经济大萧条时期，厄尔 12 岁。他的父亲抛妻弃子离开了家庭，留下了年少的厄尔和两个兄弟苦苦挣扎在生活的贫困线上。没有住的地方，厄尔一家不得不住在加州长滩旁的帐篷城（tent city）。所谓的“帐篷城”是大萧条时期，政府给贫困线下的人们提供的免费临时住所。为了维持生计，厄尔的母亲不得不去工厂做裁缝来维持家庭生计，生活的窘困、周遭的不如意，让年少的厄尔甚是绝望，他的安全感严重缺失、对生活充满了悲观情绪，甚至偶尔也会有厌世情绪。于是，严重缺乏安全感的他开始寻找安全感，并寻找走出贫困的答案。

弗兰克·休斯（Frank Hughes）在其撰写的《一年赚 3 万美元，35 岁退休》（*Success at 35 retirement at $ 30 000 a year*）一文中，记录了年少时的厄尔极其缺乏安全感，他虽然一贫如洗，但却对成功充满渴求、对走出困境充满了希望。在某种程度上，青少年时期的厄尔和年轻的里根有着相似的价值观和人生观，他们都强烈地渴求成功，并企图从各种书籍（如心理学、宗教神学、哲学书籍）中寻求答案。与里根一样，年少的南丁格尔大部分时间也都是在图书馆中度过的。在加州长滩的市民图书馆里，厄尔广泛涉猎宗教、精神心理学、心理学和哲学方面的书籍，他如饥似渴地去探求成功的密钥。

时间飞逝，17 岁时还在精神道路上苦苦追寻的厄尔，为了寻求经济上的独立、养活自己、确保一日三餐有所着落、结束风餐露宿的生活，他在第二次世界大战爆发前夕加入了美国海军陆战队。1941 年，日军偷袭美国珍珠港，让美国海军陆战队蒙受了惨重的伤亡，100 多名军官牺牲，几乎全军覆没，仅剩 12 名幸存者，而厄尔就是这 12 名幸存者之一。第二次世界大战结束后，厄尔凯旋而归、光荣退役，战争加速了他的成长和成熟，磨砺了他坚毅的品质。战后退役的厄尔定居在北卡罗来纳州，白天在乐琼妮军事训练营（Camp Lejeuune）担任教练，晚上在当地的一家电台从事播音工作。他特有的磁性性感、深沉浑厚、近乎完美的男中音，加上在第二次世界大战中的特殊经历、极具启发性的人生感悟，使他的节目很快便积聚了大量的人气，吸引了众多粉丝。他的播音事业一发不可收拾，他很快便搬去了凤凰城专业从事播音工作，继而在芝加哥的哥伦比亚传播公司（CBS）从事播音工作。

1950年，年仅29岁的厄尔便在芝加哥哥伦比亚广播公司（CBS）一档名为《空中之王》（*Sky King*）的电台节目中担任主播，并且担任该节目的灵魂主创。无独有偶，厄尔的职业发展路线和里根颇为相似，两人都出身于娱乐圈，事业均开始于娱乐行业，只不过后期，里根转而从政，而厄尔则转而进入了教育培训行业。不过，两人都将积极思想完美地和职业生涯结合起来。

在CBS从事电台播音工作的同时，厄尔也在积极研习心理学、宗教神学和伦理学等各个领域的著作，并将这些著作融会贯通、举一反三。也就是在这一时期，这位美国前海军陆战队军官以及后来的著名电台播音员与众多之前提过的很多精神导师一样，也都曾经历过人生的顿悟，这种顿悟解决了他少年时萦绕心头的很多问题。当厄尔在潜心研读拿破仑·希尔的《思考致富》一书时，他突然顿悟般地从各个时期、各个国家的思想家、哲学家、神学家的核心思想和代表著作中总结出了一个结论：几乎每一个时代，不论是哪个国家、哪个地区，从老子的道家思想、到罗马皇帝马可·奥勒留（Marcus Aurelius）的斯多噶学派[①]（Stoic）、再到爱默生的超验主义，这些哲学思想都有一个共同的、简单朴素的核心主张。他多年来研究许多哲学思想对此却视而不见，这个思想总结起来就是著名的六字箴言："思想成就命运"（we become what we think about），也就是厄尔发现的成功的密钥，即他那本非常畅销的书籍《最奇妙的秘密》（*The Strangest Secret*）的核心要义。"思想成就命运"也回答了萦绕在厄尔心头多年的问题，这一次他切实地找到了答案。

为了能将这一"成功的密钥"传递给更多的人，厄尔开始了自己的著书立说之路。为了有更多的时间投入到创作研究中，他辞去了CBS的主播一职，在芝加哥一家叫WGN的电台找到了一份兼职工作，这样他就可以有更多的自由时间投入到创作中去。同时，他还保留了《空中之王》的主播工作，并在这个职位上持续工作了很多年。

这一时期的厄尔可以称得上是名副其实的"多栖""跨界"名人，在专心致力于写作和电台播音的同时，他开始涉足电视领域并担任电视主持工作，每周主持一个长

① 斯多噶学派中的"Stoic"的字义是"廊"，由于这个学派在雅典的一处画廊集会讲学而得名。斯多噶学派认为"世界既是物质的，也是理性的"，世界有限而时间无限，其著名格言为"依照自然而活"。"自然"即"宇宙运行的法则"，人是自然的一部分，而人的灵魂是物质的，这个学派相信"预言和占卜"。——译者注

度为一个半小时的“脱口秀”节目。他时常在这个电视节目中将他的写作心得、人生感悟以及对哲学、历史、宗教神学的理解甚至各种稗文野史、逸闻趣事等分享给电视机前的观众，这个电视节目给他积聚了大量的人气和粉丝。

聪明的厄尔很快就从中发现了这个商机，将他的脱口秀节目变成自媒体平台，并通过这个自媒体开始自主创业。其实做法也很简单：有了一定的收视率和人气的厄尔和芝加哥当地的一家书店进行商业合作，帮助该书店在他的脱口秀中推销《思考致富》一书，并从中收取销售提成。厄尔可谓是“自媒体创业”第一人。很快，他在节目中推销的产品就从书籍跨界到了其他领域。他开始在节目中推销各种产品，一档探讨哲学、人生感悟、成功人生的节目被他成功地包装成“一边探讨人生，一边电视购物”的新型节目，从“心灵鸡汤”到肥皂，他都在节目中推销过。不久之后，著名的富兰克林人寿保险公司找到他，希望通过他的节目推销该公司的保险理财产品。这个保险公司没有多久便因经济不景气、公司业绩下滑，而不得不削减了厄尔的广告支出。不过，厄尔却从中发现了一个全新的商机：从事人才猎头服务。与其自己在前线冲锋上阵、卖力帮别人推销产品拿提成，不如自己做一回伯乐去发现更多适合做销售的“千里马”去推销更多的产品！

执行力惊人的厄尔很快便投入到推销员的招募工作中去，他召集了一群初始会员，还召开了热情洋溢的动员大会。在大会上，厄尔用他一贯磁性性感的声音缓缓道来：“我亲爱的听众们，如果你们身边有亲友从事销售工作，而年收入还不到两万美元的话，我发现了一个非常好的商业项目可以帮你们大幅提高销售业绩、改善生活。把你们的联系方式留下来，我们会通知你们过来参加培训学习，学习结束后可以获得推荐去富兰克林保险公司工作的机会。”通过这样的动员大会，在以后的几十年中，厄尔和富兰克林公司一直保持着良好的第三方招聘代理、企业培训的合作关系。而他也在这种合作关系里发现，自己擅长激励销售人员的士气、培训员工的销售技巧和销售策略，而他最擅长的技能是激励他人、启发他人。20 世纪 50 年代中期，南丁格尔买下了富兰克林公司的办公室，正式成立公司进行自主创业，他的创业想法据说是在一位名叫克莱门特·斯通（Clement Stone）的好友的启发下产生的。斯通是芝加哥一名非常成功的保险销售员，他还热衷于文学创作，曾和拿破仑·希尔有过文学上的合作关系。在斯通的鼓励下，厄尔投资买下了富兰克林公司的办公室，注册成立公司开始了自己的创业历程。

当上企业家后的厄尔走上了专业进行员工培训、销售技巧策略培训等企业培训的道路，他们公司的主打产品就是“企业培训”，培训内容包括提高销售技巧和制定时常策略，目标客户主要针对各大公司的销售人员和推销人员。这些培训内容很快便引起了众多推销人员的青睐，公司业绩蒸蒸日上，其规模也日趋扩大。

1956年的某一天，厄尔准备给自己放一个长假。就在长假前一天，他还战斗在“教育培训”的第一线，兢兢业业地给学员上课。当天课上有一个学生因故未能参加，于是厄尔就在自己的办公室里将自己的上课内容录成了一个30分钟左右的录音。这个在办公室里临时录制的30分钟录音很快便击中了几乎每个听过的人。这个录音由朋友告诉朋友、同事告诉同事、家人告诉家人，很快便以惊人的速度病毒似地传播开来。厄尔度假归来后惊讶地发现，这个无意间录制的录音正以迅雷不及掩耳之势横扫他的朋友圈，并很快席卷了整个社会。在一传十、十传百的过程中，这个录音也被粉丝们概括提炼为六字箴言，就是我们前面提过的“思想成就命运”，而他当天给学员们上课的教案则被称为“最奇妙的秘密”。而厄尔在这节课上所揭示的秘密，其实就是我们日常生活中人人都有却常常忽略的几个重要的因素：爱的能力、感知世界的能力、健康的体魄，最重要的是利用潜意识，挖掘人体生理潜能和脑力潜能，重视意念的力量。厄尔曾说过：“人脑的潜力还没有被充分认识和挖掘，主要是因为日常生活中的很多人、很多事，我们总认为是理所当然的，也很难被我们认真对待。”

在办公室录制的录音火起来之后，南丁格尔又非常敏锐地嗅到了商机，于是很快便联系到了唱片界的一个朋友，打算将那个如病毒般迅速传播的30分钟的录音灌制成更专业的有声读物。这个举动在现在看来不足为奇，但在20世纪50年代，市场上还从未出现过教育培训领域的专业录音出版物，厄尔的这一想法可谓具有革命性的意义。很快，哥伦比亚唱片公司（Columbia Records）就答应出版发行他的录音读本，他的有声读本一经发行，销量一路飙升到100多万册，并获得白金唱片大奖。

1959年，随着《奇妙的秘密》的销量大幅上升，厄尔和另外一个芝加哥的直邮广告商合作组建了科南特集团（Lloyd Conant），该集团成为美国历史上第一个致力于出版发行励志成功学有声读物的专业出版发行公司。此后几十年中，从老唱片到磁带，厄尔通过自己的公司出版发行了多部有声读物，该公司也帮助励志成功学界的很多权威［如安东尼·罗宾、罗伯特·清崎（Robert Kiyosaki）、迪帕克·乔普拉（Deepak

Chopra）等］灌制发行了多张谈话类录音唱片。

在寻求生命真谛、人生真理的路上，厄尔偶然发现了一个新兴行业，并使其迅速崛起。这个新兴行业将教育培训业和现代多媒体产业相结合，他还发现其中一种新产品——销售技巧策略培训，它包括初级销售推销产品、中级销售推销产品服务、高级销售推销产品文化。在这个新兴行业里，厄尔偶然发现了一种全新的革命性产品。20世纪50年代，他是唱片史上第一个将教育培训内容录制成专业唱片，并通过专业的出版发行公司投放到市场的第一人。他无疑是这个行业的开山鼻祖，也是推广大使。厄尔身兼数职，集产品经理、出版商、发行人于一身，并小获成功。后来，随着事业的日益壮大，他便和唱片业里的其他出版发行公司联合成立了唱片业企业联合会。1959年，他开始自己撰写并配旁白制作录音唱片《变革中的世界》（*Our Changing World*），该唱片就是通过他发起的唱片界企业联合会进行宣传推广的。

纵观厄尔的职业生涯，不难发现他极具创业家精神和创业潜质。作为一个创业型企业家，他集福音传教士、哲学家以及产品销售、市场拓展等多个职务于一身。而在和芝加哥直邮大商人柯南特（Conant）的合作中，他又成功转型成制造商、职业经理人以及分销商。他创业的商业模式也相当简单：一人独当大局。

厄尔的商业价值观与大萧条时期其他励志成功学大师迥然不同，同期的其他大师们只是兜售"成功学、财富福音、成功神学"，而厄尔远不仅仅是一个"成功学的搬运工"，他更是一名有信仰的、极其虔诚的信徒。正是凭借深深的虔诚和自身的成功经验，他的思想才显得更真挚、才能深深地打动每一个聆听者。他崇尚个人奋斗和人格养成，鼓励每个听众在生活中磨炼自己的意志，不断努力奋发向上。他曾在节目中痛骂主流社会思想缺失、信仰缺无、缺乏独立思考精神、盲从大流等现象。

《最奇妙的秘密》于1971年斩获美国白金唱片大奖，这在励志成功学界还是头一遭，励志成功学的潜力也因此被主流社会广泛关注。1989年，刚过68岁生日后不久的厄尔因心脏衰竭溘然长逝。幸运的是，他能在有生之年亲眼见证励志成功学发展成为一个可以带来巨大经济效益的行业，而这个行业主要是由行业内联合会、出版公司以及个人组成。

在南丁格尔去世后的数十年中，从厄尔时期的塑胶老唱片到后来的磁带，再到后来取而代之的CD、DVD，后到21世纪的数码时代，科技日新月异，经济急速发展。

在当今世界，不论是精神疗愈界、心理学界、励志成功学还是市场营销学方面的讲座（如 Ted、BigThink 等视频网站的制作手法或营销宣传方案），其实都沿用了 1956 年厄尔制作的《最奇妙的秘密》的商业方案。厄尔无疑开创了一个新兴行业，并最终使励志成功学走入了商业领域，并发展成为一种可复制的商业模式，我想这也是南丁格尔对成功学和积极思想产生的意义所在。

什一税与励志成功学

在厄尔之后的若干年中，积极思想也从哲学思想转型为成功学。在这一节中，我们将讨论成功学之所以发展成为相对成功的盈利模式并在美国盛行背后的宗教渊源——什一税（tithing）。

什一税（又译作“什一奉献”或“什一捐”）常用于指犹太教和基督教的宗教奉献，它是欧洲封建社会时期教会向成年教徒征收的宗教税，这里征收的宗教税通常是个人收入的十分之一。

随着新思想的发展深入，新思想运动内部发展出了若干分支，而这些分支大部分都有单独的教会和组织形式。与此同时，有新思想业内人士将什一奉献应用到了新思想教会内部，并提出什一奉献可以为信徒带来更多的财富：如果你捐献了什一税，将会给自己带来更多的财富。新思想下的什一税是财富累积的手段 。2002 年，团结教会牧师爱妲温·甘妮斯（Edwene Gaines）曾说过：“提倡‘什一税所得归教会所得’的目的在于向教会信徒昭示神才是力量、财富的源泉，聆听神的旨意将会获得力量、获取财富。因此，什一税捐献所得必须归教会，而非民间慈善组织、慈善团体。”

提出这个“什一奉献所得归教会所有”方案的目的主要在于向教徒传递新思想“神”的概念。多少年来，宗教教义中都会告诫社会众生，如果你捐献了财富，神就会保佑你获得更多财富。那么，什一税的十分之一是如何计算的呢？为什么是十分之一，而不是十二分之一或十分之二呢？ 这个公式其实来自《圣经·玛拉基书》（*Malachi*）中 3 ∶ 10 的记载，这里就不赘述原文了。

实际上，什一税在具体实施过程中也出现了相当多的分歧和极具争议性的讨论，在某些方面甚至相当急功近利。其中，最具争议性的讨论就在于十分之一的界定问题，这个十分之一捐献应该基于净收入还是全部总收入之上呢？无疑，基于净收入之上的什一奉献要比基于全部总收入之上要少许多，这一点在教会内部出现了相当大的争议。另一个争议在于捐献形式，其形式是否只局限于现金，还是能以除了现金以外的其他非货币形式进行捐献，比如自己花费时间帮助教会处理教堂的相关事宜等。就这一点而言，有关什一奉献的讨论就显得相当地急功近利了。团结教会牧师甘妮斯曾在一个教会讲习班里就这一点表达了自己的观点："凡事有因有果，种下的因将会结下相似的果。如果你什一奉献了你的时间，在未来的生活里你将拥有大量充裕的时间；如果你想要更多的金钱，那么你应该奉献你的金钱，上苍会保佑你在未来的生活里财源滚滚、钱财无忧。这其中没有捷径可走，如果你想要金钱，就应该捐献财物；如果你想要自由时间，就可以奉献自己的时间。"这样的争论也使什一奉献走上了急功近利的道路。

针对上述两方面的争议，并不是所有的新思想家们都持同意或默许的态度。走在新思想、积极思想运动思想和学术最前沿的学者乔尔·戈德史密斯（Joel Goldsmith）就在其书中表达了不认同的观点。戈德史密斯也是基督教科学会成员，他曾提过："什一奉献不是商业行为，如果大家只是为了换取报酬或是为了功利目的而去奉献，这将会彻底改变其初衷。"在这一点上，戈德史密斯和成功学家、神学家们的观点是完全背离的。他坚持认为"什一奉献给教会"是一种过时的做法，并鼓励将什一奉献所得捐献给慈善组织或非营利机构。但是即使是戈德史密斯提倡的将什一税捐献给教会，也有一个前提，而这个大前提就是：所有什一奉献者们的捐献都将得到上帝的赐福和福报。

什一奉献有着很强的宗教神学背景，现代欧洲教会大部分都是实行自愿捐助的原则，很少会执行什一法则。直到 20 世纪初，什一税才在新思想内部和新教教会内部以及生活中重新出现。那么，这种相当古老的教会募资方法又是怎么回到现代宗教生活中并发展起来的呢？这个要从查尔斯·菲尔莫尔及其创立的团结教会说起。大约 1905 年，团结教会会刊中就频繁出现关于什一税的讨论，甚至曾有读者在会刊上撰文力挺什一税（1905 年 7 月的某期会刊）："我个人认为什一奉献是一件有利于教会、造福每个个体的方式，因为什一奉献下的每个人都是给予者，每个人也都是福报的接受者，予人玫瑰、手有余香，何乐而不为？"

就在这篇文章发表后的第二个月，团结会会刊就收到了一位读者的什一奉献款，并附加一封热情洋溢的信:“我信奉团结会三年多,快四年了。在此期间,我学会了给予,并在给予的过程中得到了更多的收获，其中也包括物质上的财富，我的个人收入大大增加了。我的这次什一奉献是将我从团结会中得到的奉献给你们，我从教会中收获到的财富比我的奉献要多得多。”这个读者的什一奉献在当时具有非常重要的意义，其开创了新思想运动中征收什一税的先河。当然，这也和当时的历史大环境有着密切关系。

1905 年，刚好是五旬节[①]运动（Pentecostal movement）发生的前一年。随着五旬节运动的发展，五旬节派为福音派牧师们敞开了思想的大门，他们广泛提倡什一奉献、诵经祷告以及积极的心理暗示，并认为通过这些方式可以广泛获取物质财富。这种财富吸引的方法曾一度在美国非常流行，财富吸引法则也被公认为成功神学（Prosperity theology，又称“成功福音”）的基础。据保守估计，美国最大的 12 个教堂中就有三个有着很强的成功神学背景，它们就是著名神学家乔尔·欧斯汀（Joel Osteen）在休斯敦创立的雷克伍德教堂（Lakewood Church）、杰克斯（T.D .Jakes）在达拉斯家里创立的家庭祷告中心以及汤米·巴尼特（Tommy Barnett）在亚利桑那州建立的凤凰城第一教堂。 除了这三大主要教堂及其创始人外，美国还有很多颇受欢迎的媒体布道家，如肯尼斯·柯普兰[②]（Kenneth Copeland）、埃迪·朗（Eddie Long）、班尼·辛（Benny Hinn）、克劳奇夫妇［保罗·克劳奇（Paul Crouch）和贾尼丝·克劳奇（Janice Crouch）］以及乔伊斯·梅耶尔（Joyce Meyer）等人都信仰成功神学。

诚然，如上所述，很多当代的成功学福音派信徒们也遭受过很多质疑和非议。事实上，很多成功神学流派牧师也因为自己的言行陷入很多争议中，引起了很多纠纷。而又有很多批评家们很容易就将他们对成功福音的不认同和批评归咎于新思想。他们认为,新思想是市场上所能听到过的福音派的文化起源,这是一种“基督徒的异端邪说”。

---

① 五旬节通常被认为是后宗教改革教会中的一个流派，其发起的是 20 世纪初兴起的基督教新教运动，五旬节强调“说方言”（speaking in tongues）。早期基督教徒接受来自天上的圣灵，很多人拥有常人看来非同一般的能力，比如外语能力、治病、精神治疗等。——译者注

② 上述提到的肯尼斯·柯普兰、埃迪·朗等人都是无国界宗教组织（Without Walls International Church）成员，因为宗教自由和保护宗教人士的关系等原因，美国宗教组织都有“免税”的权利。2007 年，无国界宗教组织疑为过度花费而浪费了其免税资源，因此被美国参议院立案调查。——译者注

基督教宗教学者大卫·琼斯（David Jones）和罗素·伍德布里奇（Russell S. Woodbridge）曾经合著了一本书，书中有这样一段记载：“虽然很多基督徒都不知道新思想运动，但是成功神学的核心理念却是来自新思想，成功福音只是随着时代变化在新技术包装下的新思想。”

虽然今天大部分成功学福音派教堂都比团结会教堂或新思想教会更大、更有名，然而无可否认的是，新思想为成功福音提供了一个总的思路或者说大框架。我们举两个具有代表性的例子来比较一下。20世纪80年代团结会牧师爱妲温·甘妮斯（Edwene Gaines）曾在图森团结会教堂（Tucson Unity church）做过一次演讲，有数百名会众参加。2006年，乔治亚著名的成功福音派牧师克雷夫洛·道勒也曾表达过他的观点。克雷夫洛是美国相当著名的电视布道家，拥有数以百万计的电视观众。他活跃在各大社交媒体中，下面两段是他与甘妮斯之间的谈话摘录：

> **甘妮斯：**首先，我想告诉你们的是“你们是上苍的子民”。然后，我想问你们几个问题：上帝的孩子们长成后会从事什么工作呢？他们会长成什么样的人呢？打个比方，在动物界，老猫生了一群小猫，这群小猫长大后会成什么样子呢？答案似乎昭然若揭，小猫会长成老猫，同样从事抓老鼠的工作。同样的道理，上帝的孩子长成后也会变成神，同样受神灵的濡染。
>
> **克雷夫洛：**当两只猫在一起的时候，它们会生出什么来呢？当然不会是一只狗，肯定还是猫！所以，如果神说“让我们在一起，按照我们的想象‘制造’更多的人”，那按照“猫生猫，龙生龙，凤生凤”的道理，神灵的后世当然也是神灵，而不会是凡人，唯一不同的就是你的肉身、皮囊属于凡间。

积极箴言运动

在这一节中，我们要介绍一场规模空前且颇受欢迎的积极思想福音运动，这场运动即使到了20世纪60年代仍颇受争议，尤其在成功学福音派人士中的争议最大，其全名叫作“积极箴言运动”或“信心之道”（Word of Faith）。积极箴言运动是全球范围内的一场基督教新教运动，也是五旬节运动的一个分支，主张通过演讲或讲座来感受信仰的力量，用信仰的力量来克服恐惧，通过宣扬积极正面的观点来获取财富和健康。

积极箴言运动中涌现出了一批极具影响力（当然也极具争议性）的福音派牧师，包括吉米·史华格（Jimmy Swaggart）、肯尼斯·柯普兰 、吉姆（Jim）和塔米·菲·贝克夫妇 (Tammy Faye Bakker) 等人。

追根溯源，从历史学角度分析这场福音派运动，积极箴言运动所倡导的“自信暗示”“积极自我暗示”“积极认信”等核心思想都源自神学家康阳（E. W. Kenyon）的神学思想。康阳出生在马萨诸塞州，是一名职业牧师和作家，并于 19 世纪末开始了他的职业牧师生涯。为了进一步提升他的宗教素养以及写作、演讲等各综合技能，1892 年，他报名参加了波士顿的爱默生学院（Emerson School of Oratory）的继续教育课程。这是一个为期两年的全脱产密集培训课程，课程内容主要包括文学鉴赏、写作技能以及演讲机巧等。说明一下，这个爱默生学院和我们之前提到的拉尔夫·沃尔多·爱默生没有一点关系，这个学院的创办人是一个“唯一神论者”，他也姓爱默生，只是名字不同罢了。

在爱默生学院两年的学习是康阳职业生涯中的一个里程碑和转折点，他在这里遇到了很多让他受益终身的良师益友，这段时间的学习也对他后来发起积极箴言运动起到非常大的启发作用。在康阳 1892 年—1893 年入学的那一年，他遇到了影响自己一生的老师、大名鼎鼎的拉尔夫·沃尔多· 特赖因，特赖因著有畅销书《顺应无限》。康阳十分推崇特赖因老师，也是他的充实粉丝，据说他从未落下老师的任何一次课。也就在同一学年，该学院最顶尖的老师利兰·鲍尔斯（Leland Power）创建了美国演讲学院（School of the Spoken Word），这是一所致力于提升演讲技能的学院，鲍尔斯也是著名的基督教科学会信徒。这所学院还培养了大名鼎鼎的心灵科学创始人欧内斯特·霍姆斯，霍姆斯曾于 1908 年参加了该校的培训。这一期间，康阳还教出了两个非常有名的励志成功学学生，就是著名的《致加西亚的信》的作者阿尔伯特·哈伯德和他的妻子爱丽丝，爱丽丝也是一名新思想家和女性参政议政倡导者。哈伯德毕业后也回到讲台执起教鞭，带出一个名叫霍雷肖·杜勒瑟的学生，该学生后来成为著名的宗教学者、新思想作家。而杜勒瑟的父亲就是之前提过的尤利乌斯·德莱赛——那个指控艾迪夫人剽窃昆比思想的人。

这就是康阳所处的思想大环境，新思想氛围对他产生了非常大的影响，积极箴言运动也与新思想有着很深的联系。然而可惜的是，康阳在他的晚年却视新思想为异端学说。1945年，他宣称“新思想、团结教会以及基督教科学会是对现代宗教理念的扭曲”，他甚至还宣称这些发展过速的精神信仰是对整个基督教会的挑战。为此，他大胆开创了自己的“精神科学”运动。该运动旨在帮助会众进行精神治愈，这就是积极箴言运动的历史渊源。该运动的宗教前提还是信仰上帝以及遵守《圣经》教义，但其基本的思想框架和新思想大同小异，在这个思想框架下，其提倡每个个体摆脱感官的束缚，忽略浅表的感受，坚定不移地跟随自己内心的信仰。

1939年，他曾写道：“每个心灵深处都有着深厚的精神信仰，就如同写满文字、墨迹斑驳的纸张一样。”我们可以通过种种迹象推断，康阳的积极箴言神学理论的基础与其在爱默生学院的学习有着非常密切的关系。尽管康阳曾竭力撇清和新思想、积极思想之间的关系，然而他的追随者却并不避讳。积极箴言运动的另一位先驱肯尼斯•哈金（Kenneth E. Hagin）的儿子小肯尼斯・哈金曾在1984年公开称：“我和积极思想界的很多思想家们都很熟悉，我也很赞同他们的思想。”

成功神学

在这一节中，我们先来讨论一下积极箴言运动的宗教背景及其面临的挑战。积极箴言运动的福音派们认为“上帝是一个积极思想家”，其对于世人而言不只是救赎疗愈，更能保佑子民赚大钱、发大财，这一论断是否有基督教渊源或《圣经》上的文字根据呢？于是，该运动的追随者们就去《圣经》中找，他们终于在《圣经・约翰书》第三卷（3 John 2）里找到这样一段经文：“健康、自由、快乐、富足，我要祝你拥有健康的体魄、富足的物质生活以及满足的灵魂。” 这便成为积极箴言运动具有《圣经・约翰书》中的文字依据和神学渊源。

积极箴言运动在美国也受到过争议和批评，其中最尖锐的要属来自奥罗・罗伯茨大学（Oral Roberts University）的批评，但是该大学的创始人兼校长奥罗・罗伯茨（Oral Roberts）牧师却宣称《约翰书》给了他很多正能量，他认为《圣经・约翰书》是其宗教学生涯的转折点、里程碑，《约翰书》里的祷告也鼓励他努力生活，并最终成为他人生发生转机的催化剂。至于上面那段经文是如何起到催化剂的作用，罗伯茨牧师是这样解释的：“这段经文让我体会到了上帝的积极疗愈作用，上帝赐予我们幸福快乐以及富足的生活，而不是当我们做错事或犯错误时过来惩罚我们。”罗伯茨牧师在美国家喻户晓，其通过电视媒体诵经布道奠定了 20 世纪 50 年代晚期电视布道的风格。下面，我简单介绍一下罗伯茨牧师的宗教皈依经验。

罗伯特牧师的主要贡献在于为 20 世纪下半叶基督教教会奠定了一个全新的以积极思想为核心的教义氛围，而罗伯茨牧师本人也因此被公认为 20 世纪最具影响力的、无可比拟的福音派牧师和布道家。罗伯茨牧师和很多新思想大家们一样，其都经历了人生的高低起伏，最终在人生体悟的路上实现了精神的皈依。

罗伯茨牧师的精神皈依到底是怎么发生的呢？这得从罗伯茨牧师青年时期的职业生涯说起。1947 年，在俄克拉荷马州伊尼德市，时年 29 岁的罗伯茨在当地的一座教堂担任主教工作，他的妻子伊芙琳没有工作，而主教工作的收入又十分微薄，很难维持一个四口之家——妻子、两个嗷嗷待哺的孩子和自己的日常开支，他们当时陷入了极度窘迫的境遇。因为负担不起昂贵的汽油费，他不得不每天走好几公里搭乘公交车去教会上课。需要说明一下，在美国，开车是最普遍的出行方式，几乎每个 21 岁以上的人都会开车出行，因此公共交通系统极其不发达，很多城市或稍远郊区很少有公交车，所以通常很难找到公交车站。最尴尬的是，在杂货店柜台结账的时候，他们常常因为囊中羞涩而不得不从购物车里退掉很多生活必需品。更有甚者，他们家的车除了喇叭不响哪儿都响，他们家的桌椅不是缺腿就是少台面。用一句话来概括，他们实在是太穷了！

经济极度窘困的罗伯茨牧师不得不向教会求援，希望教会每星期能多支付他 55 美元的工资。而教会管理委员会的回复却让他相当地没面子，也极度尴尬。管委会让他将家庭的日常开支事无巨细地都列下来，这张日常开支表的具体细节程度令人瞠目结舌，甚至具体到他每个月的理发次数（他每个月剪两次头发）。罗伯茨牧师挣扎在生活的贫困线上，一度陷入了现实和理想强烈冲突的两难境地中。宗教理想未实现以及经济上的窘困，双重打击让罗伯茨牧师极度沮丧，这也让他对教会以及宗教信仰产生了怀疑，并对自己的主教职业生涯产生了质疑。

1947 年的某个清晨，早起赶公交车去教会上班的罗伯茨发现自己将《圣经》落在了家里，于是他不得不飞奔赶回家去拿《圣经》。回到家，他发现那本《圣经》正静静地躺在那里，打开的那一页正是《圣经・约翰书》的第三卷第二节。俯身拿书的一刹那，他的视线正好落在了那句重塑他人生的重要格言上——“重要的事情说三遍，我祝福你生活富足，衣食无忧！”这句话无疑就像黑暗中的一盏明灯，为罗伯茨指明了精神方向，打通了他的大脑通路，使他灵光乍现般地顿悟开来。于是，他转过身对旁边的妻子伊芙琳说：“一直以来，我都错了，我错了！一直以来，我都质疑我的信仰，怀疑祷告的力量，现在我明白了，上帝一直就在我们身边，他一直在给予我们力量，赐予我们福报。”后来，根据他妻子伊芙琳回忆说：“这是一个具有转折意义的早晨，这句话开启了他人生的新篇章，打开了他的‘思想之门’。”

自此以后，罗伯茨转变观念，开始积极面对自己的生活问题。他在一个朋友的经济援助下买了一辆全新的别克汽车，整个家庭的经济条件也因为这辆新车而有了本质改变。拿到车的那一天，全家异常兴奋，妻子伊芙琳对丈夫罗伯茨说：“我们全家都要感谢主，感谢主赐予我们这辆车，感谢主赐予我们物质和力量，让我们手拉手、肩并肩，抬头挺胸自信地走出生活的困境。”怀疑论者可能会对这个故事不以为然，然而这辆车的到来对于罗伯茨一家来说却具有非凡的意义，它象征着他们“生活的无限可能性”“一切都向着好的方向发展”“正面、积极地面对生活，一切没有更好只有最好”。事实也的确如此，罗伯茨很快就在俄克拉荷马州的塔尔萨市找到了一家更大的教会担任主教，并将全家搬到塔尔萨市。

找到新工作的罗伯茨利用业余时间开了一个精神疗愈工作坊，为信众布道诵经，提供情感修复课程。另一方面，他根据自己开办工作坊的经验和感悟写了一本名叫《如果你需要精神疗愈，那就去做这些事》（*If You Need Healing—Do These Things!*）的书，销量很好。在随后的几年中，他的足迹遍布世界各地，他每到一个地方都会诵经布道，组织“帐篷聚会”，开办人生体悟讲座，他也因此吸引了众多信徒。据报道，每次他组织露天帐篷聚会时，至少有成百上千的信徒参加，很多人甚至一大早排着长长的队参加他的布道大会，为自己或亲朋祷告祈福。

20 世纪 50 年代后期，罗伯茨开始将他主持的“帐篷复兴大会”这一布道形式和现代传媒结合起来，在电视节目中进行布道并获得了巨大成功。全美有上百万的家庭同时收看、收听他的电视布道节目，他因此成为著名的电视福音布道家，也成为仅次于比利·格雷厄姆博士（Billy Graham）之后最广为世界所知的美国牧师。而罗伯茨牧师的电视布道更为后世的媒体布道家们树立了很好的典范。1963 年，他在塔尔萨市创立了奥罗•罗伯茨大学，而这一年距离他1947年的那个清晨的精神皈依仅仅过去15年。

积极思想的兴起

从某种角度来剖析，1947年的那个清晨，那个让罗伯茨顿悟的《圣经》经文其实只是一句最简单不过的问候语。然而，罗伯茨却从独特的视角对其进行了解读。这一解读也为牧师本人打开了一个全新的神学视角：上帝之于世人不是惩凶毙恶，而是为积极疗愈，疗愈个体脆弱的灵魂，修复个体的情感创伤 。1957年，罗伯茨牧师在接受比尔·奥斯（Will Oursler）的采访中称：“疾病和痛苦并不是上帝的意志使然。上帝是善良的，人世间的疾病、痛楚、贫困、沮丧等一切不如意、不顺利，这不可能是神的旨意，也不是神所希望的。”

不仅如此，他还为教会神职人员们提供了布道的建议。在诵经布道时候，应该从“原罪与救赎”的模式中走出来，更多地关注“神的疗愈功能”，并向世人传播“在神的世界里，所有的问题都会迎刃而解”。而罗伯茨却一直急于将自己与同期的福音派传教士格雷厄姆撇清关系，格雷厄姆信奉“上帝对世人具有审判、惩罚的权力”。1972年，罗伯茨曾在电视布道中说过：“我很小的时候就不认同格雷厄姆的观点，现在也是。当然，他的思想迎合了大部分人的心理。然而，我的思想更深入、更能直抵人心。”

20世纪四五十年代，罗伯茨博士频繁在户外设立道场，举行“帐篷复兴聚会”讲经布道，推广他的信心疗法。后来，他也在电视节目中进行电视“讲经布道”，吸引了上百万观众收看。无疑，罗伯茨博士对于推广电视福音传播具有相当积极的意义，虽然很少有人形容他是宗教自由派，但也有很多批评者们忽略了他极具创意的募资方法，更忽略了他的信心疗法在疾病治疗、康复过程中的积极作用，也忽略了他在推广电视布道中的积极意义。

和基督教科学会不同的是，罗伯茨博士在积极推广信心疗法的同时，也鼓励信徒（特别是有生理疾病的信众）积极配合医护人员的治疗，不要逃避医学治疗导致耽误疾病的治愈。他也在讲经布道中告诉信徒，信心疗法只是心理层面的一个辅助治疗手段，不能根本治愈疾病。他在布道中将“宗教信仰、心理学和现代医学治疗”三者充分地结合起来，他的这一方法和后来的身心灵健康倡导者［如诺曼·卡森斯（Norman

Cousins）、安德鲁·威尔（Andrew Well）和乔·卡巴金（Jon Kabat-Zinn）等］所倡导的方法不谋而合。1956年，在一个布道大会现场，罗伯茨告诉参加大会的记者说："希望上苍能保佑我再活30年，让我能等到亲眼见证医疗护理和心灵科学完美结合的那一天。"

在罗伯茨之前的基督教福音派中，并没有出现过将宗教信仰、心理学和现代医学结合在一起的宗教整体观（religious wholistically）。罗伯茨一直笃信"上苍的疗愈作用，其具有和身、心、灵对话的功能，不论是健康问题还是心理困惑甚至是经济问题，其都会迎刃而解"。

罗伯茨的著作、讲坛和文章中也带有很强烈的积极思想印记。20世纪四十年代晚期，北卡罗琳娜州有一个名叫李·布拉克斯顿（Lee Braxton）的商人痴迷于新思想著作，他非常推崇戴尔·卡内基的《人性的弱点》一书，并奉其为经商之道，也是积极思想的忠实追随者。布拉克斯顿生前也是罗伯茨的密友知己，罗伯茨深受他的鼓励，经常在自己的著作中引用新思想的名言警句。1982年，在布拉克斯顿的葬礼上，罗伯茨在丧礼感言中称："李曾送给我一本弗兰克·贝格特（Frank Bettger）所著的《提升销售技巧的秘诀》（*How I Raised Myself from Failure to Success in Selling*）一书。从1949年开始，我每年都会重新翻看一遍，每次看都有全新的领悟。"

罗伯特的著作中处处可见积极思想风格的名言短句，比如"心有多大，路就有多宽""龙生龙，凤生凤，老鼠的儿子会打洞""奇迹不是不可能""在对的时机里转换一下我们的人生观""上帝是万物之主，把自己交付给上帝""舍得舍得，得之前懂得'舍'""与上帝同在"等。其中最后一句"与上帝同在"来自著名的《秘密》一书。罗伯茨的书也颇为流行，他也曾一度创办了《富裕人生》（*Abundant Life*）杂志，并收到了无数读者的来信和感谢词。该杂志每期都会重点刊登一些读者的感谢词，总结下来，大部分感谢词都和新思想的风格颇为相似，具有浓厚的新思想色彩，比如"感谢你们帮我找到了生命的高度""全新的工作，崭新的明天""每时每刻每秒都有新惊喜""销售业绩翻了三番"等。

在整个20世纪七八十年代，罗伯茨流派的全体牧师和神职人员逐渐淡化了积极箴言运动所强调的精神治愈，转而强调励志富足等意义。在这一时期，罗伯茨布道的重点和新思想其实没有特别大的区别。1983年，罗伯茨和积极箴言运动的另一位先驱肯尼斯•哈金一起组织了一次帐篷集会，他在集会上提出了一个“人生必达目标的清单”。他告诉信徒们：在创建清单前，应该好好梳理一下自己的思想，静下心来与自己的心灵对话，了解自己心灵最深处的需求，在上帝的指引下领受着神的旨意，决定自己想要达成什么样的目标；一旦确定该目标，就要全心全意去努力；目标的实现则是神圣、不可侵犯的。

随着罗伯茨的名气变大，媒体报道的焦点很快就集中在罗伯茨的物质生活上，关心他是否是一个财迷、相信财神等。事实上，他偶尔也会去高档餐厅，和朋友打打高尔夫。他在塔尔萨有一个很大的别墅，在加州有一间度假屋，但是他晚年还是选择住在橘县的一个相当普通的公寓。即使在他 20 世纪七八十年代职业生涯的高峰期，他的生活方式同其他畅销书作家相比还是“小巫见大巫”了：他开的是凯迪拉克，而不是兰博基尼；他选择去钓鱼，而不是开游艇派对；他去高档餐厅，但却很少和这些餐厅有经济往来；他拥有俄克拉荷马州的农场，其面积也没有大得离谱。罗伯茨的生活安逸舒适，但不奢侈浪费，他的社交活动、生活方式和其他成功学界的牧师们比起来还是相当朴素节约的。

然而，很多同期的励志成功学界的牧师、演讲大师们在利用积极思想、成功神学发家致富的同时，他们或许是缺少法律常识，或许是利益熏心所致，而导致成功神学内部出现了许多不光彩事件。

玩弄政策漏洞于股掌之中

20 世纪末期，美国的主流宗教普遍都认为，成功神学的大批励志神学家们或神职人员们都在玩弄社会、愚弄大众。其实不然，我们仔细研究就会发现个中现象光怪陆离，它们中有好的、不好的，道德的、不道德的。为了更好地研究 20 世纪晚期的美国宗教神学（尤其是成功神学）的发展，我们有必要全方位、多角度、全面地了解这一阶段的发展。我们还是从 20 世纪八九十年代的成功神学的代表人物开始剖析吧。

第一个要介绍的神学家就是传承会（PTL ministry）创始人吉米•贝克（Jimmy Bakker）牧师。贝克牧师和他的妻子姐咪•费伊 (Tammy Faye) 相识于美国中央圣经学院，并于 1961 年双双辍学，喜结连理。婚后的贝克夫妇开始在一家教会做义工，贝克讲道、夫人唱诗，夫唱妇随，他们很快声名鹊起，引来了大批信徒。后来，两人独自开展巡回布道事工，获得了众多信徒的支持，并创办了灵恩运动教会组织——传承会。贝克夫妇将福音讲道和现代多媒体结合起来，通过电视节目布道讲经，其中以《传承会俱乐部》（*PTL club*）和《吉米与姐咪剧场》（*Jim and Tammy Faye' s*）两节目最广为人知。他们制作的节目在 200 多家电视台及 8000 多个有线电视台播放，最多的时候有 1400 万户家庭同时收看。贝克牧师时常出现在电视制作中心的演播室中，对世界各地的会众进行传经；他的妻子姐咪则担任他的贤内助，有时也担任主讲，她演唱的传承会主题歌——《你一定能做得到》鼓舞了万千家庭，激励了大批无助失意的人重新振作起来，找回人生的希望，让万千破碎的家庭破镜重圆。因此，贝克牧师夫妇成为了全球颇具影响的成功神学牧师。

好景不长，贝克夫妇尤其是贝克牧师很快便陷入了各种丑闻纠纷中。首先，两人的婚姻亮起了红灯，妻子姐咪坦言和贝克的婚姻走到了尽头。贝克被指控和一位传承会的秘书、年仅 21 岁的天主教徒婕茜强行发生性关系，这一指控以非公开的形式走上司法程序。谈判结果是贝克需支付 26.5 万美元给相关人士，其中包括 1.5 万美元的信托基金。设立这个信托基金的目的是要求婕茜保守秘密，直到其 20 年后才能拿到。但是由于传承会产生了内部矛盾，此项秘密协议也无端被扩散开来，致使传承会高层发生动荡。此时，贝克的律师杰瑞以化解危机为由，提出让贝克暂时辞去传承会所有的职务以度过危机，于是贝克辞去传承会的职务而接受调查。

1987 年，美国《观察报》在头版首家披露了贝克辞去传承会总裁的消息，同年贝克被联邦法院陪审团起诉。1989 年，贝克因欺诈罪等指控服刑判决 45 年，立时被送到联邦监狱报到。而贝克所谓的“欺诈罪”其实就是其创办的传承会非法吸纳会员，加入传承会的人需捐款 1000 美元方可成为传承会终身会员，而传承会终身会员可享受免费入住奢华酒店和度假村 4 天 3 夜的待遇。当时，法院之所以判定传承会犯有欺诈罪，主要根据为传承会吸纳了 15 万名会员，并向他们承诺会建造奢华的度假村酒店。然而度假村酒店仅设置了 500 个套房，并且迟迟没有建成，远远不能满足所有会员的需要，故而法院判定传承会为“非法吸纳会员”。

之后，贝克牧师上诉高院，最终赢得诉讼，并于 1991 年被无罪释放。从 1987 年到 1991 年长达五年的牢狱生活中，贝克牧师在狱中经历了极大的痛苦，从极受尊重的牧师、宗教领袖沦为阶下囚，这种反差并没有让他绝望。他在狱中积极忏悔，并写出了那本著名的忏悔录《我错了》。

这里，我们姑且不讨论贝克牧师的“经济诈骗案”和“性丑闻”，而从政治角度、神学角度来阐述其人。大多数批评者不知道，在贝克牧师的传道生涯中，他一直刻意保持和基督教右翼[①]的距离，并竭力保持传承会宽松的无宗教流派、宗教隔离的氛围。传承会内部也对艾滋病病人和感染者有着极大的包容、同情心，并积极倡导消除艾滋病歧视。贝克牧师的儿子杰伊也子承父业，成为一名基督教福音传教士。难能可贵的是，他倡导同性恋婚姻，并在各种场合积极为同性婚姻合法化奔走呼号。贝克夫妇的电视福音布道节目《吉米与妲咪剧场》一直在传播正能量，其通过一系列鼓舞人心的会谈、访谈，犹如夏日中的一股甘泉沁人心脾。该节目还播放一系列搞笑、短小的生活片段，将积极、正面、幽默的正能量传递给身边的人。即使拥有众多的追随者和粉丝，贝克夫妇的布道讲经还是那么地平易近人，使人如沐春风，丝毫没有世俗权力的沾染，其并不为权力和利益所驱动，就这一点已是难能可贵。

21 世纪初，美国的媒体福音传播界（是指电视和网络进行福音传播）出现了一批在经济犯罪领域、公众形象维护方面几乎无懈可击的所谓的成功神学布道家。与 20 世纪的布道家们相比，这批布道家们拥有更强大的投资理财技能以及健全的法律知识。他们中的很多人收入不菲，堪比跨国公司高管，当然其生活也相当奢华。2007 年，时任艾奥瓦州共和党参议员的查尔斯 • 格拉斯利（Charles Grassley，后来被任命为国会参议院财政委员会委员）请求州议会对当时发展最突出的六个宗教免税团队进行“是否合理避税”调查，他质疑这些福音派牧师的筹款募捐渠道的合法性，想确认其中是否牵涉“洗钱”行为。他率领的调查团还认为成功神学派获得的高利润不符合美国宗教免税规定，应予以取缔。除此之外，他们更强烈质疑了这些宗教团体负责的巨额收入没有缴纳个人所得税的合法性。

基于此，2007 年到 2011 年五年间，以共和党议员格拉斯利为首的州议会对当时的六个教会进行了长达五年的避税调查。当时，艾奥瓦州议会一共对六家宗教团体下达了调查通知，但是只有两个宗教团体的负责人积极配合调查，它们分别是乔伊斯 • 梅

① 基督教右翼（Christian Right）源于美国，是基督教右翼保守分子，其反对同性婚姻、堕胎等自由主义。——译者注

耶尔神迹步布道会（Joyce Meyer Ministries）和辛·班尼神迹布道会（Benny Hinn Ministries），前者总部设在密苏里州，后者则设在得克萨斯州。

这两个宗教团体的负责人非常积极主动地配合州议会的调查，并公开支持宗教团体的财务透明化。然而其他四家却无视州议会的调查通知，并投诉州议会妨碍宗教自由、侵犯宗教团体的权利。内部知情人士也曾告诉调查委员会，他们因为害怕教会报复而不敢作证。州参议院调查团苦于没有任何证据，而迟迟未能向法院申请调查传票。这四个拒绝州议会配合调查通知的宗教团体分别是：得克萨斯州寇普兰德夫妇创立的肯尼斯·寇普兰德神迹布道会（Kenneth Copeland Ministries）；著名牧师克雷夫洛·杜勒夫妇在乔治亚州创立的国际改变者教会（World Changers Church International）；怀特夫妇于佛罗里达州创立的无国界礼拜堂（Without Walls International Church）；乔治亚州的另一个主教艾迪·朗创立的新生浸信会教堂（New Birth Missionary Baptist Church）。

2011 年 1 月，经过三年多艰苦卓绝的调查，以格拉斯利为首的州议会调查团的调查报告终于浮出水面，然而结果却令人大跌眼镜。调查结果显示，没有确凿证据显示这四家宗教团体有不法行为；不过，调查报告提出了就宗教团体免税政策、宗教团体财务透明化进行了重新立法。

即使在调查过程中遇到种种困难，州议会调查团却唤起了公众的危机意识：制定超大规模神学布道会的具体免税方针政策需要慎行。这项报告还揭露了一个惊天大内幕：美国国家税务局（Internal Revenue Service，IRS）其实是在教会的保护伞下建立起来的。报告中还披露，有些实体机构（如私人机场、飞机租赁公司、唱片公司、酒店、大型房地产控股企业和私家车队等）可能和这四家团体都有经济往来，但是苦于证据不足而不能立案起诉。不过有确凿证据显示，这四家宗教团体的负责人在注册成立自己的组织时用的名字五花八门，有的团体是以营利性组织名义注册；有的团体是以非营利性组织注册；有的团体甚至随便起了个名字就注册公司做生意，比如，科普兰神迹布道会创始人肯尼斯·寇普兰德就自己注册了一个很奇葩的、名叫“21 个假名”的公司，公司的主营业务是发行唱片以及开办录音工作室。还有一个没有被列入调查对象的牧师斯达·斯科特（Star Scott），此人是斯特林布道会创始人，当媒体记者问他为什么会有数十万美元的各种名贵跑车时，他解释道那些名贵跑车是举行赛车祈福布道大会使用的。

上面的几个案例让人们不禁提出了这样一个问题："在现代社会，教会是否被成功学布道家们操纵用来逃避纳税、敛取巨额财富，并成为逃避公众监督的一个工具？"答案似乎昭然若揭。

我们下面再来聊聊之前提到的四个教会的其他两个宗教团体的负责人：艾迪·朗和克雷夫洛·杜勒 。2011 年初，就在格拉斯利调查报告公布期间，朗被四名年轻小伙子指控，称"朗曾强迫他们与其发生性关系"，朗对此坚决予以否决，本案最后不得不庭外和解；而杜勒牧师于 2012 夏天被批准逮捕后不久，就被 15 岁的女儿指控"虐待未成年"。诸如此类的各种教会内部丑闻屡见不鲜。

2011 年州议会调查报告显示，从国会内部着手对大规模神迹布道会进行自上而下的立法监督似乎是不可能的，一旦呼吁使用更多的监管措施，各大宗教团体就会利用"宗教迫害"来作为挡箭牌，并且通过杂志、电视广播、网络社交媒体来抵制"宗教团体免税政策的改革"。

很多批评者认为，人们不仅需要加强对宗教团队、神迹布道会、布道讲坛的财务监督，确保每个宗教团体能够正当合法地使用宗教团体免税政策，更要立法监督这些宗教团体的政治活动，确保其遵守联邦法令和各州法律法规。同时，作为国税非常重要的一部分，大规模神迹布道会同其他享有免税待遇的宗教团体一样，都应该被严格禁止参与政治竞选和政治拉票活动。然而在实际操作中，这却是一个法律法规上有漏洞的规定。在 2012 年的总统竞选中，由保守派政治行动委员会兼大选基金会编写的《选民指南》（*Voter Guides*）就在各大布道会和布道讲坛中广泛传阅分发。

总的来说，21 世纪伊始，很多著名的成功神学布道家、牧师和神职人员在从事经济活动以及政治活动的时候都没有履行纳税义务，也没有向政府公开财务状况。

突破心理极限，激发生理潜能

世纪之交，很多"人生导师"和"励志成功学大师"们都属于从新思想、积极思想中发展出的一支成功神学派（又被称为"奇迹治疗流派"），他们除了广泛开展形式多样的成功神学励志讲座以外，还频繁建造各种超大规模的教会礼拜堂。另外，他们还积极举办各种潜能开发商业课程，积极寻求人类体能极限和心理潜能开发之间的联系。这有点类似竞技体育的赛前训练，教练通过大量心理暗示、心理辅导等赛前心理准备工作，帮助运动员开发生理潜能，突破体能极限。

现代美国的励志成功学课程、潜能开发训练营等操作模式却与赛前训练恰恰相反，这些课程主要是帮助参加者通过极限体能训练进而开发其心理潜能，突破其心理极限。简单来说就是，教练们在竞技体育中通过积极心理暗示帮助运动员突破体能极限，使其在竞技比赛中获得更好的成绩，而励志成功学、潜能开发的培训课程则是通过极限体能训练帮助参加者突破心理极限、激发心理潜能。有数据显示，这类所谓的“人类潜能开发”训练营如果操作得当，的确可以为参加者带来可喜可贺的效果，有助于帮助其建立自信，消除心理恐惧，大胆尝试之前不敢做的事情。比如，一个恐高症患者可以通过潜能开发克服恐高，而去尝试蹦极。

现在很流行的野外拓展项目或者野外求生项目就在帮助参加者突破心理障碍方面取得了良好的效果。事实上，这样的野外拓展项目并不是近年来才出现的，而早在20世纪80年代就出现了，它其实是从美国宗教团体布道聚会中衍变而来的，其背后有着很深的宗教渊源，如曾经风靡20世纪美国的渡火仪式（fire-walking ceremonies）用来帮助参加者加强自信心、去挑战各种冒险。这样的渡火仪式俗称“光脚走火”，具体操作方法比较简单，就是要求参加者赤足从烧红的石头或热煤球上走过，在此过程中，参加者的脚通常会有轻微的烧伤或起水泡。

在这些极限训练营中，最成功也最具代表性的当属安东尼·罗宾斯及其组织的人体潜能开发训练营。2012年7月，罗宾斯及其团队在圣荷西组织了“踏火求真生理极限挑战营”，瞬间吸引了6000多名参加者。在这次训练营中，有21人因不同程度的烧伤而不得不中止挑战，其中有三名参加者因为重度烧伤而入院治疗。此次事件引起了社会的普遍关注，《圣荷塞水星报》（*San Jones Mercury*）在第一时间对此予以报道，并采访了两名事件目击者：一位是当时的圣荷塞消防队队长，还有一位则是圣荷塞市立大学的学生，他们称曾亲眼目睹了参与者们因难以忍受的疼痛而“痛苦地哀号，绝望地尖叫”。

极具戏剧性的是，该训练营组委会在第一时间通过电台和电视新闻对《圣荷塞水星报》的报道予以坚决否定，福克斯集团旗下的一档名为《福克斯和朋友们》（*Fox and Friends*）的早间新闻节目也曾在其新闻中报道中称“有 20 多名与会者在参加完赤足走火仪式后，因烧伤入院而接受治疗”。然而不久之后，福克斯集团便发表声明称，之前早间新闻节目的报道和实际情况有些出入，该声明称“6000 多名参与者中并没有住院病例，只有几名参与者有局部类似晒伤的轻微烧伤，他们在现场接受了医生的诊疗后，继续参加挑战。”至于《圣荷塞水星报》报道中提到的“痛苦的哀号声，绝望的尖叫声”一说，《赫芬顿邮报》（*Huffington Post*）的一位专栏作家给出了这样的说法：“很多挑战营的参与者们表示，他们大声叫嚷并不是因为外伤疼痛，而是因为在整个挑战中，组织方要求参加者通过声嘶力竭、大声呼叫的方式来减轻和缓解心理压力，从而达到精神的全面放松。”

很明显，主流媒体在对这样的突破生理、心理极限的挑战营进行报道时还是有一定的保留的，而媒体人对类似的有着极强号召力和众多粉丝的挑战营还是存在一定程度的偏见。据调查，罗宾斯的潜能挑战营不仅提供诸如“赤足踏火”这样的突破潜能训练，还非常极具创新地将一些心理学、神经学、逻辑学和哲学的观点和内容结合到潜能挑战中，和很多成功学课程倡导的培养“自信、热情、坚毅”而又不给出实际的操作方案的做法完全不同，罗宾斯的训练营会告诉参加者怎么消除恐惧、建立信心、寻找热情，而且步骤清晰、操作明确。训练营还提供各种创新方案，帮助参加者通过一系列的身体语言与自己的身体、心灵对话。而这一模式后来则被学界称为“神经语言程序学”①（Neuro-Linguistic Programming，NLP），也是时下北美非常流行的新兴课程。

总的来说，尽管罗宾斯领悟到人类认知的局限，但仍致力于人类潜能的开发，并成功将人类潜能的开发运用到励志成功学中。这其中有着更为复杂的理论基础和实践操作经验，我们就不在这里赘述了。

---

① 神经语言程序学（NLP），简单来说，就是通过研究和学习大脑运行原理以及运行模式并了解大脑运行原理后，我们可以配合和提升我们的幸福感。——译者注

凡事必有度，物极必反：塞多纳惨案

2006年，轰动世界的那本《秘密》一书以及根据该书改编的电影大卖，将励志成功学推向了另一个高潮，也捧红了很多励志成功学派人生导师。这些人生导师们积极效仿罗宾斯，纷纷开展类似的人类潜能开发训练营，其中有周末讲习班、也有短期挑战营。当然，这些"人生导师"与以前的罗宾斯相比更具有品牌意识、更擅长市场营销。在层出不穷的挑战极限课程的市场大环境下，必然会出现各种良莠不齐的课程，其中有温和的、也有少数比较极端激进的课程，但凡事必有度、物极必反，悲剧还是不可避免地发生了。

2009年秋天，在风景如画的小镇塞多纳，畅销书作家詹姆斯·雷（James Ray）在这里组织了一个"出汗解压"挑战体能极限课程。塞多纳位于亚利桑那州科罗拉多高原沙漠中，是美国一个非常著名的旅游景点。詹姆斯·雷作为畅销书作家、成功学导师以及前美国AT&T公司金牌电话推销员兼公司金牌内训师，曾一度因为《秘密》一书撰写书评而声名鹊起。他随后应邀参加了《奥普拉脱口秀》和《拉瑞·金现场》（*Larry King Live*）等电视节目，通过这两个王牌电视节目的曝光，加上其极具传销式的演讲风格，而被公众所熟知并吸引了大量的粉丝。随着粉丝的骤增，詹姆斯·雷开始在全世界各地举办讲座、培训班和研讨会，并因为其独特的品牌营销战略而名扬海外。

2009年10月的某个周末，56名来自全美各地的善男信女齐聚风景如画的小镇塞多纳，并在小镇上搭建了一个临时的小木屋，屋子里条件简陋、几乎没有生活设备。大家齐聚这里是为了参加为期一周的冥想课程，课程名称为"人生体悟斗士疗程"。课程的目的是为了帮助参加者更好地认识、了解自我，最大化地开发精神潜能，学会和自己的身体、心灵对话。课程的形式则是非常单一的发汗解压，即通过大量出汗来缓解心理压力。塞多纳因地处沙漠之中，即使是10月的夜晚也是酷暑难耐，当地原住民中盛行"蒸桑拿"来获取能量。

詹姆斯·雷的发汗冥想课程要求参加者必须在室外冥想36小时，中间不得进食也不能喝水补充体液。冥想课程刚刚开始不到两个小时，就有很多参加者就因中暑、严重缺水而眩晕、恶吐，严重者甚至晕倒在地。即使发生这种情况，詹姆斯·雷仍坚持继续这个极限体能冥想课程，号召大家为了个人成长继续挑战自己的生理极限，结果有两名参加者因身体脱水导致多脏器衰竭而当场死亡，还有一名参加者在送医后不治身亡。2011 年 11 月，詹姆斯·雷被裁定过失杀人等三项罪名被判入狱两年。

詹姆斯·雷和他领导的团队严重缺乏必要的基本常识以及对错误的认知。话说赛多纳悲剧发生的第二天，詹姆斯就带着助手离开了亚利桑那州，匆忙去参加另一个研讨会。让人相当失望的是，詹姆斯及其团队并没有前往医院去吊唁亡者，也没有向受害者家属忏悔，甚至连一封安慰信都没有。

毋庸置疑，詹姆斯·雷和他组织的所谓“精神成长”“挑战个人极限”“开发自身潜能”之类的研讨会或冥想班，无论从课程设置形式到具体操作方法都相当地简单粗暴。然而，21 世纪早期全美涌现的励志成功学、潜能开发课程大都相当温和，完全没有像詹姆斯·雷那样走极端。这批励志成功学演讲大师、人生导师与 20 世纪的拿破仑·希尔、心理学家诺曼·皮尔一样著书立说，开班授课，他们注重个体修行，重视内在的修身养性，定时禅思、冥想，他们有时也会举办各种禅想班，但是往往在小范围内私下进行，因此参加者也没有詹姆斯·雷组织的那么多。

那么，詹姆斯·雷与其类似的精神成长课程为什么能吸引众多的追随者呢？其中一个原因可能在于，这样的成长课程在启发心智、激发潜能方面的确有一定的效果。很多课程参加人员都称，他们在参加完课程后，感受到自身强大而显著的内心变化。当然还有一个重要原因，这样的课程普遍收费昂贵，比如詹姆斯·雷的课程就高达人均 1 万美元一次，报名者一旦报名付费就不能中途退出，更不能退款。为此，很多人本着“物以稀为贵”的错觉而盲目跟随！

大隐隐于市

作为积极思想运动的一个分支，奇迹成功学布道家们和人类极限潜能开发大师们开办的各种励志成功学课程和人类潜能开发课程因其宣称的神奇效果、“鸡汤理论”和实际操作效果相去甚远，使积极思想运动在发展过程中受人诟病。 到了 20 世纪晚期，很多积极思想界的心灵导师们也开始意识到了这一问题，他们聪明灵活地回避了成功神学、奇迹成功学中极其夸张的奇迹成功理论，而是回归到成功神学中的神学层面。这些大智大慧的心灵导师中有一位杰出代表，他因成功学写作而出道，并因其成功学著作而成名，一跃成为畅销书作家。但鲜花掌声、金钱财富、尘世的功名利禄并没有给他带来心灵最深处的喜悦，和世俗意义上成功人士的发展轨迹完全不同的是，这位作家在成名后却发现，外在的物质财富并没有给他带来内心的喜悦和平和。为了寻找内心的宁静，他远离都市 30 多年、过着半隐居的隐遁生活，潜心研究人类精神，并重新诠释了精神力量这一概念。

这位心灵导师就是弗农·霍华德（Vernon Howard，1918 年—1992 年）。凭借自己在哲学、神学领域具有的非凡天赋，他能将纷繁芜杂、艰深晦涩的宗教神学以及形而上哲学和各种精神理论进行归纳总结、提炼简化，用短小精悍、贴合实际生活、简单实用的名言警句加以整理和概括，进而形成自己独到的理论。霍华德的主要作品和理论思想都是从现代身心灵运动中发展而来，他也被世人称为身心灵运动中最具有代表性的灵魂人物。纵观他的作品，人们不难发现从早期的励志成功学的“鸡汤理论”到后期的神学研究，他的思想一步步走向成熟。他不是传统意义上的积极思想家，更不是成功神学布道家，因此很难将他归类定性为某一门、某一派的精神心理学家或哲学家。

纵观霍华德的写作生涯，其大概可分为两个阶段：20 世纪 40 年代末到 60 年代初，这是他创作生涯的第一站。他这一阶段的作品与常规意义上的积极思想界励志成功学作品如出一辙，带有浓重的“鸡汤情怀”，甚至他早期的很多作品的名字也没能免俗地极具成功学煽情色彩，如《如何挖掘自身潜力去到达成功巅峰》（*Success Through the Magic of Personal Power*）、《如何正确管理和利用自己的时间来获得个人成功》（*Time Power for Personal Success*）、《如何有魔力地去说服和领导别人》（*Your Magic Power to Persuade and Command People*）、《沟通的力量》（*Word Power*）、《良好的沟通助你到达人生顶峰》（*Talk Your Way to Life leadership*）等。霍华德这一时期的一系列作品都引用了当时很多流行的文学作品中的桥段、报刊杂志中的逸闻趣事甚至还有儿童文学散文，比如当时很流行的《读经感悟》（*Lively Bible Quizzes*）以及《101 件趣事》（*101 Funny Things to Make and Do*）。有书评人曾评价他这一时期的作品和世面上的通俗文学作品大同小异，没有什么特殊之处。

但是到了 20 世纪 60 年代中期，随着年龄的增加、心智的成熟、阅历的丰富，霍华德的人生观、价值观、世界观也发生了本质的变化，他的很多人生理念也发生了彻底改变，之所以会有如此彻底的改变，主要源于他的精神皈依。他早期的许多成功学畅销书在给他带来很多物质财富和鲜花掌声的同时，也打破了他内心的宁静和平和，使他长期处于对功名利禄的患得患失之中。1978 年，他在接受《洛杉矶时报》（*Los Angeles*）的采访中曾说过："作为一名畅销书作家，我的情绪也随着书评人、读者以及销量的波动而陷入'兴奋—沮丧—兴奋—沮丧'的循环中。当书的销量大好、受到各方好评时，我会欣喜若狂；而当书的销量下跌、书评一般时，我的情绪就会跌至谷底。掌声响起的时候，我欢呼雀跃；而当大幕卸下、人潮退去的时候，我会失落、沮丧和痛苦。于是我渐渐意识到，所谓的销量、书评人的反响都是水中月、镜中花般虚无缥缈，尘世的功与名、利与禄都是身外之物，生不带来、死不带去。这就如同鲜花与掌声，有则锦上添花，无则不可强求。如果仅仅只为迎合他人、追求功名利禄，而忽略了自己最本真的需求，到头来，反而破坏了自己内心的宁静。如果此生能不受世俗的干扰、尘世的纷扰，去追求心灵的宁静，我愿意尽我所能去寻求！"

为了能摆脱外界的干扰、追求心灵的宁静，1979 年，霍华德离开了繁华的大都市芝加哥，搬到内华达州一个幽静、偏远的名叫博尔德的小城，并在那里度过了他生命中最重要的 30 年。直到 1992 年去世，他都未曾离开过这座小城。他在这里潜心人生体悟，研究神学、哲学、神秘学，同时专心于文学创作中。这一阶段他出版发行了形式各异的宣传册、散文集和文章集，偶尔也在电视访谈节目作为客串嘉宾向公众诠释他的研究理论。在访谈节目中，他尽量以清晰、直观、直白的语言向公众解释他的得道体验：尘世的欲望都是转瞬即逝、犹如昙花一现，唯有真我和内心的灵魂是永恒的。为了寻求内在的真我和灵魂的皈依，我们应该远离欲望、外在的纷扰，以换取灵魂的宁静。

追根溯源，霍华德的得道理论，源自《圣经》中雅各（Jacob）和以扫（Esau）的寓言故事。据《圣经·创世纪》记载，雅各和以扫是孪生兄弟，以扫是长子，身体强壮而多毛，而被起名"以扫"，意为"有毛"（《创世记》第 26 章第 25 节），他善于打猎，心地直爽，常在野外活动，更得父亲以撒的欢心。而孪生兄弟雅各为人安静，他常在帐篷里，更受母亲利百加的偏爱。后来，以扫因一碗红豆汤而随意地将长子名分"卖"给了雅各（《创世纪》第 25 章第 29~34 节），我们从这件事可以看出以扫是一个思前不顾后的人。他只看到眼前的利益，贪图短期的享受，不思考当下的抉择将会给他带来什么损失。为一碗红豆汤就拿长子名分做交易，就是非常好的例子。

这一时期的霍华德抛弃物质世界的浮华，追求更高阶的精神境界，以达到内心深处的欲望与精神的平衡。即使在繁华喧嚣的都市，也能找寻心灵上的一片净土；即使身处争名夺利的官场、职场，甚至在复杂的人际关系中，仍能追寻内心的本真，排除外部世界的虚无。这一时期，他自得其乐，追寻真正意义上的“物我两忘”，这也是霍华德“心理学研究”理论的核心。

我们总结分析霍华德“心理学研究”的理论，可以将其分为以下两个核心理念。

1. 人性本质皆为“虚伪”。每个人都活在自己为自己编织的“童话世界”中，为了追求“童话世界”里的“皇帝的新装”，迎合世俗所谓“主流社会”的认同，为了追求金钱、财富、名利、事业甚至是同行的认可等，被外界的名利所牵绊而尽显奴性本质，从而丧失了真正的自我。为了找寻最真实的自我、实现最本真的快乐，我们必须勇于舍弃外界的功名利禄，勇于对抗普世的价值观，追随自己内心最本真的快乐，这也是上苍赋予我们每个人的权利。

2. 人性本质皆恶。人类行为的共性都可总结为欺软怕硬、好逸恶劳、好战善斗，无论是朋友、邻居、爱人、同事或是家人，他们都是受利益所驱动，企图利用或控制我们，进而达到其自身的不同目的，这也是人类痛苦的根源所在。充分认识到人性的阴暗面和劣根性，有助于我们透过人性虚伪的表象去理解人性的本质，有助于我们更好地保护自己，免于被操纵、被利用。当生活中被别人贬低或是批评时，不妨学会提升自己的气场，加强自己的自信心，并且将这个人彻底从你的生活中剥离出去。我们必须充分认识到人性的破坏力，长期处于被贬低、被批评、被打压的状态下，我们的自信心也会受到影响，长此以往，会破坏我们的自信心，也会影响我们做事情的状态。因此，我们必须从这些负面关系、负能量中剥离出去，只有这样，我们才能实现更高阶的人际关系，达到人与人本质的升华。

与同期的积极思想领域的心灵导师们风格完全迥异的是，搬到内华达州的霍华德过着与世隔绝的半隐遁生活。他也会定期举行讲座、开办研习班，但是只是针对于博尔德周边地区。他偶尔也会受邀到加州等地开办讲座，但每次讲座都相当低调，风格也颇为严谨。为此，他在一场记者采访中曾这样解释为什么会保持低调：“我的责任是传道授业解惑，至于听众多寡、学员多少、有无粉丝捧场，都不是我最关心的。”

霍华德的讲习班还是吸引了 50 多名核心听众和忠实粉丝，他们将霍华德的讲座录成视频、音频等并刻录成 DVD 光盘或上传到网络上。这些 DVD 光盘和网络视频很快便吸引了数以万计的听众，霍华德及其思想也迅速在全美走红。

在他的演讲视频中，霍华德的穿着打扮和日常生活中几乎没有什么差别，休闲随意的 Polo 衫或短袖衬衫、大腹便便的啤酒肚、隐约可见依然强健的身体，晚年的霍华德看起来是如此地普通，他就像是退休的体育老师，一点没有思想家、哲学家的架子。然而，当他一开口说话时，他那浑厚的声音、坚定的眼神以及全身所散发的气质是如此地吸引人，打动着每位听众的心，也切切实实地让我们体会到一个深刻的道理：所有外在的穿着打扮都是虚无的，不论你穿的是名牌还是平价衣服，这一切都不重要，最重要的是你清澈透明的眼神及其背后的灵魂。

霍华德早年撰写一系列的成功学鸡汤作品，后来成功蜕变成一位人生体悟大师。他的文学作品中仍稍带有早年成功学、神秘学色彩的痕迹，如《开启宇宙能量之大法》（*The Mystic Path to Cosmic Power*）、《神秘的精神力量》（*Esoteric Mind Power*）、《实现成功人生之秘密》（*Secrets for Higher Success*）、《超级智慧的力量》（*The Power of Your Supermind*）等，以及到后期平实的、极具生活智慧的书籍，这些都标志着他在文学创作手法以及思想上的成熟。他曾发行过两本宣传册并受到非常高的评价，即《学会拒绝》（*Your Power to Say No*）、《远离小人的 50 种方法》（*50 Ways to Escape Cruel People*）。这两本人生体悟著作受到大众心理学乃至通俗文学期刊，如《世界新闻周刊》（*The Weekly World News*）的追捧，各大通俗杂志也频频在广告插页中推荐这两本宣传册。这些推荐夹杂在减肥广告或化妆品广告中一点也不显得突兀，丝毫没有违和感，因为霍华德的文章颇为接地气。

霍华德和爱默生、马福德等其他新思想大家们一样，在语言文字驾驭方面有着非凡的天赋，他能以最直观、最直白、最简单、最浅显、最平易近人的词语来解释艰深晦涩、复杂抽象的心理学人生体悟理论，即使是没有受过严谨理论学习、逻辑训练的普通人也能理解个八九不离十。这一点，在美国当代作家中确实很少见。

虽然我们很难将霍华德的理论和思想分类，也很难将其归为某一种特定的流派，但他的心理学人生体悟的核心思想却和精神心理学大师克里希那穆提①（Jiddu Krishnamurti）的有些许相似，两人的思想理论存在一定的重合。然而，如果将两位大师的作品进行比较不难发现，霍华德作品的遣词造句和修辞手法来得更平实、更具有操作性、更贴近生活。而他一直坚称，以积极思想为基础的精神成长课程必须经得起时间的考验，必须经过实践才能被证明是有效的，否则就是毫无营养的“速溶鸡汤”。

他曾说过一句非常著名的哲学名句：“不论是哲学也好，宗教也罢，不能让你淡定、从容、释放更美好的自己，你还会继续信仰它吗？”

积极思想是否真的有效

在上一节中，霍华德提出的问题让每一位精神心理学研究者、精神追求者深深为之思考，那就是“新思想是否真的有实际效用”？这个问题对于新思想学者以及积极思想家来说更为尖锐。正如我们早前曾提过，从新思想运动中分离出来的励志成功学作品、成功神学、奇迹疗愈学都过分地夸大了积极思想的奇迹作用和实际效果，同时也一直在回避普世都非常关心的一个问题——积极思想到底有没有效果？

这又回到了威廉·詹姆斯的实用主义哲学上，无论何种信仰、何种哲学思想、何种宗教思想，唯一切实可行的实际意义就在于，其对个体行为是否产生直接或间接的影响。所谓“经验主义”则是通过个体感知、主观判断来衡量某种理论、想法或概念，而不是通过与其他概念或理论比较分析而得出的结论。所以，如果没有经过实践检验，只是主观断言积极思想的实际效果，就是在以主观经验主义来评判实用性。到了荣格时代，荣格和詹姆斯都倾向于认同“宗教经验的真实性”，也就是个体宗教体验能带来疗愈、人格整合与灵性转化的效果。

回到“实际效果中”，如果积极思想经过科学证明、实践经验证明是有效的，

① 吉杜·克里希那穆提（1895年—1986年）是印度20世纪最卓越、最伟大的精神导师，他是印度一个婆罗门家庭的第八个孩子，天赋异禀，具备很多先天才能。同时，他也是哲学家、慈善家，被誉为“20世纪最伟大的灵性导师”。克里希那穆提的一生颇具传奇色彩，被印度佛教徒称为“中观”与“禅”的导师，而印度教徒则尊称他是“彻悟”的导师。——译者注

那么多年来批评讽刺者的意见或建议就并不重要，社会大众应该敞开怀抱去接纳它；如果它被证明是无效的，那么这门哲学思想就应该收入社会历史学教材中。

在接下来的最后一章中，我们将会介绍、论证积极思想是否有效。

第8章
“积极思想”是否行之有效

汗水定会滋润希望的种子，开出成功之花！

——《塔木德》[①]（*Talmund*）·卷6b

从早期神医昆比的精神疗愈理论到基督教科学会病榻祈祷的兴起，再到当今世界《秘密》的广为流行，当代美国掀起了一股形而上的精神追求热潮。然而，由于主流宗教的衰微，一拨又一拨人士都试图从精神心理学层面上寻求人生的意义以及生命奥秘的答案，而积极思想、新思想则给出了答案，那就是人类的智慧具有无限潜力，人脑的潜能、人体的生理极限远远超越人类想象和现有认知，这是一股神圣的、人类与生俱来的能力 。光明一旦被遮住，恶魔就会化身黑暗而出现。

黑夜给了我们黑色的眼睛，我们没有用它来寻找光明和智慧，而是去折射更黑暗的现实。如果从这个消极角度去看待人生、生老病死，看待人生的种种不如意，将会形成一种有缺陷的自我认知、一种错误的人生观。当然，肯定会有部分悲观主义者认为，积极思想倡导积极正面地看待生活，强调生活的美好，那么这个世界上时刻发生着的自然灾害和人为灾难（如第二次世界大战时期纳粹德国对犹太民族的种族大屠杀，地震和海啸等大规模自然灾害，大量新生儿的意外死亡等）又怎么用积极思想去解释呢？

① 《塔木德》，古犹太教法典，犹太教中地位仅次于《塔木赫》的法典，记录犹太教的清规、戒律、律法和传统。

回到社会生活中，即使是一个成熟的个体、一个成年人，其一生一帆风顺、没有经历过生死离别、大悲大痛、大风大浪，并且身体健康、被爱和希望包围着，但其仍会有不安全感、存在消极痛苦的情绪，这些又怎么用积极思想去解释呢？

上述许多问题和种种人生疑惑最终将我们带入积极思想运动中最尴尬、最具争议性的议题，以及新思想和积极思想的实际操作性问题，即该思想是否真的行之有效？积极思想运动归根结底是精神意识层面的思想解放运动，客观物质世界的存在是基于单独个体对外部世界的反应。换言之，个体的思想意识决定着客观世界的存在。那么接踵而至的一个终极问题就是，新思想这个形而上学的思想解放运动的可信度、可行性又是怎样的呢？其是否真的如早前新思想家们所称的，是一门行之有效的科学呢？

1954 年，一本经过审慎编排、字斟句酌的伟大书籍问世，这本书引起了业界的一致好评，也非常好地回答了上述问题，这本书就是《改变一生的三个神奇秘密》（*Three Magic Words*）。该书主要介绍人类的伟大潜能以及如何开发人类潜能，被誉为“正能量修成宝典”，也是积极思想领域最具代表性的著作之一，作者是“美国安德森”（U. S. Andersen），其人全名是尤尔 • 斯坦利 • 安德森（Uell StanleyAndersen），“美国安德森”为其笔名。安德森是一名积极思想家，也是基督教科学会的忠实拥护者，他在这本书中阐述了自己的观点，并用以下文字解释了时间悲剧和痛苦的根源：

> 我并不否认世界充满着险恶和黑暗面，然而人性的黑暗面和社会的险恶却并非宇宙的终极实相，而疾病痛楚也并非人类的终极实相，这些都只是浮于实相表面的假象。生活中很多时候，个体往往由于条件反射性思维模式而屈从于这种假象，从而认同社会本恶之说。这种观点用术语解释则为“个体意识深受社会行为和集体意识的影响，集体意识往往凌驾于个体意识之上”，也就是成语“随波逐流”的意思。很多时候，个体意识独立于集体意识之外有着相当大的难度，人们很难做到“出淤泥而不染”大概就是这个道理。集体意识、社会行为和主流价值观除了影响个体意识形成外，很可能还会阻止个体创新思维的产生，影响个体创造力的发展。

那么，个体是否因为生活在一个集体意识、主流价值观主导的社会中，并因受制于主流而很难发挥各自的才能呢？安德森坚决否认这种观点，他坚称“如果坚持正面积极的思维方式和行为模式，负面消极思想就不会入侵，就如同阳光明媚的房间不会有阴暗来袭一样”。他同时还在书中介绍了几种方法，帮助读者实现积极正面的生活：冥想内观培养正念；积极的自我肯定和自我暗示；视觉想象将目标梦想具体化；自我激励；精神修行从而达到精神觉醒和思想顿悟等。各种精神成长方法都可以帮个体发现生活中的美好，释放更美好的自己，这些方法也都是现代心理治疗中比较常见的疗愈方法。

无可否认的是，安德森的论点有许多的局限性，但是作为20世纪最具代表性的积极思想家之一，他在弘扬和传播积极思想方面还是做出了一番不错的成绩。他的观点、视角也将时下流行的各种创新性思想运动和传统神秘学区别开来，而且他也在书中重点突出了这一点：“如果想要了解美国当下流行的精神潜能文化和传统神秘学的区别，就需要我们去探索传统神秘学的基础。”

一朝被蛇咬，十年怕井绳

几乎每个民族的寓言故事中都有一个类似有关“一朝被蛇咬，十年怕井绳”的故事，这一节我们将从犹太教苏菲派、基督教的“蛇和井绳”的故事开始说起。

多少世纪以来，从基督教神秘主义到苏菲派禁欲主义（Sufism）再到古印度教，其都有着一个共同的、难以解释的“神秘人生体悟传统”。这一人生体悟传统几乎出现在所有具有历史意义的宗教教义和哲学思想中，这一不可思议的传统教义历来认为：人类都活在一个自己营造的幻觉中。在这种状态下，人类试图以各种形式的欲望来满足自己，从功名利禄、阿谀奉承、金钱财富甚至性关系中寻求快感，并无意识地利用这些东西去迎合内心的满足感。当然，对于大部分的人来说，欲望的满足是证实个体存在的唯一方式。当人们追求金钱财富或身外之物时，如果缺少更高的精神追求，降低自己对人生的要求和准则，就将会直接或间接地影响个体对生命和人生的感受，很多人为了权力、名誉、影响力和地位而奋斗终生。从心理学角度分析，个体通过成就的获得，使其死后灵魂和影响力得以继续，不会因身体的死亡而消逝。

这种对于人生和生命的理解和许多神秘学思想一样，都在寻求一种更高阶的精神追求。这种追求独立于世俗成就、金钱财富和身外之物之外，即独立个体的存在是宇宙洪荒最微不足道的一部分，而人类也只是宇宙智慧极小的一部分。宇宙智慧犹如一个不停运转的转盘，而每个个体只是这个智慧大转盘上的一个碎片，千帆过尽、大浪淘沙，终将逝去，但这又有多少实际意义呢？多少年来，我们所赚的每一分钱无不化成一个叫作“消费”的东西，于是我们渴望升职、盼望加薪。从心理上来看，我们对身外之物的渴求主要源于个体安全感的缺失和对稍纵即逝的青春的留恋。可是，这一切最终都会消失的，留得住钱财，但似水年华却很难留住。只有意识到这一点，我们才能从世俗的束缚中解放出来、从对死亡的恐惧、压力重重的工作生活中解放出来。

神秘学一直以来都将人类的“恐惧焦虑、安全感缺失”划归到心理层面，并使用寓言故事来直白、简单地予以分析和讨论，如“一朝被蛇咬，十年怕井绳”，这个故事衍生于吠陀教[1]教义，但其实这个故事存在于很多宗教教义、图腾崇拜和寓言故事中。这个寓言故事大概是这样的：一个人在马路上溜达，突然看到前方路中间有条蛇，他的心脏一下子提到嗓子眼，走近一看，他却发现其实是一条麻绳。如果我们从心理学层面上去分析讨论这个寓言故事，先要了解一个术语“自我意识型”或“自我驱动型”（ego-driven），再去了解一个大部分人都不清楚的术语“自我意识驱动型”。让我们回到“蛇和井绳”的寓言中，蛇寓意着普世的恐惧和安全感的缺失，这种恐惧时常会无端出现在我们的脑海中，并导致焦虑，那我们的解决办法是什么呢？方法就是做好最坏的打算。在这个寓言故事中，方法就是做好思想准备，假设路中间就是有条真蛇，那你就得做好最坏的打算。

让我们从宗教神秘学角度来探讨一下这个寓言，密教传统（mystical tradition）中并不否认现实的残酷性，在这个故事里就是指有时候路中间的那条蛇是真实存在的，并不是井绳，我们要接受现实的残酷性，但更重要的是超越恐惧，克服安全感缺失，获得精神启蒙，实现内心的宁静与自由。在此状态下，个体与社会、肇事者和受害者、给予者和受惠者之间的差异性将会消失。善良美好与邪恶丑陋、疾病与健康之间将没有任何差别。宇宙万物在终极实相中将不存在本质差异，并都统一于一个整体，都同处于一个大的宇宙体。人与自然都在这个大宇宙体中有序生长，个体和自然、人类和

① 吠陀教（Vedic）崇拜被神化了的自然力和祖先、英雄人物等。凡日月星辰、雷雨闪电、山河草木乃至动物等都被幻化为神，并根据这些神的所在位置将其分为天、空、地三界。——译者注

宇宙都在和谐共生，此乃“合一”，这也是普世所追求的人生体悟的最高境界。

然而，这种人生体悟对于普通个体而言（尤其是对于那些在温饱线上挣扎的人们来说）似乎是遥不可及的；对他们谈及涅槃悟道、人生体悟是相当苍白无力的。举一个简单的例子，让一位人生体悟大师和街边流浪汉讨论精神和潜能觉醒，换来的肯定是流浪汉的嗤之以鼻。此刻，流浪汉更需要的是食物、住所等基本的生存需求，涅槃、悟道对他来说可能永远无法企及。那么，悟道和觉醒什么时候才会出现，又会出现在什么人身上呢？当个体面临人生的大喜大悲、超越普通人的悲喜极限时，潜能觉醒可能会出现，比如，分离几十载后和亲生孩子偶遇，或是遭遇一生挚爱的突然离世。如果个体没有因兴奋过头而癫狂，也没有因悲伤过度而晕厥，那么其可能会体悟到这种超越自我的悟道。这种“超越一切的喜乐”在很多文学作品中并不鲜见，当代人生体悟界也不乏众多人士称曾有过类似的体悟。

在某种程度上，上述神秘学所倡导的“觉醒”和“合一”与基督教科学会有着一定的共通性。然而，基督教科学会却明确否认疾病的存在，认为“疾病是个体的错觉”，因而笃信基督教的科学会人士拒绝接受医学救治就不难理解了。基督教科学会认为，世间万物都浸润在上帝的仁慈里，唯有上帝才是真实的实相，上帝的仁慈可疗愈心灵、治愈人生，帮助个体达成人生目标，这也是人类人生体悟所追求的真正意义所在。基督教科学会从早期的玛丽·贝克艾迪时期奉行病榻祈祷，信仰“上帝的疗愈力量能够让健康终将战胜疾病”，发展到稍后的成功神学则演变为“上帝的仁慈使贫穷终将走向富有”。上帝的疗愈作用不仅能够医治疾病痛楚、抚慰人心，还可以拯救个体于贫困潦倒之中，这种基于“改变外部环境和人体存在状态”的信念，是新思想作为一种精神哲学区别于神秘主义和超验主义的地方，也是新思想区别于实用心理学（即存在主义心理学）的地方。

神秘主义既认为“客观外在是基于一个错误认知的基础之上，是人类的虚幻错觉”，又认为“疾病、痛楚以及世间万物都是真实的存在”。由于当时认知的有限和观念的局限，很多疾病产生的原因和发病机制还没有办法弄清楚。为了去除疾病和痛楚，神秘主义和基督教科学会、新思想都试图从一个更高阶的精神层面去寻求去除疾病痛楚、重回快乐的方法。

写到这里，很多新思想的追随者和精神疗愈师们也许会立刻表示同意神秘学的这一观点，可是他们真的同意吗？新思想和精神疗愈师们认为“疾病、丑恶、痛楚，凡此种种阴暗面都是‘虚无’‘假象’”，然而另一方面，他们又竭力寻求改变现状、突破现有局限，这也正是新思想和精神心理疗愈存在的主要矛盾。简单来看，新思想认为“任何生理、心理上的不适都是个体特异性的幻觉，而与其对应的则是更高阶的真理”。在此框架下，新思想和精神哲学一直试图“站在宇宙中心呼唤爱，站在世界之巅找寻超越空间和时间的真理”，这也招致了很多尖锐的批评，比如，历史学家弗里曼·坎普尼（Freeman Champney）就称新思想及其衍生出来的精神哲学为“画饼充饥”。

坎普尼的评论有其合理性的一面，新思想的确在面临慢性病、大灾大难中因缺少实际操作方案而显得如此地疲软无力。20世纪之初，新思想领域出现了一股“新声音”，他们信奉“因果报应”“轮回转世”，并将两者加入到积极思想理论中，认为今生的疾病痛苦都来源于上辈子的罪孽。这貌似很合理地解释了为什么会有上百万人生活在水深火热中，数以百万计的生灵遭受荼毒，而又有大批的有钱人生活富裕、衣食无忧的原因。持此观点最具代表性的人物当属精神心理学作家吉娜·瑟敏娜拉（Gina Cerminara）。20世纪50年代晚期，她曾出版过一系列著作推广和普及“遥视”和“通灵术”。

笔者认为，这种论断不论在何种条件下都是不成立的，精神觉醒是通过内观、自省获得的，而非通过评判分析他人获得。当评判他人时，个体就已经丧失了自我确认[①]的能力；个体通过自我确认，使他人对自己有了一致性的认识，有利于其提高自尊。而精神心理学认为“自我确认在个体的精神追求上非常有用”，成熟的个体只会为自己的伤痛负责，而不会因为个体伤痛而去责怪群体。

在某种意义上，新思想、积极思想运动面临的许多伦理道德问题都源于新思想运动的伦理局限性，这场精神疗愈运动认为宇宙的运行受制于单一法则，这个法则既是吸引力法则也是因果法则的绝对力量。新思想则完全忽略了“昼夜更替”“生命和死亡、疾病和健康”之间的联系，只是单纯地将生命当作“某一特定法则下的产物”，而忽视了宇宙万物中错综复杂的联系、规律和各种特异法则，这也客观限制了新思想的发展，导致了其理论的局限性。为了弥补这一局限性，积极思想运动应运而生，积极思想不

① 自我确认（Self-observation）是指个体寻找和解释情景，以证实自我概念的过程；个体通过自我提升，使他人对自己有了一个较高的评价，从而有助于个体自尊的建立。——译者注

再局限于某一特定宗教信仰和神学思想，其在各种形而上学意识流派中，始终保持“包容一切，兼收并蓄”的立场。

吸引力法则是世间唯一的法则吗

当早期的新思想家们接受了吸引力法则时，他们也给了这场精神潜能文化一个最持久、最流行的概念，并流传至今。最先提出“吸引力法则”概念的人是安德鲁•杰克逊•大卫斯，他也是精神主义的创始人。1855 年，他在书中使用“吸引力法则”来描述“宇宙空间和灵异世界之间的对话和往来”。随后在 1892 年，著名的记者普伦蒂斯 • 马福德将这一理论重新诠释和加工，成为其笔下的同性相吸原理（like attracts like），即“物以类聚，人以群分”的意思，这一理论也奠定了现代心理学的雏形。20 世纪 70 年代开始，新纪元运动的兴起又将吸引力法则重新搬上了时代的舞台，并冠以一个全新的概念：没有偶然天成，一切都早有安排。宇宙万物都在“有序”前进着，每个个体的存在都有其自身意义和合理性，都在按照其自身规律向前发展着。

从多个角度来看，新纪元的核心思想源于新思想，也就是说新纪元思想就是新思想的升级版 。新纪元文化在现代西方非常流行，尤其在时下流行的通灵学、精神心理学等方面的通俗文学中随处可见。新纪元文化的核心是“思想的力量可以改变和重塑客观世界”。 在此观点下， 物质世界、人类社会不断发展的内在驱动力根本在于单独个体内心关于自我成长、自我增值或自我价值的需求。由此可见，吸引力法则也正是跨越一个多世纪、联结新思想和新纪元文化的核心所在。那么这一主张到底是谁先提出的呢？

最先提出“思想和精神具有无限潜能”一说的是沃伦 • 菲尔特 • 埃文斯 ，他在其《神秘的基督教和精神治疗法》（*Esoteric Christianity and Mental Therapeutics*）一书中提出了“思想的力量包罗万象”的观点，该书出版于 1886 年，也是埃文斯的最后一本书。作为人生体悟领域的杰出代表，埃文斯在该书中将形而上的哲学思想融入到神学思想中。毋庸置疑，这对思想解放起到非常重要的作用，也是新思想最有名的地方。他在书中援引了斯威登伯格主义、东方佛家思想乃至神智学中的秘术、神秘学思想等，这些都对思想解放和宗教自由起到非常重要的作用，也是新思想运动最令世人称道的地方。

就是在这本书里，埃文斯称：“生活中有很多意外或者巧合看似偶然，实则有其内在的必然性。任何事物、任何现象都不是无端产生的，都有其内在的原因和发生机理。天地万物、宇宙洪荒都源于思想、源于心。”为了佐证这一观点，埃文斯在书中引用了斯威登伯格于1771年所著的《真正的基督教》（*The True Christian Religion*）一书中的一些观点，该书也恰好是斯威登伯格生前所著的最后一本书。埃文斯在自己的书中广泛摘取斯威登伯格的论点和原文词句，来佐证自己的观点，如斯威登伯格曾在书中写过：“思想意念中的每个碎片都将折射到外部世界中，客观世界发生的一切都是精神世界、思想界的体现。”埃文斯在自己的书中引用了斯威登伯格的这句话用来证明“疾病或者世界上发生的一切都是思想意念作用下的产物”。

但埃文斯没有完全捕捉到斯威登伯格的意思，并没有结合上下文去理解斯威登伯格的用意。这里举个例子，1875年，埃文斯引用了斯威登伯格的一段文字的英语翻译，原文如下：

> 大脑中的每个想法和念头无一不是对身体和外界的反应和体现，信仰和博爱虽然只是存在于思想中，但是其如果没有和人类合体，其也只是一个“幽灵”，空有其表并无其实。

斯威登伯格在这里表达的意思是：合乎伦理道德的思想如果没有付诸相应的行动，那么其也只是个人的伪装而已。回归到斯威登伯格的原文上，其实这段话出现的部分并没有提到身体健康或生活意外，而仅仅只是讨论博爱和信仰的问题，斯威登伯格的原文是这样的：“博爱和信仰稍纵即逝，除非你决意与其共存、努力寻求它们，否则它们都终将消逝于无形。”

斯威登伯格认为宇宙和灵界存在共通之处，思想具有无限潜能，思想的力量可以帮助个体实现更高阶的自我，然而却从未提及过“外界发生的一切都源于思想”的观点。与埃文斯同期的马福德不失时机地抓住了斯威登伯格的理论，推出了“吸引力法则”，即“任何领域、任何行业的成就和成功都不是偶然天成，也没有天赐良机，而是遵循了一个法则，这个法则就是‘吸引力法则’。吸引力是一股创造力，这股创造力贯穿宇宙、存在于宇宙间的每个角落”。这一点和新纪元思想又有着共通之处。

然而，积极思想的先驱们并没有停留在埃文斯和马福德的视角下，这些先驱们也试图提出一个全新的问题：人类有没有可能是在多个不同法则、若干规律下有序生存？新思想则认为人类的心灵和思想具有无限潜能；唯心主义哲学家们也曾宣称“人类的思想和心灵因自身认知、经历的局限而受到很大的限制”，也就是当下发生的一切都折射到大脑反射层中，并影响人类创造力的开发和潜能的创造。20 世纪颇具影响力的精神哲学家古捷耶夫（G.I.Gurdjieff）认为，人类作为相对高阶、有灵性的生物，可以和更高阶的精神力量联结；也可以在宏观范围内，与较低阶的生物联结。就这一点上，当下的人类认知和宗教祈祷尚未达到。

新思想先驱们从来没有考虑过人类在宇宙万物中的地位，以及其本身的局限性或缺点。英国大法官托马斯·特洛沃德（Thomas Troward）曾于 1904 年发表过一系列演讲，主题思想为“人类是万物进化的顶峰，人类可以达到最高级的智能”，人类和造物主一起，可以促进宇宙的进化。特洛沃德对宗教科学创始人欧内斯特·霍姆斯有着极其重要的影响，他曾著有《引爆吸引力》一书。特洛沃德理论的缺陷在于他主观夸大了人类对宇宙起源的作用。事实上，宇宙演化的阶梯远远超出了人类的想象，在宇宙架构中，人类只是万千银河中的一个小星星。特洛沃德及其追随者们没有意识到人类对宇宙的认知能力会受到时间和空间的局限。人类的认知局限可能和某些更高阶的精神文化有关，就如同动植物与人类的关系一样，我们没有理由不相信“人类具有某种终极智慧”。

爱默生曾试图解决这一问题，他考虑到人类生存的两个方面：人类的伟大潜能，以及个体与浩瀚星河相比的渺小。1860 年，他曾发表了名为《生命规则》的文章，并在文章中写道：“人类生活在宇宙规则和社会规则的双重系统下，而宇宙规则有着许多超越当今人类认知、有待人类去挖掘和发现的未知。”

宏观、高屋建瓴的人生观

当面对生活的阴暗面（如疑难杂症尤其是危重症中晚期）时，新思想、积极思想、吸引力法则所提倡的“思想改变现实”“一切源于心”就显得极其微弱无力，其自身提倡的吸引力法则又很难去解释“个体在面对无可挽回的局面时的尴尬和无能”。人们运用吸引力法则面临世间的种种悲剧和痛苦时，往往又缺乏实际的可操作性和解决问题的实际能力。因此，该法则又陷入“理论的丰满和现实的骨感”的自相矛盾中。1971年，著名的新思想牧师兼作家约瑟夫·墨菲出版了名为《通灵感知力》（*Psychic Perception*）的书，并在此书中试图解决吸引力法则理论的自相矛盾性。

墨菲和前面提到的安德森一样，其都认为单独个体的意识受制于集体精神和社会意识，这里的集体意识和社会精神就是墨菲所提倡的“世界精神”[①]或“种族心理”，不论是世界精神还是种族心理都认为“思想的本质，不论善良美好、疾病丑陋还是惩罚奖赏、疾病痛楚，一切自有天注定，其都早已安排好”。每个灵魂、每种思想都不是孤立存在的，其都对后世有着无穷尽的影响，同理也会受到前世的影响。因此，个体的思想受到其他各种思想的影响，并会产生几乎无穷尽的影响和结果。从这一角度分析，世间的种种意外和各种灾难似乎也找到了合理的解释。

21世纪初，作为一种积极进取、奋发向上并且主张发挥主观能动性、“思想之力改变现实”以及创新思维的精神运动，新思想运动将人类看作某种终极命运的产物，然而却仍无法解决个体在现实生活中遭遇的困境及难题。2007年，《秘密》一书的作者朗达·拜恩在一次媒体采访中，回答了记者提到的有关“种族大屠杀”的问题。拜恩回答称，这个世界上的确存在着各种大范围的悲剧、各种意外事故和自然灾害等，比如“9·11”事件、卡特里娜飓风等，这些悲剧和大灾难产生的原因是吸引力法则发生在错误的时间、错误的地点上。

当面临类似的伦理道德争议时，拜恩就如同瑟敏娜拉以及先前的诸位一样，不是从自身经验角度出发，而仅仅只是描述他人的经验，他站在旁观者的角度，以颇为牵强附会的理论为吸引力法则找一个站得住脚的出口。否则，不论是宗教教义，还是哲学求知领域的思想权威，抑或是人生方向、行为道德、生活意义，其都需要用逻辑推理和个体实践来确定是否可行、是否合乎伦理、是否合乎标准。然而，拜恩的推理和逻辑缺少逻辑说服力、颇为主观。打个简单的比喻，拜恩的逻辑就如同去邻居家吹个口哨找狗，因为没有听到任何反应、狗也没有出来，而就此推断邻居家没有狗，这一推断未免过于主观和武断。拜恩的论点并没有跳出个人的主观臆测，并且忽略了各种潜在的可能性。

---

① 黑格尔认为，世界历史是世界精神（world mind）在时间中合理地、必然地体现其自身的过程，自由是精神的本质。因此，世界精神的自我体现过程就是自由意识发展进步的过程。——译者注

通往真理之路往往荆棘丛生

积极思想一直倡导“思想改变现实，精神成就当下”，因此笃信该理论的人都认为，金钱、财富、物质和名利都是身外之物、都是低阶的欲望。只要积极正面地看待生活、对待生命，那么生命中的灾难、痛苦、疾病和不幸福都可以避免，想要达成的目标和愿望终将会实现。多少年来，积极思想家、新思想家们都提倡“正确的思考模式将会帮助个体远离、逃脱乃至舍弃外在的物质欲望”。当然，这里并没有贬低或丑化欲望的意思。事实上，在人生的某些阶段，个体对欲望的渴求和达成目标的决心，甚至可能会帮助个体实现更有意义、更有价值的人生。比如，三十而立的中年男士对成功、名利的渴求心在某种程度上将有助其实现更成功、更有价值的人生。

然而，从长远角度来说，就此将吸引力法则看作宇宙万物的主导法则具有潜在的破坏性，因为吸引力法则号召的“源于心，一切早有安排”从某种程度上限制了个体探索世界的欲求，阻碍了个体实现自我主观能动性的发挥。然而，它只是将个体限制在达成各自欲望的小我中，而非改变世界的大我中。如果将欲望的满足看成是对个体的救赎，那么在找寻自我的路上将会困难重重。

20 世纪伟大的精神导师克里希那穆提曾说过“通往真理之路荆棘丛生”，这是一条没有手机信号、无法导航、更不能定位的路。然而，世间本没有路，走的人多了才有了路，此乃通往真理的所在。如果只是将新思想局限在现有的认知范围内，将积极思想理论限定在各种条条框框中，那么，人们将会关闭人类认识世界、感知外在的大门。人类的思想具有无穷的想象力，脑力的极限远远超越当下的认知，何不敞开心灵的一点缝隙，让自由思想的曙光照耀着你我去探索那条未知之路？

成功的要素

根植于基督教科学会、兴盛于精神疗愈的“新思想、积极思想”理论及其分支有其自身的缺陷，这里就不再赘述。积极思想主张思想解放、兼收并蓄、博采众家之长，信奉独立的个体具有无可估量的潜能，这种潜能神圣而强大。那么，每个个体的外在发展、个人成功都可以归因于内在的潜能吗？让我们回到爱默生理论上来，尽管他本人对世俗的功名利禄和浅薄的自我追捧推崇备至，但他本人对成功的意义还是予以充分肯定。他甚至还专门就此话题写过一篇文章，并在文章中提出了“实现成功的关键要素是正面、积极和激情满满”的观点。关于激情对个体潜能发挥的意义，爱默生这样写道：

> 正面积极和富有激情是实现成功人生的基石。如果说每个人的一生都是从一张白纸开始的，那么没有人会希望这张纸上只有单调冗长的乱涂乱画。在人生的道路上，人们一定要与积极、有趣的人为伍，没有人会喜欢愤世嫉俗的说教抑或是郁郁不得志的传道。我们要消除消极负面或抵抗排斥的情绪，不要将生命和时间浪费在负面消极的情绪中，我们要无条件地保持良好的情绪、持续地进行积极的自我暗示，饱含激情地面对生活，那么问题和烦恼都会迎刃而解。不仅如此，我们也要感恩生活，保持对良善的向往。

爱默生的这段话并没有直接表明“正面积极、富有激情就一定会带来奇迹般的效果”。如果就此断言，势必又将这个议题推向了成功神学的道德争议点。当然，如果独立的个体都没有感受到或者观察到消极抑郁情绪对生活的不良影响，那么谁又能断言积极热情饱满的态度不会对人生有着决定性的影响呢？一直以来，积极思想一直主张“心诚则灵、思想改变现实、重塑命运”，并主张通过长期系统的人生体悟方可感知其力量，方可实现成功的目标。难道思想意识的作用仅止于此吗？远不止于此！

卡尔·荣格曾指出，激情、热忱的态度对个体的脑力开发有着极其重要的作用，其可以激发个体的脑力极限。这还要从莱茵博士及其超心理学实验开始介绍。20 世纪 30 年代，荣格曾深入研究过超心理学家 J. B. 莱茵（J. B. Rhine ）在杜克大学进行过的一系列超感官知觉实验，主要项目为“遥视感知”（clairvoyant perception）。他利用工作伙伴知觉心理学家卡尔·齐纳（Carl Zener）发明的齐纳卡片[①]来进行“遥视实验”。

① 齐纳卡片（Zener Cards）因其发明者“卡尔·齐纳”而得名。齐纳卡片由一组 25 张纯白卡片组成，每组卡片印有五种简单、易于区分的图案，五种图案分别为圆形、五角星形、十字形、波纹以及正方形，每种图案各五张，受试者需从卡片背面猜出卡片上的图案。基于此，每个人正确猜出牌面上图案的概率为五分之一，平均计算下来，每 25 张卡片随意猜测则会有五次“命中”。换句话说，“随机命中率”为五分之一。——译者注

齐纳卡片的随机命中率为五分之一，莱茵在进行此项测试时认为，在杜绝任何欺骗行为的前提下，如果受试者的命中率高于这个水准，就说明其存在 ESP 能力，也就是超感官知觉能力。在多年的随机测试中，莱茵发现多达上万的被试有着高于常人的遥视能力。

荣格在进行莱茵遥视实验研究后发现，齐纳卡片实验开始时，被试的命中率异常得高，但是随着时间的推移，被试的新鲜感和兴奋度下降，猜中的概率会逐渐随之降低；但是如果在此期间，通过外界刺激来提高被试的兴奋度，并提高其脑部的应激能力，那么被试的命中率会再次提升。因此荣格在文章中对莱茵遥视实验进行了如下分析：

> 人类的心理往往会受积极和消极因素的影响，缺乏兴趣和无趣是消极因素，而激情、信心和好奇心则是积极因素。在 ESP 实验中，被试如果受积极因素的影响，其命中的概率会比受消极因素影响下的被试高很多。

荣格对莱茵遥视实验的分析结果以及莱茵领导的一系列超感知觉实验，对于当今的普通读者来说可能非常难以想象和理解，然而其在 20 世纪早中期却引起了轰动和极大的争议。这里笔者想要提出的是，为了避开任何形式的跟风和炒作，莱茵在 1934 年发表的《超感知觉》一文中，刻意简明扼要地阐述了积极心理被试结果的影响，其原文如下：

> 多年来，我一直致力于鼓励大众参与 ESP 实验，我仅在此简要表明一下我的观察研究结果：在 ESP 实验中，参与兴趣是最重要的条件，被试发自心底的喜爱和渴望将有利于被试提高测试结果，就如同一个小孩子在玩一个新游戏一样，新鲜感和兴奋感将是最有利的因素。除此以外，完全自由放松、不分心的外部环境、发自内心的渴望以及对新事物的好奇心、对自身的信心也可以提高被试的测试效果。

另外，莱茵和荣格都曾提出，积极思想、积极心理的重要性和实际意义也适用于宗教信仰。荣格的一生非常好地印证了“兴趣对宗教信仰的重要性”。和荣格有类似经历的神学家不在少数，他们往往厌恶主流教会的繁文缛节和思想禁锢，反而对神秘学信仰、非主流宗教推崇备至，这可能也是积极思想及其分支的魔力所在。荣格伊始，心理学开始和宗教疗愈相结合，形成了“宗教心理学和精神疗愈”。

激情的力量：甘兹菲尔德实验

积极思想之所以能够燃起个体对生命和人生的希望，是因为该思想理论一直提倡以结果为导向，也就是事先预想到目标达成、愿望实现的场景，事先感受到目标实现后的快感，比如，获得了梦寐以求的工作、找到了理想中的伴侣以及疾病治愈后重新获得健康的体魄等。个体通过亲身模拟和预设目标达成、欲望成真的快感，从而让其重新燃起对生活的向往、对人生目标实现的渴求。从这一点分析，积极思想可以为个体指明生活的方向、奋斗的目标，并树立人生价值实现的信心。然而如前文所述，积极思想理论本身又有自相矛盾的一面。

积极思想建立在一个理论假设的基础之上，即个体随心所欲地进入一种情感状态或某种动情模式，从而改变其思维模式，进而改变个体的行为模式。这种理论假设用新思想成功学的理论解释则为，个体可以在任何时间、任何地点进入某种动情模式或思想状态，并通过该动情模式去改变客观世界，从而改变个体的命运。在此种理论的诠释下，新思想家们似乎很容易将思想、情感与思维模式混为一谈，思想与情感是两个既独立又相互联系的概念，两者关系十分密切。然而，积极思想和传统心理学中都存在这样一个盲区，即割裂了两者之间的联系。如果个体脱离自身的情感状态去思考，那么困难就会接踵而至。刘易斯[①]在其《地狱来鸿》（*the Screwtape letter*）一书中曾写道：

> 要遵从自己内心的意愿去行事，每个祈祷和静默的价值高低主要取决于个体投入的激情。
>
> 成功或失败不在于健康或抱恙，也不在于精力充沛还是萎靡不振，更不在

① 克利夫·斯特普尔斯·刘易斯（Clive Staples Lewis，1898 年—1963 年）是威尔士裔英国知名作家以及护教家，他在奇幻文学、基督教辩惑学、儿童文学方面颇有建树，曾在剑桥大学担任中世纪与文艺复兴英语学教授，被称为“20 世纪英语世界中捍卫基督教信仰最有力、最受欢迎的人”，并获得全球教会的称赞。其《地狱来鸿》一书写于 1942 年，又被译作《大榔头写给川木的情书》。——译者注

于财富多少、名利地位高低，而是取决于个体内心最本真的状态，活在当下！

多年来，多少人一直苦苦寻找当下，但是“当下”又在哪里呢？20世纪30年代，魏德海（Leslie D. Weatherhead）曾试图找寻解决这一问题的方法。魏德海是英国卫理公会的一名牧师，同时也是一名颇为活跃的牛津小组成员。他曾撰写过一系列心理学、精神文学作品，被公认为“将心理学治疗和宗教疗愈进行完美结合的大师”。他在书中着重强调使用积极的自我暗示、自我鼓励等方法来提高个体的自我认同感，加强自我认知能力，从而提升个体的自信心。从学术理论和本质上来说，魏德海牧师创新性地使用了法国心理治疗大师库埃的心理暗示疗法。

魏德海牧师非常清楚积极的自我暗示（如“我信心百倍”“我已准备就绪”等“心灵鸡汤”）并不能从根本上卸下个体的心理防备，那么何谓“个体的心理防备”呢？他为此做了一个很形象的比喻。他将个体的心理防备比喻成一名正在执行公务的交警，一个骑行者在一个风景秀丽的小镇骑行，而这个骑行者在黎明或者黄昏的时候警觉性更高，也更容易避开巡逻交警的视线。还有个例子就是，临床案例追踪研究结果显示，抑郁症患者通常在清醒前和进入睡眠前病情加重，而这往往也是很多抑郁症患者自杀的时刻。这两个例子也向大家阐释了一个道理：一天当中有两个最佳时刻——早晨醒来时和晚上临睡前，此时个体的心理防备能力最弱，也是个体进行积极自我暗示的最佳时刻，也是激发心理灵活性（psychological flexibility）的最佳时刻。

那么，为什么要激发心理灵活性呢？积极面对生活说起来容易，做起来非常难！积极思想和积极心理学理论都认为，消除消极情绪和负面思想都不是心理干预的最终目的，提高心理灵活性，灵活自如地处理各种生活困境、情绪陷阱，持续保持健康的心理状态才是终极目标。

魏德海认为，个体在催眠状态或浅睡眠状态（hypnagogic state）下，也就是俗称的“介于清醒和睡眠的半梦半醒中”，此种状态通常发生在晚上进入深度睡眠前或早晨完全清醒前的一段时间，该时间段是个体心理灵活性最敏感的时刻。打个比方，抑郁症或焦虑症患者，其焦虑、抑郁状态最严重的时候往往就在深睡眠和完全清醒前，因为这一时间段，个体的理性防御能力最弱。所以在这一时间段内，如果用温和的、持续的积极自我暗示和积极肯定的方法给个体解压、让自己放松，将对其抑郁症治疗非常有效。

内维尔・戈达德（Neville Goddard）也发表过类似的观点，他提出了“睡眠意识可塑性”（malleability of the hypnagogic mind）理论。他的这一理论也被20世纪美国著名的心理学研究员和科学家查尔斯・霍诺顿（Charles Honorton）使用，用以观察和测试个体潜在的心电感应，也就是超感官知觉（ESP）。霍诺顿认为半睡半醒的状态是个体超感官知觉发生的黄金时段。

20世纪70年代早期，霍诺顿及其团队成员们开始着手进行一项长期系统的超感官知觉全域实验，即甘兹菲尔德实验（Ganzfeld experiments），“Ganzfeld”从德文翻译成中文的意思为“全部领域”（简称为“全域”），所以甘兹菲尔德实验又译为“全域实验”。甘兹菲尔德实验的具体方法是将被试分为两组：一组为接收者（receiver），一组为发送者（sender），分别将其置于两个房间中。接收者或坐或躺在一间黑暗或灯光柔和的房间里，蒙上眼罩带上降噪耳机，实验者播放“白噪声”使房间内的其他声响降至最低，这种单一的视觉与听觉环境称为“超感官知觉全域”。同时，发送者坐在另一个隔音的房间里，实验者将随机选择的图片通过“心电感应”装置传至接收者。图片发送结束后，接收者从4张图片中选择一张正确的。平均下来，接收者的随机命中率为25%。而甘兹菲尔德的实验结果却发现，选择目标的准确率为38%，远远高于随机命中率的25%。为此，霍诺顿还邀请了著名心理学家雷伊・海曼（Ray Hyman，1928年出生），对此项实验的数据结果进行重新评估和判断，霍诺顿之所以会邀请海曼参与实验评估，原因有两个：第一，海曼是美国当代心理学界的领军人士之一，他曾协助过美国国防部进行心理研究调查；第二，海曼是超心理学的批评者，他一度反对进行超心理学研究和实验。

霍诺顿和海曼就实验数据结果联合发表声明称：“从宏观层面分析，这个数据有着重要的影响，尤其是对于那些无法解释的个案有着重要意义。”霍诺顿还补充道：“此外，许多不同的研究员进行的测试研究工作的确产生了非常重要的成果。”即使海曼坚持认为数据结果并不能证实超感知觉的存在，但后期他还是承认了甘兹菲尔德实验在实验方法和统计数据的设计上与之前的超心理学研究相比更为全面和科学。

尽管研究人员尽可能地控制和谨慎使用统计数据结果和推断，但得出的结论与之前的研究相比似乎并没有出现很明显的缺陷。我在这里引用的资料和数据在学界也没有非常大的争议，这些论点的确揭示了催眠状态下的意识具有独特的柔韧性和灵活性，催眠状态中的大脑具有非同一般的开放性和极强的调节能力。

甘兹菲尔德的一系列实验主要是针对超心理学的持续有效性而开展的，而该实验在当今也包括了更广泛的实验步骤和研究方法。不过有史以来，这样的实验室研究都没有引起足够的重视，也没有足够的经费去大规模开展，这也是超心理学、精神疗愈以及宗教心理学等在临床研究中遇到的主要困难。如果想要得到更多关于超心理状态以及超心理学、人类潜能的概率统计数据，就需要更多的亲身体验。

执念的力量

21 世纪伊始，各种官方或者民间的冥想、人生体悟或静坐团体组织在美国颇为盛行，我也曾在一个人生体悟组织里修身养性过了好几年。这个人生体悟组织主要致力于研究、推广和普及俄国哲学家葛吉夫[①]（G.I.Gurduiefi）的人生体悟方法。在这个组织修行的那几年中，那位引领我进行人生体悟的导师极具天赋和睿智，他大智若愚，更是一个仙风道骨的哲人。在他的人生体悟课中，他对学生要求极为严格，对自己则更加地严苛。另外，他还非常喜欢给学员委派一些不可能完成的任务，并乐此不疲。而接受任务者每次在竭尽全力完成任务后，都会有超越自身极限的快感。

有一次，葛吉夫大师组织我们去野外露营，在做露营准备工作时，他给我们每个人都分配了一个任务，而分配给我的任务则是去购买一些塑料桶给参加露营的女性们当夜壶。当时正值冬天，气候非常寒冷、冰天雪地，很多女性晚上不愿意也不敢走出帐篷外去野地里方便，因此，我们想到了用塑料桶当夜壶的主意。不过在布置任务时，我在确定桶的颜色、形状、大小以及其他参数指标时，葛吉夫大师还是像往常一样“兴高采烈”地着实为难了我一把：这个桶必须是心形的且必须是粉红色的，如果实在没有粉红色的，红色也可以，但它必须是心形的。接到任务后，我开始了在纽约城的“寻桶之旅”。当时，我在整个纽约城大大小小的五金店、器材店里连红色塑料桶都找不到，

① 乔治•伊凡诺维奇•葛吉夫（1866 年—1949 年）是俄国神秘主义者、哲学家、精神导师、亚美尼亚作曲家、作家和舞蹈家，同时也是一位希腊后裔。1922 年，他在法国创立了人类和谐发展机构（The Institute for The Harmonious Development of Man）。——译者注

更别提心形的、还必须能当“夜壶”的塑料桶了。于是，我不得不打电话求助亲朋好友，不放过任何有机会买到桶的方式，但最后换来的却是一无所获加上亲朋好友“不解甚至是揶揄”的回应。在尝试了各种方法都失败后，我不得不采取了折中的解决办法，放弃了寻找“心形异状桶”，转而寻找普通形状的塑料桶。我本以为找一个普通的红色塑料桶不会是一件很难的事，然而这次似乎没有我想象得那么简单。这次，我又失败了，很难想象在纽约市这个美国的商业中心，竟然找不到一个出售红色塑料桶的地方经过一天又一天的寻找，我没有放弃希望。但是，我的妻子却对我失去了耐心，跟我起了急。她搞不懂，我平常在家里，对家务和日常琐事的参与度远远没有此刻来得有热情、有干劲。又经过了几天的搜索，我还是一无所获，市面上没有粉红色或红色的塑料桶出售，更别说心形的塑料桶了。于是，我准备打电话给大师，想放弃寻桶这个任务。

就在我反反复复、犹犹豫豫是否要放弃这个任务的关头，我在曼哈顿东区的一个小超市准备买东西，手里拿着手机站在超市门口，正准备拨打电话给大师时，直觉告诉我：现在不要放弃，再等等、再等等，总会有办法的。想着想着，我不知不觉地来到超市的生冷食品区，在这个角落，我看到一对崭新的、熠熠生辉的塑料桶摆放在那里——它们不仅是粉红色的，而且是心形的！我简直不敢相信自己的眼睛，我压抑住心中的狂喜，拦住了旁边的一个工作人员，跟他确认这些塑料桶是不是粉红色的，这个小伙子用一种看精神病的眼神打量着我，幽幽地回答：“是粉红色的，这是超市刚刚到的货。”更神奇的是，这个超市就在我家小区旁边，我为了完成任务费尽千辛万苦，得来全不费工夫。

从这个故事中，我不敢轻易断言是因为自己坚持不懈的努力寻找才买到了“夜壶桶”，也不能说坚持不懈地努力寻找桶表明了我对“夜壶桶”的渴望，更不能说这次偶遇“夜壶桶”是个小概率事件。但是我们可以说，这样的小概率事件确实需要一个人全身心地投入其中，这是一种不达目的不罢休的“执念”。在试完了所有可能的、不可能的办法，用尽所有的努力之后，到达了一个濒临放弃的临界点，此时似乎放弃是唯一行得通的选择，大概类似于绝望的临界点。但是，我们不经意间可能会在某个最不可能的时间、地点，突然发现了问题的解决办法或实现了目标、达成了目的等，相信我们每个人都可能或多或少、或早或晚地有过类似的经验。

当然，有人或许会从科学、统计学的角度来分析此类事件发生的概率，甚至还会做出概率统计。当然，用数字统计计算此类事件发生的概率是一个非常好的手段，然而纯粹用数字统计却很难计算出情感投入的产出。也有人认为，情感投入是概率以外的偶然事件，但并不是全部。一个事件或选择之所以会被重视或关注，并不仅仅因为事件本身的可能性或概率性使然，而是因为其背后的深层次意义以及个体对此事件的期望及需求。通常在这些时候，一种积极、坚定、彻底、矢志不渝的行为反应，往往可以带来非同寻常、令人意想不到的结果，即可能会产生一种超出个人期望范围的结果。概括来说，坚定不移的个人信念可以产生出人意料、非同寻常的结果。如果从另一个完全相反的反应中观察、分析这起事件，在我以上的寻桶经历中，如果当时在苦苦未寻时，我的反应是恐慌、不耐烦、焦虑甚至是绝望，那么所有这些消极、悲观的情绪叠加在一起，将会颠覆、毁灭所有可能性以及潜在的正面结果，打消我的积极性，从而加快消极结果的产生。

这里，我举了自己生活中的一个简单例子，不是为了突显我的生活多么具有戏剧性、多么刺激，而只是为了阐释积极思想和坚定意念在实际生活中的作用，向读者更直接、客观地阐述“积极思想”作为一门生活哲学的本质。

当然，我们也可以在更严重、更紧急的情况下去思考执念和专注，比如个体在面临生死攸关或罹患重病即将不久于世等各种危急关头时，去分析和衡量该哲学思想的意义。接下来，我们将讲述一个更加严肃、具体的例子，这个例子在美国和加拿大非常著名，许多的人通过这个组织走出了生活的阴影，过上了新生活。

净胜的高阶力量

我们在 AA 嗜酒者互戒协会那一章中，曾介绍过艾比·撒切尔和比尔·威尔逊的戒酒故事。1934 年，饱受酒精困扰的比尔·威尔逊通过艾比推荐的戒酒治疗方案得以成功戒酒，其余生滴酒未沾。这套戒酒方案主要从牛津小组的祈祷疗愈、卡尔·荣格的精神分析理论和威廉·詹姆斯的实用心理学理论中提取整合而来，后来比尔更是对这几位大家的思想理论加以系统化整理，并结合自身的戒酒经历，形成了一套独特的戒酒理论。这套理论是 AA 协会章程制定的理论基础，也是心理学治疗和精神疗愈相结合的最佳典范。

然而，颇为悲剧的是，在艾比和比尔的案例中，艾比将比尔能够精神自救、点燃其戒酒的热情，却未能对自己进行自救。他成功地帮助比尔从酒精中逃离出来，自己却在余下的人生中与酗酒进行着“殊死搏斗”，他的一生也几乎围绕着“酒精、病痛以及贫困”三个关键词而展开。他的余生穷困潦倒，时常接受比尔的救济。1966 年，艾比在纽约市上北区的一个康复中心去世。我们再反观比尔，他的一生也并非总是坚毅不倒如参天大树。虽然在艾比的帮助下，他终身未再酗酒，甚至滴酒不沾，然而据传言，比尔曾陷入了抑郁症的阴影中。但是不管怎么说，他却实现了自己人生的目标—— 终身滴酒不沾，直至 1971 年去世。

我们对比一下艾比和比尔两人的戒酒经历和戒酒过程，发现两人有着截然不同的结果：一个成功戒酒、终身滴酒不沾，另一个却反复酗酒。为什么两人会有着如此截然不同的结果呢？比尔的妻子路易斯在其所著的《路易斯回忆录》（Lois Remembers）一书中，用低调平实不带一丝浮夸成分的语气，对两人的戒酒过程进行了对比研究和分析，并在无意中揭示了人性的本质：

> 在最初的两年中，艾比和比尔一同戒酒。比尔在戒酒过程中接受到心理辅导理论的内容，其精神自救的宗教学理论也大部分来自艾比，但是为什么比尔戒酒成功而艾比却未成功，你能说艾比为戒酒付出的努力不够吗？其实，我相信他也在努力戒酒，但为什么没能成功呢？我想可能在于他戒酒的决心不够、决定戒除酒瘾的意志不够坚定。反观比尔，他却能意志坚定、心无旁骛、全心全意地去戒酒，将酒精彻底从自己生活中消除。

比尔的意志足够坚定、所下的决心足够彻底，这可能就是问题的关键所在。在客观存在的各种可能性之内，无论是你追寻的真理、个人成就还是社会关系（除去某些外在的抵抗力），无论疾病罪恶还是善良美好（当然不包括某些外在的抵抗力），你唯一想要了解的就是你心底最真切、最企盼的渴望，了解你自身想要得到的、高于一切的渴望。

1964 年，印度人生体悟大师、哲人克里希那穆提曾在一群年轻的大学生中开展了一系列工作坊和面对面采访。在这些访谈中，大师谈到了适当地妥协从众、释放内心真我的重要性。在此次谈话中，有一个学生问大师："我们怎样才能解放心灵、释放真我呢？"大师回答说："当你非常急切、极其迫切地渴望某件事、某个东西时，你就会知道该怎么去做，问题就会迎刃而解。"大师还举了个非常生动形象的例子："当你在马路上遇到一条眼镜蛇的时候，你不会问别人是跑开还是留下来和眼镜蛇共处，相反，你会立刻本能地跑开。"大师还特别提道：

> 在日常生活中，我们的所思所想都会先于实践出现，脑中的某个意念经过大脑运转、神经运动中枢传递给神经元，然后才会产生"付诸实践"的意识。所有人类的欲念和现实之间都存在一定的先后顺序，两个概念之间存在着时间、空间上的差距。而通常情况下，我们脑中的所思所想以及期望达成的目标，和我们实际正在进行的事情完全不同。但是大部分个体都希望将脑中的想法付诸实践，怎样才能将思想和行动进行无缝对接呢？如何用思想去指导行动呢？
>
> 所以，当你想去做一件事的时候，你就会去做，这是因为你有着发自肺腑的、最热切的、来自心底最大渴望，因为有着无与伦比的激情和企图心，你全身的每个细胞、每个毛孔都为之热血沸腾。比如，你痴迷于电子游戏、壁球或其他任何一种活动，你就会自己玩游戏，而不会去找一个游戏大师或是壁球大师弱弱地问他们："怎样才能将我对电子游戏的热爱付诸实践呢？"相反，我相信你会夜以继日地"主动"去付诸实践。你仅仅因为发自内心的无与伦比的热情，而全身上下都为之血脉偾张。

所以，只要你意志坚定、满怀激情、心无旁骛地朝着某个目标前进时，你就会快马加鞭奔向那个目标，只有这样，理想才可实现，目标方可达成。同理，这个道理也适用于解决人生危机、帮助实现个人愿望或完成生命的顿悟上。当我们处于人生的低谷、愿望难以实现、挣扎于内心的苦楚时，唯一可以实现人生目标的方法就在于全身心地、意志坚定地、心无旁骛地去关注目标本身，并以实际行动去实现。相反，纠结不前、三心二意、彷徨不定的人将很难实现任何目标。这大概也是《圣经启示录》(*Revelation*)中提到的一句话的寓意："连鸡肋都不如，我又怎能食之？"所以，做事情犹豫不决、彷徨不定的人终将一无所获，生活不允许我们走到半路时打退堂鼓。

从这个层面上来说，积极思想和积极心理学带给我们一个全新的、可能从未尝试过的高度的诉求，即指导每个个体大胆去想、勇于尝试未曾尝试过的一切，正如《遗愿清单》（*The Bucket List*）中罹患癌症的老卡特一样，将自己一直梦想却又害怕尝试的疯狂举动写在纸上，从而彻底清楚地了解自己内心最真切的渴望。不仅如此，我们还要享受当下、承认并接纳内心的欲望，并通过某种方式组织自己的思想，以完全诚实无畏的态度去接纳自己，这样很可能会挖掘出全新的自己。一个认为自己可能具有某种灵性的人，往往会发现自己对世俗欲望有着强烈的渴求；一个被公认为外向、善于社交的人，往往会发现自己其实真的很享受一个人的时光，其在私下可能是相当内向和封闭的。

上述这些建议、方法以及活动来自美国作家贾勒特（R. H.Jarrett）的成名作《行之有效的方法》（*It Works*）一书。在这本书中，作家论证了积极思想的行之有效，要求读者以开放的心态去看待新思想、积极思想，并从理性成熟、长远发展的角度来看待我们内心的欲望。这不仅不会限制我们的思想，反而可以帮助我们打开自己的心胸，以更豁达的心态与自己对话，了解最本真的诉求。单纯地了解自身的欲望是不够的，我们更要学会如何全神贯注、全身心地将自己投入到达成这个愿望、理想或者目标的行动中去。诸如此类的与心灵的对话、了解最本真的自己，总会迸发出令人意想不到的结果。

正如比尔·威尔逊和艾比老师的这个故事所表明的，我们心灵深处最真诚、最热切的渴望不仅是我们浩瀚的人生海洋中最好的灯塔，更是实现人生目标和意义的主要动力。

积极思想的四大流派

在现实世界里，接触积极思想的大部分人都出于世俗的目的，以及出于对成功、财富的向往。大部分人都是因人生中的某个方面未被满足、某个目标未能达成或有未实现的愿望、理想或者需求而接触积极思想的；或期望借积极心理学来达到人生中的某个节点；或期待这门哲学信仰为自己的人生答疑解惑；或借此寻求内心的宁静。

基于各种不同的动机和目的，一批又一批团体组织或者个人或著书立说或举办演讲讲座，其积极传播积极思想，自觉、不自觉地发起了一场积极思想运动。为了更有效率地实现各自的精神成长，这群人整合运用了各种概念理论和实践经验，如心理学领域的各种心理治疗技巧、行为条件学习、生命意义和人生目的的探索以及个体的“修身养性”，精神意识层面的宗教信仰、精神追求、冥想修行等。

现在，我们从许多形而上的层面来分析这些精神导师和人生体悟方法，从经济学角度、实用角度来考量哪种方法效果更好、成本收益性价比更高。于是，我们从积极思想的四个主要流派来考量，这也是当代美国精神成长励志成功学的思想来源。这四大哲学流派是：

1. 励志成功学流派或吸引力法则流派；
2. 积极心理暗示或心灵重塑流派；
3. 宗教皈依或精神顿悟流派；
4. 意义治疗流派。

现在，让我们对每个流派逐一进行解释。

励志成功学流派或吸引力法则流派

吸引力法则流派是新思想、积极思想领域最普遍、最广为人知的流派。该流派中曾有过许多大师，如倡导精神潜能开发的核心代表人物诺曼·文森特·皮尔、约瑟夫·墨菲、欧内斯特·霍姆斯、华莱士等人。这些人的哲学思想无形中也深深影响了朗达·拜恩，为其创作《秘密》一书提供了非常好的创作灵感，并为其打下了非常好的哲学、心理学思想基础。

我们下面主要分析其中几个代表人物及其核心思想。首先要分析的代表人物是诺曼·皮尔，他是新教教士、基督教保守派人士以及宗教与精神病学的倡导者，他提倡基于《圣经》教义和基督教信仰上的“祈祷的疗愈力量”，并给予基督教人士以信心和疗愈；另一位代表人物为约瑟夫·墨菲，墨菲是一名新纪元神秘主义者，也是潜意识理论的倡导者，他称“潜意识的力量为个体内在的神性，其力量无限而伟大、是神的授予”。他还认为，人类的心灵是一个具有无限力量的发动引擎，它具有超越人类想象的无穷力量。

励志成功学派随着壮大和发展走向了另一个方向，尤其是该流派所信奉的“成功神学”“奇迹疗愈”等理论过于夸大、颇为空洞、缺少实际操作性，这些缺陷将该理论推到了道德争议的边缘。理性主义哲学家大卫•休谟曾这样评价过基督教的成功神学:“仅仅就这一原因，并不足以证明其真实性。”

信念意志的力量对个体的作用真是不可小觑，这点几乎在每个宗教教义、哲学思想中都有所体现。无论是《圣经》中智者摩西告别红海去往西奈山，还是伊斯兰教教义中穆罕穆德骑着有翅膀的神马升上天堂，这些故事背后都有一个共通的寓意，也就是“态度决定一切，思想心灵具有超越现有认知的神奇力量”，这也是新纪元运动的核心主旨和基本要义。

著名演讲大师、人生导师安东尼・罗宾斯曾说过：“没有一位科学家能用现代科学实验方法和数据分析来证明‘思想创造现实’的对错与否。即使这是一个错误的论断，其也是一个有用的错误，其赋予了人类一种信念，一种改变自我、实现精神成长、矢志不渝的信念，这也是为什么我会选择继续这个错误的原因。”

很多人会说所谓吸引力法则、奇迹疗愈是画饼充饥、自欺欺人的学说，然而，我本人却并不认同。罗宾斯阐释了一个道理：吸引力即思想心灵的力量，也就是信念、意志、思想、宗教信仰、潜意识的力量。其即使没有经过科学证明，但却能帮助个体去寻找更深刻、更宏伟、更为深远的心理真相，这也是下一节将要讨论的内容。

积极心理暗示或心灵重塑流派

这一流派主要侧重于在心理学层面上进行积极的自我暗示、自我疏导和自我干预，重建自身的防御机制，通过改变对自身固有的认知，重塑全新的自我认知，提高对自我价值的认同，增强自我认同感及提高自信心。这一流派的主要代表人物是在美国地位颇高、广受爱戴的神学家及牧师魏德海、法国心理学家埃米尔・库埃（Emile Coué）以及美国传奇性人物麦斯威尔（Maxwell Maltz）。麦斯威尔是一名励志成功文学作家，他在20世纪60年代所著的《心理精神控制论》（*Psycho-Cybernetics*）是美国励志成功文学界标杆性的作品。

作为一名非常著名的整形外科医生，麦斯威尔在其职业生涯中接触过无数名病人，从先天性生理缺陷患者（如先天唇腭裂患者），到意外事故导致的毁容（如烧伤）患者，再到那些生理健全但要求整容改善外在面貌的个别人士，很多患者都通过外科手术增强了自信心，加强了自我认同感。但是，他也在长期的观察和临床实践中发现，有些病者在进行多次的美容手术后，并没有提升自我认同感。于是，他便开始寻找问题的答案。通过研究，麦斯威尔认为人类是条件反射的产物，人类的意识就像一个制导设备（homing device），这个设备对大脑中持续不断、有意无意发出的信息进行筛选，随后通过语言、图形、图像进行二维、三维的呈现。人类意识所衍生的图形图像不能直接改变现实，但却可以有意无意地引导我们，影响我们的思维方式和行为模式，进而影响甚至改变我们说话、做事的风格和方式方法，从而影响行为处事的结果。因此麦斯威尔认为，重塑思想、培养潜意识可以在客观上改变一个人的一生。

麦斯威尔还认为“人类的思想意识是一个复杂、可调可控且可自行编程的机器，从这点上来说，思想意识的终极宿命就是进行自我调节和自我控制”。麦斯威尔的这个哲学观点也是对心灵重塑流派思想的一个非常全面的总结，也就是通过积极的自我暗示，设定一个具体的愿景和目标，建立特定的行为模式，并通过冥想静观等各种方式方法来改变自我认知、重塑自我形象，继而改善个体生理、心理上的运行状态，从而实现某个目标或达成某个愿望。然而，这个方法在实际生活中却并不如想象中的简单、易行，其要求极其严苛，要求研习者必须严格按照规定和要求进行。举个例子，麦斯威尔大夫的人生体悟课程严格规定学员每天必须进行至少一小时的冥想静观，这一小时的冥想静观是有目的、有意识的冥想，而不是真的坐在那里打盹、一动不动地度过一小时。

值得注意的是，心灵重塑学派试图摒弃成功神学流派所倡导的奇迹疗愈作用，而将积极思想重新定位成一种世俗意义上、以幸福为导向的生活哲学。这种生活哲学广泛适用于各种领域，如经济学领域、两性关系、竞技体育甚至普遍意义上的幸福力方面的学习。当今世界广为流行的“幸福学”“积极心理学”等概念也是从该流派中衍生而来的。不仅如此，现代商业中非常重要的两个术语“商业动机”以及“愿景”也都是由这一流派普及推广而来的。除此以外，神经科学的最新研究结果在客观上证实了心灵重塑流派的理论。神经科学的研究结果证实，脑电的神经反应可以进行自我重新编程，这一过程也被称为“神经可塑性”。

同奇迹神学流派一样，心灵重塑学派也有其自身的弱点，该流派在发展后期往往以成功为导向，而缺少对个人价值观、道德观的塑造，缺少对个人修身养性的指导。当然，作为励志心理学的一个流派，心灵重塑派无论从科学角度还是现实层面都具有不可否认的效用。

宗教皈依派或精神顿悟流派

哲学家威廉·詹姆斯和心理学家荣格都一致认为，宗教信仰上的皈依以及精神上的顿悟都可以从客观上改变个体所处的外部环境。

秉承这一流派思想的心理学家、思想家有海伦·威尔曼斯以及心灵会创始人弗兰克·鲁滨逊，他们曾先后表示“之所以进入积极思想领域，源起自宗教的皈依”。而我们之前就曾提过的著名的嗜酒者互诫协会（AA 协会）创始人之一比尔·威尔逊也曾有类似经历的描述：“宗教皈依可以从根本上改变个体的生活动机，赋予个体无穷的精神力量，进而帮助个体实现不可能实现的事。”关于这一点，我们在前几章中提到过，荣格曾总结出一个结论：至高无上的圣灵赋予我们自身坚定的意志和意念，这股力量超越一切，它可以帮助个体戒除各种成瘾症，如酗酒、吸毒、烟瘾等。荣格总结的这点获得了威尔逊以及 AA 协会其他成员的广泛认同，他们通过这种方法成功戒除酒瘾，这也是 AA 协会帮助会员戒除成瘾症的核心理念，后期则发展成为著名的“12 步治疗方案”。

“宗教皈依、精神顿悟”的思想理念非常好地将新思想、积极思想传播给更多的新人，结果也证明这些人中有相当一部分人在接触新思想和积极思想后发现了人生的另一面，打破了人生的瓶颈甚至实现了人生的突破。新思想和积极思想强调上帝的疗愈作用，上帝对人类不是为了惩戒，而更多的是疗愈。这有助于个体消除对生活的疑虑和恐惧，重新燃起对生活的激情和热忱，帮助个体重新思考和定位自己的人生，重塑生命的意义，释放真实的自我，找寻真正的、属于自己的人生。然而，问题在于怎样将这股热忱和激情持续下去，制定一个目标和计划容易，但是贯彻实施并达成目标和计划却很难。让我们回到成瘾症（如抽烟、酗酒、嗜睡、贪吃等）上来，问题的困难之处在于怎样彻底戒除这些成瘾症状。大多数人通常是通过各种书籍来了解积极思想哲学的，如大热的《秘密》一书或《潜意识的魅力》（*The Power of Your Subconscious Mind*）等书，但这些书中都缺乏长久的、可持续的、系统的、具体的可操作方案。因此，积极思想领域的畅销书、各种精神成长研讨会等在刚开始时都能吸引一批富有激情、信心满满的好奇之士加入，但是这些人很快便会陆续离开了。同主流教会或其他组织相比，积极思想很难吸引长久、忠实的粉丝。

宗教皈依或精神顿悟流派的正面积极意义就在于：（1）利用"宗教皈依、精神顿悟"作为精神支柱，并辅之以实际的有组织的互助组织，AA 协会或宗教服务就是很典型的成功案例；（2）制定一个具体的、明确的目标，将精力和能量都集中到这一目标上，这一点可以体现在 AA 协会"12 步疗程"的前三步中。关于这点，我们已经在第 5 章中详细讨论过，这里就不赘述。

我们运用"精神疗愈、顿悟和皈依"，结合以上两个具体操作方案，将其用在戒除成瘾症、疾病的愈后康复及危机干预方面有非常良好、持久、稳定的效果，同时在危机干预方面也有良好、稳定的作用，其可以帮助个体实现人生存在的真谛，这也是我们在下一节中将要讨论的内容。

意义治疗流派

这一流派的代表人物有约书亚·李普曼大师（代表作有《宁静的心灵》），还有心理学家、存在论主义哲学家埃里希·弗洛姆（Erich Fromm）和维克托·弗朗克（Viktor E. Frankl）。这里值得一提的是弗朗克大师，他的一生极具传奇色彩。他出生于奥地利，1930 年获得维也纳大学医学博士学位，1949 年获得哲学博士学位。第二次世界大战期间，弗朗克不幸被关进纳粹奥斯维辛集中营，后幸免于难。第二次世界大战后，弗朗克加入了美国国籍，并担任哈佛大学、斯坦福大学、迪尤省大学和南卫理公会大学的访问教授。在专心于学术之余，他还潜心写作，将自己在第二次世界大战时的经历（尤其是在奥斯维辛集中营的那段黑暗岁月），付诸于笔。他的作品不仅深入剖析人性中存在的黑暗，也真实再现了自己在奥斯维辛集中营时，即使深处最恐怖、最恶劣的环境，内心仍然怀着对真善美的向往。

弗朗克和其同时代的哲学家、心理学家、精神疗愈家们一样，认为人类作为一种存在具有无限潜能。然而绝大部分的普通人却还处在心理睡眠中，处于这种状态下的人还没有认识到自己所具有的无限潜能。个体一旦处于生死攸关（如濒死状态）时，其自身的防御机制启动，沉睡在其心灵最深处的更高阶的自我将被激活，此时个体的无限潜能也同时被激活。因此，我们应该去寻找每个个体存在的意义，发现每个个体的价值。当完成从低阶到高阶的转变、发现自己存在的价值时，个体的价值观、世界观、人生观将会发生翻天覆地的改变，此时，个体的生理、心理潜能也随之呈现。

关于上述观点，弗朗克在其 1946 年出版的《人类对生命意义的探索》（*Man's Search for Meaning*）一书中，用了一个登山家的例子做了一个类比。一名登山者在登山过程中筋疲力尽，几欲放弃，他在每次几近放弃时，都会抬头看看山顶，仿佛山顶尽在咫尺（尽管很多时候，那个近在咫尺的山顶实则远在天边），正是貌似尽在咫尺的山顶给了登山者源源不断地登上峰顶的憧憬和信心，也正是这股信心从精神上帮助登山者突破了自己的体能极限，发掘了自己的生理潜能，并突破了心理极限。人生又何尝不是在登山呢？

除了弗朗克大师以外，另一位秉承这一理念的大师当属弗农·霍华德。霍华德是一名积极思想的精神导师、思想家和哲学家，同时也是一名作家，他的创作高峰期始于 20 世纪 60 年代中期并一直延续到其 1992 年去世。他的作品有着非凡的独立性和深刻的洞察力，不同于其他积极思想领域“精神成长”作家的作品，他在著作中提供了具体的、实际的、可操作的精神成长方案，这也是李普曼和弗朗克两位作家作品中的盲点。以价值为导向、存在为意义的意义治疗流派，其无论在道德层面还是精神层面上都是积极思想中相对最令人信服的一个思想流派了。

当然也有人反对称，以价值为导向、存在为意义的意义治疗学跟积极思想或精神科学之间不存在任何联系。持这种观点的人往往认为意识的载体极其捉摸不定，更难被认知。然而，正确地使用意识以及认知的能力却往往可以改变个体的生活方式、行为模式和思维模式。毋庸置疑的是，意义治疗流派将心理学治疗和精神疗愈相结合，开创了精神心理学的先河，也非常好地呼应了威廉·詹姆斯所开创的宗教心理学。

积极思想的现状

上述四大流派在美国的各个领域中都有着非凡的影响。事实上，美国励志成功学界中的很多新兴的培训辅导课程都衍生于上述流派，在某种程度上，上述四种流派的影响力不可小觑。积极思想在其发展中分离出若干流派，这里不论这些流派的好坏，仅从其在不同领域的影响来看，积极思想、新思想作为一门生活哲学在当今美国主流文化中似乎很难找到其应有的一席之地，甚至很多励志成功学界的讲师、人生导师们也倾向与积极思想、新思想撇清关系。人生导师安东尼 • 罗宾斯在 2010 年的一次电视节目中坚称，自己的励志成功哲学和积极思想没有“半点”关系。

然而，不可否认的是，新思想运动中的成功神学流派相当地不务实，从现实主义的层面上来说，其缺乏实际意义。不过从另一层面上去分析，每种宗教信仰或精神诉求都始于人类探索未知世界、对神秘力量的好奇心，所以如果仅仅从实用性、操作性、可否量化角度来衡量的话，没有任何形而上学意识层面的思想、意识或流派可以通过具体的数据图表来分析衡量其结果。与新思想运动和积极思想运动差不多同时开始的还有摩门教摩门主义（Mormonism）和基督教复临信仰[①]（Seventh-day Adventism），这些宗教信仰、精神诉求在很大程度上都得到了社会认同。然而，积极思想和新思想在一个多世纪的发展中，却很难得到主流大众最广泛的认可。

新思想、积极思想之所以未能走入主流视线、形成一定规模，究其原因主要在于吸引力法则在理论上的缺陷和自相矛盾。吸引力法则声称其是一门无所不包、无所不能的万能哲学，然而在实际操作或解决实际问题中，积极思想却又显得疲弱无力。多年来，积极思想一直无法突破其自身所标榜的精神心理学上的超级法则，这也在很大程度上限制其发展成一门普世哲学，从而导致新思想运动和积极思想无法更大程度地融入主流文化。

尽管思想意识、精神心理能力对外部环境有着深刻的影响，也有很多事例表明人类对这种影响有所感知，但这种影响超出了人类的认知能力。多年来，积极思想和新思想主张“宇宙洪荒、气象万千都是人类意识的产物”，但却无法解释为什么即使思想恒久远，人类却存在着生理和心理极限，现代社会也存在着种种问题和弊端，社会的许多领域也面临着各种危机和问题。

---

① 基督复临派亦被称为“基督复临安息日会”。该教派遵守星期六为安息日，盼望耶稣快来。具体地说，这是一个传统的福音派基督教团体，其以耶稣为中心，以《圣经》教义为信仰基础，强调耶稣在十字架上的赎罪牺牲以及在天上圣所中的服务，并且他不久将回来接他的子民。这个教会的特点是“守安息日”，认定“保持健康是信仰责任的一部分”，并在全世界开展布道活动。——译者注

20 世纪晚期至 21 世纪初期，基督教科学会同其他新思想运动中发展出的分支一样，其都处于停滞不前甚至日渐衰微的局面。虽然玛丽·贝克·艾迪自创立教会之初就规定禁止公布会员信息以及对外开放教会服务，但目前的实际情况却是，在周末的礼拜堂或平日教会服务期间，去基督教科学教堂做礼拜的教友却只有一小部分。我曾亲自去过纽约公园大道上的基督教科学会礼拜堂。周末，在气势宏伟、高而深的穹顶装饰的教堂里，稀稀落落地坐着不到 20 个礼拜者，其中大部分人都已经上了年纪。我也曾去过曼哈顿闹市区的基督教科学会大教堂，这个教堂的规模足以媲美任何天主教大教堂，然而当时教堂里只有不到六个人，也可能因为当时是工作日的中午，导致参加布道服务的人就更少了。当然，这些数字远不能代表波士顿或加州基督教科学会的发展情况，但是不得不说明的是，纽约公园大道和曼哈顿的两个教堂是基督教科学会在纽约市创建的最著名的两个教堂，这也在一定程度上反映了基督教科学会发展的尴尬处境。

新思想、积极思想运动发展出来的其他教会、类宗教组织也未能避免这一尴尬处境。1960 年，欧内斯特·霍姆斯去世时，他创立的科学心灵会礼拜堂约有 10 万名正式会员；然而到了 2001 年，有研究发现，该教会的两个主要教会机构只有不到 55 000 名活跃会众。除此之外，各大新教教会的服务机构也在不断减少。1991 年，宗教科学联合会的调查显示，全美只有 175 个秉承新思想精神的礼拜堂对外开放，其中两家较大的礼拜堂隶属于霍姆斯的科学心灵会。20 年后的 2001 年，UCRS 又公布了一组全新的数据，整个北美（美国和加拿大）只有 155 家新思想会堂对外开放，即使电影《秘密》在北美红极一时期间，这个数据仍在下滑。

现代精神疗愈发展概况

在本节开始之前，我想提出一个假设：21 世纪之初，假如新思想、积极思想运动能从万能的吸引力法则中剥离开来，又会是怎样的一番情景呢？如果说新思想、积极思想犹如钢筋水泥丛林上空的一缕阳光，那么其作为一门生活哲学已然成为日常生活中必不可少的生活法则，也是每个人的世界观、人生观中必不可少的一个重要部分，其还对当代社会和当代人有着全新、积极的生活意义。不仅如此，这门哲学的核心思想和理念也反复出现在现代科学、医学和心理治疗的各个领域，而时下流行的积极心理学从某种程度上来说，也衍生于积极思想。

2007年，芝加哥有将近一半的临床医生在接受调查问询时透露，在临床处方药的剂量使用方面，医生实际使用的药物剂量往往要比理论所需的低得多。在很多情况下，医生会用常规保健品、维生素等来替代抗生素、消炎药等。接受调查的医生们表示，这样做的目的其实是给予病人战胜疾病的信心，帮助其营造一个积极乐观的精神面貌，进而辅助疾病的治疗，这就是临床上所称的“安慰剂效应”。近半个世纪以来，相关的研究机构曾就“安慰剂效应”做过一个双盲追踪实验。实验结果证明，安慰剂效应有着稳定、连贯、持续的结果。而在当今新药上市前的临床试验阶段，安慰剂也相当盛行，许多新型药物（如新型抗抑郁药）的临床试验阶段的双盲结果显示，安慰剂效应往往和药物疗效相当，甚至偶尔还会超过某些药物的疗效。基于此，安慰剂效应研究在现代临床医学界颇为盛行，而安慰剂也普遍用于缓解慢性疼痛、减轻焦虑、性功能障碍以及帕金森震颤麻痹的辅助治疗中。

临床安慰剂效应的研究结果还显示，其效果与以下几个因素密切相关：1. 参与试验的患者的心理状态；2. 和临床医护人员间是否有情感共鸣；3. 患者之间的沟通。试验结果表明，如果参与试验的患者积极主动地参与到试验过程中，并且和护理人员和谐相处，患者间互相打气、互相鼓励、传递正能量，那么将会大大提高安慰剂的效应。追根溯源，这些特征和早期精神心理的治疗方法以及新思想的核心主张相当吻合。虽然安慰剂效应的研究人员们对美国精神疗愈的起源和发展没有任何研究，但很多医学界权威人士都曾在不同场合表示，安慰剂效应在临床中的应用即为“当代的精神疗愈”。

另外，许多医学界权威人士也曾多次在非正式场合表示认同“梅斯梅尔催眠术”。史料记载，18世纪晚期，一位催眠术的忠实拥护者、名叫查尔斯·德尔森（Charles d'Eslon）的巴黎医生就曾说过：“梅斯梅尔催眠术源于个体的想象，个体的想象力具有无限潜力，而人类对这种潜能的认知真的少之又少。所以，我们应该更加深入地学习、研究，进而开发这种潜能，并将这种潜能运用到疾病的治疗康复以及生活的其他方面。”一名接受过梅斯梅尔催眠术治疗的病人曾提出：“如果说身强体健是一种心理上的幻象，我很享受当下的这种幻觉；如果这是一场心理上的美梦，我希望永远不要醒来；如果这是一场想象力的盛宴，那就让想象力点亮宇宙，解救处于黑暗、蒙昧中的人们。让我们利用想象力这种无形的力量去发现自己性格中的弱点和不足，用这种无形的力量去治愈我们日常生活中存在的实际问题，此乃‘以无形治有形’。”

就像前面提到的芝加哥调查研究中发现，很多医生在临床治疗中主动隐瞒药剂使用量，当然这在医学伦理上是站不住脚的。然而实际情况却是，医师和研究人员通过更深入的研究可能会发现更新的方法来公开透明地进行安慰剂试验。2010 年，泰德·卡普特查克（Ted J. Kaptchuk）教授领导的哈佛大学安慰剂试验研究小组公布了一个相当振奋人心的研究结果：即使事前已经被告知服用了“无效药物”、接受了“无效治疗”，但仍然有很多病人表示在接受安慰剂试验期间，其病情有不同程度的缓解。现在，我们来介绍下这个试验的进展情况。这个研究大概是这么进行的：研究人员召集了 80 名患有肠易激综合征的患者，将其分成实验组和对照组两组，对实验组的 40 名被试中使用安慰剂，并事先告知 40 名被试，他们将接受安慰剂假性治疗，他们服用的药丸其实是一片片糖丸；而对照组的 40 名被试则不予以临床治疗。经过追踪调查后发现，实验组有 59% 的被试称在接受了安慰剂治疗后，其病情有了很大程度的缓解；而对照组仅有 35% 的被试表示其病情有所缓解。这一数据和研究调查具有标志性的意义，临床医学数据第一次在科学上证明了精神心理的力量可以缓解身体上的疼痛，并有助于疾病的治疗。

人们明明知道安慰剂是一种惰性物质，为什么还会有如此多的人接受这样的试验，并表示病情有所缓解呢？我想可能是因为大多数人已经普遍认同了这个试验及其结果，即使事先告知他们服用的只是一片糖丸，他们还是认为安慰剂治疗具有一定的作用。安慰剂也的确存在对临床患者的效应。该试验结果一经公布，很多主流媒体、报刊杂志也争相报道了这个试验，比如著名的《读者文摘》就对此项试验进行了大幅报道。自此，安慰剂也逐渐走入了主流的视野，并被主流社会所接受。

而另一项临床研究结果显示，坚定的信念、战胜病魔的信心、互动良好、互相信任的医患关系，其都是让安慰剂效应更有效的前提。20 世纪 30 年代，杜克大学心理学研究员莱茵（J. B. Rhine）在一个无意间的试验中也发现了同样的规律：他曾经做过著名的“齐纳卡片”游戏，发现在游戏中，一个互动良好、互相信任的氛围可以在很大程度上提高卡片游戏的猜中率；他在 12 步互助小组聚会中也有类似的发现，参加这些见面会的人们通常都患有成瘾症——赌博成瘾、吸毒成瘾、饮酒成瘾，而通过该组织成功戒瘾的会员通常都认为，他们之所以能够戒瘾成功，在很大程度上离不开互助小组和其他会员的支持和鼓励。

还有一个相关领域的研究就是医疗护理服务。几十年来，患者们一直抱怨医院条件落后以及医疗设备、各种医疗设施设计上的“反人性”。人们通过进一步的研究也显示，周边环境良好（尤其在保护病人隐私、医患关系、护理人员专业度、耐心度等方面）的医院，更加有利于患者的疾病治疗和康复。有统计数据表明，整体医疗水平相对较高的医院，其在保护患者隐私、维护医患关系和护理人员的专业性上都远远高于相对较差的医院。临床医生也普遍发现在疾病的治疗过程中，将患者作为成熟的、有担当的、一条船上可以同生死共患难的伙伴，和患者坦诚沟通疾病的发展情况、分享治疗过程中的治疗信息和治疗进展，并向病人分析疾病的发病机制，这些对功能性疾病（如偏头痛、胃、肠道疾病和慢性疼痛）的治疗恢复有着非常正面积极的作用。

纽约大学医学院临床康复医学教授约翰·萨尔诺（John Sarno）曾治愈过上千名颈部、背部或肩膀部位疼痛的病人。通过研究这些病例，他发现这类病人中的绝大多数人之前也曾有过顽固的偏头痛、心绞痛或者肠胃功能紊乱等健康问题，但是很少有病例检查发现其有器官病变或结构异常。因此教授推测，这些病人的疾病与压力、神经紧张有关。他通过进一步研究发现，只要对病人做好疾病的卫生宣教工作，其就能理解自己所患疾病的发病机理以及具体缓解办法，这有助于减轻病人的痛楚和疾病的愈后恢复。而医生要做的就是以一种正确的、具有建设性的方式，开诚布公地跟病人共享有关治疗的重要信息。后来，教授还将他的临床治疗经验总结归纳成了一本书，书名叫《用意念去战胜背疼》（*Mind Over Back Pain*）。他在书中写道：

> 我在总结临床的各种病例后发现，意念、信念、某种宗教信仰或精神诉求要同时在一个精确的信息基础上，才能发挥强大、稳定、持久的临床治疗作用。具体可以这么做：我们在对背部疼痛病人进行的临床治疗中、在做卫生宣教时，要告诉病人背部疼痛是因为压力紧张导致的细胞分裂综合征（tension mitosis syndrome），而不是大众所解释的“压力源性背部疼痛”（tension-based back Pain）。这样解释后，病人对自己的疾病有了更深层次的全新认识，可以帮助病人树立战胜疾病的信心。同时，我们在整个疾病的治疗和康复愈合的一系列过程中，应将病人当成自己的工作伙伴。在此过程中，医患之间不只是医生和患者的关系，更是两个紧密联系的工作伙伴，双方都有着共同的敌人——疾病本身，

这样会非常有利于帮助病人建立对医生的信任度，建立良好的医患关系，极大地加速疾病的治疗和康复进程。

这一次，精神疗愈、精神心理治疗和现代医学治疗完美地结合起来。不仅如此，精神疗愈、精神心理潜能和现代科学相结合的例子在量子力学界也有完美的解释。我们在下一节中将着重介绍。

超越时空，无远弗届

随着时间的发展和理论的推进，心灵科学、精神潜能领域的各种学术论文、概念理论在社会生活的不同领域都有相当重要的现实意义，然而有一个独特的领域却一直饱受争议，这个领域就是量子力学。量子力学与相对论一起构成了现代物理学的理论基础，它不仅是现代物理学的基础理论之一，而且也广泛应用于化学等有关学科和许多近代技术中。量子力学不仅具有重要的理论意义，同时还具有非常深刻的现实意义。例如，意识的发生机制至今仍然是一个未解之谜，有相当一部分人认为，其可能与量子力学或者更深层次的微观规律有关；再比如思维过程中的“顿悟”“精神觉醒”会不会与量子力学中的“一个确定态从一个原先不确定的叠加态中迸发出来”有关呢？与其有关的可能还有生命的起源、物种的变异、光合作用的机制。总之，生命的秘密、思维的机制、精神心理学界的种种未解之谜不可能与量子力学规律无关。

在这一节中，我们将主要讨论量子力学研究的微观世界的规律与思维过程中顿悟之间的联系。当然，两者之间有无必然联系即使在西方社会也极具争议性。

我们先来解释下什么是量子力学。量子力学是描述微观物质（原子、亚原子粒子）行为的物理学理论，它是理解除万有引力之外的所有基本力的基础，是一门理论学科，也是现代物理的基础理论之一。美国《当代物理学期刊》（*Contemporary Physics Journals*）曾提出过一个很有争议的讨论，即量子测量问题。美国科学家进行了长达 80 多年的实验室实验，实验结果表明，原子以及更微观的电子等微观粒子可同时位于无限多的不同点，这些微观粒子的状态也是不确定的，其直到被观察测量（观测）时才在某处出现。其实，这个实验结果揭示的是微观世界的规律，如果这个实验发生在宏观世界的日常生活中，用一句哲学名言来解释会比较贴切，那就是哲学家赫拉克利特（Heraclitus）所说的“人不可能同时踏进同一条河流”，宇宙万物是绝对运动、无法确定的。这句话用通俗的语言来解释，就是现在你面前的某个物体（如书或者电脑这些事物）的状态是绝对运动、无法确定的，其也无可测量，而书之所以为“书”、电脑之所以为电脑，究其原因在于，你在意识层面的思维感官对其有了反应，所以才有“书”和“电脑”存在于你的面前。量子力学理论将这种“微观粒子可同时存在于许多不同的点”的状态称为“叠加”，此时其物理状态是不确定的，而只有当其被测量时才能定位，量子力学强调的是“叠加”和“不可测量性”。

著名的量子物理大师薛定谔做过一个著名的有关“猫”的实验，即著名的“薛定谔的猫”实验，它在理论物理学界引起了巨大反响，甚至在哲学界、思想界也引起了热烈讨论。当时，薛定谔大师刚凭借“薛定谔方程”获得了1933年的诺贝尔物理学奖，蜚声国际。1935年，薛定谔大师开展了名为“薛定谔的猫”实验，这一实验不仅仅是量子力学界的科学实验，更是一个“思想实验”，并在科学界、哲学界和思想界引起了巨大的反响和争议。

我们下面就来介绍下“薛定谔的猫”实验的一些基本情况。准备一只猫、两个盒子以及一个有毒装置，将猫连同有毒装置放进两个盒子中的一个，并往盒子里射入一个原子。在一定时间内，这个原子会发生衰变从而释放出粒子，一旦粒子接触那个有毒装置就会释放出致命的有毒气体，并足以杀死这只猫。科学家会用某种特定的测量设备去定位这个原子的具体位置，而空盒子还是装有猫和有毒装置的盒子。根据“薛定谔的猫”，科学家未进行观察、测量时，这个原子以波函数的形式同时存在于两个盒子中，此时，这只猫的状态“既是死的又是活的”。而一旦科学家进行测量时，波函数瞬间塌缩，它会定位在两个盒子中的一个，此时的结果便是：原子塌缩在空盒子中，猫还活着；原子塌缩在有猫和有毒装置的盒子里就会释放有毒气体，从而杀死那只猫。

“既死又生”看上去似乎相当地“反人性”、违背生活常识，而人类所有的生活常识都在告诉我们，这个实验只有两个可能：原子核进入空盒子，猫活着；原子核进入有猫的盒子，发生衰变释放粒子触发有毒装置，释放有毒气体，而杀死那只猫。千百年来的人生经验、自然科学规律都会告诉我们，宏观世界里只有对错、黑白、生死的两极，而“薛定谔的猫”实验就是试图打破这一颠倒众生的理论，试图从实验室数据中去论证量子力学中的这一“既死又生”的哲学命题。然而，实验结果却相当地出人意料，打破了他之前提出的“薛定谔方程”，从理论上验证了“既死又生”和“态叠加”。

20世纪50年代，有一群量子物理学家认为，在薛定谔的猫实验中，如果将实验时间延长至相当长的、具有质变意义的时间点，再去检查实验结果，那么结果将会怎样呢？这一次，科学家们将实验时间延长至8个小时，这次结果又如何呢？经过审慎的严格的科学实验，最终表明了两个结果：“既死又生”和“非死即生”同时存在。

这听起来是不是很荒谬？是不是完全不可能？薛定谔的思想实验不仅在量子力学界、更是在思想界掀起了一股哲学思考和争议，虽然这并不是很多物理学家关注的根本问题。然而，几十年来的量子实验一直在证明“既死又生”的模式，并且将这个模式变成了“不可能的现实”：一个令人难以置信但是完全站得住脚的现实，甚至将其上升到一个必要的、宇宙本源的高度上。

这里必须强调的是，经典量子物理学的理论数据是基于原子级别的基础上推论出来的。如今，牛顿力学理论体系仍然占据经典物理学的半壁江山，用叠加态实验来证明我们日常生活的宏观世界还有很长的路要走，毕竟这一实验还处于萌芽阶段，但是“雄关漫道，真如铁”，这一实验还需要我们继续不断地坚持下去。

现在，让我们回到早前提到的一个论断，即人类对现实世界的认识遵循着两套法则：宏观世界以及微观世界的科学规律。为什么宏观世界的规律和微观世界的规律会截然不同呢？这多半是因为人类对宏观世界的认知局限导致的。21世纪，一批量子物理学家称这种现象为“信息漏损”。信息漏损是量力学理论之一，它认为“量子活动的各种貌似不可能性却真实存在于生活中的方方面面，并且支配着现实生活”。同理，宏观世界、日常生活中宏观物体的衡量方法一旦脱离量子物理理论，我们对于宏观世界的认知将会远远低于其自身应该到达的高度，这一切就是我们经历的数据漏损。不仅量子力学界的科学家们持这一理论，很多思想界的哲学家、思想家们也有着类似的观点。实用主义创始人威廉·詹姆斯曾在1902年的吉福德演讲中有过类似的论断：“如果想要更真切地了解某一物体，用肉眼很难真正看清楚该物体的真实面貌，唯有将该物体放在显微镜下去观察，方能最大可能、最真切地去观察分析该物体，进而认识其本质。如果想要更真切地了解某件事情的真相，那么则需要把事件本身进行放大，并从事件的方方面面去分析。宗教现象与万千世界中的事实真相一样，需要我们放在生活的显微镜下去观察。”

多年来，许多量子物理学家试图打破这一理论的困境。为此，他们使用更高级别的微观粒子复制叠加实验进行研究。有些科学家试图在分子级别（而非原子级别，薛定谔的猫实验就在原子级别上进行的）上进行实验研究，而也有些科学家则试图在宏观物体上进行该实验研究。而几十年来的量子力学研究数据也表明，在亚原子级别上的观察测量可以得出如下三个结论，这三个结论在理论上都合乎情理：（1）观察测量在得出实验结果的过程中起到至关重要的作用；（2）观察测量者决定着塌缩后粒子的存在与否；（3）引发了关于“多重过去和现在的可能性”的探讨。

最后一点常被称为“多世界诠释”[①]，这一理论来自物理学家休·埃弗里特（Hugh Everett），休在多重空间理论中提出了“无限多的平行世界和客观存在同时并存”，而具体选择哪一种客观存在主要取决于个体意识的抉择 。

多世界诠释和新思想运动心灵导师内维尔·戈达德的观点相当类似，戈达德认为人类的思想意识可以创造出无穷多的世界和客观存在，而现实世界中的一切，包括我们看到的、经历的，它们都是基于个体意识的反映和思想的产物。他还认为人类具有无限潜能，每个独立的个体都可以将情感执念和心理活动结合起来，进而将自己的思维意识活动转化为客观存在。由此，客观世界中的一切都源于心，而心则源自宇宙之神。戈达德还坚称，精神顿悟是独立个体人生体悟的觉醒，即认清生命的本质、看穿事物光怪陆离的表象，更能使其看清自我、了解自己最本真的需要，跟随自己内心的呼唤去营造一个属于自己的客观世界，此乃“参悟”。

薛定谔的猫实验以及接踵而至的量子力学界的思想实验在量子力学界引发了非常大的争议和激烈的讨论。以物理学家大卫·穆尔敏（N. David Mermin）为代表的一派认为“物理学通过科学观察测量客观物体，从而达到格物致知”，而不是爱因斯坦所推崇的“推陈出新，推翻旧理论、建立新理论”。穆尔敏认为应该将思想理论排除在物理学实验室研究范围之外，应该将这些问题留给思想家们和哲学家们去讨论。然而，还有一批物理学家们却对此持相反立场，认为如果物理学不能用于解释现实和客观存

---

① 多世界诠释（many-worlds interpretation）是量子力学诠释的一种，它是一种假定存在无数平行世界，并以此来解释微观世界各种现象的量子论诠释。——译者注

在，那么物理学的真正作用又是什么呢？

随着时代的前行、科学的发展，当今物理学界有一批正在崛起、茁壮成长的青年物理学家，正成为物理学界的“顶梁柱”。他们或是知名大学物理学系研究部门的领导，或是学术研究的资深人员。他们这一代人普遍成长于20世纪六七十年代，在成长过程中深受禅宗、迷幻实验、星际迷航等各种形而上意识流层面的深刻影响。因此，这一代物理学家们对哲学问题、元分析[①]等持更为开放、更为包容的态度。当然，多年来他们接受的系统严格的科学训练，使其在科研能力、科学素养上也不输给上一代物理学家们，加上这群人对形而上学精神意识流派包容和开放的态度，我们有理由相信，量子物理学和精神科学也许可以在某种程度上结盟。如果真的有这么一天，那么将会是继牛顿经典力学理论之后，科学界取得的非常重要的一大进步。

当然，要达到科学和精神心理学相结合也是困难重重。多年来，为了获得科学界的支持，许多人生体悟家们紧跟量子物理理论，他们牢牢抓住量子力学的实验数据，称已有证据证明“宇宙万物为人类意识的产物”。然而，微观世界和宏观世界的相互关系却远非我们所能认识的，微观世界的规律也并非适合宏观世界。然而，如因为其超越当前人类的认知而放弃对其研究，我觉得也是不可取的。我认为最具有实际操作性的方案是，科学家和精神心理学家、哲学家、思想家们都应该各自后退一步。精神心理学家们应该抵住那些看似可以有力证明其积极思想的各种数据诱惑；同理，科学家们对量子物理理论被用来解释哲学、精神心理学上的种种可能性也应该更加有耐心、更加包容。如果人生体悟、思想和科学领域的有识之士可以互相包容、和谐统一，那么我们有理由相信，科学和人生体悟在不久的将来会有交集的，这难道不也正是积极思想、新思想在多年的发展中所向往的吗？

重塑人脑思维模式

20世纪90年代开始，量子理论的某些分支与精神心理学、心理学之间出现了有

---

① 元分析（meta-analysis，又称“荟萃分析”）指的是对以往的研究结果进行定量分析，用统计的概念、方法去收集、整理与分析之前专家、学者对某个主题所做的许多实证研究，希望找出该问题所关注的一切变量之间的明确关系模式，其可弥补传统 review article 的不足。——译者注

趣的“联姻”。加州大学洛杉矶分校（UCLA）医学博士杰弗里·施瓦茨（Jeffrey M. Schwartz）多年来孜孜不倦地专攻神经重塑（neuroplasticity，也称为“神经重构”）这一新兴领域的研究，施瓦茨也是著名的神经学和精神病学专家和研究员。经研究发现，神经重塑对治疗强迫性神经官能症（obsessive-compulsive disorder, OCD，俗称“强迫症”）有着很好的效果。临床上，强迫症是以强迫思维和强迫行为为主要临床表现的神经疾病，其表现为强迫和反强迫同时进行，以及有一些毫无意义甚至违背患者意愿的想法或冲动反复侵入患者的日常生活。临床脑部扫描图显示，强迫症患者的大脑神经通路往往会出现异常。在神经重塑理论中，人们通过重塑大脑神经通路来改变患者的大脑生理模式，进而改变患者的思维模式，从而帮助患者克服强迫症。

神经重塑的具体操作方式是，一旦强迫性行为发生时，医生应立即使用各种治疗途径和方法来转移患者的注意力，将患者从强迫性行为中转移出来。在神经重构的治疗过程中，临床使用的较为普遍的方法有：听音乐、看电视或者强度适宜的体育运动。经过一段时间的临床追踪研究，研究人员发现，类似的、持久重复的注意力转移治疗，可以有效帮助患者建立起全新的神经元细胞结构，并去除导致 OCD 的电神经通路。

基于这项研究发现，施瓦茨博士在其书中写道：“我个人认为，应当充分重视心理干预和心理建设的重要性。许多研究表明，长期持久、有意识、系统化的心理建设活动，可以从根本上改变人的思维模式和大脑的运行模式，甚至还可以改变大脑的物理结构。”施瓦茨博士还认为神经重塑的研究发现和量子力学的关系密切。2002 年，施瓦茨博士曾出版过一本名为《心灵和大脑》（*The Mind and the Brain*）的书，他在书中写道：“神经重塑和量子力学的结合以及在临床实践中的运用，重新塑造了人类在自然界中的地位和作用，为人类文明的光芒绽放起到非常大的作用。这两个领域的结合表明，自然界的进化、演变过程离不开两者的相互作用。”

根据上述研究，持续系统的心理干预和心理建设活动可以通过改变神经通路，从而改变脑神经电脉冲，进而从根本上改变行为产生模式，那么我们也可以将脑生理理解为心理干预、心理建设的产物。从这个角度分析，人类的思想意识对于客观世界的发展过程具有相当大的作用。

多年来的临床研究和脑造影结果都表明，神经重塑理论具有极强的可行性。非常巧合的是，新思想运动和积极思想萌芽初期就已经出现了非常类似的理论和操作方法。

1909 年到 1911 年间，神学家、布道家和哲学家约翰·赫尔曼·阮德尔（John Herman Randall）曾发行过一系列宣传册，旨在探索积极思想理论以及开发新的心理治疗方案。1911 年，他将这些宣传册结集出版为《生活新哲学》（*A New Philosophy of Life*）一书。在这本书里，他介绍了一种相当实用且相当有趣的方法来治疗强迫症，并称之为"替代疗法"，其具体操作方法在书中是这样记载的：

> 我们通过转移注意力，将大脑中混乱、没有逻辑的念头剔除掉。脑中一旦出现了强迫性的想法，就要马上去做别的事情（如看报刊杂志、听音乐等），直到注意力被彻底转移；或者做一些体力活动，通过运动来转移注意力；或者强迫自己集中注意力去做一些脑力运动。当然，刚开始做这些事都很难，但我想说的是，许多前赴后继的人的经验告诉我们，如果能长久地坚持这个方法，我们必定会成功。

阮德尔牧师治疗强迫症的方法在某种程度上和神经重塑理论不谋而合，尽管此时的大脑造影技术还没有出现，无法佐证他的观点，然而其在实际治疗方案上却是惊人地相似，这里就不做详细分析。至于强迫症治疗中效果不太明显的案例，阮德尔是这样解释的："只有长期持久地进行注意力转移训练，方可建立一个全新的神经元通路。只有这样，才能治疗强迫症行为，这是一个长期持久的过程，不可能一蹴而就。我们还应该转换注意力和思维模式，去除多愁善感、忧虑担心的思维模式，重塑积极乐观的性格特质。"阮德尔牧师的理论和思想和 21 世纪的神经重塑理论完美重合。

积极思想革命

神经重塑最终也为我们带来了当代精神病学研究员、新思想家和开明量子物理学家们共同关注的焦点：我们能否通过重塑思维和心灵去改变客观存在。

2009 年，我参加了科学家迪恩·雷丁（Dean Radin）召开的量子测量问题研究座谈会，这个座谈会汇聚了科学界、社会学、宗教学各界的名流精英。在会上，我让雷丁将一个重达 800 磅[1]的大猩猩弄到房间里，对其进行量子测量，并提出了一个假设：

---

① 1 磅 =0.4536 千克。——译者注

如果在波函数和粒子微观层面上，观察方式和测量角度的不同能改变材料属性的话，那么新思想所主张的“心灵的无限潜能”也不是没有道理的。雷丁回应我道：“这个不完全是假设。”而与会的另一名物理学家兼军事研究员对我的假设也表示：“即使作为一名怀疑论者，我也同意你的观点。”

世界知名地质学家、波士顿大学教授罗伯特·斯库奇（Robert M. Schoch）曾说过“点滴真相，也可改变一切”。过去100多年的发展经验表明，新思想和积极思想不仅行之有效，而且在社会各个领域里（如因意外事故而受伤的病员、存在心理问题的生理健全人士以及自然界万事万物）都有着卓越的效果。人的一生不可避免地都会遭遇疾病、意外、不可抵抗的自然灾害，在人际关系上都会遭遇因经济利益或需要不同而产生的各种冲突，这些都是合理存在、不可避免的事实，也是人类挥之不去的影响。这几代人在医学、心理学、生物学和物理科学的研究中都极具影响和公信力，并产生了意义非凡的研究成果。

在医学领域，积极思想运动远比其他流派的思想意识流派来得久远，即使在当今世界中，积极思想在处理生理、心理上的不适方面仍具有相当积极的正面意义。在心理学上，当今世界流行的积极心理学就是从积极思想运动中发展衍生而来的。多年来，积极思想家们所推崇的行为矫正、自我暗示和催眠术对于缓解性功能障碍有着非常好的疗效。在神经重塑这一新兴领域中，思想改变大脑生物学的理论原理以及在此基础上建立的超声回波法（echo methods）等治疗方案，积极思想家们其实早在一个世纪以前就已经使用过了。

对于单独个体来说，当思想和情感同步时［这里用“心灵”（psyche）一词可能比“思想”更加合适］，也就是当心灵和情感很好地统一结合起来时，可以给人生带来很多全然不同的体验。多年来，大量的人生经验证明，当个体全神贯注于某个领域时，也就是心灵和情感、思想和情感高度统一时，可以带来惊人的、意想不到的体验。这里的“统一”并不是特指严格的脑神经重塑或者是潜意识训练。雷丁也曾称：“超心理学研究进一步证明了积极思想从微观方面以可衡量的方式去重塑和改变整个世界，我们在很多时候仍不了解该理论的原理和方式。”

我们前面提到过精神导师克里希那穆提，他曾与印度青年有过一场很有趣的对话：一个学生问大师，他希望继续从事工程师一职，但却害怕违背父亲的意愿、害怕和父亲决裂，于是他向大师寻求解决办法。大师回应道：

如果你即使被父亲赶出家门，也要坚持成为一名工程师；如果你真心想要学习工程专业，肯定会找到解决办法和途径去学习。生活总会帮你的，你的朋友、恋人、老师甚至年迈的亲人，总会有人来帮你。但是，如果你害怕尝试，害怕被父亲赶出家门，那么你还没尝试就已经输了，生活永远不会去帮助那些仅仅屈服于恐惧而产生的需求。但是，如果你拷问心灵，发现这是你真正想要做的，这是直达心底的需求，那么你就会发现，不可思议早晚会降临。

积极思想运动领域的先驱们有着深切实际的意图，他们探测各种可能性和能力，精神心理学和精神思想与自然科学、宗教神学和心理学相比都要更久远，更不要提现代工业化时代与宗教氛围严重的旧思想相比了，新思想和积极思想给予被宗教禁锢的人们一个全新的视角和完全不一样的价值观、信仰观。仔细分析新思想理论本身，其可能存在着种种不完善和自相矛盾，其理论本身还未成体系，但任何新事物在其发展之初都一定会有各种缺陷，有缺陷也会有各种可能性和发展前景。

19 世纪后半叶开始，这些新思想的先驱和开拓者们通过形式多样的方式方法寻求和心灵对话，开发个体的精神潜能，积极寻求形而上的人生体悟方法，这在某种程度上重塑了美国的民族特质，颠覆了传统主流宗教观。而在这项庞大的思想实验工程中，的确也包含一些正统的、有效的理论概念，这些理论概念即使在当今世界相对来说仍然比较新颖。从这个角度来探讨，积极思想对生命奥秘的探索、人生意义的追寻，开创了现代意义上真正的精神革命——一场旨在找寻生命意义、人生要义的革命，这场革命至今仍在开展，这也是哲学家威廉·詹姆斯毕生的追求。

北京阅想时代文化发展有限责任公司为中国人民大学出版社有限公司下属的商业新知事业部，致力于经管类优秀出版物（外版书为主）的策划及出版，主要涉及经济管理、金融、投资理财、心理学、成功励志、生活等出版领域，下设“阅想·商业”“阅想·财富”“阅想·新知”“阅想·心理”“阅想·生活”以及“阅想·人文”等多条产品线，致力于为国内商业人士提供涵盖先进、前沿的管理理念和思想的专业类图书和趋势类图书，同时也为满足商业人士的内心诉求，打造一系列提倡心理和生活健康的心理学图书和生活管理类图书。

《为什么我们会上瘾：操纵人类大脑成瘾的元凶》

- 一本关于诱惑、异乎寻常的快乐，以及头脑中那个虚幻又真实的世界的书。
- 所谓成瘾，不关乎道德，而是大脑在作祟。
- 世界知名神经科学家、艾迪终身成就奖获得者用科学为你解开成瘾之谜。

《失控的大脑：操纵人类异常行为的元凶》

- 南京大学社会学院心理系主任周仁来教授倾情翻译。
- 对人类大脑与各类精神和心理疾病之间的关系进行抽丝剥茧，揭秘人类异常行为背后的大脑奥秘。

《戒瘾：战胜致命性成瘾》

- 美国著名成瘾治疗医学专家为成瘾者开出的独具开创性的戒瘾良方。
- 一本各类成瘾者不容错过的、脱离欲望苦海的戒瘾书。

《徒步中国：用脚步丈量魅力中国》

- 国家地理频道全程拍摄、独家播放。
- 中国第一家专业的旅游行程编辑平台路书倾情推荐。
- 英国探险家历时 6 个月，步行 5000 公里，由北到南，纵穿中华大地，只为完成一次心灵朝圣。

《人格心理学：人格与自我成长》

- 一部自 1974 年问世以来不断更新再版、畅销 40 余年的心理学经典著作。
- 完整梳理现代人格理论的发展脉络，讲述心理学各大流派对人格理论的构建及贡献。
- 以跨文化的全球性知识体系帮助你深入了解人类的本性，以便你可以用来更好地了解自己、了解他人。

《顿悟：捕捉灵感的艺术》

- 顿悟的能力与生俱来，贯穿生命始终。它是灵感闪现，让人愁云散去，问题也迎刃而解。
- 当你感受到顿悟已经成为自己的一种思维方式时，你会发现，顿悟为你开启了通向全新生活的大门，并让你的工作和生活发生改变。

《优雅的辩论：关于 15 个社会热点问题的激辩》

- 辩论的最高境界不在于输赢高低，而在于发人深思，以开放的心态达成妥协。
- 本书涉及大众所关注的 15 个容易引起争议的社会热点问题，让人们在对这些问题的辩论中求同存异，培养自己的批判性思维。

One Simple Idea: How Positive Thinking Reshaped Modern Life

ISBN: 978-0-307-98649-8

First published in 2014 by Crown Publishers, USA.

This translation published by arrangement with Crown Publishers,an imprint of the Crown Publishing Group,a division of Random House LLC.

《提问的艺术：为什么你该这样问》

- 雄踞亚马逊商业类图书排行榜 TOP100，风靡全美，影响无数人的神奇提问书。
- 《一分钟经理人》作者肯·布兰佳和美国前总统克林顿新闻发言人迈克·迈克科瑞以及众多知名媒体鼎力推荐。

《安静的艺术：用内向者思维去影响世界》

- 一本为天下所有内向者撑腰、帮助内向者找回存在感、强大心灵的书。
- 一本让内向者充分认识和发掘自身优势，发挥自身影响力的书。
- 一本让外向者更好地理解内向者，学习内向者思维优势，形成更加平衡的影响力方式的书。

《爱情十讲》

- 《纽约时报》人气专栏“现代爱情”的主笔，用 5 万名陌生人经历的爱情冷暖故事，折射出人类的爱情真谛。
- 作者在书中深刻解读了寻爱、错爱与失爱的苦与乐，使读者从中感悟到——爱需要我们终生的关怀与呵护。

《秘密之魅力显现》

- 一本关于秘密的秘密之书，亚马逊广受好评，被网友称为现实版“秘密”。
- 教你如何用简单的方式真正实践吸引力法则，改变人生。